国家社科基金 2020 年度教育学一般项目"'课程思政'内生机制与'示范课程'案例研究"(BEA200118)成果

国家社科基金丛书

GUOJIA SHEKE JIJIN CONGSHU

# "课程思政"内生机制研究

Research on Endogenous Mechanism of
"Curriculum Ideology and Politics"

陈理宣  著

人民出版社

# 目　　录

# 绪　　论

## 一、研究"课程思政"内生机制的意义

"课程思政"是落实"立德树人"的具体举措。习近平在多次讲话中要求加强大学生思想政治教育,特别强调"课程思政"建设。2019 年教育部颁发的《关于深化本科教育教学改革全面提高人才培养质量的意见》明确指出,"把课程思政建设作为落实立德树人根本任务的关键环节"。"课程思政"是指在专业课程教学中渗透思想政治教育的内涵,与思想政治教育"同向同行""协同育人",与思想政治教育相辅相成的教育措施,实现"立德树人"的根本任务的重要教育途径。①

研究"课程思政"内生机制其实就是研究"课程思政"过程中各要素相互作用的内部矛盾及其相互作用的规律。"课程思政"是指在专业知识教育以及思想政治知识教育过程中,知识、教师、学生本身具有主观的思想、情感、价值观、道德等因素,以及这几个要素相互作用的方式、方法、路径、工具等,也潜含了思想、情感、价值观、道德等内涵。因此,研究"课程思政"内生机制其实

---

① 中华人民共和国教育部:《关于深化本科教育教学改革全面提高人才培养质量的意见》,2019 年 9 月 29 日,见 http://www.moe.gov.cn/srcsite/A08/s7056/201910/t20191011_402759.html。

就是研究整个教育过程中教与学的行为主体（既包括狭义的教与学主体，也包括广义的教与学主体）的主观能动性发生的规律，这有利于从根本上扭转教学过程中"只教书不育人"的现象。因此，研究"课程思政"的内生机制具有重要的理论价值和现实意义。

## （一）为激发学习内生动机与动力提供科学依据与实践方法

辩证唯物主义认为事物发展是内因起决定作用。在"课程思政"实施过程中，实施主体的内在动机与动力问题是内因，而相关政策规定和要求则是外因，外因只有通过内因才能发挥作用。内因与外因是随着事物发展的不同时期、不同阶段的主体和客体相互作用，根据其在影响事物发展中所占的地位而相互转化的，某阶段处于客体地位、被支配地位的客体，随着事物的发展，其所起的作用和所占的地位可能会发生变化，转化成为主体。只有主体才可能有所谓的内在动机与动力，因而事物发展的内因与外因也是相互转化的。这里的主体，并不只是人，两个相互作用的物也一样存在一个处于支配地位、一个处于被支配地位，一个起主导作用、另一个起次要作用的现象。① 在广义的教学活动中，在知识生产阶段，科学家或生产劳动者是知识产生的主体，影响知识生产的内因在科学家或生产劳动者身上。但是，随着教学发展到了课程设置与教材编写阶段，知识作为符号化、客观化的结果转化为被选择、加工甚至再创造的对象，它就转化成为客体，而影响课程设置与教材编写的内因转化为课程专家或教材专家。同理，在教学设计与教学活动的展开阶段，课程或教材转化为教师设计、加工、再创造的对象，属于客体范畴，此时，影响教学活动的内因在教师。在教学阶段同时存在学习者，他是学习活动的主体，教师的教学转化为学生理解、接受和内化的对象，成为学习活动的客体，影响学习的内因在于学习者。在教学的不同阶段，因主体的不同，影响教学活动发展的内因也

---

① 陈理宣著:《知识教育论》，人民出版社 2011 年版，第 222 页。

就不同。从总体上来看,国家的教育方针、教育政策以及具体的教育管理,都可以被看作影响教学发展的外因,在教学的不同发展阶段的不同主体是直接影响教学发展的内因。因此,探索"课程思政"的内生机制,就是要研究教学过程中起主导、决定作用的内部规律及其发生、发展、转化的过程。只有抓住影响教学活动发生、发展的内在动力与动机,激发相关主体的自觉性、主动性和能动性,把外在的教育政策要求、管理规范等转化为内在的动机与动力,"课程思政"才可能落到实处,产生实效。

## （二）揭示从"课程思政"向"思政课程"的"同向同行",到"思政课程"向"课程思政"的双向"同向同行"的互构规律

目前对"同向同行"的解释,大多学者持专业课程与"思政课程""同向同行"的观点,"课程思政"向"思政课程"靠拢。虽然也有人强调"课程思政"与"思政课程"的逻辑互构,但这个逻辑互构在逻辑上是不对等的。比如"'思政课程'在政治方向、思想价值和教学方法等方面发挥着引领'课程思政'的作用,'课程思政'在师资力量、课程载体和教育资源等方面拓展了'思政课程'"[①]。其实这并不能说明两者之间的逻辑互构关系,仍然是强调"课程思政"与"思政课程"的"同向同行",即"课程思政"向"思政课程"的靠拢。因为师资力量、资源、载体都是向思想政治教育的政治方向、思想价值靠拢与看齐的手段、工具,是支撑"课程思政"向"思政课程""同向同行"的论据,并没有与"思政课程"形成互构。从学理上看,政治方向、思想价值、道德品行作为一种价值取向、思想观点是蕴含在事实陈述、原理分析、实证结果等之中的,因此两者其实是相互蕴含、不可分割的统一体。比如,无神论的思想是需要科学的事实来证明的,只有共产党才能救中国的价值判断也是以中国共产党救了中国的事实来证明的。一些人诟病思想政治教育是抽象的说教,也是由不讲事

---

① 　王景云:《论"思政课程"与"课程思政"的逻辑互构》,《马克思主义与现实》2019 年第 6 期。

实、不讲道理的空洞宣讲、灌输现象所引发的。从这个角度来说,不仅陈述事实、探索规律与分析原理的科学知识必然蕴含主体一定的思想、情感、价值与道德等思想政治教育内涵,同理,传输马克思主义思想、社会主义核心价值观、社会主义道德规范、基本的爱国爱家爱亲人朋友的情感等内容的思想政治教育也必须以客观事实为依据,以科学规律为基本原理,摆事实、讲道理,以做到动之以情、晓之以理、持之有据。因此,只有真正揭示了"课程思政"与"思政课程"或者说"课程"(专业知识或学科知识)与"思政"(思想政治教育知识)两者之间相互的、双向的"同向同行",才能真正形成两者之间的逻辑互构、互为表里,做到"协同育人"。因此,只有通过研究揭示这两者之间内在的逻辑互构,才能科学地实施"课程思政"。

### (三)揭示学生发展的内生规律,激发学生成长的内生动力

当前对学生发展的核心素养的界定基本倾向于从学生生命体之外的社会要求出发构建系统的要素结构。比如信息化时代来了,需要培养学生信息化素养,法治化社会来了,需要培养学生法治素养,等等。毫无疑问这些说法是正确的。但是在此所要反思的是,建构这些素养结构的出发点并不是从学生内在的生命发展来设定的,而是根据外在的社会需要来设定的。因此,它们就属于推动学生发展的外在因素或外在动力。研究"课程思政"的内生机制,就是要去发现学生的知识学习、能力锻炼、智慧生成的内生机制,从而激发他们发展的内在动力。研究"课程思政"的内生机制最终归宿其实就是研究学生发展的内生机制。"课程思政"的内生机制在学生内心之中,这是由"人在本性上是求知的;求知而要思想;通过思想获得智慧性思想,求得心灵的安定"的本质所决定的。因此,"人人都具有""课程思政"的"内生机制"。① "课程思政"要求在专业知识教学中要挖掘知识本身的思想政治教育因素和渗透思

---

① 孙其昂:《论思想及思想政治教育内生机制》,《思想政治教育研究》2014 年第 3 期。

想政治教育因素,而这些因素并不是外在于知识和学生的,恰恰是内在于知识和学生本身的。因此,研究"课程思政"的内生机制,有助于揭示知识教学和学习的内生规律以及激发内生动机与动力,从而切实促进教育教学回归科学的教育本身,真正提高教育教学质量。因此,从理论与实践层面研究"课程思政"内生机制及其相关问题显得特别重要。

# 二、国外关于知识的价值性内涵及
# 教学的教育性研究

国外没有"思想政治教育"这个概念,但是,西方的精神教育、宗教教育、道德教育、价值教育、品格教育、公民教育等大体相当于我国的思想政治教育。西方教育认为知识本身、知识教育的方法与路径、知识教育过程等内在地具有精神教育、价值教育、道德教育等育人性内涵,这就相当于我们所说的知识传授或专业教育中包含了"思政"内涵。因此,国外关于知识、教育方法、教育路径以及教育过程内在地包含教育性因素的思想就相当于国内"课程思政"内生机制的思想。也就是说,西方也有资产阶级的思想政治教育,在他们的中小学、大学的知识教育之中也有资产阶级性质的"课程思政"。因此,国内一些人认为强调思想政治教育就是加强了教育的意识形态性、政治性,就是影响了教育的专业性等,这纯粹是受到了西方所宣扬的价值中立思想的影响,受到了把科学、民主视为没有价值取向、没有阶级差别、制度差别的普世价值观的错误诱导。

## (一)国外关于知识本身的价值性因素内生性的研究

知识本身的内生性,是指知识本身内在地包含了价值观、道德观、情感体验等内涵。最早持这一观点的思想家、教育家当属苏格拉底。在《普罗塔戈拉》这篇对话中,苏格拉底否定了智术师的可以买卖的知识是美德的观点,但是他认为"对可怕的事情和不可怕的事情无学识就是懦弱,对可怕的事情和不可怕的事情有智慧就是勇敢"①。可见知识是构成勇敢德性的决定性因素。在辩论的最后,苏格拉底直接点明了自己的观点:"所有有用的东西都是知识,甚至正义、节制以及勇敢都是知识。"②因此,"德性整个儿将显得就是知识"③。苏格拉底认为,人们认识到什么是好的事情和坏的事情之后,就会按知识的吩咐去行事。这也就意味着只有获得的是关于"好""坏"的知识,知识才能在人们的行动中起主导作用,因此这样的知识应该是道德知识或者说是价值判断性的知识。

舍勒从知识和社会的互动关系角度探讨知识的产生,认为知识的产生受社会的影响和制约,反过来知识一旦产生也会影响和制约社会。他说:"所有知识,尤其是关于同一些对象的一般知识,都以某种方式决定社会——就其可能具有的所有方面而言——的本性。反过来说,所有知识也是由这个社会及其特有的结构共同决定的。"知识的产生与社会境遇相关联,具有社会的意识形态性质。④ 一个人之所以拥有某种知识,也是由于他处于某种社会利益之中,"他们只有作为一个群体,而且只是由于从属于这些群体之中的一个群体,才会共同拥有这种知识"⑤。曼海姆从知识生成的角度深入分析了思想意识和社会存在的关系,尤其以"知识的政治"这一概念来研究知识与政治的内在联系,认为"知识是社会建构的"——社会因素参与知识的生成与建构的过程,"知识具有社会制约性"——知识的社会决定论。曼海姆认为:"随着对总体的意识形态概念的一般表述的出现,单纯的意识形态理论便发展成知识社

---

① [古希腊]第欧根尼·拉尔修著:《名哲言行录》,马永翔等译,吉林人民出版社 2003 年版,第 159 页。
② [古希腊]第欧根尼·拉尔修著:《名哲言行录》,马永翔等译,吉林人民出版社 2003 年版,第 589 页。
③ [古希腊]第欧根尼·拉尔修著:《名哲言行录》,马永翔等译,吉林人民出版社 2003 年版,第 161 页。
④ [德]马克斯·舍勒著:《知识社会学问题》,艾彦译,华夏出版社 2000 年版,第 58 页。
⑤ [德]马克斯·舍勒著:《知识社会学问题》,艾彦译,华夏出版社 2000 年版,第 21 页。

会学。曾经是一个党派思想武器的东西,也被转变成对社会史和思想史进行一般的研究方法。"①马克斯·韦伯区分了社会知识与科学知识的科学外与科学内的价值立场及价值关联与价值中立原则。科学外是价值关联,科学内是价值中立。价值关联与研究者所拥有的特定的历史价值判断、利益倾向密切联系,研究者总是"将自己的研究客体同那些能够决定整个时代的价值联系在一起"②。科学内立场是在科研中遵循科学的基本规范性原则,科学内的立场在于完成"确立事实、建立事物的数字和逻辑的原理或文化状况的内在结构",不去"回答文化价值问题"和"解决文化共同体和政治联盟内部应当如何行动的问题"。③ 因此,不是知识对象的特点决定其价值中立、价值关涉和价值负载,而是知识处于何种社会背景和从哪个角度去审视。不论科学研究还是科学知识的教学,都需要区分主体持有或处在科学外价值立场还是科学内价值立场,从而处理好两者辩证统一的关系。伯格和卢克曼进一步提出知识和社会都是一种"社会建构的结果"④。

早期知识社会学的研究对象基本上仅限于人文社会科学领域,到了20世纪70年代左右,科学哲学领域也出现了知识建构主义的观点。以前科学知识一向被认为是客观事实的发现,与思想、情感、价值观等没有任何关系,甚至在实证主义那里,这些东西是要被严格限制进入科学研究之中的。但是,随着科学哲学的发展,关于科学知识生产中的主观建构和社会共建等问题受到了人们的普遍重视。爱丁堡学派和巴黎学派都提出了科学知识社会性建构理论。他们认为:"在群体或不同的文化中生产科学知识离不开协商,且科学知识生

① [德]卡尔·曼海姆著:《意识形态与乌托邦》,霍桂恒译,中国人民大学出版社2013年版,第180页。

② [德]马克斯·韦伯著:《社会科学方法论》,杨富斌译,华夏出版社1999年版,第198页。

③ [德]马克斯·韦伯著:《社会科学方法论》,杨富斌译,华夏出版社1999年版,第97页。

④ [美]彼得·伯格、托马斯·卢克曼著:《现实的社会建构:知识社会学论纲》,吴肃然译,北京大学出版社2019年版,第235页。

产过程的群体沟通特性,最终将迈向群体的共建。科学与社会的关系的辩证本性日益通过'共建'这个范畴表现出来,人们可以将之理解为'共建科学知识的辩证法'。"①道林(Patrick Dowling)提供了一个数学实践模式,他把以社会为基础的数学实践划分为四个领域:"一是生产。即数学知识被创造出来的语境;二是再语境化,即数学知识被选择出来并转化为教育目的的语境,例如教材文本的写作;三是再生产,即数学知识被学习者接受的语境;四是运用,即数学知识应用在实践中的语境。道林还区分了数学知识在实践中协商的社会空间:学术空间,如高校科研机构;学校空间,如中小学;工作空间,如经济活动;大众空间,如消费者和国民活动。"②这是对数学知识的创造性和再生产性环节主客观背景的解释。它映衬出了在学术背景、教育背景和大众背景等相互作用与变化的循环过程中,个体的数学知识与集体的数学知识是怎样在协商的情况下彼此再生产的。这样的循环体现了创造和再生产过程,不仅科学知识在多主体的协商中得到了创造,也得到了再生产。对知识生成的"四个环节"和知识协商生成的"四个空间"这样的分析,很适合用来解释教学环节:科学知识生产;转化为教学内容(教材);教育者转化教学内容(课堂教学中的知识);学习者的学习内容(学习者内化的知识);学习者应用于生活实践(或作业)。整个过程都是知识的教育化形式形成过程或生成过程,也是科学知识生成的过程。每一个环节都有相应主体的修正、完善、创造。塞蒂纳更是具体分析了科学实验以及科学论文写作过程中的主观和社会建构问题。他认为科学的对象和内容不仅"技术性地在实验室中被创造出来,而且符号性、政治性地被建构"③。科学家在科研论文写作中,论文的导论部分是"围绕研究成果的推理之网",它"建构了一个现实世界,这个现实世界要求他们启程前往

---

① 郭荣茂:《共建:科学知识生产过程的"社会"品格》,《自然辩证法通讯》2018年第5期。
② 郭荣茂:《共建:科学知识生产过程的"社会"品格》,《自然辩证法通讯》2018年第5期。
③ [奥]卡林·诺尔-塞蒂纳等著:《制造知识》,王善博等译,东方出版社2001年版,"序言"第3页。

一个可能的世界"。① 科学知识(包括人文社会科学知识和自然科学知识)本身具有主体的、社会的主观性和社会性建构特征,这就说明知识本身包含了人文精神性的思想、情感、价值观等因素,因此知识本身并不是客观的、价值无涉的对象,这就为知识教学的"思政"内涵的挖掘与渗透奠定了学理基础。

### (二)国外关于知识的教学过程、方法、路径等具有教育性内涵的研究

西方思想界及教育界一般都认为精神教育、宗教教育、道德教育、价值教育、品格教育、公民教育等可以通过广义的知识教育开展;教育主体或路径为公共文化设施与机构、家庭、社区、宗教场所与机构、政党、社团、大众传媒等;教育方式大多是综合问题研究、主题实践、公益实践、节假日庆祝等,教育方法大多是"合作研究""两难问题讨论""价值澄清""小组讨论""模拟实践""观察参与""指导学习""严肃游戏"等,学生不仅从中获得自然科学知识、社会知识,也得到情感、道德品质、价值观、思想信念以及思维方法、实践技能等;在课堂教学中要求必须回答学科知识的历史和传统、社会和经济、伦理和道德等核心问题。这说明西方资产阶级性质的"课程思政"不仅在学校的课堂教学中渗透,而且广泛渗透在日常生活以及社会文化、实践活动之中,不仅有显性的教育,更为重要的是充分运用了隐性教育的手段和方法。

最早明确提出教学具有教育性内涵的人是赫尔巴特。他认为教育的目的是培养人的道德性格,具体的教育手段有"管理""教育性教学""训育"。其中重要的手段就是"教育性教学"。这种手段是通过知识的教学影响学生的道德性格。具体的操作方法如下:一是将学生杂乱的经验分成各种组成部分或因素;二是从材料与提示出发,将学生散乱的、部分的认识概括成整体、系

---

① [奥]卡林·诺尔-塞蒂纳等著:《制造知识》,王善博等译,东方出版社 2001 年版,第 189 页。

统;三是通过深思达到"系统",使学生自己整理形成结论;四是将知识运用到新场合或解决新问题,形成"方法"。而这一切的目的不仅仅是为了学会知识,而且要形成道德观念,即形成"思想范围"。这就是教育性教学。"教育性教学"这一观点在赫尔巴特的教育学思想中占据着重要位置。他明确地指出"不存在'无教学的教育'","我不承认有任何'无教育的教学'",儿童的"思想范围"如何形成是教育的"一切"。并且他还特别对"无教学的教育"进行了严肃的批评,称这种思想"侵扰着学生的感受,将其束缚起来,不断地动摇着青年的心灵,以致使其不了解自身"。① 并且一个人的发展主要是在心灵中培植起一种广阔的"思想范围",它能够使得心灵的各个部分紧密地联系在一起。这样成长起来的青少年才可能有克服环境中不利因素的能力,才可能发展起吸收环境中各方面有利因素并与环境统一起来的能力,而使教育发挥"巨大威力"。② 这就像在心理咨询中,咨询者要调动来访者的心理资源,让他自己去解决问题。一个人要有足够的心理资源才能正确、成功地调节其心理问题,从而使得不论是成功还是失败的经历,都可能成为推动自身成长的契机与资源。显然赫尔巴特的整个教育学理论体系就是建立在教育性教学基础上的,其他一切"管理""训育"都是为了教学服务的。教学才是培养道德性格的主渠道,至于知识内容是为了形成思想范围服务的。

杜威明确提出了态度、意愿在思维培养和知识教学中的重要性。他认为人人都有一种"相信同其愿望相协调的事物的倾向",这就是个人的态度。这种态度很可能决定人们的信念"离开甚至违反理智","使人轻易地倒向他人的偏见,并且削弱其判断的独立性。它甚至把人引向极端的党派偏见上去,使人感到怀疑其所属的团体的信念是不忠诚"。这些态度、意愿、意志主要由

① [德]赫尔巴特著:《普通教育学·教育学讲授纲要》,李其龙译,人民教育出版社1989年版,第12—13页。
② [德]赫尔巴特著:《普通教育学·教育学讲授纲要》,李其龙译,人民教育出版社1989年版,第20页。

"虚心、专心或专一的兴趣、考虑到后果的责任心"等构成,它属于个人品行。因此,只有方法的知识是不够的,还必须具有使用方法的愿望和意志,必须理解、沟通各种态度,获得最佳效益的形式以及方法等。因为态度与逻辑方法并不是对立的,我们必须把一般性的抽象逻辑原理和精神上的特质统一起来,编织成一个整体,才能真正培养一个人的品性。① 他在《民主主义与教育》一书中,阐明这样一个核心观点,即教育中的教材内容以及教学过程中的民主方式才可能培养具有民主的思维方式和生活方式的人,通过培养具有民主意识和民主生活方式的人,从而造就民主社会。在杜威看来,对于维持民主主义社会,学校教育具有重要的作用,其中维持教育内容的民主与教育方法的民主很重要,学校教育的课程要按照人类广泛的兴趣和利益标准,不能按照狭隘的功利主义目的来编写,一切教学方法都要用在社会生活条件下适合的方法来传递,一切课程都必须以适应社会生活为需要,以改进最广泛的人类社会生活为目的。民主主义社会"有一种教育,使每个人都有对于社会关系和社会控制的个人兴趣,都又能促进社会的变化而不至引起社会混乱的心理习惯"。"民主主义不仅是一种政府的形式,它首先是一种联合生活的方式,是一种共同交流经验的方式。"民主社会中人们"自愿的倾向和兴趣只有通过教育才能形成"。②

当代著名心理学家和教育学家布鲁纳早期特别强调知识结构教学,重视知识的内在逻辑性、科学性。但他也很重视学习学科知识结构必须结合态度和兴趣。"掌握某一学术领域的基本观念,不但包括掌握一般原理,而且还包括培养对待学习和调查研究,对待推测和预感,对待独立解决难题的可能性的态度。"③如果说布鲁纳在这里主要是关注学习过程中学生的兴趣、情感、态度

① ［美］杜威著:《我们怎样思维·经验与教育》,姜文闵译,人民教育出版社 2005 年版,第32—37 页。
② ［美］杜威著:《民主主义与教育》,王承绪译,人民教育出版社 2001 年版,第97—210 页。
③ 《布鲁纳教育论著选》,邵瑞珍等译,人民教育出版社 1989 年版,第33 页。

作为内驱力的价值,那么,他在另一个地方则关注了作为社会行为的教育的价值倾向性。他说:"在适当的意义上说,教学理论是政治理论。因为教学理论来自关于社会内部权力分配的舆论——谁受教育并完成任务。在同样的意义上,教育学理论无疑来自经济学的概念,因为,其中有社会内部分工,有货物交换,有财富和声誉的保险服务,那么,人民怎样受教育,按什么数量并以什么约束使用资源,全是适合性问题。"①他说,如果教育学理论完全忽视政治理论、社会理论、经济学理论,那么,他们一定会遭到社会上和教室里的蔑视。正是由于有这样的思考,他在后期转向了更深层次的教学的文化内涵的探讨,越来越重视知识本身所蕴含的文化价值内涵。

拉斯思的价值澄清理论提出了价值教育的生活或经历、学科渗透方法。所谓价值澄清法,其实就是把价值行为能力形成的过程分为"选择""珍视""行动"三个阶段和"自由地选择""从各种可能选择中进行选择""对每一种可能选择的后果进行审慎思考后作出选择""珍爱,对选择感到满意""愿意向别人确认自己的选择""根据选择行动""以某种生活方式不断重复"七个步骤。他认为学校教育就是要帮助儿童"形成自己的价值观",而这种帮助绝对不是直接教训,而是"创造出有助于学生发现价值观的条件","定期向学生提供有助于将信仰、情感、兴趣和活动提升至价值水平的经历","将价值课与熟悉的学科内容联系起来",通过"评价过程"来间接表达支持或鼓励某些正面、积极、果断的价值行为能力。② 其中生活经验的扩充、联系学科知识其实都属于知识的教学。也就是说,拉斯思其实表达了价值教育始终包含在生活中,包含在学科知识的教学中,价值课的主要任务就是充分利用儿童的生活经验、已经学会的学科知识,创造一定的条件,让儿童选择,并通过评价引导等进行价值行为能力的培养。

---

① 《布鲁纳教育论著选》,邵瑞珍等译,人民教育出版社 1989 年版,第 367 页。
② [美]路易斯·拉斯思著:《价值与教学》,谭松贤译,浙江教育出版社 2003 年版,第 24—51 页。

在西方当代的教学研究文献中关于学科知识中的思想、情感、道德、价值、审美因素的论述比比皆是。比如不少人就认为数学和科学是一门技术,用以解决社会问题、改变现实社会。技术非价值中立,因为其实用性而须伴随的道德审慎是必要的。(Jones,1976;Wilson,1996;Ernest,1991)比如,生物学需要与现存生命相联系,这是与世界的联系,应该与挣扎、命运和意识相联系,同生死和对生命的敬畏相联系(Schweitzer,1965)。物理中的电和磁铁以及与电池、电线和灯泡相关,更重要的是使学生对这样的存在产生好奇,以培育全身心欣赏和热爱科学的人,能在满足自我的同时履行对社会的责任。(Burkhardt,2006)。学生需要从对科学和数学的运用中体验意义(Skovsmose,2018),使用的意义来源于数学模型的建构、科学技术的使用等。让学生参与模型建构过程,数学的相关性就直接来自从内在而来的经验。对意义的体验来自其认为所学是他们未来的根基(Martin & Sugarman,1999;Baber,2007)。科学课程的目标就是勾画现实,这样的勾画建构在数学的语言中(Martin & Sugarman,1999)。数学文本就是一种社会情境(Falkenberg,2006)。数学可以帮助学生发展道德,在课程教育中进行道德教育:数学课程人文化(humanizing),把数学历史融入数学家的生活和贡献,融入数学教学(Wheeler 1975,Winter,2001;Katsap,2002,Falkenberg,2006),理解过去如何同现在还有未来相关联;(Wong 2003)从数学知识化过程转到让学生"做数学",发展技能和思维,并数学化日常生活(Wheeler,1975,Freudenthal,1968);帮助学生发展认知能力和与生活相关的技能(Wheeler,1975;Güting 1980;Katsap,2002);等等。

从这些文献可以看出,西方教育界其实是非常强调知识教学中的思想、情感、价值、道德、审美等精神性素养教育的。这一点与我们国内的"课程思政"教育理念在思路和方法上是一致的,不同的是其思想、价值等的具体内涵不同,但强调知识教学中的教育性是相同的。

# 三、国内关于知识本身的价值性因素及 "课程思政"内涵的研究

关于知识本身的价值性内涵的研究,国内已经有不少学者开始重视这个问题。这个问题之所以重要,在于它是"课程思政"的核心理论基础之一,是"课程思政"得以实施的逻辑起点。

## (一)关于知识的价值性、教育性特点的研究

石中英认为,当代知识实现了从现代向后现代的转变,从知识的客观性、普遍性、中立性向后现代的文化性、境遇性和价值性的转变。知识作为认识对象的结果,已经具有主体的情感、价值观念的因素,一定是在某些关系之中、情景之中产生的,也只有在相应的或类似的情景中才可以得到理解,因而知识必然具有主体的某种价值观的因素渗透其中。"认识对象无论是作为一种事物、一种关系或一个问题都不是'独立的'、'自主的'和'自在的',它们与认识者的兴趣、利益、知识程度、价值观念等有着密不可分的关系。"[1]正是这种关系使得知识产生于特定的情景或境域。知识总是存在于特定的时间、空间之内,总是有一定的理论范式、价值体系框架,用特定的语言符号、特定的陈述方式等表达,这一切都是由特定的情境和特定的文化决定的。因此,知识总是会表现一定的情境和一定的文化。认识主体和认识对象都是某种社会、文化、价值取向所塑造的。而特定的认识主体总是带有自身形成的思维模式或知识框架,即海德格尔所说的"支架"或"座架"。于是,所谓知识的理性、客观等,其实都渗透了主体的社会性、主观性、文化性、价值观等因素。"所有的感觉都接受着理论的指导,而且'理性'与'文化'之间也存在着非常密切的关系。"

---

[1] 石中英:《知识性质的转变与教育改革》,《清华大学教育研究》2001 年第 2 期。

"所有的知识生产都是受着社会的价值需要指引的,价值的要求已经代替求知的渴望成为后现代知识生产的原动力"。① 季苹提出,教学应该回到知识的事实状态与知识产生的情境中,完整地理解和生成自己的主体性知识。因为"生活在不同时代的人,由于价值观和方法论的不同,对事物的看法就会不同,形成的观点也就不大一样了"②。因此,任何知识都有信息性知识形式、方法性知识形式和价值性知识形式的不同表现,而且相互之间还可以转换。有人把这种关于知识的价值性分析为文化哲学的形式。因为从文化哲学的视角去理解知识及其与人的关系,就可能解决长期以来传统的种种"二元割裂与对立,洞察到它的'实体本体论'根源与内在局限,高屋建瓴地转向从人与文化的同一关系中理解人,注重从文化整体联系中考察知识,强调从文化功能层面追寻知识的人性价值,为确证知识价值并构建它在教学中的合理过程提供了切实合理的思想方法",并且可以解决"知识教学如何能促进学生发展的文化统一本性与功能"的问题,能够指明"知识教学寻求科学发展的文化性道路,建立起同声相应的学生观、学习观、知识观和教学观"。③

## (二) 关于知识本身蕴含思想政治教育内涵的研究

认识到知识本身必然蕴含着价值性因素,离"课程思政"的教育理念已经不远了。但是,毕竟前者是哲学范畴,还不能直接等同于教育理论中的"课程思政"问题。要把"思政课程"与"课程思政"内在地联系起来,还需要把思想政治教育内容与学科专业课程知识内容都同时还原到知识生产、形成与发展过程中,从源头上找到两者的统一性、联系性与区别性。邓纯余从知识论的角度分析思想政治教育知识的本质,认为思想政治教育知识与专业课程知识是

---

① 石中英:《知识性质的转变与教育改革》,《清华大学教育研究》2001 年第 2 期。
② 季苹著:《教什么知识:对教学的知识论基础的认识》,教育科学出版社 2009 年版,第 301 页。
③ 黄黎明:《知识教学:文化哲学的检讨与出路》,《教育学报》2009 年第 1 期。

统一的。思想政治教育知识与学科知识一样,也是由事实、方法、原理、原则及知识体系构成的,某种价值取向、价值观念并不抽象的概念,也是用事实、方法、原理来加以拓展和解释的。从知识论的角度分析思想政治教育知识体系,它以"政治常识、道德认知、社会学识为架构",包括"实现社会控制的政治性知识、促进思想转变的教化性知识、引导实践生成的体验性知识",思想政治教育知识体系的生成应该"把握其知识运作在空间分配、活动控制、时间积累和结构编排等方面的条件,克服社会心理、组织结构、社会环境与深层交流等方面的障碍,注重建构多维的知识目标体系,深度开发学科的隐性知识,着力凸显学科知识的政治本质"。① 思想政治课程"在教学信息和教学内容上具有知识的呈现形态,在教学任务和教学形式上也离不开知识的共享和传授,在教育教学过程中也始终以知识的内化与外化、知与行的一致和统一,作为着眼点和落脚点贯穿始终,在课程功能上更表现出具有满足受众求知需求的属性"②。正是知识本身的价值性特点决定了教学的内容"既是知识体系,又是价值体系,是科学知识教育与意识形态教育的统一"。③ "每门知识背后蕴含"有社会价值。"各类课程与思想政治理论课"都是"知识体系教育和思想政治教育的结合与综合"。④ 显然,我们整个教育必须要实现知识教育和价值教育的统一。知识可以分为自然科学知识、社会科学知识、人文科学知识、思维科学知识等,它们都蕴含了科学思想、科学精神、科学方法。因此,任何一个门类的知识教育都包含了一定的思想政治教育内涵。自然科学知识中包含了科学的世界观、自然观以及人与自然关系的观点;社会科学知识中包含了科学

① 邓纯余:《思想政治教育学科的知识论视角》,《内蒙古社会科学(汉文版)》2011年第4期。

② 张苗苗:《论思想政治理论课价值性和知识性的统一》,《思想政治教育研究》2022年第2期。

③ 刘在州、唐春燕:《各类课程与思想政治理论课同向同行的契合性与对策》,《学校党建与思想教育》2019年第5期。

④ 王学俭、石岩:《新时代课程思政的内涵、特点、难点及应对策略》,《新疆师范大学学报(哲学社会科学版)》2020年第2期。

的社会结构观和社会发展观；人文科学知识中包含了世界观、历史观、道德观和价值观等，思维科学知识中包含了科学的思维方式及其思维发展规律等观点。因此，思想政治教育中的知识并不是抽象地告诉人们什么是正确的、什么是应该做的，而是通过客观事实性知识，陈述事实、分析规律、讲道理，启发人们得出应该如何、什么样的价值判断或什么是对的、什么是错的以及对与错的原因等。因此，价值判断是根据事实世界的本质和规律得出的结论，在回答世界是什么的时候，回答世界是什么的原因以及我们应该如何调节自身的行为。实然知识潜在地包含了应然知识。"知识教育的目的和要求就是引导受教育者把握客体的本质、规律、属性、要素、结构等方面的知识，引导其在此基础上按照客体的尺度认识世界和改造世界。价值教育的目的和要求就是引导受教育者把握事物的用途和功能，把握主体的利益和需要，把握客体对于人的意义和价值，引导受教育者按照一定的价值标准和评价标准去做出正确的价值判断、价值选择，去创造价值和实现价值。"①因此，知识教育与价值观教育是统一的，社会主义核心价值观是社会主义事业建设实践中总结和提炼的科学规律，并不是一种主观的意识形态。

## （三）关于科学知识的价值中立与价值关联的关系研究

与坚持专业学科知识与思想政治教育知识一样具有价值性内涵相应的另一种观点，认为不同的知识本身有不同的特点，其价值内涵的表现形式不一样，因此应当有所区分。这种观点的来源是哲学领域的新康德主义思想和社会学领域马克斯·韦伯的社会学思想。李凯尔特从自然科学与社会科学研究的对象、方法、目的等方面进行区分，认为自然科学研究的对象是"是什么"的问题，社会科学的研究对象是"应该怎样"的问题；自然科学研究的目的是观察、抽象出普遍性规律与原理，社会科学研究的目的是观察、解释具体事物的

---

① 李斌雄：《论知识教育·价值教育·思想政治教育》，《思想教育研究》2001 年第 6 期。

原因;自然科学的方法是从特殊到一般进行归纳、总结得出普遍性规律,社会科学的方法是理解、表意、解释、体验个别事物特殊的意义与价值;自然科学的特点是"价值中立",社会科学的特点是"价值关联"。在社会科学研究中,也要坚持科学性和客观性。"一旦在社会科学研究过程中对社会适时作出价值判断,那么,该社会科学研究就会失去客观性与科学性"。因此,不论是自然科学还是社会科学其实都是科学,只是它们与价值的关联方式不同而已。科学知识的价值性原则需要具体情况具体分析。"价值原则的具体运用包括科学外和科学内之分,只有坚持用辩证态度来对待价值中立的方法,才会更好体现出社会科学研究者的社会价值。"①也有另一种观点认为,科学知识的价值性不是因为科学活动的内外之别,而是不同学科知识本身的不同特点决定了其与价值的关联方式不同。"科学知识可以分为自然科学知识、社会科学知识和人文科学知识。""科学知识价值中立,又称价值无涉,是指科学知识本身只有真假的问题,没有善恶的问题,不涉及伦理道德问题。""价值负载是说科学知识既包含真理性知识,也包含规范知识;即科学知识本身也具有伦理价值。"②

这些思想分析的都是科学研究、科学知识与价值的关联问题,而非分析知识教育过程中的价值蕴涵问题。教育恰恰是要使用这些知识,因此教育本身就是对知识的使用,不论是什么特性,都将在人的培养上有价值性。因此,不论自然科学知识是否价值中立,社会科学知识是否与自然科学知识一致,从教育的视角来看,都是用来培养人的,都必然有教育中的价值问题。那么,在知识教育过程中作为教育者的主体是否有自身的价值渗入,即是否持有某种价值取向呢?这就是道德教育或者说价值观教育中的价值问题。正是这一问题引发了关于教育中教育者的价值教育立场的争论。

---

① 杨玉宏:《社会科学研究中的"价值中立"选择》,《学术界》2017 年第 7 期。
② 成良斌、周红艳:《论科学知识的价值偏向性》,《自然辩证法研究》2019 年第 3 期。

### （四）价值教育中的"价值中立"

马克斯·韦伯提出的"价值中立"是指在社会科学研究过程中不能渗入研究者的主观价值判断，要以研究对象的"实然"为目标，一旦研究者在研究过程中做出价值判断，就会影响社会科学知识的客观性和科学性，但是研究的结果——知识却负载价值。这就是说科学内价值中立，而科学外则与价值关联。关于在价值教育或知识教学过程中教育者是否渗入自身的价值取向，存在是否"价值中立"的争论。但是马克斯·韦伯是反对教师在教学过程中把自己党派的观点渗入教学中的。

美国道德教育领域曾经盛行价值澄清学派的教育理念。因此，一个时期内美国高校教育曾经"价值中立""刻意保持独立的挡箭牌和有意回避价值冲突"，通过"保持价值中立态度，只向学生教授知识和技能，而将道德和公民价值观留给家庭、教会和政治组织"。但是近年来，美国大学教育又试图"使价值观重新回归到大学精神文化结构中"。思想政治教育的加强、社会主义核心价值观的建构、"课程思政"的倡导，使得"立德树人"的根本任务有了保障。在此条件下，思考价值澄清学派理论的不足与我们在某种程度上的误读，反思当前价值教育或道德教育的时代使命，成为必然的选择。的确，从某种程度上说，价值澄清学派"无法真正改变学生在价值选择面前的冷漠状态。'价值中立'教育观无法承担应对时代境遇的使命，也许我们需要的不是一种'不中立'的教育形式"。价值澄清学派倡导价值教育过程中的"选择""珍视""行动"。"选择"是指教师引导、启发学生从各种可能性的价值中自由地选择，对这种选择的后果进行反复思考、认真分析，然后审慎决定。"珍视"是指学生要真诚地认同自己的选择，热爱自己的选择，愿意向别人公开自己的选择，并能够辩护自己的选择。"行动"是指学生持续地将自身所持有的价值选择融贯于生活的各个方面。①

---

① ［美］路易斯·拉斯思著:《价值与教学》，谭松贤译，浙江教育出版社2003年版，第25—27页。

在价值澄清过程中,学生依据自身的经验与偏好进行价值反思与重塑,教师被要求保持一种中立的、不偏不倚的态度,对学生的立场"不做评价地表示理解"。① 然而这种价值中立的教育观,一方面过度强调学生的个体性和差异性,把差异本身神圣化,漠视甚至阻碍了学生对社会共同性和对他人经验共性的认可,在客观上承认了我行我素的合理性,强化了自我中心的思维惯性,使得社会共识、相互理解、协同行动没有基础;另一方面"预设了一个理想的、完美的、已然成型的多元社会,然而社会现实并非如此"。过度的多元价值,其实就没有什么是正确的价值,只能是自私的价值或者没有选择的价值,因此学生会在其中迷失方向,难以选择。教育应该在此时进行引导。因此,"需要培养'求同'的能力以巩固社会的存在基础","需要对弱势群体的经验进行补偿性支持以促进学生均衡、健全的'多元'形态"。② 所以,我们要正确看待"价值中立"的思潮,它在"抵制伦理强迫、价值灌输、'美德袋'德育等方面"做出了一定贡献,但是也存在一些问题。"'价值中立'忽略了学校德育在本质上是一种价值传递活动这一事实",对于解决当前社会"充斥着价值混乱、意义空虚、精神无聊等问题"没有实质性的帮助,甚至"可能造成儿童的道德发展水平的下降和价值观的混乱"。"'价值中立'没有给教师提供一套具备可行性的教育方案","很可能会给教师产生误导作用",忽视了"儿童在心理、精神、品德发展等方面基本上都是未成熟的、有待塑造的"的规律与事实,因而需要"引导学生做出正确的价值判断,使学生形成正确的价值观和人生态度"。③

不过,我们还不能简单地否定"价值中立"的一些思考,也不能简单地肯

---

① 〔美〕路易斯·拉斯思著:《价值与教学》,谭松贤译,浙江教育出版社2003年版,第1—2页。

② 王一杰:《"中立"无益:对"价值中立"教育观的反思——以价值澄清德育流派为例》,《现代教育科学》2018年第3期。

③ 叶飞:《"价值中立"的学校的意义及局限》,《湖南师范大学教育科学学报》2009年第1期。

定价值教育中教育者的价值取向问题。教育者在教育过程中，一方面是要面对所教授内容的价值问题，另一方面要面对自身对于教授内容的价值问题是否持有一定的价值取向的问题。前者是关于知识本身是否具有价值性内涵的认识的问题，后者是关于教育者是否把自己的价值取向渗透进来的问题。就目前的研究来看，即使有部分人认为需要区别不同的知识或价值的不同关联形式，但教育内容的知识本身蕴含了思想政治教育内涵或者说具有价值取向，是众多研究者达成共识的。因此，对于脱离知识本身蕴含的价值内涵，片面地兜售教育者自身并非科学、客观、正确的价值观念的现象，我们应该认真对待。在现实的教育教学过程中，一些教师并没有科学的教育理念，没有正确的价值观念，一旦这些人脱离课程、教材知识中所蕴含的思想、情感、道德、价值观等内涵，对学生进行错误的价值观教育，其实是非常危险的。我们需要区分教学内容本身所蕴含的价值与教育者所持的价值取向之间的差别，警惕师德不良、政治素养不够、思想境界不高的教师过于主观地开展价值教育的现象。

## （五）国内关于知识的教学过程、方法、路径等教育性内涵的研究

"课程思政"实质上是要求在知识教学过程中挖掘"思政内涵"或渗透"思政内涵"。因此，有关知识教学的社会主义建设者与接班人的教育性内涵的研究便是"课程思政"的具体表现。

### 1.课程知识的性质与形式研究

在教育学领域，不少人认识到课程知识之中其实蕴含了思想、情感、价值观等内涵，提出了知识的教育化形式与教育化内涵等观点。郭元祥提出了教育学立场的知识观，认为认识论的知识观与教育学的知识观是有差异的，用哲学的认识论知识观来代替教育学的知识观是不恰当的，会造成一定的局限，因此，教育工作者应该确立教育学立场的知识观。教育学的知识立场是一种

"主体论""个性化""价值性""生命化"的立场,它不是认识论的、"知识生产"性的、"客观事物的事实性"的问题,而是"与学生发展过程相关联的知识再生产问题",是"关于学生成长的价值性问题"。因此,根本上说,教育学的知识立场或出发点是人的生成与发展,并始终围绕这一根本任务来处理知识的问题。这种对知识观的处理方式就是"基于前人的认识成果,通过师生互动""感知与理解、抽象与移情、感悟与升华、体验与反思等活动过程,生成新的意义"。① 因此,知识不仅仅是对客观世界规律的事实性认知,而是经过教育化的方式处理的,也就是说从教育出发将客观性的、符号性的知识转化为主体化、生命化、个性化、价值性的有教育性意义的课程、教学、学习的新形式。

郭晓明提出了教材知识的"动态"存在方式。他认为知识在教材中应该以"生命化"的方式存在。教材中的知识和知识本身的存在方式是不同的。教材中的知识存在形式是"开放的、积极的、有着与学习者展开精神交往与对话的可能性形式与姿态",它关注知识与学习者个体精神世界之间的关系,关注的是知识与学习者认知发展的阶段以及思维发展水平的关系。因此,从进化论的视角看知识,知识的性质是动态的、过程性的。这和知识的客观性、明确性、符号性、确定性等是不同的。客观知识一旦进入教材,就成为学生理解和学习的形式,"知识就必须再次以过程性的方式存在,具有某种动态的特点,恢复其与人的情感及共同体的思想氛围的密切联系",产生形态上的变化。教材设计中与知识有关的问题主要有"知识选择""知识的组织""知识存在方式的设计"。在进行"知识选择"与"知识的组织"时,就涉及知识的确定性,而"知识存在方式的设计"则涉及"知识能被人理解""并与学习者的个体精神世界达成一种相互开放的对话关系",此时关注的就是"知识的动态","把知识理解为一种过程"。这就是说,知识在教材中"以动态的生命化的方式存在",即知识以美的形式显示对学生的"召唤力",使知识"具有一种主动

---

① 郭元祥:《知识的教育学立场》,《教育研究与实验》2009 年第 5 期。

走向学习者的姿态与倾向"，把知识从"最初的生存境域"转化为"学习者的生活与精神世界重新创造和恢复知识的活力"的"境遇化""生命化"知识场景。①

### 2.教学过程中的学科教学知识形式研究

不论是知识的课程形式还是教学形式，其实都是对学科性质知识的教育化加工、改造与创造。教学中的知识与科学知识并不是完全相同的。张景中提出教育数学概念，认为课程、教材都是对知识形式的再创造，也就是说，为了教育的需要，对数学知识或数学材料进行加工、整理，或再创造。② 数学应该有学术形态和教育形态的区分，数学教育学研究的是数学教学，而不是数学本身，数学教育学面临的问题是"教什么"和"怎么教"的问题，数学提供材料，数学教学不仅要对材料进行加工，更要对数学进行"再创造"。"对数学成果进行再创造"，"已经不是数学教育学的任务了"，而是"教育数学"的任务。③ 因此，数学教学既需要数学教育学，更需要教育数学。教育数学只负责把数学加工创造为适合教学的数学知识形式。数学知识是"客观世界的空间形式与数量关系的反映。同样的空间形式，同样的数量关系，可以用不同的数学命题、数学结构、数学体系来反映"。"只是，有的反映方式便于学习、掌握、理解、记忆，有的则不然"，"不同的反映方式，尽管都是客观世界的正确反映，但教育的效果却会大不相同"。因此，为了数学教育的目的，要用教育的眼光审视、批判已有的数学知识，检查它在教育上的适用性，看一看、问一问哪些内容适合用来教什么样的学生，什么样的反映方式对于教育更适合或教育效果更好，或者看能不能找到更优或最优的反映方式。④ 数学教材是教育形态的数学，

① 郭晓明、蒋红斌：《论知识在教材中的存在方式》，《课程·教材·教法》2004年第4期。
② 张景中著：《从数学教育到教育数学》，中国少年儿童出版社2011年版，"写在前面"。
③ 张景中著：《从数学教育到教育数学》，中国少年儿童出版社2011年版，第231—232页。
④ 张景中著：《从数学教育到教育数学》，中国少年儿童出版社2011年版，第236—237页。

以几何学教材为例,其教材的编写应该是对学术形态的几何学的加工与再创造,因此,几何教材的编写应该遵循"直观、生动"的原则,应该"内容丰富",有"浓厚的趣味""丰富的练习题""引人入胜的方法","在逻辑上,它应当有明确的中心,有俯瞰全局的制高点",有"通用效能的解题方法与解题模式"等。① 对科学知识的教育化加工与再创造,不仅仅是形式上的改造问题,还整个地涉及丰富的内涵。因此,知识的教育化形式从逻辑上包含了"课程思政"的内涵。

### 3. "课程思政"的内涵、实施路径与方法的研究

"课程思政"是指学科课程及其教学中蕴含了思想政治教育的内涵,要在学科教学中挖掘或渗透思想政治教育的内涵。虽然教育学理论中一直都有对于教学的教育性的研究,但是,这一命题其实是一个中性概念,什么样的人便持有什么样的价值取向。资产阶级的教育者自然持有知识教学的资产阶级的教育性内涵的价值取向。因此,我们的教育学必然承认知识教学的培养社会主义建设者和接班人的教育性内涵。从这个角度看,教学的教育性与"课程思政"在理念上是一致的,不过教育性的具体内涵却因不同的教育而不同。中国特色的社会主义"课程思政"的内涵是有关培养社会主义事业的接班人与建设者,重要内涵是社会主义核心价值观。学界对"课程思政"内涵的研究取得了丰富的成果,综合起来看有以下几个方面的阐释。

首先,从思想政治教育课程、专业课程与主题选修课程的区别与关系来看,"课程思政"是将思想政治教育融入所有课程教学之中,实现"立德树人"的目标。高德毅认为:"'课程思政'其实质不是增开一门课,也不是增设一项活动,而是将高校思想政治教育融入课程教学和改革的各环节、各方面,实现

---

① 张景中著:《从数学教育到教育数学》,中国少年儿童出版社 2011 年版,第 16 页。

立德树人润物无声。"①宫维明认为："'课程思政'就是在以传统'思政课程'为主渠道的前提下,将思想政治教育的内容和精神融入所有课程中,构建各类课程与思想政治理论课同向同行、形成协同效应的思想政治理论教育课程体系,在潜移默化中完成全程育人、立德树人的目标。"②刘建军则认为"'课程思政'就是通过高校的'课程建设'和'课堂教学'来对广大学生群体进行思想政治方面的教育",从广义来看,"课程思政"是相对于高校的"思想政治教育"来说的其他专业课程教学,是"思政课程"与其他专业课程的统一体,从狭义来看,"课程思政"是指思想政治教育课程之外的一切专业课程。③

其次,从教育理念层面上看,"课程思政"是一种科学的教育理念和教育方法。何玉海认为,"课程思政"是一种科学的教育理念和教育方法,是对包括"思政课程"在内的所有课程教学规律的正确把握,是社会主义时代如何实施"立德树人"的总体要求、总体理念、总体思想、总体方针。他认为当前存在一些问题的主要原因是没有很好地从教育学的视角去理解"课程思政"的本质内涵。因此,从教育的角度认识、研究与实施"课程思政",要将显性课程与隐性课程统一起来,全员参与思想政治教育,倡导"讲授、对话、交往、服务'四位一体'的思想政治教育模式",建立科学的"思政课程"与"课程思政"统一的评价体系。④

再次,从具体的教学过程来看,"课程思政"是一种新的课程理论和教学理论。闵辉认为,"课程思政"的核心是挖掘不同学科和不同专业课程的思想政治教育资源、因素,建立"课程思政"与"思政课程"有机统一的课程体系,形

① 高德毅、宗爱东:《从思政课程到课程思政——从战略高度构建高校思想政治教育课程体系》,《中国高等教育》2017年第1期。
② 宫维明:《"课程思政"的内在意涵与建设路径探析》,《思想政治课研究》2018年第12期。
③ 刘建军:《课程思政:内涵、特点与路径》,《教育研究》2020年第9期。
④ 何玉海:《关于"课程思政"的本质内涵与实现路径的探索》,《思想理论教育导刊》2019年第10期。

成全学科、全方位、全功效、全过程的"立德树人"的课程体系和教育教学体系。① 陆道坤认为,"课程思政"是把思想政治教育的内涵融入教学过程的各个环节、各个方面,充分发挥"思政课程"的隐性功能与显性功能,共同建构课程育人格局。② 武醒、顾建民认为,"课程思政"突出了课程建构的精神内涵,提出了"德育为先"的本质,要求"立德"与"求知"的统一,是课程论、教学论统一于"立德树人"的教育理念的阐释。③

最后,从综合视角看,"课程思政"是一种系统的教育教学变革。王学俭等系统地总结了"课程思政"的内涵,认为"课程思政"是"立德树人"的重要组成部分。从本质上看,"课程思政"的本质是"立德树人",将思想政治教育融入专业课教学之中,坚持"以德立身、以德立学、以德施教",加强对学生的世界观、人生观和价值观的教育,同时要传承和创新中华优秀传统文化,积极引导学生树立科学、正确的国家观、民族观、历史观、文化观,培养德、智、体、美、劳全面发展的社会主义事业的建设者和接班人;从实施的路径上看,"课程思政"的路径是"协同育人",是"为了实现各类课程与思想政治理论课的同向同行,实现协同育人","是知识体系教育和思想政治教育的结合与综合";从其结构来看,"课程思政"的结构是立体多元的,"课程思政"是"知识传授、价值塑造和能力培养"的多元统一,是对知识传授、价值塑造和能力培养的重新回归;从方法上看,"课程思政"的方法是显性与隐性的结合;从思维上看,"课程思政"是科学创新,它"强调要用辩证唯物主义和历史唯物主义的思维方式去看待事物",这是创新思维的表现。④

---

① 闵辉:《课程思政与高校哲学社会科学育人功能》,《思想理论教育》2017 年第 7 期。
② 陆道坤:《课程思政推行中若干核心问题及解决思路》,《思想理论教育》2018 年第 3 期。
③ 武醒、顾建民:《"课程思政"理念的历史逻辑、制度诉求与行动路向》,《大学教育科学》2019 年第 3 期。
④ 王学俭、石岩:《新时代课程思政的内涵、特点、难点及应对策略》,《新疆师范大学学报(哲学社会科学版)》2020 年第 2 期。

### 4."课程思政"的内生机制研究

较早直接提出思想政治教育来源于人的内心的观点的是熊晓琳、李春海，他们认为"人自身具有求知的冲动"，会在生活之中不断追求事物的合理性过程中形成完整的思想，即以"个别经验的合理性为基础，不断积累或衍生出其他事物的合理性，逐步形成自己的观念体系"，形成系统的思想。这便是思想政治教育的内生机制。① 孙其昂更为系统地论述了思想政治教育的内生机制。他认为"思想政治教育内生机制源于人的内在需要，特别是人的思想更新的需要"，因为，"人在本性上是求知的；求知而要思想；通过思想而获得智慧性思想，求得心灵的安定。这是人人具有的内生机制，也就是人追求信仰的原因"。思想的内生机制，可由"思""新""交流"三个阶段或三个方面的元素构成："思"，即科学的思、选择适应社会政治价值的思，思想本身的建构就需要思想的系统性、完整性，需要通过教育才能实现思想的科学有效性。"新"，即思想本身是一个不断更新的过程，这也是个体发展与成长的过程，"思"本身就是不断更新自我，努力寻求新的思想、新的方法、新的形式，不断更新自我的过程。只有这样自我才可能发展，才可能适应新的不断变化的社会与环境。但是，这也需要通过教育来实现，作为未成年人的学生具有不成熟性以及缺乏自我控制性、稳定性等特征，如果任由他们自身发展，可能就会出现某些不断试错甚至完全走入错误道路的危险，使其"新"的过程称为幻想的过程。"交流"，即实现科学与社会化以及新思想的交流，思想在交流中矫正、在交流中吸收、在交流中丰富内涵、在交流中激发动机与动力、在交流中成就，通过交流获得自我肯定，获得对"思"的定位与矫正，获得新的启发，但是，如何交流，也需要教育。否则，可能会产生错误、封闭、固执、骄傲。因此，思想教育的内生机制，一方面来自自我价值教育。人总是会接受社会的影响，总是会把社会影

---

① 熊晓琳、李春海：《传播学受众理论与思想政治理论课,程教学改革研究》，《学校党建与思想教育》2013 年第 7 期。

响转化为自己内在认可的思想,而自己的思想总是会形成一个整体、系统、相对完整的观念系统,总是会用一系列的观念来解释自身的行为,哪怕是失败,也要从思想上获得圆满的解释,如果行为是成功的,更要在自身思想上、观念上寻找成功的原因以及系统的思想观念的支撑。一个正常的人总是会自我教育的,总是会倾向于思想上、观念上的完整与系统化的,总是会不断根据社会情况的变化而不断完善自己。但是,这正如苏格拉底所言,如果没有系统的科学知识,自我的教育就会产生错位,或者封闭,或者凌乱、无序。因此,思想政治教育其实就是正确的、科学方法的思想完善的教育。这是一个人的科学而正确的精神教育。思想教育的内生机制,另一方面来源于社会化机制的内化。通过自觉参与认同社会思想与行为规范,伴随着社会化成长过程而产生社会机制的植入。因此,"思想政治教育内生机制源于人的内在需要,特别是人的思想更新的需要。对思想政治教育内生机制来说,思想建构是基础,思想交流是基本形态,思想环境是源泉,思想科学是依托。思想政治教育内生机制的建构、发展要遵循马克思主义方法论,探索思想及思想的功能,开展系统建构,把握思想政治教育的总体性和具体性"①。

通过上述相关研究与系统的分析,发现有以下几个方面的问题值得认真思考。首先,国外对知识本身蕴含的思想、道德、价值因素的研究成果丰富,并能用来指导其价值教育、道德教育、公民教育等实践,广泛渗透到日常生活与社会文化领域,做到了隐性与显性的有机统一。国内相应的理论研究和指导思想政治教育实践的研究相对不足,实践上往往局限在学校教育、课堂教学狭隘的活动空间,虽然显性教育做得多,而隐性教育的配合不够,往往效果不能达到预期的目的。其次,对知识的价值性内生机制的研究较多,但研究知识的教育生成、"课程思政"的内生机制以及具体的教育教学措施很少。因此,应该系统深入研究"课程思政"内生机制,即具体研究知识教育的"课程思政"生

---

① 孙其昂:《论思想及思想政治教育内生机制》,《思想政治教育研究》2014 年第 3 期。

成机制、基本规律与实施的基本原则等重大问题。再次,国内研究"课程思政"的理论内容较多,但对"课程思政""示范课程"建设现状以及具体地在专业课教学中建构"课程思政"教育新模式或教学模式的很少。因此,应该把"课程思政"的理论研究与具体的教育教学实践结合,探索"课程思政"的各个具体学科、具体内容的实践教育教学模式。

# 四、"课程思政"内生机制研究的基本内容

本研究的基本内容是"课程思政"的内生机制及相关问题,内容极其丰富。但主要围绕知识传授过程中思政内涵的挖掘与渗透的核心,从而对以下几个方面的问题展开研究。

## (一)"课程思政"的缘起、理论基础及当代价值

### 1."课程思政"的缘起

本研究将"课程思政"分为广义和狭义的理解。

从"课程思政"的广义内涵理解,就是指知识教学中有思想、情感、价值、道德等内涵的传递。从这个角度来看,《大学》中讲的"格物""致知""诚意""正心""修身""齐家""治国""平天下",就蕴含了广义的"课程思政"的内涵。西方思想家的一些著述也有同样的情况,如苏格拉底、柏拉图、亚里士多德等都表达了同样的思想或理念。到了资产阶级革命以后,资产阶级教育思想家赫尔巴特提出了教学具有教育性命题,洪堡提倡的"因科学而修养"的新人文主义精神,马克斯·舍勒提出创立的知识社会学以及曼海姆提出的知识的意识形态论概念等,都意在阐释知识的产生受到社会制度、社会文化、时代精神等社会存在因素制约的特性。这些思想可以说是资产阶级的思想政治教育在知识教学领域的渗透与统一。

狭义的"课程思政"专指中国社会主义建设进入新的历史时期提出的在专业课程教学中挖掘和渗透思想政治教育内涵的教育教学理念以及相应的教学改革思想,起源于中国共产党建党以来始终坚持的以马克思主义理论为指导思想的政治思想教育和思想政治教育及其在整个教育领域和整个教育教学过程中的贯穿与统一。

我们将狭义的"课程思政"分为"政治与思想工作中的教育""思想政治工作中的教育""思想政治教育""学校德育工作""课程思政"五个阶段,并对其转化的标志性事件、文件精神进行了阐述、分析,为狭义的"课程思政"教育理念的发展勾勒了一个发展与演变的基本过程。

### 2."课程思政"的理论基础

"课程思政"是科学的教育理念,有其深厚的学理和教育文化基础。认真研究和阐释"课程思政"的理论基础,有助于教师科学、自觉地实施"课程思政"。当前在"课程思政"的实施过程中存在对"思政元素"的"泛化"理解,"融入""生硬"以及"两张皮"等现象,根本原因是对"课程思政"的理论基础理解不够。因此,学术界必须加强对"课程思政"的理论和学理基础研究。本研究在充分梳理相关学科理论的基础上提出了"课程思政"的五种理论基础,即马克思主义关于人的全面发展的理论;课程内容知识的本质属性,直接相关的是知识社会学理论;课程本身相关的课程文化理论;教学的教育性理论;教育解释学理论和建构主义理论等。

### 3."课程思政"的当代价值

"课程思政"一经提出,就产生了强烈的社会反响,究其原因在于它的科学性与历史必然性。中国共产党一直以来都特别重视对学生进行思想政治理论教育,但过去更多的是把思想教育与政治工作结合起来,与学生的具体生活和学习关联度不够,再加上过去一段时间的机械教条主义影响,思想政治教育给人一种抽象、教条的说教印象。"课程思政"教育理念的提出,不仅是在实践、生活上更让人接受,而且在学理上更加深入人心,同时更为重要的是,随着经济社会的发展,中国社会主义建设进入新时期,整个社会生产与生活方式都面临着转型,这给思想政治教育乃至整个教育教学带来了一系列的挑战以及相应的变革。因此,在多重因素的作用下,"课程思政"的当代价值彰显出来。本章重点研究了削弱、忽视、误导思想政治教育的不良社会思想思潮、强势的科学技术霸权、过度运用的信息化、智能化的新媒体等现象,分析了其产生负面影响的根本原因、基本原理与内在逻辑,阐述了思想政治教育的必然性、合理性、合法性以及相应的在实践中的对策建议等。

## (二)"课程思政"的内生机制

事物都是在内因与外因的相互作用下发展变化的。外因是发展变化的条件,内因是发展变化的根据,外因只能通过内因起作用。"课程思政"的实施,也必须遵循辩证唯物主义这一规律。因此,研究专业课教学的"课程思政"问题,就必须首先研究教学活动内部的构成要素、构成要素中的主客体关系以及发展变化的完整过程。我们把广义和狭义的教学活动结合起来分析;把广义的教学活动分为知识产生、课程设置与教材编写、教学设计与教学展开、理解内化与学习接受四个环节,每一个环节的主体是不同的;把狭义的教学活动理解为在学校课堂教学活动中,通过文本知识把知识生产主体和课程设置与教材编写主体激活,一起与教师、学生展开显性与隐性、直接与间接相互作用,从而分析每一个环节与每一个主体的直接、间接的思想、价值、道德、情感、审美等内涵,引导学生不仅与教师互动,还必须与知识生产者、课程设置与教材编写者互动,进一步探索教师的教学设计以及课堂教学如何与学生互动、如何引导学生与教材、教材内容所指向的科学家等互动的发生原理、基本规律以及运行机制等,为教育者掌握这个内生机制,自觉、主动调节自身的教学行为,提供理论依据、科学方法与实践对策。

## （三）"立德树人"的育人实质、教育模式及教学文化变革

研究"课程思政"内生机制是研究教育实现"立德树人"根本任务的核心问题。不论是思想政治教育知识，还是其他专业学科知识，都属于整个知识系统的部分，都是实现"立德树人"根本任务的教育教学内容。因此，我们认为对人的生命发展、知识本身如何育人以及育人模式的深度变革的研究是落实"课程思政"根本任务的重要议题。

### 1. 建构基于人的生命发展的三维元素养结构

"立德树人"的本质是促进人自由、自觉的整体生命发展。然而纵观当代多种有关人的核心素养的理论，基本都是以当下的社会需求为出发点的外在规定内容，并非出于对人的生命发展的内部素养结构的要求建构起来的。我们把这种以外在需求为出发点的核心素养结构观称作外生性素养结构观，在教育上表现为认知性的知识教育观。在对认知性知识教育观的批判之中建构起了以生命发展为出发点的三维元素养的生命结构观，即内生性素养结构观。其核心观点认为，人的生命发展的元素养包括身体的生理—机能结构、认知的知识—智慧结构、灵魂的情感—价值结构三个维度。这三个维度的结构相互紧密联系，相互支持、促进或推动彼此发展而形成一个有机整体。智慧与灵魂嵌入身体机能，机能随智慧、灵魂的发展而发展，思维是联结机能、知识与智慧的中介，灵魂是机能、智慧与行动的调控者和驾驭者。传统的教育由于以认知的、理性的知识作为教育的核心内容，虽然在这个基础上提出了深度知识、复合型技能、反省与创新思维等丰富的素质结构，但是仍然无法避免一系列不利于人的生命发展的问题，这些问题大致表现为：认知的、功利的、低层次的知识教学，缺乏走向信仰的、价值观的、情感体验的灵魂深度与高度；离身的、符号化的知识教学，缺乏身体之根与实践经验之本；知识碎片化、信息虚拟化现象严重，导致教学整合和反思困难，无法很好地"转识成智"。可见，传统的认知

性的知识教学在人类新的生活、生产方式条件下,已经完成了其特定历史时期的使命,逐步演变为僭越人的生命发展的异化形式。因此,必须在新的历史条件下,探索促进人的生命发展的根本性素养的系统教育新理念以及新方法与新范式。因此,我们认为可以通过以身体之知为根基,凸显实践的作用,实现实践、模拟实践与虚拟实践的有机统一;以知识的生成来促进承载智慧与灵魂的认知的、机能的发展;通过激发学生学习的审美化激发体现学生生命本质的审美需求,以知识转化为智慧,促进学生对世事人生的洞见,使得学生能够发展为具有创造活力的生命体;通过师生双方的人性深度融合与生成、知识的人性体验与自我实现统一以及在教与学之中以不同的学科知识的人性内涵关联来涵养统领人生意义的灵魂建构。

### 2. 探索基于"课程思政"教育理念的生成性教育模式

"课程思政"的实施,不能仅仅作为专业课教学的内容要求,更要作为整体教育模式与"思政课程"和"三全育人"结合,构建整体育人的教育模式。马克思主义实践哲学是这一教育理念的指导思想。因此,生成性教育的核心教育理念,首先表现在世界的生成性本质上,即实践是世界与人生成、发展的根本途径,人生成的核心是人的意义生成和价值建构,人及社会生成呈现"人的依赖关系阶段"、"以物的依赖为基础的人的独立阶段"和"共产主义社会"人的解放与自由三个阶段的发展过程;其次表现在教育对人的生成作用上,即教育是人之生成的意识开启和起点,教育实践作为生活意义的生成过程,教育交往促进人的社会属性的生成,人的发展本质为生命意义的整体建构。为此,本书提出教育应该注重启发与引导,着力培养受教育者的深度思考能力和动手操作能力;注重创造,促进受教育者的全面发展;面向"生活世界",树立主体之间的共在与转化理念;为学生创造丰富的教育实践环境,拓展丰富的交往内涵与交往形式,培育基于生命发展的交往实践等建议。这些建议有助于实现教育的生成性本质,形成生成性教育模式,使得整个教育教学活动具有"思想政治教育"内涵生成性本质特征与功能。

### 3. 研究基于"课程思政"教育理念的教学文化新内涵

对于大多数不愿主动改革的人来说,"课程思政"教育、教学改革是一种外在要求,具有外生性特征。我们研究"课程思政"的内生机制,就是试图把外生性要求转化为主体内生的需求,转化为主体内在的教学文化。"课程思政"的内生性主要是指在具体的教育、教学活动中的主体内在的本质规律及其表现。"课程思政"的教育、教学改革只有深入教与学主体的文化心理层面,才能真正转化为主体内生性的自觉行为。

文化是人类的根本属性,是物质世界、精神世界、意识形态以及制度规定之内化于心并外显于行的思维方式、价值取向、情感体验、行为范式和精神风貌等的整体统一形式。教学文化则是教学活动中主体与相应的物化资源、环境、政策制度等相互作用形成的行为方式表现出来的教学目的的价值取向、思维方式、精神面貌及其所影响而形成的表现形式,其中教学目的的价值取向是核心。"课程思政"作为新时代的教育新思想,无疑是课程建设与教学变革中具有特殊意义的文化现象,其教学文化必然表现出新的教育思想理念、价值取向、思维方式以及教学行为范式等特点。基于"课程思政"的教学文化追求的是"立德树人""培根铸魂"的高尚目的,旨在把社会主义核心价值观融入知识之中,把知识中蕴含的思想、信念、价值、道德、情感等丰富元素转化为学生的素养,能够促进学生在观念、情感、行为上认同社会主义核心价值观,树立"建设者"和"接班人"的人生追求;在思维方式上追求辩证唯物主义与历史唯物主义统一的科学思维方法,培养科学的世界观、人生观与价值观;在教学方式上要求继承与创新中国优秀传统文化的"启智润心"精神。因此,"课程思政"的文化精髓在于将整体育人作为学校教学活动的核心,就是要在课堂教学活动中,注重以思想政治教育为灵魂,以知识教育为载体,形成育人合力,推进整体育人。"思政"内涵融入教学活动的过程,就是要在传承人类文化的同时,做到"思政育人""思想育人""文化育人"的结合。无论是教学方法的设计、教学手段的选择、教学内容的传授、教学过程的推进还是教学结果的评价,都要将思想政治教育有机融入教学过程之中,从而形成以"思政育人"为内在机制的教学文化。因此,坚持"课程思政"的育人精神和育人路径,弘扬社会主义核心价值文化,是当前教学文化变革的根本路径。

### 4. 知识育人的实践路径与方法的探索

就某学科具体知识、专业课程内容来说,不少教师总感到疑惑:教知识,如何能够转移到育人的问题上来呢? 在现实中,一些人要么认为教知识特别是自然科学知识,根本无法与育人的思想、情感、价值、道德等内容结合起来,要么就直接把思想政治教育内容硬"贴"在学科知识上面,产生贴标签或直接转化为思想政治教育课程的现象。针对这种现象,我们认为必须深入分析知识的本质特征及其与人性内涵之间的内在关联等,研究在具体的教学中如何自然、有效、无痕地融入思政内涵的基本规律、具体方法。

知识育人需要首先弄清楚的是,在实践中获取知识与在教育中获取知识不同,在实践中面对的是客观世界的事实本身,而在教育中面对的对象是符号、观念以及他人的经验。在实践中获取知识,主体在与客观世界相互作用的过程中总会产生心理感受、体验以及身体机能与整个人的精神性素养等内容,然而在教育中获取的知识是别人的主观感受的符号化、观念化、客观化的形式,如果学习者内心没有与之相类似的经验,就不能理解、同化或顺应这些客观的间接知识。

知识是育人的基础和前提条件,无论是"思政课程"还是"课程思政",都要以知识为中介来实现育人。学科知识是各种实践活动的结晶,学校教育通过把已有的学科知识与相应的实践(或模拟实践、虚拟实践)相结合,引导学生参与相应的实践,或以"同化"的方式丰富、发展已有的知识结构,或以"顺应"的方式扩大、建构新的知识结构,并在获得认知性素养的同时获得精神性素养;而"课程思政"则是对认知性素养与精神性素养进行价值规范与引导。因此,"知识教育"与"价值教育"相互"依赖"。思想政治教育的核心要素是引导学生科学地思想。"思"是通过"假设""评估""操作""检验"等过程实现认知性素养与精神性素养的联结作用,既促进知识与智慧的内涵发展,也促进情感与价值的深度统一。学科育人是指思想政治课程之外其他各学科课程教师结合教学内容所蕴含的思想、情感、价值取向、道德伦理等因素进行思想政治教育的活动。挖掘学科知识所蕴含的育人因素,把思想政治教育内容渗透到具有关联性的学科知识中来,充分运用"思"对知识进行内容、内涵丰富的"关联"与"扩展",一方面促进"转识成智",从知识上升到智慧,另一方面形成"化智育灵",让智慧与知识生成灵魂,从而促进学生智慧与心灵的融合,实现"立德树人"的整体人格发展。这就是学科育人的内在逻辑和学理机制。在具体的知识教学过程中,首先要引导学生做事,把间接的、书本的、前人的知识运用到学生具体的实践中,通过做事实现做人的教育,再通过引导学生对做事的过程与结果进行体验、反思,学会审美,以实现智慧地、快乐地做事。

## 5. 研究不同学科和不同教育素养的融合问题

"课程思政"针对事实与价值、知识技能与做人品质、专业课程与思想政治教育课程等一系列的对立与分裂的现象。而不同学科和不同素养的融合便指向德智体美劳全面发展及其各育或各种素养之间的关系,即"五育并举"与"五育融合"的问题。这个问题是"立德树人"的两个相互关联的内容。"五育并举""五育融合"是近现代以来探索国家、民族存亡与在马克思主义指导下探索中国特色社会主义发展与民族振兴过程中逐步成熟起来的现代教育理念体系。审视实然的现实教育实践,还存在缺乏指向崇高的教育目标、缺乏"五育融合"的路径与方法以及"五育并举"的教学内容等问题。因此,在教育教学实践中,要以人为本、德育为先,用知识"塑造灵魂",实现崇高教育目的的价值指向;以美辅德,以美超德,实现审美人格的培养理想;研究学习实践活动方式的多样性沟通与转换,探究"五育融合"的根本途径与方法;创造多样化的劳动教育形式,探究实现全面、完整、协调的人的途径。可见,"五育并举"与"五育融合"是"课程思政"的一体两面。

### 6. 探讨人工智能条件下的"课程思政"新范式

在人工智能条件下教学产生了一些新的特征,但是,这些新特征正好凸显了"课程思政"的育人目的,人工智能条件下创造的教学新场景、新模式、新精神等都有利于"立德树人"教育目的的实现。然而这对教师的教学来说将面临一系列新的挑战,即如何从知识教育目的观向人性目的观转变,如何从单质主体向多元主体并行与交互模式建构转变,如何从传授学习方法到激发学习兴趣与引导自主探索适合自己的学习方法转变,如何从苦学到乐学以及自我生成意义与快乐情绪等转变,这将是智能时代能否成为优秀教师的关键。因此,智能时代的"课程思政"、培养全面发展的人的目的的实现需要遵循"立德树人"的根本宗旨,以知识"塑造灵魂",培养混合式、人机融合式的教学模式创构能力,创造"人际"、"人机"与"人世"精神交往的教学关系,以实践的劳动教育为基础,以审美教育为灵魂,"五育融合"与"五育并举",创造丰富多样的综合实践活动形式,真正培养社会主义建设者和接班人。因此,人工智能时代的教学为"立德树人"的教育宗旨、"课程思政"的教育理念创造了新的条件与新的范式。

### 7. 教育教学的审美升华

马克思关于人的全面发展理论是"立德树人"和"课程思政"的指导思想。马克思关于人的全面发展首先是指人的"自由自觉"的活动能力和"自由自觉"的意识的发展;其次是指个体能力的全面发展,即人的体力和智力的总和;再次是指实现人的全面发展的生产力和社会条件;最后是指实现人的自由自觉全面发展的路径和方法,即生产劳动同智育和体育的结合。人的自由自觉全面发展是人的本质规定,也是"立德树人"与"课程思政"的宗旨与目的,然而实现这一人性本质的条件则是社会生产力的高度发展与标志人与人的关系的社会制度的高度发达。生产力的高度发达使人的生存必要劳动时间缩短,人的自由自觉全面发展才有了充足、自由的时间。在社会主义条件下,这两个条件已经基本具备,才可能创造出以各个人自由发展为一切人自由发展的条件的联合体。因此,生产力和社会生产关系的发展为人的本质发展创造条件,是人的自由自觉全面发展的前提和基础,而最终目的是实现人在自然世界、社会世界以及自我世界中的自由、自觉、全面发展。这种发展的本质是实现艺术地掌握世界、审美化的生活方式。正因为如此,在众多能力之中,马克思更强调作为人的本质力量对象化的认知与直观能力,因为这是其他能力的最终目的,同时这种能力也反过来提升其他能力。因此,马克思实践哲学的核心是艺术地掌握世界的生活实践理论,其价值指向是为了凸显人的主体性与能动性——指向人的自由与解放,造就全面发展的人。这便是广义的教育。学校教育只是广义教育的表现形式之一。真正的"立德树人"一定是基于人的全部生存实践活动的。而学校教育必须充分利用现实实践、模拟实践、虚拟实践、物质实践与精神实践等一系列实践活动的丰富形式和内容,进行"活化教学",把符号之"知"化为"能",身体之"能"化为"智",身心之"智"化为"文","知、能、智、文"化为"人"。在此基础上,提出在具体教学实践与教学过程中,以知识为中介、以学生为中心、以生命意义的生成为终点,"教""学""知"三主体融合,形成生命意义生成场域,融通、丰富知识关联点以促进新思想、新知识的生成,通过主体操作、交流、体验、直观以创美育人等的具体审美化要求。

8.研究学习过程直接的心理学意义如何提升、转化为生存论意义的问题

"课程思政"与思想政治教育正是要解决学习意义的价值取向问题。只

有在教学过程中直接的意义价值取向得到解决,才可能为今后走入社会、走入实践、走入工作岗位转化为工作的意义价值取向。因此我们认为,既不能过早地把间接的学习意义等同于工作意义、实践意义、社会意义,也不能把学习意义与工作意义、实践意义、社会意义完全分割开来。解决这一问题的关键在于学习意义的生命化、生存化,也就是说要把学习上认知的意义转化为生存论的意义。学习的过程是学习者赋予知识意义的过程。要把知识本身的意义转化为学习者学习的意义,并生成学习者新的知识结构,这个完整的过程既是学习意义生成的过程,也是学习者自我意义建构的过程。为此,教师要引导学生把知识从冷冰冰的对象性的"物",关联到与自己有关的"事",进而获得具有融通感的"情"。只有当知识与学生已有的经验相联结,才易于被学生理解和接受,也才能由"非现实的"内容转化为现实的内容。因此,在教学过程中教师要善于引导学生建构意义的生成机制。引导学生在学习中将知识与已有经验建立联系,形成科学的意义观念和意义系统;引导学生做有意义的事,通过同化或顺应,体验效能感、成就感;把握生命节奏,循序渐进、张弛有度,感受新的突破带来的获得感,形成积极的情感体验;通过反思交流以明晰意义的内涵,使得学生的学习经验和知识结构有新的突破,体验学习生成的意义。

## (四)高校教师"课程思政"的能力现状及对策研究

自从思想政治理论教育专业化与独立化后,就产生了专业教育与育人教育的分工。这种分工导致一些人误以为专业教育不管育人的问题,更不会管思想政治教育的问题。思想政治教育的发展产生了科学化、系统化的独立性和相对的分工,是教育发展的必然,但是,分工并不等于分裂,不等于条块分割,现实中产生的整个育人实践的机械分工、分裂导致了整体育人实践的分裂现象,甚至产生了一些能量相互消耗的现象。因此,研究高校专业课教师的"课程思政"意识与能力的现状以及对策,是本课题研究的应有之义。我们基于广义的教学活动过程环节和课堂教学活动的结构要素,分析了"课程思政"

意识和能力的表现内容,建构了教师认识、理解与处理知识、课程教材、教学与学习为核心的高校教师"课程思政"意识与能力结构模型,编制了《高校教师"课程思政"认知与行为情况问卷》,并实施了调查,发现高校专业课教师的"课程思政"意识与能力整体上较好,处于中等偏上水平。但也存在结构上的差异,并提供了相应的调查数据和结果分析以及提高教师相应素养与能力的对策建议。

# 五、本研究存在的不足及今后深入研究的方向

"课程思政"涉及我国教育的大政方针,事关重大,从中共中央到教育部以及各部委相继出台了一系列政策进行部署、给予强调,可见其重大的社会价值。据付文军的研究表明,自 2016 年 12 月 9 日习近平总书记发表讲话以来,学术界开始掀起了研究的高潮,从 2000 年开始截至 2021 年底共发表相关论文 667 篇,其中 2017 年以前的论文只有 39 篇。[①] 并且从近年来的发展趋势来看,研究成果有不断持续增长的态势。这说明,"课程思政"作为党和国家的大事、建设中国特色社会主义与实现中华民族伟大复兴的大事,不仅在实践层面引起高度重视,在学术界也引起了强烈反响和积极响应。如此全局性的重大问题,其研究的内容极其丰富,其实践的范畴极为广泛。因此,对其的研究不能一蹴而就,更不能简单对待。

就本研究的范围来说,研究的内容也极为丰富,本研究只是作为一个开端,抛砖引玉。在研究的过程中,时时感觉难以把握不断更新的研究成果。认真反思研究过程和研究的具体内容,觉得至少还存在以下研究不足以及可以继续深入研究的问题。第一,对与"课程思政"的内生机制相对应的、真正构成逻辑互构的"思政课程"的内生机制研究不够。"课程思政"的内生机制问

---

① 付文军:《"课程思政"的学术探索:一项研究述论》,《兰州学刊》2022 年第 3 期。

题,不仅仅是"课程思政"本身的问题,与此相对应的"思政课程"的内生机制应该与之形成一种逻辑互构。没有对"思政课程"内生机制的研究,也就不可能从整体上把握"立德树人"的根本问题和全局问题。第二,从教育哲学层面研究知识本身的思政内涵不够。现实中之所以产生把知识教育与价值教育对立起来的现象,其实是有很深厚的哲学上的认识论观念、思维方式等制约着教师们的教学行为。因此,虽然本研究做了一些尝试,但是其深度和广度还远远不够,这是今后需要继续深入研究,并深入实践进行思考的问题。第三,对"课程思政"与"思政课程"脱嵌的深层理论与实践问题的研究不够。在教育教学的现实中,存在不少思想政治教育与专业课程教学之间的科学研究、师资队伍、教育教学管理等方面的独立化、分裂化以及学科封闭化现象,这些现象导致对人的全面发展教育难以形成合力,甚至相互消耗,产生教育教学效果的低效能等。这样的现象背后一定存在深层次的认识问题,这是需要认真研究并在实践之中加以克服的问题。第四,对"课程思政"实践的评价研究不够。任何改革都有相应的目的与目标设定,有目标设定就必然有相应的评价指标体系,以结果的评价来检验改革的科学性与成效。本研究没有涉及这个问题,当前教育理论界对此问题的研究也刚刚起步,其研究成果还不理想。第五,对"课程思政"的广义研究不够,更多地局限在狭义的、学校的、课堂的、显性的教学层面上,对于广义的、社会的、生活的、隐性的等层面的研究很少涉及。然而这方面的众多问题恰恰是影响"课程思政"在学校、课堂、显性的教学中效果的重要因素。因此,这个问题是今后该领域理论和实践研究必须加强的内容。第六,对各学科具体实施"课程思政"的实践研究及其普及性不够。一方面,"课程思政"必须落实到各个学科的教学中,各学科知识的特点不同,"课程思政"也将呈现不同的特点。这就需要每一门学科的教师研究该学科教学的"课程思政"策略、方法、路径等问题。另一方面,"课程思政"必须落实到每一个教师的实践中,只有每个教师成为研究主体,"课程思政"才可能成为每一位教师的实际行动。

# 第一章 "课程思政"的缘起及本质内涵

对问题与事件发展的追溯,本身就是一种意义的追寻和本质的探析。"课程思政"在当代有什么价值、其本质内涵是什么,必然都包含在自身产生、发展的过程中。

## 一、"课程思政"的缘起

研究任何事物或事件,都要完整理解与掌握它的发生、发展及结果等环节,认真分析其内在与外在的影响因素,了解其构成的核心要素、功能及其相互作用的机制与规律等。"课程思政"研究自然也必须遵循这一基本原则。

### (一)广义"课程思政"的缘起

《大学》中讲的"格物""致知""诚意""正心""修身""齐家""治国""平天下",其实就是说知识是一切的基础,对外在世界(包括自然界、人类社会以及人类自身的发展现象)的探索是用来"诚意""正心""修身"的。没有对自我之外的世界的认识,就不可能认识自我,没有对外在世界的适应与改造,就不可能形成对自我的认识与改造的能力。一方面,获取知识是"诚意、正心、修身"的过程本身,另一方面,获取知识是为了"诚意、正心、修身"。最终,"诚意、正心、修身"是为了培养"齐家、治国、平天下"的人。只有既具备对外在世界的认识与改造能力,又具备对自我的认识与改造能力,才可能转化为"齐家、治国、平天下"的实践。其中"诚意、正心、修身"就相当于"格物、致知"课程中的"思政"内涵,而"齐家、治国、平天下"则关涉培养什么人的问题。自汉代儒家教育思想取得独尊的地位之后,虽然在魏晋南北朝时期有所淡化,但一直以来都是中国官方尊崇的教育思想。虽然儒家教育思想是指向培养封建社会君主国家的治国人才,但对培养中国特色社会主义的建设者和接班人也有一定的启示作用。

同样,苏格拉底的名言"知识即美德",也是把知识与道德、价值密切联系在一起的。柏拉图认为知识是符合理念的形式,其知识价值观带有神性的神秘。亚里士多德甚至把人的所有德性的培养都归于五种知识的获得,即技艺、科学、实践智慧、智慧和努斯(理性)。显然亚里士多德所指的德性具有丰富的内涵,既包括不同类型的知识,也包括不同类型知识所蕴含的智慧以及价值取向。古希腊的教育思想在经过中世纪的禁锢之后,在文艺复兴时期得到了全面复兴与创新。文艺复兴一方面是复兴古希腊的文化与教育思想,另一方面由于时代的不同,生活方式与社会生产方式发生变化,相应地,文化以及教育思想也产生了不同于古希腊的新成分,甚至在某种程度上可以说文艺复兴是借复兴古希腊文化与教育思想之名而表达了萌芽时期新兴资产阶级的文化与教育思想。对于知识的价值以及培养什么人的问题,较早进行直接思考的是斯宾塞。在他看来,最有价值的知识是实用的知识,因此应该探索和学习有关生产、有利于生活的知识。知识的价值关联凸显出来。直接把知识教学与人的培养联系起来的是赫尔巴特,他把只教知识不问一个人变好还是变坏的教书匠与"一切教学都是教育性"的教师区别开来。[1] 到了现当代,西方产生了知识社会学流派。他们认为知识本身具有社会属性,知识与社会境域相关

---

[1] 《赫尔巴特文集·教育学卷·第一卷》,李其龙译,浙江教育出版社 2002 年版,第187页。

联。洪堡创立柏林大学时就宣扬"因科学而修养"的新人文主义精神。这个时期欧洲科学家、教育家大多认为对科学的探索,即对科学的探究本身就是训练智慧与提升修养的统一。马克斯·舍勒提出知识与社会境域关联,产生了"知识社会学"的概念。随后曼海姆论述了知识的意识形态性,揭示了知识的产生受到社会制度、社会文化、时代精神等社会存在因素制约的特性。马克斯·韦伯认为人文科学知识生产本身不可能避免价值取向。在人文科学研究中研究者从一开始就会运用自己选择材料的机会,选择某些材料而忽视某些材料,以此突出某些价值而忽视某些价值,研究者用自己已有的价值理念作为选择材料的原则,来折射出灵魂之镜中的价值,规定着他的工作方向。[1] 塞蒂纳强调科学的对象和内容不仅"技术性地在实验室中被创造出来,而且符号性、政治性地被建构"[2]。西方教科书政治学派揭示了课程的政治属性,这也是我们倡导的"课程思政"的理论基础。他们认为课程设置与教材编写不仅是已有知识的事实性传输系统,它还是政治、经济、文化活动,是这些领域的斗争及其妥协的共同作用的结果。教科书是真正由这些利益集团设计和创制出来的,体现了用谁的文化去教育孩子的大问题。[3] 因此,西方历来也重视知识传授过程的价值引导,并且他们更从知识本身的生产以及课程设置、教材编写等过程中的价值本性来寻找教学中渗透价值教育的理论依据和合理性、合法性。

为什么当前我们又会产生"课程思政"的新的教育思想、教育理念呢? 它和传统的"学习即修身""知识即美德""教学具有教育性"以及现当代知识社会的观点相比,其价值何在、新在哪里呢? 它是如何产生的呢? 这还需要我们

---

① [德]马克斯·韦伯著:《社会科学方法论》,李秋零、田薇译,中国人民大学出版社 1999年版,第 25—26 页。

② [奥]卡林·诺尔-塞蒂纳等著:《制造知识》,王善博等译,东方出版社 2001 年版,"序言"第 3 页。

③ [美]阿普尔等主编:《教科书政治学》,侯定凯译,华东师范大学出版社 2005 年版,第1—2 页。

从"课程思政"的狭义来源说起。

## (二) 狭义"课程思政"的缘起

### 1. 政治与思想工作中的教育

中国共产党自建党始,就一直把马克思主义理论与中国具体实践相结合,重视从思想上建党。新中国成立以后,1949 年 12 月 30 日全国第一次教育工作会议,时任教育部副部长的钱俊瑞就明确指出新区学校的主要工作是进行"政治与思想教育",1952 年 3 月 18 日中央人民政府教育部颁发的《中学暂行规章(草案)》和《小学暂行规程(草案)》,指出对于学生要实施智育、德育、体育、美育等全面发展的教育,其中德育的核心内容就是社会主义觉悟、马克思主义世界观和共产主义道德品质等,强调"革命人生观"、无产阶级"政治觉悟"的教育,这就属于政治思想教育的范畴。应该说,这个时期,对包括整个国家的公民在内的政治思想教育是头等大事,涉及所有的中华人民共和国公民要从半殖民地半封建社会的生活方式、生产方式向社会主义社会的新生活方式、新生产方式的转变,政治与思想工作不仅针对学生,也针对全国人民,是广义的教育,是整个国家的政治大事。因此,学校教育是从属于全社会的政治与思想工作大局的。马克思主义理论、新民主主义革命思想的教育是政治工作的重要内容。

### 2. 思想政治工作中的教育

1956 年,随着国家对农业、手工业、资本主义工商业的社会主义改造的完成,作为全社会的政治与思想工作告一段落,高等学校院系、专业布局调整也完成了,使得高等教育走上为社会主义建设服务的轨道。1964 年,《中共中央宣传部、高等教育部党组、教育部临时党组关于改进高等学校、中等学校政治理论课的意见》(中发〔64〕650 号)颁布,指出学校政治理论课的根本任务是用马克思主义、毛泽东思想武装青年,培养革命接班人。这标志着马克思列宁主义的思想、理论教育是教育科学,马克思列宁主义、毛泽东思想不仅是革命的理论,也是科学的理论,社会主义的新生活需要思想、观念的认同来支撑,才能转化为自觉的行为规范。因此,从"政治思想工作"向"思想政治工作"的转变,不仅是社会主义生活、生产方式的行为规范改造的政治工作任务的转变,也是一个对人的思想、行为规范形成的科学认识的转变。

### 3.思想政治教育与社会主义现代化建设人才培养

"文化大革命"期间,正常的思想政治教育基本中断。改革开放后,开始恢复思想政治理论教学,并在新的历史时期赋予其新的内涵。这一重大举措说明我们不仅认识到了思想的科学理论性特征,还认识到了人的培养需要多方面的协作,形成整体的育人理念。1978年《教育部办公厅关于加强高等学校马列主义理论教育的意见》指出:"马列主义理论课与政治运动、形势教育、劳动教育、政治工作等,从不同角度对学生进行马列主义思想教育。各有侧重,不宜相互代替。"1980年教育部、共青团中央发布的《关于加强高等学校学生思想政治工作的意见》(〔80〕教政字004号)指出:学校要正确理解政治工作在高等学校中的地位和作用,要把思想政治工作和教学、科学研究工作紧密结合,要解决学生在学习、生活中的一些实际问题。这些改革措施已经深刻认识到政治工作必须与思想教育、专业知识教育相结合,必须与生产劳动实践相结合,才具有现实的可能性和理论上的科学性。1981年党的十一届六中全会通过的《关于建国以来党的若干历史问题的决议》指出,全党要加强马克思主义理论研究,加强各门社会科学和自然科学研究,要加强和改善思想政治工作,用马克思主义世界观和共产主义道德教育人民和青年,坚持德智体全面发展,坚持知识分子与工人农民相结合、脑力劳动与体力劳动相结合。这一重大决议,从认识上看,纠正了过去把知识分子与工人阶级割裂开来,并认为知识分子比工人阶级低一等,需要接受工人阶级的教育,甚至需要工人阶级来对他们进行改造的认识偏差,形成了教育培养的知识分子本身就是工人阶级的一部分的认识,同时强调知识分子的培养就是在生产劳动实践中进行的,标志着对教育的实践性本质的认识。思想政治教育不再是孤立的思想政治工作,而是全面育人的教育工作。

此外,对于马克思主义理论与思想政治教育以及道德教育专业化的认识加强了。1984年中共中央宣传部、教育部颁发的《关于加强和改进高等院校马列主义理论教育的若干规定》(中宣发文〔1984〕36号)强调,"马列主义理论课和学校的日常思想政治工作是相辅相成、缺一不可的有机整体"。这标志着马克思主义理论课和思想道德课的"两课"格局形成。1987年中共中央颁发《关于改进和加强高等学校思想政治工作的决定》(中发〔1987〕18号),要求把思想政治教育与专业教学结合起来,按照各个学科的特点,引导学生正确认识学校学习与今后工作之间的关系,把思想政治教育贯穿教学环节。这一决定标志着思想政治教育作为专业教育,其课程建设、师资队伍建设以及学科建设等都被纳入与其他学科专业同等的程序之中,同时把思想政治教育的专业化与学科知识的专业化相结合,具体指出了不同学科的课程如何渗透思想政治教育内涵的方法和路径。

### 4. 学校德育工作

1994年《中共中央关于进一步加强和改进学校德育工作的若干意见》(中发〔1994〕9号)区别了"学校德育"和"学科德育"的概念,指出加强马克思主义理论教育是学校德育工作的首要任务,要整体规划学校的德育体系,根据各学科的特点,促进德育与各学科教学的有机结合,要把德育贯穿到教育教学的全过程,落实在教学、管理、后勤服务的各个环节上。1995年国家教委颁布《中国普通高等学校德育大纲》,指出"要发挥各科教学中的德育功能,结合教学相关内容和各个环节,有机地对学生实施德育"。这两个文件精神明确提出了德育必须以马克思主义理论教育为指导思想、德育内容要在学科教学中渗透的要求。2004年中共中央、国务院颁发的《关于进一步加强和改进大学生思想政治教育的意见》(中发〔2004〕16号)对"学科德育"的理念进行了系统阐述。"意见"指出"高等学校各门课程都具有育人功能,所有教师都负有育人职责",要求"把思想政治教育融入大学生专业学习的各个环节,渗透到教学、科研和社会服务各个方面"。根据对这一系列文件精神的理解,我们认为马克思主义理论教育、思想政治教育以及道德、法规教育是从教育的学科内容来划分的,应该与其他相关学科(智育、体育、美育、劳动教育)内容并列。如果说思想政治教育是为培养人的思想与道德品质服务的,用什么样的内容引导人的发展,就培养出什么样的人,是属于培养人的方向、性质的内容,是用马克思主义思想、社会主义核心价值观和行为规范的内容来教育和培养社会主义事业接班人和建设者,那么,其他相应学科则是属于培养人的智力、能力与身体健康的教育。前者属于灵魂的教育,后者属于智力与身体能力的教育。因此,从大德育的概念来看,从教育的结果来看,思想政治教育的最终目标是培养人的品德,从学科、学理的教育来讲,应该是德育范畴。因此,思想政治教育归入了德育范畴,进入学科专业教育的行列。

### 5. 学科德育与"课程思政"

为了贯彻落实中共中央、国务院《关于进一步加强和改进大学生思想政治教育的意见》(中发〔2004〕16号)的文件精神,上海市启动实施了"两纲教育"("两纲"指《上海市学生民族精神教育指导纲要》和《上海市中小学生生命教育指导纲要》),这两个文件的核心就是"把德育的核心内容有机分解到每一门课程,将社会主义核心价值观作为核心内容整体、科学、有序地融合进各学科,挖掘每一门课程的育人功能、增强每一位教师的育人责任"。上海市的改革,一方面是开发了大量鲜活的思想政治教育课程,如上海大学开设的"大国方略""创新中国"课程,以多学科名师教学团队,通过教学内容、教学方法、教学手段等多种途径,活化课程知识与价值观;①再如华东政法大学的"法治中国"系列课程,"围绕全面推进依法治国中的系列重大理论问题,开设党的领导与依法治国的关系、法治信仰与依法治国的关系、如何培养中国法律人的政治素养等10个专题内容",②顶层设计课程理念、课程内容、课程讲授、课程评估、辅导团队等方面的内容,积极探索"课程思政"的路径与方式,弘扬中国特色社会主义法治理念,培养学生成为温暖而有正义的"人"。另一方面是把思想政治教育融入各门学科专业课程,提出了具体的指导意见,产生了一系列高质量有影响的专业课程。它们把专业课程与思想政治课程的内容有机结合起来,让学生既感受到专业知识的博大精深,又感受到严谨的科学精神、高尚的人文情怀,让学生在学习过程中潜移默化地受到熏陶,实现系统的观念认同与深刻的情感震撼,从而自然地形成相应的行为习惯。这项改革措施推进了16号文件精神落到实处,作了示范性探索,从而形成了"课程思政"的教育理念和教育模式,创新了课程文化和教学文化。上海市的改革可以被看作是对多年以来"学科德育"的更进一步深化改革的探索和实践。这里也提醒我们思考一个问题:德育的泛化是否弱化了新时代教育的针对性和时代性?我国的改革开放进入深化阶段,国际国内政治、经济、军事、文化、科技等发展面临着越来越复杂的形势,中华民族的伟大复兴面临着更多的严峻挑战。因此,我们的教育将面临更加复杂的环境、更加严峻的挑战、更加重要的任务等一系列问题,教育改革是否需要作出新的应对,就成为当前教育改革的重大决策问题。

2017年,教育部印发《高校思想政治工作质量提升工程实施纲要》,要求推动"课程思政"的教学改革。2018年9月10日,习近平在全国教育大会上

---

① 顾晓英:《"大国方略"系列课程的思政教育与文化学分析》,《青年学报》2016年第4期。

② 高德毅:《"中国系列"思政课选修课程:提升思政课教学质量的有效选择》,《中国高等教育》2017年第11期。

的讲话要求,要把"立德树人"融入思想道德教育、文化知识教育和社会实践教育的各个环节,贯穿到各级各类教育领域,学科体系、教学体系、教材体系、管理体系要围绕"立德树人"的目标来设计,教师要围绕"立德树人"的目标来教,学生要围绕"立德树人"的目标来学。"凡是不利于实现这个目标的做法都要坚决改过来"。① 这一讲话精神指出了作为知识的学科体系、作为教学内容的教材体系、作为教学活动核心的教学体系和管理体系等环节对育人的重要性,从而为我们探索整个"课程思政"环节和各环节主体相互作用的规律指明了方向。2019 年中共中央办公厅、国务院办公厅印发《关于深化新时代学校思想政治理论课改革创新的若干意见》,提出了建设"四个一批"的要求:建成一批"课程思政"示范高校,推出一批"课程思政"示范课程,选树一批"课程思政"教学名师和团队,建设一批高校"课程思政"教学研究示范中心。随后教育部颁发《高等学校课程思政建设指导纲要》,指出"课程思政"建设的本质是"要寓价值观引导于知识传授和能力培养之中,帮助学生塑造正确的世界观、人生观、价值观","课程思政"建设"影响甚至决定着接班人和国家长治久安以及民族复兴和国家崛起","课程思政"实施的主力军是教师,主战场是课程建设,主渠道是课堂教学,所有高校、所有教师、所有课程要"守好一段渠""种好责任田",各类课程要"同向同行",形成协同效应,建构全员、全程、全方位育人大格局。至此,"课程思政"从实践探索、理论探讨,到政策制定以及实施细则全部完成,标志着我国新时代的教育改革进入全面普及与实践创新实施改革的新阶段。

## 二、"课程思政"的本质内涵

"课程思政"作为一种教育思想,具有源远流长的发展历史。然而作为新

---

① 中华人民共和国教育部:《高校思想政治工作质量提升工程实施纲要》,2017 年 12 月 5 日,见 http://www.moe.gov.cn/srcsite/A12/s7060/201712/t20171206_320698.html。

的教育思想、教育理念、教学文化以及教育模式,它是新时代落实"立德树人"根本任务的新举措,具有特定的时代内涵。目前教育学界对于"课程思政"本质内涵的研究内容丰富,不同专家学者从不同角度、不同形式进行了积极探索,形成了众多富有创新的理解。

其一,从思想政治教育的角度来界定"课程思政"的本质内涵。这种观点认为"课程思政"是社会主义新时代实施高校思想政治教育的创新。"课程思政"既是一种思想政治教育的理念,又是思想政治教育的方法,是教育理念与教育方法的统一。当前对"课程思政"的理解出现一些问题的主要原因是没有从教育学的视角来审视、理解或研究"课程思政"。因此,从教育学特别是课程论的视域来认识、理解、研究、实施"课程思政",从课程论和教学论的角度来研究课程体系和教学体系,是非常必要的。① 显然这一类观点是把"课程思政"作为思想政治教育的延伸来界定其本质内涵的。

其二,从课程论的角度来分析"课程思政"的本质内涵。课程包含了教学,所以,从大课程的角度来看,不少研究者把"课程思政"看作一种课程观,是思想政治教育融入课程的内容、教学和教学改革的各个环节、各个方面,"实现立德树人润物无声"②。"课程思政"是一种整体性的课程观③,"是将思想政治教育融入课程教学的各环节、各方面",发挥"隐性思政"的功能,与显性的思想政治理论课一道,共同构建全课程育人格局。④

其三,从"课程思政"与"思政课程"的关系及其功能来分析其本质内涵。当前关于课程思政形式有两种观点,即补充论和包含论。包含论认为思想政治教育也是一种课程,是通过课程来实施的,它必然包含在所有课程之中,

---

① 何玉海:《关于"课程思政"的本质内涵与实现路径的探索》,《思想理论教育导刊》2019年第10期。

② 高德毅、宗爱东:《从思政课程到课程思政:从战略高度构建高校思想政治教育课程体系》,《中国高等教育》2017年第1期。

③ 闵辉:《课程思政与高校哲学社会科学育人功能》,《思想理论教育》2017年第7期。

④ 陆道坤:《课程思政推行中若干核心问题及解决思路》,《思想理论教育》2018年第3期。

"课程思政"是指所有的课程都有思想政治教育功能,所以,"课程思政"包含"思政课程"。① 补充论认为"课程思政"与"思政课程"相互补充。就育人来说,思想政治教育课程是显性的课程,"课程思政"是隐性的课程,两者相互补充、相互推动。因此,"不能把'思政课程'建成'课程思政',同样,也不能把'课程思政'建成'思政课程'"②。又有人认为,"课程思政"与"思政课程"在本质上是一致的,两者相互补充、各有侧重,因此"需要加以区分,防止在实践中出现偏差"③。

其四,从"课程思政"作为教育理念来分析其本质内涵。"课程思政"作为一种教育理念,不能把它看成课程,只能看作一种思想政治工作的理念,是指"课程承载思政"与"思政寓于课程"。这一理念注重在价值传播中凝聚知识底蕴,在知识传播中强调价值引领,要求课堂教学、社会实践、网络运用都必须统一实现"立德树人"的目标。④ 也有人强调"课程思政"的精神建构,在立德为先基础上实现"立德"与"求知"的统一。⑤

随着"课程思政"的实施,理论探讨和实践探索在不断深入和创新,新的认识与新的实践举措还会不断产生,不可能在短时间内形成固定的、一致的概念界定。但是,事物本质总是会有相对稳定的本质特性。因此,我们应该一方面抓住"课程思政"本身的核心要素,从要素组成的结构,分析其功能;另一方面要掌握"课程思政"作为育人活动的基本规律,充分利用其规律提高育人效率和质量。

---

① 赵继伟:《关于"思政课程"与"课程思政"辩证关系的思考》,《思想政治课研究》2018年第5期。
② 邱仁富:《"课程思政"与"思政课程"同向同行的理论阐释》,《思想教育研究》2018年第4期。
③ 邓晖、颜维琦:《从"思政课程"到"课程思政"——上海探索构建全员、全课程的大思政教育体系》,《光明日报》2016年12月12日。
④ 邱伟光:《课程思政的价值意蕴与生成路径》,《思想理论教育》2017年第7期。
⑤ 武醒、顾建民:《"课程思政"理念的历史逻辑、制度诉求与行动路向》,《大学教育科学》2019年第3期。

从"课程思政"发展演变的历史来看,它既是一种教育思想、教育理念,也是一种课程形式。"课程思政"是与"思政课程"相对应的概念,是课程的两种不同形式,其功能有一定的差异,但是其根本的宗旨是"立德树人"。从课程的角度来看,所有的学校教育都是课程,"德、智、体、美、劳"是指人的素养,但都必须通过课程来实施。课程具有多种表现形式,既可以分为学科课程和活动课程,也可以分为分科课程和综合课程,还可以分为必修课程和选修课程以及显性课程与隐性课程等。不论是德育、智育、体育、美育还是劳动教育都可以分为不同类型的课程。这种划分是根据人的发展素养的分类进行的。在中小学阶段分为语文、数学、英语、物理、化学、生物学等,在大学阶段分为文学、理学、工学、农学、医学等,则是按照学科知识类别来划分的,它们都要以不同的课程形式表现出来。学科知识与人的素养之间是一种相互交叉、相互融合、相互影响的关系。思想政治本身是人的素养,也是一门学科知识,也是众多课程形式中的一种。思想政治教育解决的是培养什么人、为谁培养人、怎样培养人的问题。然而教育的这三个核心问题都需要通过广泛的知识教育来解决,学校教育直接面临的就是已有的学科知识,而不是直接的实践,因此,在学校教育中,没有脱离知识的思想政治教育,思想政治内涵本身就蕴藏在知识之中,也没有脱离思想政治等价值观的纯粹的知识教育,因为知识生产本身就是存在于特定的思想政治环境中的。从方法来看,不论是偏向知识的教育还是偏向思想政治的教育都要遵循科学的教育方法,从这个角度来看,"课程思政"也可以说是一种科学的教育方法。从思想政治教育的内容来看,它本身是知识,但又是关于世界观、价值观、人生观以及理想信念的知识教育,是集中思考具有世界观、人生观、价值观、方法论与理想信念的知识,在知识类型上不同于对客观世界以及人类社会活动的偏向客观事实和客观规律的知识系统。但是,即使是自然科学知识本身也包含有关于世界观、人生观、价值观、方法论以及潜在的思想、情感、理想、信念的内涵。知识是作为主体的人探索发现的,必然包含了主体的人的世界观、人生观、价值观、方法论以及思想、情感、理想、信念的因素。我们培养人既要让他获得客观知识,也要让他成为一个真正的人,这是教育必然包含的因素。不能仅仅传授知识、技能、智慧,更要培养理想、信念、灵魂。之所以进行分科教学,产生不同类型、不同内容的课程形式,这是现代社会分工的必然结果。即使是分科教育,也必须把人作为一个整体来培养,这就是"思政课程"与"课程思政"必须相互统一、相互补充的基本要求。我们不能仅就课程论课程,而是要跳出课程本身,或者说跳出狭义的课程思维框架,从整个教育的角度来看"思政课程"与"课程思政",把课程作为知识(含专业知识和思想政治知识)教育的整个过程来看。探求知识本身包含了整个人生的内涵,知识在教育过程中是一个不断形成教育化形式的过程,这个过程包含从实践中获得知识或发明、创造知识,再从知识生产者的知识外化为符号的书本知识,到经过编辑、整理、加工的教材知识,再到教师开展教育之前的备课形态知识、上课讲授形态的知识、学生接受形态的知识、转化为主体化形态的知识以及在生活与工作之中的实践形态的知识,这是一个完整的过程。其中包含了课程编制者、教师和学生各自的主体化形态的形式,最终转化为学生主体化形态的知识。从这个角度才可能真正找到"思政课程"和"课程思政"的内生逻辑,即主体内生的逻辑。

从今后的发展方向来看,"课程思政"有越来越向整个育人体系的改革发展的趋势。首先,我们是把"课程思政"放在提高高等教育教学质量的宏观背景下来思考问题的,并不仅仅作为思想政治教育的部分内容来看待,或者说仅仅是为了配合思想政治教育的单一任务来实施教育教学改革。因此,"课程思政"与"思政课程"的"同向同行",并不仅仅是专业课程或知识的教学需要与思想政治教育"同向同行",而且思想政治教育也要与专业课程或专业知识的教学"同向同行",不仅强调专业课程教学要融合思想政治教育的内涵,而且也要强调思想政治教育要与专业知识相结合,也要遵循知识教育的陈述客观事实、分析基本原理,做到教学中的有理有据的科学精神与客观精神等,使得两者密切配合、协同发展,共同促进培养社会主义建设者和接班人的教育事业的发展。

# 第二章　"课程思政"的理论基础

当前"课程思政"实施中还存在"对思政元素的理解泛化、融入方式生硬、思想政治教育同各类课程'两张皮'"、简单拼凑、以偏概全等问题,①究其根本,与当前的"课程思政"研究缺乏对"课程思政在课程知识的生成、选择、组织及传递过程中如何共在共融"等问题的"学理探究"有一定关系。② 因此,系统梳理"课程思政"的理论基础,深化对"课程思政"的学理探究,更能提高"课程思政"实施的科学性和有效性。

目前关于"课程思政"教育理念的理论基础的研究很少。胡洪彬提出了"课程思政"的三大理论基础的观点,即"马克思主义经典作家有关人的全面发展理论、课程文化发展理论以及有效教学理论"③。委华等认为应该从"学科专业知识体系的内在价值"认识来提高推进"课程思政"的意识,从"教学的互动性特质"的认识来提高"课程思政"实施的效果,从"高等教育本质和使命"来认识"课程思政"的必然性等。④ 我们认为,研究"课程思政"的理论基础,一定

---

① 陈磊、沈扬、黄波:《课程思政建设的价值方向、现实困境及其实践超越》,《学校党建与思想教育》2020 年第 7 期。

② 李洪修、陈栎旭:《知识社会学视域下课程思政的内在逻辑与实现路径》,《大学教育科学》2022 年第 1 期。

③ 胡洪彬:《课程思政:从理论基础到制度建构》,《重庆高教研究》2019 年第 1 期。

④ 委华、张俊宗:《新时代高等教育课程思政的理论基础》,《中国高等教育》2020 年第 9 期。

是指不同学科的学术性理论基础,因而应该系统研究"课程思政"本身的特点以及与这些特点相关并能支持这一教育理念的不同学科的理论,因此"课程思政"的理论基础,不仅要从教育学内部寻找,还要在它的外部相关学科中寻找。

研究"课程思政"问题,首先必须回到课程本身的本质及其功能进行研究。课程的目的是培养人。课程是规范人发展的"跑道",也是引导人发展的过程。这就是英语 Curriculum 的词根拉丁语"Currere"的本意。从课程在教学中的地位及其与相关要素的关系来看,它上连接知识,下连接教学,最终归于学习,转化为人的发展的实现。因此,影响和制约课程的因素至少涉及如下问题:培养什么人的问题,与此相关的就是人的全面发展理论。课程的内容来源于科学技术与社会文化知识,因此,涉及与知识的本质、结构形式及其与人的发展关系,涉及课程本身的功能、特点等问题,与前者相关的理论是知识社会学,与后者相关的是课程文化理论。然而课程只是作为教学的材料,具体实施通过教学,这就涉及教学理论的问题。课程也好,教学也好,最终目的是引导学生学习,把外在的知识或课程选定、规范的内容转化为自己的发展,这就涉及学习理论的问题。在众多复杂交错的理论中,能够对"课程思政"教育理念的理解、实施以及生成有效的教学行为起到促进作用或者说具有一定指导作用的,至少可以概括为这样几种理论:马克思主义关于人的全面发展的理论、知识社会学理论、课程文化理论、教学的教育性理论、教育解释学理论和建构主义理论等。

# 一、"课程思政"的指导思想:马克思主义关于人的全面发展理论

"课程思政"教育理念的核心就是要让"思政课程"与"课程思政""同向同行",实现培养全面发展的人。"思政课程"的核心内容是马克思主义基本理论,"课程思想"的教育理念本身就直接来源于马克思主义关于人的全面发

展的理论。人的全面发展是"课程思政"的目的。用马克思主义关于人的全面发展理论来指导"课程思政",这两者是直接统一的。但是,马克思主义关于人的全面发展理论与"课程思政"的具体目的之间,仍然有理论与实践之间的距离,如何用马克思主义关于人的全面发展理论来指导"课程思政"的实践,仍然需要研究与创新,特别是需要每一个教育工作者深刻理解理论的深刻内涵,灵活运用来指导实践,转化为"立德树人"的教学行为,并在不同的学科、不同的教学活动之中表现出来。

马克思主义关于人的全面发展理论主要包含了个体的全面发展的本质、内涵、实现的条件等丰富的内容。其一,人的全面发展一方面是指人的"自由自觉"的活动能力的发展。马克思认为人的本质就是"自由自觉"的活动,因此,人的发展也就是"自由自觉"的活动能力的发展。这种发展通过劳动创造对象世界,而实现在对象世界中直观人的本质力量,即将自身内在的、真正的人的本质在自己所创造的对象中表现出来,通过对象来认识自身和体验自身的本质力量。这样,劳动既创造了必要的生存资料,也为自身的发展创造了精神动力,推动人向高级阶段发展,这就体现了人的发展本质。而人的这种本质是"类本质",而不是费尔巴哈所说的人对自己所属的"类",而是人对自己区别于其他动物的"类生活",即具有社会性的社会生活。人以类的存在方式和活动方式与自然世界打交道,个体也是积累了类的经验与本质而发展的,因而是类的表现,个体之间之所以能够沟通,是因为每一个个体都包含了类的本质。因此,马克思说:"……正是在改造对象世界中,人才真正地证明自己是类存在物。这种生产是人的能动的类生活。通过这种生产,自然界才表现为他的作品和他的现实。因此,劳动的对象是人的类生活的对象化:人不仅象在意识中那样理智地复现自己,而且能动地、现实地复现自己,从而在他所创造的世界中直观自身。"[1]人的全面发展另一方面是指人的"自由自觉"的意识

---

[1] 《马克思恩格斯全集》第42卷,人民出版社1979年版,第97页。

的发展。劳动使人的本质在劳动过程和劳动产品中得到实现,然而劳动者并不一定能够直观到自身本质力量的对象化,因为人的意识还需要同步发展,因此马克思说,"感觉和特性"要变为人的"感觉和特性",而且感觉器官也要变成人的器官,即"眼睛变成了人的眼睛",①这样人才真正成为人。否则,即使工业是"一本打开了的关于人的本质力量的书,是感性地摆在我们面前的人的心理学",但是人们也不能读懂它。② 如何才能让感觉、眼睛变成人的感觉和眼睛呢? 那就是人的活动和能力发展的丰富性和主体的、人的感性的丰富性。因为,人的活动和能力的丰富是人的本质的展开的丰富,马克思说,"只是由于人的本质的客观地展开的丰富性,主体的、人的感性的丰富性","确证自己是人的本质力量的感觉,才一部分发展起来,一部分产生出来"。③

其二,人的全面发展的内容主要是指个体能力的全面发展,即人的体力和智力发展的总和。马克思说,"人的身体即活的人体中存在的、每当人生产某种使用价值时就运用的体力和智力的总和"④。这里的体力与智力,都是人的能力的最基本的外在表现形式,即能够生产有价值的产品的能力。在这个基础上,马克思更强调作为人的本质力量对象化的认知与直观能力。这里面包含了人对自己劳动的、生存的、社会性的认识与体验,即把自己的体力与智力作为人的类的、本质的力量在自己身体上的表现以及体验与直观。马克思批判资本主义把人的素养局限在只知道吃、喝、住、穿等本能的范围内,从而异化了人的本质,使得工人不能够理解工业的历史这本"人的本质力量"打开的书。人的本质力量通过工业、农业等各个行业的劳动形式、过程以及成果表现出来。并且随着社会生产力以及社会分工的发展,劳动形式、劳动工具、劳动

①　《马克思恩格斯全集》第 42 卷,人民出版社 1979 年版,第 124 页。
②　《马克思恩格斯全集》第 42 卷,人民出版社 1979 年版,第 127 页。
③　《马克思恩格斯全集》第 42 卷,人民出版社 1979 年版,第 126 页。
④　《马克思恩格斯全集》第 23 卷,人民出版社 1972 年版,第 190 页。

成果等的表现形式也在不断发生变化。劳动不再仅仅是体力的形式,还有智力的形式;不仅有身体操作形式,还有脑力思维的形式;不仅是物质生活资料产品的形式,还有非物质生活资料的形式;不仅包括生产劳动过程,还包括劳动产品的交换、流通等过程。因此,不但劳动的形式、内涵发生变化,劳动产品的形式、功能也发生变化,而且人的本质力量的表现形式也会产生巨大的变化。因此,人的全面发展的内涵是随着时代特别是人类生产力发展而发展的,就目前而言,至少应该包括人的体力、智力以及表现出来的劳动能力、交往能力、道德能力、自我改造能力、审美能力、创造性想象能力等。一方面,人的全面发展需要消灭资本主义生产方式的分工限制,使人能够自由自觉地在不同领域、不同行业发展;另一方面,社会分工使得各个领域都得到发展,从而使整个社会和人类能力得到全面发展,为个体的发展提供了更为广大的空间和丰富的条件。因此,人的发展的"全面"应该是与人所生存的社会发展相一致的全面,而不是"个人的全面性","不是想象的或设想的全面性,而是他的现实关系和观念关系的全面性"。① 人的社会关系的丰富化决定了人的发展的内容与内涵的丰富化、社会化以及发展的不断生成性、过程性。人的全面发展是社会的产物,是建立在"交换价值基础上的生产为前提的",在产生出"个人同自己和同别人的普遍异化"的同时,"产生出个人关系和个人能力的普遍性和全面性"。②

其三,马克思认为人的全面而自由发展的实现,需要一定的生产力条件和社会条件。第一个条件,即生产力的高度发展缩短了社会必要劳动时间,为每个人全面自由发展提供了足够的时间和空间。马克思指出,当社会必要劳动时间缩短到最低限度时,就给"所有的人腾出了时间和创造了手段,个人会在艺术、科学等等方面得到发展"③。而这种发展,在资本主义社会是生产剩余

① 《马克思恩格斯全集》第 46 卷下册,人民出版社 1979 年版,第 36 页。
② 《马克思恩格斯全集》第 46 卷上册,人民出版社 1979 年版,第 108—109 页。
③ 《马克思恩格斯全集》第 46 卷下册,人民出版社 1979 年版,第 219 页。

价值的剩余劳动时间,也就是说,社会必要劳动时间越少,而工人的实际劳动时间不变,产生的剩余价值就越多。而在共产主义社会,个人发展越充分,为社会发展充分的生产力,也就为社会创造更为丰富的财富。① 第二个条件,即创造调节人与人的系列关系的社会制度。人的全面而自由的发展需要人与人的关系是一种自由人的联合体。一方面是"发展社会生产力,去创造生产的物质条件",才可能为"以每个人的全面而自由的发展为基本原则的社会形式"奠定基础。② 这个基础就是人际关系的利益冲突与对立的解决,理想的社会制度能够消除人际关系的这种利益冲突与对立,因而人与人之间才能结成自由人的联合体。另一方面,也只有这种社会形态才可能为人的全面而自由的发展提供良好的社会关系。

共产主义是解决人的全面而自由发展问题的根本条件。它是"一个以各个人自由发展为一切人自由发展的条件的联合体"③。分工可以扩大生产力,但是任何新的生产力又都会引起新的分工。因此,分工总体上可以促进整个社会能力的丰富与发展,但是分工把个人限制在某些劳动能力发展范围内,又可能阻碍个人的全面而自由的发展。如何解决既分工又自由的问题呢? 在马克思、恩格斯看来,如果分工是自愿的,个人之间不是利益对立的,那么,就可以实现个人的全面而自由的发展。但是只有共产主义社会才能消灭强制性分工,消除个人利益对立。因此,在共产主义社会里,一方面每个人都自由而全面发展,通过分工促进生产力发展;另一方面,任何人都没有特定的人为限制的活动范围,可以自由自愿地在不同部门发展或活动,社会调节着整个生产,因此,消除了被动分工对生产力的阻碍。所以,个人也就可以"随我自己的心愿今天干这事,明天干那事,上午打猎,下午捕鱼,傍晚从事畜牧,晚饭后从事

---

① 《马克思恩格斯全集》第46卷下册,人民出版社1979年版,第221页。
② 《马克思恩格斯全集》第23卷,人民出版社1972年版,第649页。
③ 《马克思恩格斯全集》第4卷,人民出版社1958年版,第491页。

批判,但并不因此就使我成为一个猎人、渔夫、牧人或批判者"①。

其四,马克思认为教育的根本途径就是生产劳动,教育必须与生产劳动相结合。马克思说,他从罗伯特·欧文的工厂看到,"从工厂制度中萌发了未来教育的幼芽,未来教育对所有已满一定年龄的儿童来说,就是生产劳动同智育和体育的结合,它不仅是提高社会生产的一种方法,而且是造就全面发展的人的唯一方法"②。马克思的这一思想包含了三层意蕴,即教育的内容来自生产劳动,教育的目的是为了生产劳动,同时教育的过程必须与生产劳动相结合。

马克思关于人的全面而自由的发展理论内涵极为丰富。马克思的这些论述为当前"课程思政"的展开提供了坚实的理论支撑。作为新时代高校思想政治教育模式的新探索,"课程思政"一方面是通过将思想政治教育的内容嵌入不同的学科专业课程之中,确保学生在获得学科专业知识、专业技能的同时,提高思想政治意识、思想政治水平,丰富情感体验,树立正确的价值观、崇高的理想信念等。另一方面是发掘各学科专业知识本身的思想政治内涵,发掘知识本身主体性的思想与价值取向等本质与特性。正是由于知识本身具有思想性、价值取向性以及情感体验性,它才可能具有教育性。"课程思政"绝不是单纯地把思想政治教育内容强加上去,而是把思想政治教育的内涵与知识本身所潜含的思想性、价值性与情感体验性结合起来,实现整体育人的目的。马克思关于人的全面而自由发展的理论本质上是整个人才培养目标制定、专业建设、课程建设以及提高教育质量的改革的指导思想。

## 二、知识的社会生成是课程的"思政"
## 内涵的来源:知识社会学的论证

知识社会学是社会学的分支学科,以研究知识与思想的产生、发展、传承

---

① 《马克思恩格斯全集》第3卷,人民出版社1960年版,第37页。
② 《马克思恩格斯全集》第23卷,人民出版社1972年版,第530页。

及其与社会文化之间的关系而著称。知识社会学是在马克思主义关于"社会存在决定社会意识"这一经典理论的基础上发展起来的。舍勒在《知识社会学的常识》一书中赋予"知识"以广泛的含义:知识不仅体现了思想观念、意识形态、伦理道德,甚至还包括了哲学、科学、法律、艺术以及技术等,从而奠定了知识社会学的理论大厦。知识社会学将知识看作映射社会文化和意识形态的特有镜面——知识结构与民族本性以及人的本能与内驱力有直接的关系。舍勒认为:"对于知识社会学来说,建立一种能够把哲学理论史上的诸阶段与产生这些哲学理论的各种群体类型联系起来的理论,将是一项卓有成效的事业。"①社会文化影响着思想观念和意识形态,反过来,思想观念和意识形态又能促进社会文化的变革与发展。曼海姆从知识生成的角度深入分析了思想意识和社会存在的关系,尤其以"知识的政治"这一概念来研究知识与政治的内在联系,认为"知识是社会建构的"——社会因素参与知识的生成与建构的过程,"知识具有社会制约性"——知识的社会决定论。曼海姆认为:"随着对总体的意识形态概念的一般表述的出现,单纯的意识形态理论便发展成知识社会学。曾经是一个党派思想武器的东西,也被转变成对社会史和思想史进行一般研究的方法。"②知识同时伴随着思想而产生,知识社会学要探讨人类知识(思想)的产生和发展的过程。"曼海姆所希望表达的思想是,政治的发展是受制于知识的,特别是受制于意识形态的,有什么样的意识形态,就会有什么样的政治状态。"③伯格和卢克曼进一步提出,知识和社会都是一种"社会建构的结果"④。早期知识社会学的研究对象基本上限于人文社会科学领域,带

---

① [德]马克斯·舍勒著:《知识社会学问题》,艾彦译,华夏出版社2000年版,第13页。

② [德]卡尔·曼海姆著:《意识形态与乌托邦》,霍桂恒译,中国人民大学出版社2013年版,第180页。

③ 欧阳英:《关于知识社会学的政治哲学分析——从马克思、舍勒、曼海姆到福柯》,《天津社会科学》2014年第4期。

④ [美]彼得·伯格、托马斯·卢克曼著:《现实的社会建构:知识社会学论纲》,吴肃然译,北京大学出版社2019年版,第235页。

有浓厚的哲学研究色彩。到了20世纪70年代左右,科学知识领域也出现了科学社会学和新科学社会学的众多研究者,他们把科学知识作为研究对象,关注科学知识的社会建制,其中不同的流派、不同的观点十分丰富而复杂,既有强调社会建构的,也有强调实践建构的,还有强调实验室建构的,众说纷纭。但是总的来说,承认知识具有主观性和生成性是他们的共识。默顿认为,科学"依赖于特定的社会结构",科学具有精神气质,"现代科学的精神气质"由"普遍主义、共有主义、无私利性、有条理的怀疑主义"构成。[1] 拉图尔认为,"所有的思想过程都并非简单的逻辑强制过程,而是反映了形式原则与非形式原则的结合",都是"协商"的过程。道林提出了数学实践模式,把以社会为基础的数学实践划分为四个领域:"一是生产。即数学知识被创造出来的语境;二是再语境化,即数学知识被选择出来并转化为教育目的的语境,例如教材文本的写作;三是再生产,即数学知识被学习者接受的语境;四是运用,即数学知识应用在实践中的语境。道林还区分了数学知识在实践中协商的社会空间:学术空间,如高校科研机构;学校空间,如中小学;工作空间,如经济活动;大众空间,如消费者和国民活动。"[2]其实,这是知识生成的"四个环节"和知识协商生成的"四个空间"。这些是对"创造性的和再生产性环节中主客观数学知识的基本观点,它映衬出了在学术背景、教育背景和大众背景等相互变化的循环过程中个体的数学与集体的数学知识是怎样在协商的情况下彼此再生产的。这样的循环体现了创造和再生产,不仅科学知识在协商中得到了创造,也得到了再生产,或者说在已有的陈述体系中吸纳了新的知识"[3]。塞蒂纳提出了科学知识的实验室建构观,认为科学的对象和内容不仅"技术性地在实验室中

---

① [美]罗伯特·K. 默顿著:《社会研究与社会政策》,林聚任等译,生活·读书·新知三联书店2001年版,第3—6页。

② 郭荣茂:《共建:科学知识生产过程的"社会"品格》,《自然辩证法通讯》2018年第5期。

③ 郭荣茂:《共建:科学知识生产过程的"社会"品格》,《自然辩证法通讯》2018年第5期。

被创造出来,而且符号性、政治性地被建构"①。科学家在科研论文写作中,论文的导论部分"围绕研究成果的推理之网","建构了一个现实世界,这个现实世界要求他们启程前往一个可能的世界"。②

知识社会学的理论视角对于思考课程的形成与知识教学的思想意识性、价值观念融入性以及伦理道德倾向性无疑具有学理阐释的意义。在知识社会学的学理脉络中,课程是在社会条件和历史背景中不断变化的,是经过权力者或者社会价值凝聚对知识的"再脉络化""再生产"而形成的,课程知识就不再是纯客观的、"绝对正确"的、标准化的内容。同理,教学及其评价本身也不是追求绝对的、标准化的知识,必须是在客观知识的理解与掌握过程中生成自己的创造与智慧,生成自己的价值观念、情感体验以及深层次的世界观、价值观与人生观。因此,知识社会学的视角为我们在"课程思政"实施过程中如何理解课程、编制课程,如何理解教学组织与课程知识阐释,如何引导学习与学生成长等一系列问题,开启了一个新的视野和新的路径,对于丰富"课程思政"的理论基础、更有效地推动"课程思政"实践能够产生积极作用。

在这里需要特别强调的一点是,不少人对马克斯·韦伯关于教学价值中立的思想理解有误,造成了关于教书与育人在认识上的混乱。一方面,马克斯·韦伯区分了社会知识与科学知识的科学外与科学内的价值立场、价值关联与价值中立原则。在他看来,知识的科学外是价值关联,科学内是价值中立。价值关联与研究者所拥有的特定的历史价值判断、利益倾向密切联系,研究者总是"将自己的研究客体同那些能够决定整个时代的价值联系在一起"③。科学内立场是在科研中遵循科学的基本规范性原则,科学内的立场在

---

① [奥]卡林·诺尔-塞蒂纳等著:《制造知识》,王善博等译,东方出版社 2001 年版,"序言"第 3 页。

② [奥]卡林·诺尔-塞蒂纳等著:《制造知识》,王善博等译,东方出版社 2001 年版,第 189、7 页。

③ [德]马克斯·韦伯著:《社会科学方法论》,杨富斌译,华夏出版社 1999 年版,第 198 页。

于完成"确立事实、建立事物的数字和逻辑的原理或文化状况的内在结构",不去"回答文化价值问题"和"解决文化共同体和政治联盟内部应当如何行动的问题"。① 因此,不是知识对象的特点决定其价值中立、价值关涉还是价值负载,而是知识处于何种社会背景和从哪个角度去审视知识。不论是科学研究还是科学知识的教学,都需要区分主体持有或处在科学外价值立场还是科学内价值立场,从而处理好两者辩证统一的关系。但是另一方面,马克斯·韦伯又说,在教学中教师应处于价值中立的立场,不能把自己关于某些政治上的立场或党派的观点传输给学生。那么,如何处理知识本身所负载或关联的价值问题呢? 其实韦伯对此是没有作出明确回答的。仔细阅读韦伯的论述,就会发现他批评的是脱离所传授的知识本身去宣讲自己的价值观或党派主张,并不是说教师要把知识本身所具有的价值内涵过滤掉。

## 三、知识的选择与加工标志知识的价值取向:课程文化理论提供合法性依据

当前"课程思政"实施的效果不理想,还存在一些问题,其根本原因之一便是"没有较好地从教育学的视域认识与理解'课程思政'的本质内涵",特别是对"课程论的视域认识、研究与实施'课程思政'"方面不够。② 闵辉也认为,"课程思政"是一种整体性的课程观。③ "课程思政"不论其内涵多么丰富,但它始终是通过课程来实施的,通过课程编制对知识内容的选择、组织与加工,对教学理念、教学方法的引导等实施价值观的引导、情感体验的渗透等,从而实现影响学生价值观念认同、道德情感认同和行为习惯养成。因此,课程

---

① [德]马克斯·韦伯著:《社会科学方法论》,杨富斌译,华夏出版社1999年版,第97页。
② 何玉海:《关于"课程思政"的本质内涵与实现路径的探索》,《思想理论教育导刊》2019年第10期。
③ 闵辉:《课程思政与高校哲学社会科学育人功能》,《思想理论教育》2017年第7期。

理论自然是"课程思政"的理论基础。

在课程理论方面有两种不同的理论主张——课程文化理论和课程技术理论。课程文化理论强调课程具有文化性和意识形态性,德国文化教育学派和西方马克思主义的批判教育学派是其主要代表。课程技术理论强调课程是一门工程学,其目标和效果需要精确评估,其过程需要像施工一样准确实施,它并不是反对课程的人文目标、社会目的,而是在研究制定实施课程的程序上具有工程学思维,因此给人造成忽视教育目的的人文性和意识形态性的错觉。其主要代表是美国芝加哥大学的博比特教授。

文化教育学批判赫尔巴特教育学中"自然科学式"的"目的—手段关系"思维模式,反对把人视为纯客观的、被动接受知识的机械人。诺尔批评说,这种教育学"只适用于平均数的统计,而对影响教育作用的活生生客体却毫无效果,其结果只是向人们说明处于一般状况的个人,却不是我们所意指的处于教育关系中的某个人"[1]。其实这是赫尔巴特后继者机械地发挥其自然科学方面的思想所致,并非赫尔巴特教育学固有的问题。文化教育学是一种教育哲学思潮,"它不谈或很少谈到具体的教学问题,而是将教育哲学放在首位考虑,对教育哲学的基本理论问题,教育主体与客体、教育的陶冶性等问题做了深刻的揭示,使得其理论深邃、系统,不仅具有强烈的现实感,而且具有一定的历史视野"[2]。文化教育学倡导的是直接指向个体人格的、精神的、生活的、生命的内涵,这些因素落实到教育的目标上就是人性和人格,落实到教育内容上就是具有文化性、精神性的课程,落实到教育方法上就是启迪、自然、体验、解释等。文化教育学的典型代表斯普朗格指出:"教育也是一种文化活动,这种文化活动指向不断发展着的主体的个性生命生成,它的最终目的,是把既有的客观精神(文化)的真正富有价值的内涵分娩于主体之中。"[3]可见,在文化教

---

① 邹进著:《现代德国文化教育学》,山西教育出版社1992年版,第13页。
② 邹进著:《现代德国文化教育学》,山西教育出版社1992年版,第18页。
③ 邹进著:《现代德国文化教育学》,山西教育出版社1992年版,第4页。

育学者的眼里,教育内容或者说课程并不是客观的知识,而是与主体的精神、人格相关的"客观力量",它必须"依赖于个体的体验与汲取,才能使其生命持续丰富"。① 批判教育学的学者大多数是西方马克思主义者。他们主要针对逻辑实证主义认识论的"价值中立"认识论思想,认为这种认识论"割裂了主体与客体、理论与实践、价值与实施的辩证关系,排除了理论研究中的主观性和价值等因素",而这正是资本主义利用以遮蔽教育的意识形态性质的理论。因此,批判教育学理论旨在揭示这种欺骗性的教育理论基础,以批判认识论、"发展'解放兴趣'为核心,把课程作为统一'批判性思维'和'政治行动'的'反思性实践'",提倡"辩证的""对话的""审议的"质性研究、价值研究。②它们主要的特点就是批判资本主义教育(课程)具有意识形态性,对人产生压抑、控制,阻碍人的自由与解放,是一种政治控制、知识霸权和社会再生产。

英国的巴塞尔·伯恩斯坦在《论教育知识的分类与构架》(On the Classification and Framing of Educational Knowledge)一文中说:"一个社会怎样选择、分类、分配、传递和评价他认为是公众的教育知识,既反映着这个社会的权力分配情况,也反映着这个社会权利控制的一些原则。"③这说明国家通过对课程的控制而在实质上控制了整个社会的各种权利。课程是具有强烈的意识形态性质的,它决定了什么知识最有价值,也决定了谁的知识最有价值。法国的布迪厄则认为课程是一种文化再生产,文化也是一种资本,是相对于经济资本和社会资本的一种特殊资本。文化资本是对文化资源的占有、对某些文化知识的合法性规定而形成的对社会阶层产生重要影响的各种能力和素养,它包括语言能力、社交能力、个人风度举止以及对成功机会的把握能力等,什么人学习什么课程、什么知识,就成为什么样的人,社会通过文化资本控制了社会

---

① 邹进著:《现代德国文化教育学》,山西教育出版社 1992 年版,第 58 页。

② 张华:《美国当代批判课程理论初探(上)》,《外国教育资料》1998 年第 2 期。

③ [英]丹尼斯·劳顿等著:《课程研究的理论与实践》,张渭城等译,人民教育出版社 1985年版,第 130 页。

阶层的再生产。"在官方承认的、得到保障的能力与简单的文化资本之间确立了一种根本性差异,而那种简单的文化资本则不断地被人要求去证明自身的合法性。"①没有得到官方认证、保障的文化,其合法性受到质疑,也没有社会价值,更不用说获得相应的权利和社会地位以及再生产。"实现获得知识的人保持对这一知识的垄断,从而有助于文化再生产,进而有助于社会再生产,教学法可以对统治阶级很'有好处'。"②具体到课程对知识的选择那就是"教什么"和"怎么教"的问题,"具体课程内容和教学方法的选择,不但涉及到现存的统治关系,也涉及到改变这些关系的斗争"③。因此,课程并不是"价值中立"的,课程研制绝不仅仅是一个方法性、技术性问题。任何时代、任何国家都要在"教授正确的知识、规范和价值中发挥强大的作用"④。这也正如澳大利亚社会学者康奈尔所说的,凡是纳入学校课程的知识,都是由社会形成的。人们认为是理所当然的知识,比如"基本知识""基本技能""核心知识"等都是"复杂的政治学的产物,是由更广的社会权力分配形成的"。⑤

批判教育学在揭示资本主义教育霸权的同时,也提出了相应的反抗与抵制对策。巴西的弗莱雷提出了"教育作为'反思性实践'"的概念。在他看来,非人性化"是一个具体的历史事实,但并不是天命注定如此,而是不公正的秩序使然,这种秩序让压迫者横生暴行,反过来又使被压迫者非人性化",使得被压迫者认为"成人就是成为压迫者",产生了人人都想成为压迫者的人性模式,从而使得被压迫者"不具备作为被压迫者或者被压迫阶级中的一员的自

① 包亚明著:《文化资本与社会炼金术》,上海人民出版社1997年版,第201页。
② [法]P.布尔迪约、J.-C.帕斯隆著:《再生产:一种教育系统理论的要点》,邢克超译,商务印书馆2002年版,第58页。
③ [美]阿普尔、克丽斯蒂安-史密斯主编:《教科书政治学》,侯定凯译,华东师范大学出版社2005年版,第29页。
④ [美]阿普尔著:《文化政治与教育》,阎光才等译,教育科学出版社2005年版,第6页。
⑤ [澳]罗伯特·W.康奈尔:《教育、社会公正与知识》,李复新、马小梅译,《华东师范大学学报(教育科学版)》1997年第2期。

我意识",也就是说被压迫者通过接受压迫者的"规定"而"内在化"了压迫者的"旨意"。如何才能打破这种恶性循环或者说压迫者人性模式呢?那就是构建一种教育学,通过"让被压迫者去反思压迫及其根源;通过这种反思,他们必然会投身于争取解放的斗争。于是这种教育便在斗争中产生并得到改造"①。他提出在具体教育过程中通过师生的参与、对话和反思唤醒人性化意识、激发争取自由的斗争,以消除课程中的"控制""霸权"以及资产阶级文化与社会的"再生产",进而实现学校课程、教学的民主化和人性的解放与自由。针对"控制""霸权"与"再生产"的现象,美国的吉鲁提出了"抵制理论",他认为:"再生产理论家过于强调'社会控制'的思想,并没有提出教师、学生和其他人如何在特定历史和社会情境中共为其自身存在条件进行再生产。而且,人具有能动性,人创造了历史和社会(尽管也有其局限),这一点被忽视了。"②因此,他倡导学校、教师、学生乃至学生家长应该寻找方法以抵制霸权的再生产。批判教育学的课程理论为我们揭示了课程价值中立不可能的事实,这是对不少人迷信课程价值中立、教学价值中立、知识具有"普世"真理的警醒。

博比特率先将科学思维与效率观念引入课程研制的过程里来,强调课程研究要做到精确化、标准化。学校课程必须用明确的质量标准来检验结果,严密控制课程编制过程。他将具体的教育目标作为课程研制科学化的要求,并进一步将课程研制分为五个步骤:经验分析、工作分析、导出目标、选择目标、制订计划。按照博比特的课程研制理论,后继者经过不断修改、完善,形成了一整套由课程的教育目标遴选与定位、知识选择与加工、教学实施与反馈、教育评价与调适等环节构成的课程编制模式。虽然博比特的这些课程编制技术的工程学思维直接指向的是提高课程编制的效率,但是其宗旨是在课程中注

---

① [巴西]保罗·弗莱雷著:《被压迫者教育学》,顾建新等译,华东师范大学出版社2001年版,第2—5页。
② 杨明全:《批判课程理论的知识谱系与当代课题》,《全球教育展望》2015年第4期。

入最鲜活、丰富的现实经验,从而培养学生充分的大团体的民主意识,他批判的是过去的课程中所谓"人文主义的经验只属于那些只占少数的知识阶层和贵族阶层",而真正的课程应该是"越来越多地将它指向所有的社会阶层普及"的经验内容。① 但是现在大家更多的是批判其工程学思维过于强调力度与效率,强化教学的计划性与可控性、精准评价教学的结果与效果等的负面影响,他在《如何编制课程》一书中甚至按照多个领域细分出了821项生活经验能力。这的确会给人缺乏灵活性和人文性的印象。不过仅从其强调课程编制的技术性和重视效果的效率性,还不足以推出他是排斥课程的价值取向和国家意识形态的性质。

我国当前实际上流行一种课程技术化的现象,特别强调课程目标的精准性和可量化性,强调教学的计划性与可控制性以及精准评价的教学效果等。然而这种关注教学的可控制性、预设性、传授知识的客观性以及达成度的可量化等,造成了学校课程研制的近视和功利性目标,无视长远的价值、态度、理想、情感、意志等看不见的、不可量化的精神性因素。"这种技术化、操作化课程研制模式造成课程研制过程普遍存在'未完成性'现象,即对课程知识的教育性加工、赋予环节缺失。学校课程的'知识性'与'教育性'分割、分裂状态便根源于此。显然,课程并不是'价值中立'的,课程研制绝不仅仅是一个方法性、技术性问题。"②因此,借鉴西方课程理论的思想,对于"课程思政"的实施来说具有开阔视野、明辨是非、加强针对性的促进作用。

## 四、"经师"与"人师":教学教育性的甄别标准

"课程思政"最直接的理论基础应该是"教学具有教育性"的理论了。因

---

① [美]博比特著:《课程》,刘幸译,教育科学出版社2017年版,第225页。
② 郝德永:《"课程思政"的问题指向、逻辑机理及建设机制》,《高等教育研究》2021年第7期。

为"课程思政"本身的重点是在专业课程知识的教学中渗透思想政治教育因素,"立德树人"的主阵地或主渠道是课堂教学。虽然这个理论是赫尔巴特明确提出的,但实际上在中西方的教育中都具有源远流长的传统。从中国古代《大学》的"明明德""止于至善"、韩愈的"传道、授业、解惑",到徐特立的"经师"与"人师"之别,从古希腊苏格拉底的"知识即美德",到夸美纽斯的《大教学论》提出"把一切知识交给一切人的全部学问"、使个体成为博学、德行、虔信的学问人等,都一直在秉承这一理念。习近平总书记在同北京师范大学师生座谈时也根据韩愈的思想提出了教师的工作中"'传道'是第一位的"的论断。中西教育文化对这一思想的传承一直延续,从未中断,但系统论述教学具有教育性这一理论的当属赫尔巴特。

赫尔巴特认为教育的目的是培养道德性格的力量,道德性格体现为"自由""完善""仁慈""正义""公平"五个概念,实现教育目的的手段有三种,即"管理""教育性教学""训育"。"管理"的目的是对儿童进行外部的领导,维持教学与教育的秩序,为教育实施创造条件,"但这种管理并非要在儿童心灵中达到任何目的,而仅仅是要创造一种秩序"[1]。"教育性教学"就是通过知识的教学影响学生的道德性格。通过教学对学生的道德性格产生影响,就要在教学过程中通过激发学生的兴趣,以分析教学和综合教学引起注意和产生统觉,形成多方面的、平衡的"思想范围"。分析教学将学生的杂乱经验分成各种组成部分或因素,而综合教学则从材料与提示出发,将学生散乱的、部分的认识概括得整体、系统,这样才能达到"清楚"与"联想",通过深思达到"系统",学生自己整理形成结论,进一步将知识运用到新场合或解决新问题,形成"方法",最后形成教学的"清楚""联想""系统""方法"四个环节或阶段。而这一切的目的并非止于学会这些知识,而是形成道德观念,这就是教育性教学。"训育"是一种持续的诱导工作,它通过交际、榜样、启发使学生直接得到

---

① 〔德〕赫尔巴特著:《普通教育学·教育学讲授纲要》,李其龙译,人民教育出版社1989年版,第24页。

积极发展,其实就是隐性地陶冶儿童的道德性格,直接的方法就是通过抑制、惩罚、赞许和奖励来实现明确的禁止与允许或倡导。这是显性的、直接的影响道德的方法。这种方法效果不太好,但又是必须使用的,它起到辅助的作用。"单纯的阻止,完全不能使儿童的倾向得到触动"①。

"教育性教学"这一思想在赫尔巴特的教育学思想中占据着重要位置。他明确指出"不存在'无教学的教育'","不承认有任何'无教育的教学'",儿童的"思想范围"如何形成是教育的"一切"。并且他对"无教学的教育"进行了严肃的批评,称这种思想"侵扰着学生的感受,将其束缚起来,不断地动摇着青年的心灵,以致使其不了解自身"②。他还特别指出,"在青年人的心灵中培植起一种广阔的""各部分都紧密地联系在一起的思想范围",就能够使其"具有克服环境不利的方面的能力,具有吸收环境有利方面并使之与其本身统一起来的能力",而使教育发挥"巨大威力"。③ 显然,赫尔巴特整个教育学理论体系就是建立在教育性教学基础上的,其他一切"管理""训育"都是为了教学服务的。教学才是培养道德性格的主渠道。至于知识内容是为了形成"思想范围"服务的。只有"思想范围"功能形成了,道德性格才能形成,道德性格形成了,一个人才可能主动调动一切积极因素去影响他的人生行为。可见,赫尔巴特的教育性教学的理论对于"课程思政"的实施具有重要的启发作用,也是教育历史文化积淀的必然结果。"课程思政"的研究和实施,应充分利用这些长期积累起来的人类文明的教育文化遗产资源。

---

① 〔德〕赫尔巴特著:《普通教育学·教育学讲授纲要》,李其龙译,人民教育出版社 1989 年版,第 14 页。

② 〔德〕赫尔巴特著:《普通教育学·教育学讲授纲要》,李其龙译,人民教育出版社 1989 年版,第 12—13 页。

③ 〔德〕赫尔巴特著:《普通教育学·教育学讲授纲要》,李其龙译,人民教育出版社 1989 年版,第 20 页。

# 五、学习就是理解与解释：教育解释学的启示

关于"课程思政"的研究，一直都重视教师的教，而对学生的学较为忽视。其实，实施"课程思政"不仅需要教师教会学生如何科学地学习，还需要学生学会科学地学习，学生以什么样的方法和态度学习专业知识，其实也属于"课程思政"实施的重要环节，而且还是最终的、关键的环节。从学习的角度来看"课程思政"的实施，其理论基础还应该有解释学理论。解释学虽然是一种哲学理论，但对教育的影响却很大，哲学解释学与教育理解、教育解释、教育对话和学习理解、学习内化等有着内在的学理和思维的逻辑契合，学习理解、解释关涉人生生存、生活、意义，如何学习也意味着如何生活、生存，如何构建自身意义的问题。目前人们更多的是从教育者的解释出发来分析、解释教育对话或教育活动的意义。解释学"可以帮助我们从更多的角度去理解教育，理解教育场域中同时作为教育主体的'我'与'他者'的对话关系，进而帮助我们对教育对话的深层内涵进行本体论的诠释"①。因而还有学者专门提出"教育解释学"是"教育学和解释学的合金"，可作为"教育哲学的一个研究领域"②。可见其对教育学理论的影响之大。

解释学所面对的是文本、文本作者、文本解读者。在教育活动中，知识、课程（课程文本，即教材）可以被视作教师的文本，知识、课程、教师的教学以及学校教育环境等都可以被视作学生的文本，因此，教师和学生均可被视作文本的解读者。从这个角度来看，学习者对文本的理解、接受也是教育解释学研究的重要内容。因此，教育解释学不仅研究教师如何解读文本的意义，更要研究学生如何解读文本、接受文本的意义。在整个广义的教学活动过程中存在多环节的接受者、解读者及其解读现象，在解释过程中就始终存在主体的经验即

---

① 冯苗、曲铁华：《教育对话的本体论解读》，《教育科学》2008年第1期。
② 邓友超：《教育解释学论纲》，《教育理论与实践》2006年第12期。

前结构以及主观的价值观、情感体验、思维方法等内容。这就是"课程思政"所要求的在传授知识的过程中引导正能量的情感体验、科学的世界观与价值观等内涵。对于教师来说,如何站在学习者的角度、立场去培养学生学习中的科学思维方法,引导正确积极的情感体验与态度,正确理解课程文本所蕴含的思政因素以及课程文本的理解边界,如何启发、引导学生理解知识文本、课程文本中的主观因素、客观因素以及自己主观因素的边界等,就成为"课程思政"实施的关于学习的解释学理论基础。

关于"文本"的理论,解释学流派众多,对文本的理解众说纷纭,大致有三种观点:"作者决定论",意思是说阅读、理解、接受就是要揭示文本作者的原意图;"文本决定论",即文本的意义包含在文本本身之中,是根据文本来解释其本身的意义,因此,阅读、理解、接受要以文本为本;"读者建构论",即文本的真正意义是由处在一定历史语境中的解释者决定的,不同的读者和不同历史时期的读者与文本中的本意和作者的意图以及各个历史时期的文化环境产生一种"视界融合"①,因此,应以每一个阅读、理解、接受主体为主,所谓"一千个读者就有一千个哈姆雷特"是应有之义。这些观点对我们阅读、理解、接受文本具有启发作用。知识既是课程编制者的文本,也是学生自主学习的文本,课程既是教师的文本,也是学生的文本,教学表现形式是学生的文本。知识文本、课程文本以及教学的文本的本意是什么、文本所隐含的意义是什么、文本对学习者的启发意义是什么,这正是教学过程中必须处理好的几个维度、几种关系,是教学过程中实现深度教学、活的教学,培养学生的智慧、灵魂的关键。

关于"偏见"(前理解),在伽达默尔看来,在理解中必然存在偏见,而且它的存在是"对世界开放的倾向性。他们只是我们经验任何事物的条件——我们遇到的东西通过他们而向我说些什么"②。在教育教学过程中,这就意味着

---

① 桂起权:《科学解释学及其"阐释逻辑"》,《学术研究》2020年第1期。
② [德]伽达默尔著:《哲学解释学》,夏镇平等译,上海译文出版社1994年版,第9页。

必须承认学习者已有经验的作用和总是需要把新知识的学习同已有经验结合起来进行自我建构,作为教师就要善于"引领学生并与之进行有意义的经验互动",作为学生就要善于把自己的经验与课程文本结合,成为"具有不同经验的经验建构者"。① 教学中如果只有死记硬背的客观知识的传授,不能启发、引导学生的知识结构的主动建构与开放式、创新式建构,不能触动学生的感动与价值认同,这样的教师也就是只知道教知识的"教书匠",即只是"经师"而非"人师"。同时,解释学也并非完全忽视文本的客观意义,伽达默尔明确指出:"当我们说到事物的'本质'或事物的'语言'时,这些表述都含有反对我们论述事物时的极端任意性,尤其是陈述意见、对事物做猜测或断定时的任意性,以及否认或坚持个人意见的任意性。"②这些思想都对教学中渗透思政内涵的贴标签行为有警示作用。因此,不论是教师还是学生对于课程文本的理解都需要注意理解主观性的边界把控。③

关于理解与实践,在解释学理论看来,理解是一种存在方式,是对自我的理解。学习者对文本的理解不是对自己之外的世界的冷静、客观的理解,而是通过对人的存在意义的阐述和把握,实现自我理解,实现自我意义的生成。学习者对文本的理解,是结合自己的生活经验理解文本作者所表达的意义从而生成自己的理解,通过"不断进入到他人的思想世界"④,进入我们人类共同生活经验和生活世界,实现对对象与对自我统一的理解。理解、解释、应用三者统一,"应用不是理解现象的一个随后的和偶然的成分,而是从一开始就整个地规定了理解活动",是一种"自我关涉"。⑤ 这就是说,教学不仅仅是关涉知识理解与学习的纯技术问题,而是关涉"立德树人"与学生生存方式的重大问题。

---

① 邓友超:《教育解释学论纲》,《教育理论与实践》2006 年第 12 期。
② [德]伽达默尔著:《哲学解释学》,夏镇平等译,上海译文出版社 1994 年版,第 70 页。
③ 张家军、杨艺伟:《解释学视角下课程文本理解的边界》,《教育研究》2020 年第 4 期。
④ [德]伽达默尔著:《哲学解释学》,夏镇平等译,上海译文出版社 1994 年版,第 54 页。
⑤ 邵华:《作为实践哲学的解释学》,《哲学分析》2021 年第 1 期。

  我国高等教育的专业分类过于细化、课程设置过于分化,导致学科壁垒过高,专业知识之间的融通度不够,学生学科背景单一,理工科专业不太关注人文教育,人文社科专业的科学素养不高,思想政治教育过于教条化,等等,再加之高校专业课教师的成长背景中缺乏教师教育的有效启迪,因此,不少专业课教师存在着对"课程思政"的"认识上的偏差""理念上的缺乏""导向上的偏失""机制上的偏颇""能力上的欠缺"就很正常了。① 所以,领悟知识本身的育人内涵,掌握学科知识的育人机制,洞察学科知识与思想政治教育之间的深层次关系以及特殊的机理,确立学科知识的思想意识教育化形式等基本素养,成为提高专业课教师"课程思政"能力的紧迫任务。要完成这一任务不可能单纯地靠学习"课程思政"的一些知识或文件精神,应该加强学理性的基本原理研究和学习,深刻理解"课程思政"广泛而深厚的理论基础,才可能在各自的专业课程知识教学中灵活而具有创造性地引领学生的世界观、人生观与价值观的生成。

---

① 刘清生:《新时代高校教师"课程思政"能力的理性审视》,《江苏高教》2018 年第 12 期。

# 第三章 "课程思政"的当代价值

"课程思政"一经提出就在实践中引起了热烈响应,这既彰显了其科学性,也揭示了其产生的历史必然性。因此,"课程思政"的提出和实施具有重要的时代价值。"课程思政"的当代价值,既是相对于"思政课程"的价值,也是相对于过去专业课程教育存在的问题,更是相对于当前整个教育教学的效果特点和时代要求的价值。

## 一、"思政课程"在一段时期内的育人实践弱化

从新中国成立以后思想政治教育的发展过程来看,一直有两条发展线索交替前行。一条发展线索是从刚开始的政治思想工作到思想政治工作,到思想政治教育,再到道德教育,始终推动着思想政治教育的独立性、系统性与专业化的发展。另一条发展线索是从独立的政治思想工作到思想政治工作,到思想政治教育,再到与生活相结合的道德教育,到独立的道德教育学科的德育,到"课程思政"的融合发展路线。从思想政治教育发展的内涵来看,一方面是思想政治教育的学科化、专业化、独立化发展,另一方面是思想政治教育与生活、学科专业、实践活动融合的发展路线。这个发展过程,既是我们对思想政治教育认识的科学化、专业化,使得思想政治教育越来越具有科学性和实

效性;同时,又是社会发展推动思想政治教育的发展,使其表现出独特的社会历史的时代特色。因此,我们觉得思考"课程思政"的价值首先要从这两者的发展演化过程及其背景来分析。

专业化与独立化,对于思想政治教育的系统化、科学化以及提高思想政治教育队伍的政治地位和专业地位等都起到了积极的促进作用。但是也造成了思想政治教育课与专业课、思想政治教育教师与专业课教师、抽象理论教育与生活实践教育等一系列的分裂、对立现象,从而使得思想政治教育脱离学生的生活和专业学习内容以及专门的思政课与学科专业两支教师队伍人为分工的减效效应,"课程思政"的提出正是为了解决思想政治教育实践弱化的问题,因而表现出其独特的价值。

一开始,思想政治教育属于思想政治工作,并没有与之相关的课程与课堂教学。自从思想政治教育从思想政治工作中分化出来成为专门的课程并开展专门的课堂教学,产生了"思想政治教育"课程与教学,在教学计划中开始与专业课程、专业教学并列,于是有了专门的教育课程与培养知识、技能的教学课程及其相应的教学。思想政治教育课程具有理论性与宏观政治意识性,因而在一些人看来它属于抽象内容,似乎与受教育者具体的生活和专业知识学习没有什么关系,因此,被一些人认为是理论、抽象、教条、说教的代名词,因而造成了对思想政治教育的认识误区,弱化了思想政治教育的功能。

自20世纪80年代恢复思想政治理论课的教学以来,虽然作为正式的课程,其科学性和专业化得到了加强,但是,一直存在理论与实践、宏观的形势及政策与学生的生活脱节的问题。2005年中共中央宣传部、教育部联合印发了《关于进一步加强和改进高等学校思想政治理论课的意见》(教社政〔2005〕5号),针对这个问题提出了改进措施,要求高等学校的思想政治理论课要加强实践环节,建立和完善实践教学,探索实践育人的长效机制。2008年中共中央宣传部、教育部印发的《关于进一步加强高等学校思想政治理论课教师队伍建设的意见》(教社科〔2008〕5号)进一步提出要"逐步完善实践教学制度"。虽然各高校都进行了一系列改革,也取得了显著效果,但始终还是存在不尽如人意之处。不少学校"始终未走出以课堂理论灌输为主菜,实践只是配菜和调料包"的现状,不少学校的课堂教学仍然没有改变"意识形态说教课"的特点,所谓的实践教学也仅仅是"在课堂上讨论讨论、看看视频,用课堂里的实践环节代替丰富的社会生活实践"。① 思想政治理论教学效果不理想的问题仍然存在。有人对2016年大学生的思想政治状况进行了调查,结果发现"50.4%的大学生认为当前思想政治理论课的教学效果'一般',10.0%左右的大学生对思想政治理论课课程设置、教学内容和教学方法不太满意,一些受访学生提出希望增加实践教学比例、改进'灌输'的教学模式"②。也有人从教学目标、教学内容、教学方法、教学环境等方面进行系统调查后发现:在教学目标上,"思政课教学目标相对忽视知识应用能力的培养,较少考虑思维方法的训练和学习策略的传授";在教学内容上,"'贴近实际、贴近生活、贴近学生'不够","趣味性和实用性不强",也有一些学生反映思想政治理论课教师不能有效地加工组织教材内容,对教材的内容理解、加工、组织以及整合不够,造成教学效果不佳;在教学方法上,思想政治教育教师对实践教学重视不够,实践教学的方法贫乏,实践教学的形式落后,没有充分考虑学生的学习需求,不能很好地引导学生进行体验;在教学环境上,不能很好地营造课堂交流的气氛,开展有效的课堂交流、对话以及合作、互动。在这几个维度上,教学目标和教学内容得分相对较低。③ 另一项调查也表明在思想政治教育理论课的教学中,学生的"学习获得感有待提升","教学创新能力充满期待",并且"思政课程"本身就是理论性很强的内容,但是学生反而感觉"理论获

① 张晓平、杨皓、李志会:《高校思政课实践教学面临的困境及其疏解》,《学校党建与思想教育》2018年第5期。
② 沈壮海、肖洋:《2016年度大学生思想政治状况调查分析》,《思想理论教育导刊》2017年第1期。
③ 姚利民:《高校思政课教学质量的现状与提升策略》,《大学教育科学》2019年第5期。

得感相对较弱"。① 总体上看,认为"思政课程"教育效果不理想的人不少。比如有人认为,有的教师讲故事、陈述现象,缺乏理论性、逻辑性和系统性,有的教师以政治宣传、讲大道理以及灌输、说教等方式开展教学,"单向式的'满堂灌'和自我'表演'现象"严重,也有的教师把课堂教学"变成了学生的'自娱自乐'",教师成为"伴奏者、旁观者"。这些都是遮蔽思想政治理论课的教学性的表现。②

思想政治教育效果不理想的原因是什么呢? 学界大多认为是思想政治理论教育与学生的生活实践结合不够,教育者对思想政治教育理论本身的科学性认识不够。因此,教育理论界与教育实践界达成了共识:除思想政治教育本身的理性认识还须加强以外,必须把思想政治教育与专业知识、技能教育结合起来,必须把专业知识、专业技能与社会实践结合起来,否则,脱离专业知识与专业技能的所谓社会实践是空洞的、形式化的社会活动,它不能够让学生体验到效能感和成就感,更无法有更深刻的领悟。由此,"课程思政"被提出并彰显出其育人的优越性和价值。

## 二、传统教育存在专业知识、技能教育与育人脱嵌的现象

"课程思政"通过知识传授开展思想政治教育。因此,我们首先应该分析思想政治教育的核心内涵。我们可以把思想政治教育知识分为三类:方法与原理,原理与观念,观念与行为规范。具体来说,第一,思想政治教育知识的方法与原理就是指马克思主义的辩证唯物主义与历史唯物主义的方法论及其相应的基本原理。这既要通过对马克思主义理论的学习获得,也要通过具体的

① 戴艳军、赵宇:《大学生思政课认同状况的调查——基于全国53所高校的问卷数据》,《科学决策》2021年第9期。

② 胡咚:《论高校思想政治理论课教学性的遮蔽与回归》,《思想教育研究》2021年第4期。

科学知识的学习与科学探究获得,只有运用马克思主义理论的方法和原理去科学地认识世界、改造世界,并获得与此相应的情感认同和观念认同,形成相应的行为习惯,才能深化对马克思主义辩证唯物主义与历史唯物主义方法的理解、领悟和观念认同。第二,原理与观念就是通过系统的马克思主义理论的学习,形成相应的思想观念,思想观念具有系统性和内在的逻辑学理性,观念不是意见,也不是简单的观点,而是通过系统化的思考形成一个有序结构的知识系统,其内部的点与点之间不能相互矛盾、相互冲突,它具有相对的稳定性、结构性与秩序性。因此,一旦某种思想观念形成,它会影响主体认识世界、改造世界的方法与行为,而对原理的理解需要通过具体的知识来支撑,观念的形成必须渗透在具体的知识之中,必须与生活或工作实践结合,才可能引领相应的行为方式。第三,是观念与行为规范的学习。一方面,行为规范的学习需要通过方法、原理和观念与具体的学科知识结合并付诸行动,这样才能理解相应的行为规范并自觉接受和遵守,没有具体的学科知识支撑的行为,思想观念就没有载体;另一方面,规范的行为发生之后,主体通过运用科学的方法、原理来反思,又会促进其对方法和原理的理解,增强规范行为的灵活性与创造性。因此,我国思想政治教育的内涵就是马克思主义的方法、原理与观念以及与中国特色社会主义建设相结合的方法、原理、观念与行为规范的教育。但是它时时刻刻都与由具体的学科知识所支撑的生活、工作行为结合,与主体的生活实践相联系,总是建立在一定的已有经验基础上的。所以,思想政治内涵包含在知识之中,即使是思想政治教育知识本身也是科学知识,也存在"事实、方法、原理、原则及知识系统的建构与应用等"要素。[①] 在一些调查研究中,不少学生反映思想政治教育内容的理论性、系统性、逻辑性不够,其实是因为一些教师没有把思想政治理论作为科学知识来看待,甚至把思想政治教育当作肤浅的说教、强制的认同。其实不论是自然科学知识、工程技术知识、人文社会科学

---

① 邓纯余:《思想政治教育学科的知识论视角》,《内蒙古社会科学(汉文版)》2011年第4期。

知识,还是思维科学知识,都是遵循客观规律和理性思维的真理。虽然也有人认为人文社会科学知识不同于自然科学知识和工程技术知识,但是,我们认为它们只是反映的对象和表现的形式不同。思想、价值、情感等因素必然包含在知识之中,因此,传授知识必然带有隐性的思想、价值等因素,而开展思想政治教育必须借助知识媒介。"知识教育是价值教育的前提和基础,价值教育依赖于知识教育。"①"课程思政"的关键在于教师能否有效地引导学生科学地思想、判断价值与体验情感。当前教学存在的问题主要表现在:重视知识传授与技能训练,忽视了激发学生"思想"的愿望,引导学生科学地"思想",启发创新"思想",创造学生进行思想交流的教学场景,把"思想"与实践相结合,使得"思想"能够转化为成功的行为,从而产生动机激励、情感认同,进而形成行为习惯。

从思想政治教育的内涵来看,思想政治教育必须借助知识教育来展开。从知识本身的特点来看,知识包含了思想政治教育的内涵。知识的对象是客观的自然世界还是人类社会以及思维现象,然而不论是反映自然世界还是人类社会以及思维现象的知识都是一种社会文化活动。马克思说,"我从事科学之类的活动"也是在"从事社会的活动",因为我是作为人和社会的人在活动。② 人的这种社会性决定了人从事的任何活动都有社会性的意识。同时自然科学不断积累和增加新的材料,也是为人的解放做好准备。显然在马克思看来,一切科学都是关于人的科学、社会的科学,都包含了人的本质、社会的本质以及相应的观念和行为规范。科学活动的结果生产了科学知识以及相应的方法与原理,具体运用到人类社会生活与工作之中,就必然产生相应的行为规范。科学知识作为人的教育的内容,通过知识的传授实现的是人与人、人与社会、人与自然交流的方法、原理、观念与行为规范的教育。把这一基本原理同中国特色社会主义建设事业相结合,就是要解决"立德树人"的根本问题。

① 李斌雄:《论知识教育·价值教育·思想政治教育》,《思想教育研究》2001 年第 6 期。
② 《马克思恩格斯全集》第 42 卷,人民出版社 1979 年版,第 122 页。

从"课程思政"与"思政课程"相比较而言,"思政课程"的内容是系统化的基本原理、价值观念以及行为规范的知识灌输。这些原理、观念能否形成理性认同、情感认同和行为规范,关键看能否让思想政治教育的内涵与生活、与生产实践相关的学科知识及其技能的培养相结合,产生"个人价值与服务社会、报效国家"的"契合点",转化为生存价值、人生价值以及具体的自我实现的成就感、效能感,从而成为思想政治教育生长的土壤、载体或背景,实现"思想政治教育由生硬向生动、老套向鲜活、'势服人,心不然'向'理服人,方无言'的转变,做到育人无痕、润物无声"的效果。① 但是在过去一段时期内,在专业知识与技能教育过程中往往忽视了其应有的育人功能,割裂了思政内涵与知识技能之间的本然融合、统一关系。这一错误的教育思想主要表现在对学术自由的"价值中立"和道德教育的"价值澄清法"的错误理解上。

一些人认为专业知识与技能的教育是价值中立的,不能涉及思想政治教育的内容。"课程思政"的基本观点认为,知识本身内在地包含了"思政"内涵,具有价值取向的性质或特点。但是这种价值取向或价值内涵并不是脱离知识本身的外在的价值观,而是知识本身所潜含的"前提假设、背后立场、立论基础、研究方法、知识结构、话语表达和学科发展史中的信仰信念、价值理念、指导思想、思维方法、思想意蕴和精神内涵等"因素,是"世界观、方法论和价值基础"的具体表现。② 在学术界有一定市场的观点大多来自德国社会学家马克斯·韦伯提出的"价值中立"观点。但是不少人往往是望文生义,并没有真正理解马克斯·韦伯提出的"价值中立"的真实含义、价值预设和社会背景。他秉承的是真理价值观,而与"价值中立"相对应的价值观其实是偏离真理的,是干扰自由追求真理的价值观,因此,他提出"价值中立"恰恰是为了

① 孙广俊、李鸿晶、陆伟东、王俊:《高校课程思政的价值蕴涵、育人优势与实践路径》,《江苏高教》2019 年第 9 期。
② 刘清田:《略谈课程思政的内生性》,《中国大学教学》2020 年第 11 期。

"'唯真理至上',通过'为了知识而知识'的方法通达真理"。① 韦伯反对大学教师在课堂上脱离知识本身即脱离追求真理知识而向学生宣讲自己的政治主张,发表涉及个人的价值取向和偏见的意见。因此,真正理解了马克斯·韦伯提出的"价值中立"观点之后,我们发现这一思想其实有助于理解"课程思政"的教育理念,教师进行思想政治教育必须以知识本身为中介,"通过教师的引导、启发,由学生把它转化"为主体的思想、能力、情感体验与价值取向等素养,在这个过程中教师只是在催化学生"自我建构知识、内化知识,从而主动运用知识提高能力,并转化为意义和智慧,形成人生实践的动力机制"。② 与"价值中立"相关的另一个观点是美国学者拉斯思提出的"价值澄清法",由于人们的理解偏差,对价值观教育产生了一定的负面影响。其实,这也是一些人对价值澄清作为道德教育方法的理解错位有一定关系。拉斯思提出的价值澄清理论,其目的是针对社会变化所引起的"物质需要日益容易被满足",造成人们"缺乏明确的价值观""不清楚生活方向""缺乏决定怎样处理时间、精力及其生命的标准"的现象,从而应该着重培养人们的价值行为能力,其方法是在整个道德教育活动过程中以"生活为中心""对现实的认可""鼓励进一步思考""培养个人能力"为核心要素,③通过陈述事实、分析各种可能的价值取向,然后让学生根据经验或已有的价值观念进行价值判断或价值选择,其最终目的是培养学生关于价值的判断和选择的价值行为能力。因此,"价值澄清法"不是不要价值教育,而是通过这种方法更好地进行价值行为能力的培养。④

---

① 李海龙、王巨光、薛艳莉:《论马克斯·韦伯的"价值中立"思想对学术自由的启示》,《高教探索》2011 年第 6 期。

② 陈理宣、刘炎欣著:《基于马克思主义实践哲学的教育问题研究》,人民出版社 2020 年版,第 301 页。

③ [美]路易斯·拉斯思著:《价值与教学》,谭松贤译,浙江教育出版社 2003 年版,第 1—12 页。

④ 陈理宣:《未成年人价值观教育的目标:培养价值行为能力》,《继续教育研究》2009 年第 7 期。

# 三、社会思潮的风起云涌,增加了青少年学生正确认识社会现象及其本质的难度

进入 21 世纪以来,随着我国综合国力的提升,我国的经济发展与生存环境发生了巨大的变化,相应地,思想政治教育面临的挑战越来越大、任务也越来越重。正如知识社会学所揭示的,不论是社会科学知识还是自然科学知识本身都具有文化性、社会性与价值取向性等特征。因此,一方面是西方先进的科学文化知识本身必然隐含了知识产生的社会历史背景、文化价值取向以及国家意识形态、制度体系等因素,另一方面也使得当前国际敌对势力有意识地将其自身的文化、意识形态、价值观念等因素渗透到学科知识之中。因此,应对以社会思潮为综合表现形式的文化、意识形态、价值观念渗透的教育,除理论上需要系统的思想政治教育去揭示其本质,分辨真假之外,还必须以"课程思政"的方式隐性地、潜移默化地去化解,从而引导学生建构蕴含正确的、科学的文化观念、价值理念以及意识形态思想等具有社会主义事业建设者与接班人灵魂导向的知识结构与能力结构。

## (一)当代社会思潮的内涵、特征及其对青少年的影响

思潮,究其本质是指"某一历史时期内反映一定阶级或阶层利益和要求的思想倾向"以及"涌现出来的思想感情"。① 一种思想观点反映了一定社会历史时期的社会现实、人们的思想观念及其价值评价和相应的变革诉求,就可能会得到更为广泛的社会认同,于是成为一种潮流。因此,社会思潮是与一定的社会意识形态相对应,在某一时期内某一阶层和群体中影响较大、流行较广的一种理论观点和思想潮流。社会思潮是构成某种意识形态的思想素材,但

---

① 《辞海》,上海辞书出版社 1979 年版,第 3324 页。

它本身并不是某一社会的主流意识形态。① 它既可以与主流意识形态产生相互作用,共同维持一定社会的稳定与发展,也可能与主流社会意识形态产生敌对情绪,对既定的社会意识形态产生破坏作用。这主要看特定社会主流意识形态的性质,是否有利于生产力发展,是否代表人民的利益,是否有利于社会稳定与发展等。因此,只有那些为广大人群所理解,代表了他们的利益或心声的思想观念或理论体系,才可能成为他们崇尚的思潮,当然也可能有相当一部分人出于盲目崇拜心理,缺乏理性判断而错误地认同与模仿。社会思潮不同于社会心理的内隐性、缺乏理性认知的情绪性以及非稳定性等特点,它是理论性、系统性和严密逻辑自洽的思想理论整体。但同时它又对社会现实具有强烈的社会干预性和因处于现代社会新媒体、信息化传播条件下传播广泛而迅速这两个特点。社会思潮的多元化本身"是未来中国民主多元制衡机制的社会先决条件",也是学术以及思想意识"百家争鸣趋势"的表现。② 因而在某种程度上,"有思潮的时代是一个文化昌明的时代"③。但是,由于我国处于社会的改革转型期,从社会意识的高度统一性向多元、开放、发展的转向,使得"对社会主义本质的分辨、对传统体制的维持与变革、对改革的历史方位及改革方式的确立"等的斗争激烈,也使得广大人民参与社会改革的主体意识前所未有地增强,"完成着由'精英意识'向大众意识构建社会的现实转换"。④ 这一转折使得多元、复杂的社会思潮有了现实的土壤。但是,正是这种转折使得中国大众在突然面临开放后纷繁复杂的西方社会思潮缺乏鉴别力与免疫力。特别是一些与马克思主义敌对的社会思潮,它们"在经济、政治、文化和

---

① 余双好:《当代社会思潮的内涵、特征及其研究意义》,《学校党建与思想教育》2011 年第 7 期。

② 孙晓晖:《当代社会思潮变革与我国意识形态安全问题的研究进路与思考》,《湖南师范大学社会科学学报》2012 年第 6 期。

③ 余双好:《当代社会思潮的内涵、特征及其研究意义》,《学校党建与思想教育》2011 年第 7 期。

④ 徐学福:《发展中的冲突与冲突中的发展——论转型时期中国社会意识结构的变化》,《桂海论丛》2007 年第 2 期。

社会各个领域同马克思主义争夺话语权",其实质是"企图修正和解构处于主流意识形态地位的马克思主义,重新诠释中国的社会性质,影响中国社会的整体走向"。这些受西方社会意识形态影响的社会思潮,即使对成年人或者知识分子而言,也会产生不少"思想上产生混乱、行动上无所适从"[1];对一些心智未成熟、主体意识以及价值观念未成型的年轻人来说,他们正处于渴求新知识的阶段,对一些新理论、新思想有好奇心,缺乏对社会系统全面的理解,往往会产生"价值取向的无序性""文化认同危机""理想信念面临挑战"等问题。[2]因此,教育必须培养学生对各种国际国内思潮的鉴别能力,培养他们自觉抵制其不利影响的意识和能力。

## (二)几种影响较大的社会思潮的特征及其与学科知识之间的关系

社会思潮是反映了一定社会历史时期的社会现实、人们的思想观念及其价值评价和相应的变革诉求的知识,它之所以能够引起社会广泛的认同或关注,往往是因其反映社会现象的深刻性、系统性以及新颖性等。但它终归是一种知识系统,大多植根于某一学科或相关的几个学科,从学科知识系统演化、泛化到人们的政治、经济、文化的日常生活中来,从而产生广泛的思想、情感或行为的积极或消极的影响。因此,研究社会思潮对学生或社会产生的积极或消极影响,必须反思其所植根的知识系统以及与社会生活的关系,去探索其发展演化或泛化、转化或错位等过程中的基本原理与机制,或充分利用它的社会影响塑造学生健康、积极的人格,或分辨其错位现象消除负面影响等。

---

[1] 刘同舫:《在应对当代各种社会思潮的挑战中发挥马克思主义的威力》,《马克思主义研究》2010年第3期。

[2] 李玲芬:《当代社会思潮视域中的高校思想政治教育》,《湖北社会科学》2012年第1期。

### 1.历史虚无主义的学科基础及其辐射领域与负面影响

历史作为一门学科,是反映一定社会历史时期的历史事实与历史意义的知识。马克思主义认为,"历史本身是自然史的一个现实部分"①,"是追求着自己目的的人的活动"②。因此,我们应该以科学的态度看待历史,以科学的方法研究历史,承认历史的研究对象的"自然界"的客观实在性,承认人类社会的"自然"发展过程及其客观规律性,在具体的历史研究过程中既要尊重历史事实,让史料说话,又要坚持历史与逻辑的统一,尊重历史规律,以进步和发展的态度审视社会发展历史,重新书写历史,赋予历史新的意义,并以此指导人类的社会实践。然而,随着知识社会学以及后现代主义知识观的兴起,历史知识观发生了巨大的变化。知识社会学认为任何知识包括社会科学知识甚至自然科学知识都是"社会建构的"③。研究者"从一开始就是借助自己接近材料时不自觉地运用的价值理念,从一种绝对的无限中突出一个微小的成分,使自己仅仅关注对它的考察","如果没有研究者的价值理念,就不会有选择材料的原则","他的灵魂之镜中的价值折射,规定着他的工作的方向",④塞蒂纳甚至认为科学的对象和内容不仅"技术性地在实验室中被创造出来,而且符号性、政治性地被建构"⑤。这些观点都间接地影响了历史学对于历史所记载的历史事实的客观性以及社会发展历史规律性的怀疑或否认。

如果说知识社会学从知识生成的社会性、意识形态性出发解构了知识的客观性、规律性,赋予了知识的意识形态性、主观性、个人性、偶然性,这还是间

---

① 《马克思恩格斯文集》第 1 卷,人民出版社 2009 年版,第 194 页。

② 《马克思恩格斯文集》第 1 卷,人民出版社 2009 年版,第 295 页。

③ [德]卡尔·曼海姆著:《意识形态与乌托邦》,霍桂恒译,中国人民大学出版社 2013 年版,第 180 页。

④ [德]马克斯·韦伯著:《社会科学方法论》,李秋零、田薇译,中国人民大学出版社 1999 年版,第 25—26 页。

⑤ [奥]卡林·诺尔-塞蒂纳等著:《制造知识》,王善博等译,东方出版社 2001 年版,"序言"第 3 页。

接地影响历史虚无主义对历史真实性、客观性的怀疑和否认以及极端强调历史书写的主观性、个人创造性、偶然性等,那么,后现代主义所倡导的解构事实、否定宏大叙事的观点,则直接为历史学提供了虚无主义的历史观。尼采所信奉的"不存在事实,只存在解释"的论调成为后现代主义的共识。① 德里达所认为的符号、单独的个体能够反映真实的思想成为解构主义的典范,利奥塔强调知识的"商品性""流通性""交换性"价值,认为知识是为权力者所掌握和决定的,过去的"宏大叙事"已过时,知识不再具有"连续性"和"精确性",充满"灾变"和"悖论"等。② 美国史学家怀特将历史学的解构表述为三种模式:情节化解释、论证式解释和意识形态蕴涵式解释。③ 可见,"历史虚无主义与后现代主义历史观是密切相关的,后现代主义历史观为历史虚无主义提供了理论支持"④。

一些具有综合性的思想家则超越了具体学科知识的局限,并直接对历史知识发表直接的意见,他们应该是历史虚无主义的直接源头。著名政治学家和经济学家哈耶克就认为,人们对历史事件的看法,并不是取决于客观事实本身,而是取决于人们所接触到的关于历史的记录和解释。解释一个历史事件,编纂历史资料,是需要自身的价值观的。历史科学也是"一门具有强烈艺术色彩的科学"。因此,"如果试图编纂历史的学者没有明确意识到,他的任务就是按照一定的价值观对历史进行解释,那么,他即使获得了成功,也只能是自欺欺人,成为他没有明确意识到的偏见的牺牲品"。⑤ 著名哲学家波普尔更

---

① 于沛:《后现代主义历史观和历史虚无主义》,《历史研究》2015 年第 3 期。

② [法]让-弗朗索瓦·利奥塔著:《后现代知识状态:关于知识的报告》,车槿山译,生活·读书·新知三联书店 1997 年版,第 5—14、125—126 页。

③ [美]海登·怀特著:《元史学:十九世纪欧洲的历史想像》,陈新译,译林出版社 2004 年版,第 25—28 页。

④ 曾鹏:《历史虚无主义与后现代主义历史观的批判及话语体系重构》,《内蒙古社会科学(汉文版)》2019 年第 4 期。

⑤ [美]E.A.哈耶克著:《资本主义与历史学家》,秋风译,吉林人民出版社 2003 年版,第1—2 页。

明确地说不相信历史规律,特别不相信有进步之类的历史规律的东西。① 他认为人们不可能像牛顿发现物体运动规律一样发现社会运动规律,因为根本就不存在像物体运动那样有规律的社会运动。既然历史没有规律可循,人们又如何能够准确地预测历史的未来呢,"我们不能仅仅根据趋势的存在做出科学的预测!"②著名的布热津斯基认为,"多数社会变革具有偶然、模糊的性质,而且常常是自发的","历史的演进"本来就是一个"自发的、偶然的过程"。③ 如果说这一系列理论与思想都具有一定的学术性,大多只能在学术领域或者说在某些系统的学科知识领域内流行,那么,根据这些理论或思想潮流对历史事件、历史人物进行通俗化创造的如人物传记、历史小说以及影视作品等,通过现代信息化、多媒体以及网络途径的广泛传播,则直接使得历史虚无主义思潮产生了广泛的社会影响。

因此,历史虚无主义思潮以历史学科为阵地,利用了哲学、政治学、文化学等相关学科理论,进行了系统的组装或改造,形成了很强的学理性、逻辑性、系统性观点,很容易引导人们误入认知陷阱。历史虚无主义在不同领域的渗透与表现不同。在历史学领域,一方面对历史的真实性和客观性表示怀疑和不认可,由此产生了用个人笔记、口述史等微观史学去否定或者说还原"历史真相"的现象,借此否定已成定论的历史事实和历史事件的本质;另一方面是夸大历史编撰者的主观创造性和价值、意义的赋予,进行历史的重写。在文化艺术领域,表现为通过小说、电视剧、电影以及网络视频等方式广泛渗透到文化艺术之中,往往通过"含沙射影、移花接木、牵强附会、戏说调侃等方式,将宏大的历史叙事肢解、碎片化、泛娱乐化,用支流冲淡主流,用枝节取代主题,割

---

① [德]卡尔·波普尔著:《猜想与反驳——科学知识的增长》,傅季重等译,上海译文出版社1986年版,第520页。

② [德]卡尔·波普尔著:《历史决定论的贫困》,杜汝楫等译,上海人民出版社2009年版,第91页。

③ [美]布热津斯基著:《大失败——20世纪共产主义的兴亡》,军事科学院外国军事研究部译,军事科学出版社1989年版,第271页。

断历史主线,割裂历史的逻辑,宣扬现象化、表象化的历史观"①,甚至"恶搞历史""歪曲历史""遮蔽历史""乱评历史""迷乱历史",并借助信息化的网络与新媒体的传播,迅速产生广泛的社会影响,造成了"瓦解马克思主义的指导地位""否认党的领导和社会主义道路""腐蚀民族的精神信仰""制造'西化''分化'陷阱"等严重的社会危害。②

### 2. 新自由主义的学科基础及其辐射领域与负面影响

新自由主义所涉及的学科范围主要是哲学、政治学和经济学等广泛的学科领域。新自由主义是由自由主义发展而来的。自由主义的发展经历了三个发展阶段:(1)古典自由主义阶段,理论代表是亚当·斯密,其基本主张是强调私有财产神圣不可侵犯,个人具有追求自身利益最大的自由,政府只能通过立法、司法、执法等来保障私有财产和市场交换自由以及维护社会稳定,以最大化发展社会财富。(2)改良版的自由主义阶段,其理论代表是约翰·密尔,他"在有关自由的讨论中,在个人和政府间加入了社会这一要素",认为政府可以通过社会进行规范,以保护和增进个人自由。③ (3)新自由主义阶段,其主要代表为哈耶克等。哈耶克明确地主张财产的私有制是自由的根本前提,因为在私有制条件下,生产资料掌握在许多个独立行动人的手里,才不会产生垄断、控制,任何形式的生产资料集中到少数人或组织手中,都可能产生对社会和个人的控制,因此,他坚决反对任何形式的经济计划和社会主义,认为垄断、计划、国家干预就等于生产无效率。

新自由主义在哲学上主张人的意志自由的思想,其核心观点是坚持自由

---

① 汪亭友、吴深林:《历史虚无主义的思想认识基础、理论本质及其批判》,《马克思主义理论学科研究》2021年第9期。

② 张博、孙兆阳:《郭清历史虚无主义的迷雾》,《史学理论研究》2021年,第4期。

③ 浦兴祖、洪涛著:《西方政治学说史》,复旦大学出版社1999年版,第415页。

是人的本质,追求"人作为孤立的、自我封闭的单子的自由"①。在经济理论领域的核心观点是坚持市场万能论,强调市场调控这只"看不见的手"的作用,认为分工、交换、货币、价值、工资、利润、地租、资本、社会资本再生产等是经济运行的基本规律,这一系列市场运行环节均是市场本身自由运行的结果,凡是妨碍经济自由运行的制度、手段都是阻碍经济自由发展的,从而形成了自由的资本主义经济制度和政治制度,并视这种经济体制是最好的制度,从而攻击公有制无效率,②甚至称公有制经济是一条"奴役之路",③反对国家对经济和市场的干预,奉行个人功利主义的价值观等。

自由主义、新自由主义其实都是资本主义私有制的理论体系与政策主张,本质上是"金融资本的统治"④,即使在资本主义国家,它也是"一种社会化思潮的发展陷阱理论"⑤,正因为如此,资本主义国家也认识到其危害性,采取在国内实行国家干预、对国际则推销放任自由的经济制度,在国内反垄断,在国际上倡导自由,以实现经济的国际垄断。这种策略一方面缓解国内垄断资本带来的系列危机,另一方面把危机转嫁给国际社会。因此,这一思潮对世界各国产生了极大的危害,对我国也产生了一定的消极影响。在意识形态中,还存在利用其经济和科学技术发展的某些优势,诱导不少处于发展中的社会主义国家进行私有化、市场化改革,从而间接或直接地进行"颜色革命"。它的"经济人"的人性假设、个人绝对自由以及功利主义价值观等对青少年一代在世界观、人生观、价值观上影响很大。新自由主义的社会思潮,深深植根在西方哲学、政治学、经济学、文化学的学科知识之中,在各学科学术领域也有很大影

---

① 《马克思恩格斯文集》第 1 卷,人民出版社 2009 年版,第 40 页。
② [美]詹姆斯·布坎南著:《财产与自由》,韩旭译,中国社会科学出版社 2002 年版,第50 页。
③ [美]弗·奥·哈耶克著:《通往奴役之路》,王明毅等译,中国社会科学出版社 1997 年版,第 157 页。
④ 刘慧:《欧洲新自由主义的发展演变》,《德国研究》2019 年第 4 期。
⑤ 陶富源:《新时期要继续深化对新自由主义的批判》,《安徽师范大学学报(人文社会科学版)》2020 年第 5 期。

响,"即便是在金融海啸引起全世界对新自由主义的批判和反思之下,其在中国高等院校的强势地位仍然没有动摇"①。我国实行改革开放,在学习借鉴西方资本主义某些优秀的科技、文化、经济发展文明成果的过程中,一方面,既要利用资本为我们的社会主义建设服务,又要剔除其不利影响,防范其自发性膨胀。我国在学习借鉴西方市场经济经验的过程中,存在一些规范滞后的现象,从而给我们带来一些不利影响。另一方面,对经济的市场化与合理计划之间边界的认识还不清晰,缺乏理性自觉,也给我们指导社会主义市场经济发展的过程带来一些消极影响。因此,新自由主义思潮对我们的影响和危害是很大的,需要在全党、全社会特别是青年大学生中进行学理性的教育,提高对新自由主义思潮的理性认识和理性自觉。我们既要开展广泛的社会性价值引导教育,又要结合具体相关学科进行价值性引导教育。

### 3."普世价值"思潮的学科基础及其辐射领域与负面影响

"普世价值"概念历史悠久,公元4世纪末罗马帝国和基督教分裂后,各教派为了争夺自己在整个罗马帝国的影响力,争相标榜自己代表了"普世价值",从而提出和使用了"普世"概念。第一次世界大战之后,欧美的一些新教教派为了争夺全世界的影响力,发起了所谓的"普世运动",主张教会是"超国家""超民族""超阶级"的"普世实体"。② 20世纪随着交通与交流的普遍增强,特别是经济交往的普遍增多,文化与价值的冲突、碰撞越来越普遍,于是兴起了一系列增强文化理解与沟通、交流与合作的运动,比如20世纪60年代西方神学家推行所谓的"全球伦理"运动、20世纪90年代联合国教科文组织组织建立了"普遍伦理计划"等。于是在学界开始出现了"普世价值"概念,旨在推行一种适用于所有人、所有地方,不受时空限制并具有普遍性、永恒性的价

---

① 朱安东、王天翼:《新自由主义在我国的传播和危害》,《当代经济研究》2016年第8期。
② 文平:《"普世价值"辨析》,《红旗文稿》2009年第10期。

值的运动。① 但是,随着"全球伦理""普遍伦理计划"等概念的提出,"普世价值"逐渐超越了宗教与伦理领域,渗入政治、经济、文化领域,把资本主义的民主、自由、平等、博爱、人权等价值观念与"普世价值"相结合,开始在非西方国家宣传、推行,转化为一种"具有与全球化背景下西方资本主义强势地位的扩张相联系的特殊政治意图"②,并以此为标准攻击非西方政体、国家的武器。改革开放后,我国逐步向西方学习和借鉴其人类先进文明成果,特别是 20 世纪、21 世纪之交我国签署了联合国两个人权公约和加入世界贸易组织(WTO),在一些与西方价值观念具有共同性的因素上取得了理解与共识。这些被一些人错误地理解为中国承认现代文明的"普世价值",显然,他们是简单化了"普世价值"的内涵,也混淆了"共同价值"与"普世价值"的辩证关系。

"普世价值"思想从最早涉及宗教学到伦理学、哲学,逐步向政治学、经济学、法学、文化学等领域渗透,其核心理念是近现代理性主义思想所倡导的人天生具有认识事物的理性能力以及由人天生具有的几个核心基本观念可以推论出更多客观知识的信念,由此推论出来的"天赋人权"与"人生而自由"等一系列的思想观念,并由此而形成的整个资本主义的国家治理与资本主义的生产方式等社会运行体系。即在整个社会运行结构中资本主义的生产方式决定的财产私有、劳动者人身自由、商品交换平等原则,贸易市场化、分工社会化、生产要素自由流动等再生产方式,资本、货币、利润、文化精神等运行原理,民主的政治体制、三权鼎立的司法结构等一系列资本主义社会运行体系。理性作为资本主义社会、国家建立和存在的永恒真理,一切都是由理性的基本原则推演而成。因此,西方资产阶级思想家们认为"应当建立理性的国家、理性的社会,应当无情地铲除一切同永恒理性相矛盾的东西"③,与"一切都必须在

---

① 包国志、刘占祥:《"共同价值"与"普世价值"的本质性差异解析》,《广西社会科学》2017 年第 9 期。

② 陈先达著:《问题中的哲学》,北京师范大学出版社 2014 年版,第 385 页。

③ 《马克思恩格斯选集》第 3 卷,人民出版社 2012 年版,第 643 页。

理性的法庭面前为自己的存在作辩护或者放弃存在的权利。思维着的知性成了衡量一切的唯一尺度"①。于是生成于资本主义经济制度与政治制度基础上,符合其需要的自由、平等、博爱、民主、人权等价值观念与价值范畴,就是"普世价值"。

资本主义的本质是个人财富即少数资本家财富的生产与增长逻辑,由于国家政权被资产阶级掌握,被少数资本家所垄断,因而,整个社会政治、经济、法律、文化、军事等运行都以维护少数人的财产为目的,都以实现少数人对大多数人的统治服务为目的。亚当·斯密的《国富论》其实是资产阶级财富增长论。资产阶级之所以不遗余力地向全世界推销其价值理念以及政治制度和经济体制,其实是为了扩大其财富增长来源范围和控制领域。因此,有学者指出,"普世价值"思潮的政治企图是要改变我国发展民主政治和深化政治体制改革的指导思想和社会主义方向,如果按照"普世价值"的观点,那么,我们就应该遵照西方政治理念和制度模式改造中国的政治制度;在思想上,试图废除马克思主义的指导地位,以资产阶级的价值观来指导我国的政治、经济制度改革,用资产阶级的"普世价值"代替社会主义核心价值体系;在经济制度方面,主张全盘西化,实行全面私有化等。因此,要建设中国特色社会主义,完善发展中国特色社会主义民主政治,"必须澄清'普世价值'问题上的是非,揭示'普世价值'观的政治实质,抵制和制止'普世价值'思潮的泛滥"②。"普世价值"的"理论意图是将西方特殊的价值观念'普世化'","政治图谋是将西方资本主义民主制度'全球化'"。③"普世价值"思潮的社会危害性极大,应引起我们的特别重视。由于"普世价值"所涉及的学科范围广,在那些反映西方资产阶级思想的各学科之中均有广泛渗透,并且可以说是社会科学的一种思

---

① 《马克思恩格斯选集》第 3 卷,人民出版社 2012 年版,第 775 页。

② 刘书林:《"普世价值"问题出现的过程、原因及实质》,《政治学研究》2008 年第 6 期。

③ 胡媛媛、王岩:《意识形态安全视域中的"普世价值"思潮批判》,《马克思主义研究》2019年第 7 期。

维方式和文化精神。因此,在学科教学之中应保持高度警惕,应系统运用马克思主义辩证唯物主义和历史唯物主义的思维方法和科学精神去粗取精、去伪存真,批判性地鉴别与吸收。

### 4. 当代新儒学思潮的学科基础及其辐射领域与负面影响

当代新儒学是指"区别于历史上自唐以来迄清末的新儒学之后而活跃至今的新儒学"①。当代新儒学是近代中国面临思想危机,传统价值崩溃、意义结构解体和自我意识丧失时,所产生的"以接续儒家'道统'为己任,以服膺宋明理学为主要特征,力图用儒家学说融合、会通西学以谋求现代化的一个学术思想流派"②。先秦儒家被称为"儒学",宋明理学被称为"新儒学",而21世纪以复兴儒学为职志的这个流派被称为"现代新儒学"。因此,先秦儒家、宋明新儒家、现代新儒家,这是儒家学术发展的三个阶段。郭齐勇又把当代(现代)新儒学的发展分为四个阶段:第一阶段为"1915—1927年发生的东西方文化问题论战与1923至1924年发生的'科学与人生观'论战期间","第二阶段发生在抗战时期与胜利之后的中国大陆,第三阶段发生在20世纪50至70年代的中国台湾与香港地区,第四阶段发生在20世纪70至90年代的海外(主要是美国),改革开放后又由一些华人学者带回中国大陆"③。新儒学的内容非常广泛,各阶段、各流派纷呈复杂,难以细陈,但其总体上的特征是可以概括性把握的。韦政通先生认为当代新儒学有七个共同特征:"(1)以儒家为中国文化的正统和主干,在儒家传统里又特重其心性之学;(2)以中国文化为一精神实体,历史文化之流程即此精神实体之展现;(3)肯定道统,以道统为立国之本,文化创造之源;(4)强调对历史文化的了解应有敬意和同情;(5)富有根

---

① 王兴国:《当代新儒学的新津发展及其面相》,《中国人民大学学报》2015年第5期。

② 方克立著:《现代新儒学与中国现代化》,天津人民出版社1997年版,第4页。

③ 郭齐勇:《综论现当代新儒学思潮、人物及群体意识与学术贡献(上)》,《探索》2010年第3期。

源感,因此强调中国文化的独创性或一本性;(6)有很深的文化危机意识,但认为危机的造成主要在国人丧失自信;(7)富有宗教情绪,对复兴中国文化有使命感。"①

现代新儒学基本上属于"学院化或书院化的学术儒学"和"民间的日用儒学"。在面对现代"西化"论或"全盘西化"论的时候,承认以西学为师,甚至全面引进和学习西方文化,但并不承认全盘否定中国传统文化的态度和观点,也不能接受"西方文化中心"论或"欧洲文化中心"论,持"积极开放和吸收的态度",认为中国的现代化必须通过中西文化的融通汇合才能实现,既不能全盘西化,也不能闭关锁国。近年来当代新儒学进入"后牟宗三时代",在反省第一代和第二代先辈的成果与缺失的基础上,开启了儒学的"全球化"和"在地化"新阶段,"在儒学与世界文明的交流和对话中把儒学推向世界,在使儒学走向'全球化'的同时也积极推进了儒学的'在地化'进程"②。他们承认"各个传统均植根本土亟盼能够存异求同,以达到调和共存、交流互济的效果"。在全球文化交融的时代,无须证明儒家传统高于一切,只需要阐明儒家文化也是合情合理的关怀人生、人类的重要价值之一。我们"不必盲目西方全盘西化,更不必重复西方的错误,而为未来世界的持存与开拓献上自己的一份力量"③。因此,新儒学秉承传统文化基础,并与时俱进,不断"返本开新",他们"以全副身心对儒家思想体系进行哲学、政治学、历史学、美学等等方面的重构,意义重大",使得儒家思想"获得了现代知识体系中的崭新定位",④在倡导儒学与人类诸文化系统间的对话方面,将中国传统文化智慧与精神融入世界文化的发展,是有一定积极作用的。特别是在中国文化遭到空前危机的时期,新儒学反对"全盘西化"论者的民族虚无主义,在如何继承和创造性地转

---

① 韦政通著:《当代新儒学的心态》,上海人民出版社1989年版,第165页。
② 王兴国:《当代新儒学的新津发展及其面相》,《中国人民大学学报》2015年第5期。
③ 《刘述先自选集》,山东教育出版社2007年版,"导言"第7页。
④ 任剑涛:《重审"现代新儒学":评"大陆新儒家"的相关言论》,《天府新论》2017年第1期。

化儒家传统,如何引进和吸收西方近现代的科学和民主思想等方面都做了有益的探索。但是新儒学也存在一些不足,主要表现在:在思想逻辑的建构上都表现出了与马克思主义在中国的发展迥然不同的理论趋向,虽然在建构新文化等问题上提出了一些具有启发性的思想或观点,但是其基本逻辑是文化决定论和抽象人性论;①在基本立场上把马克思主义视为非理性化、宗教化的学说,把意识形态性与科学性对立起来,否认哲学人文社会科学的科学性等。②如果说在整体上当代新儒学有许多可取的积极思想因素,那么,新近大陆新儒学则在很多方面走向了极端。他们否定新儒学,把"心性儒学"转换为"政治儒学",其问题意识集中于"制度性焦虑",认为当今中国政治上面临的最大问题在于证明政治权利的合法性或政治秩序合法性的问题。③ 他们思考问题的逻辑起点是在中国从传统到现代转变之际儒学的言说如何具有现代性的问题。一些人认为需要恢复中国性,抗拒现代性或西方性;一些人认为现代新儒学不够现代,批评它堕入了西方的地方性"现代"陷阱,需要确立对接中国传统与中国现代的现代新儒学,有人甚至提出了具有明显政治主张的中国国家整体建构的现代结构性转变问题;还有一些人混淆传统和"现代"的新儒家立场,或者把中国的现代转换时间无限推前,或者把现代的时间与空间无限扩大。④ 因此,有人认为大陆儒学的两个发展方向都是"20世纪中国保守主义的变种",具有"康有为情结"。⑤ 也有人批评说,这是一种具有"非常强烈的意识形态性、复古保守性、宗教神学性、团体组织性的文化保守主义和政治复

① 李毅:《马克思主义与新儒学:七十多年思想交锋的轨迹》,《中国青年政治学院学报》1996年第1期。

② 张三萍:《评现代新儒学对马克思主义的诘难》,《江南大学学报》2010年第5期。

③ 蒋庆等著:《中国必须再儒化》,八方文化创作室2016年版,转引自杜运辉:《马克思主义视域下的新大陆儒学》,《马克思主义研究》2017年第5期。

④ 任剑涛:《重审"现代新儒学":评"大陆新儒家"的相关言论》,《天府新论》2017年第1期。

⑤ 李洪卫:《政治儒学与心性儒学的根基与歧异》,《社会科学论坛》2016年第4期。

古主义思潮"①,"表现出露骨的反马克思主义立场"②。可见当代新儒学中也有不少内容对当前中国特色社会主义建设具有负面影响,我们应当结合相关的学科知识学习来提高自身的鉴别与批判能力。

现代新儒学所涉及的学科范围非常广泛。柴文华在其著作中把它分为三大类,即"文化形而上学""中国文化观""西方文化观",其内涵包括经济观、社会观、政治观、学术观、科学观、宗教观、人生观、道德观、哲学观等。③ 其实新儒学广泛涉及哲学、政治学、经济学、伦理学、科学、宗教学、文化学、历史学等学科领域。可见,现代新儒学思想观点丰富复杂,学派众多,既有积极的学术思想内容,也有一些消极、保守、落后甚至错误的言论,大多数论者所涉猎的内容都极为广泛和深奥,而且大多是理论系统性强,抽象程度高的哲学、政治、文化等理论学说的建构,很难简单地进行批判和鉴别,必须结合相应的系统学科知识才能甄别。

## 四、信息化、智能化新媒体传播加大了价值观教育的复杂程度和难度

信息技术是指以数字化的信号传播方式,互联网的传播路径以及智能化、虚拟化、多媒体融合等特点的系统性信息承载、传播、运行、控制等技术的总称。它还在各个方面高速发展,其具体内容、形式、特点等发展演化、升级迭代极快,目前还难以进行简单的概括。信息技术的运用改变了传统教育的教育理念、知识内容、教育方法、教育手段、教育路径以及教育时空场域等。而这些信息化的内容、形式自身也蕴含了一定的价值取向或潜在地具有一些价值暗示或引起一定的价值错觉这显然加大了思想政治教育的复杂程度和难度。要

① 董海军:《大陆新儒家思潮研究述评》,《思想教育研究》2019年第7期。
② 张世保:《评崇儒反马的大陆新儒学思潮》,《思想理论教育导刊》2010年第6期。
③ 柴文华著:《现代新儒家文化观研究》,生活·读书·新知三联书店2004年版。

解决这个问题,关键的还是要研究价值与知识之间的关系这一难题,因此,"课程思政"具有其自身独特的价值。凡知识均蕴含了一定的价值因素,凡价值都必须与知识结合在一起。脱离具体的外在世界实体或脱离人类生活具体实践,价值就没有载体。马克思主义的辩证唯物主义思想离不开有关对自然世界的认识,没有对物质的物理结构、化学结构的认识,没有具体的科学研究,没有与人类生活实践的诸事物的联系,也就没有马克思主义的辩证唯物主义理论思想的产生。任何价值或思想都是对客观世界的高度抽象和概括,学生要理解它,都必须与实践相结合,与对客观世界的具体认识相结合。因而,信息化本身及其内容和形式是什么,它蕴含了什么样的价值,它可能潜在地包含什么价值,如何科学地使用其功能产生积极价值等一系列问题,都是新时代思想政治教育面临的严峻挑战。

现代科学技术发展出来的信息化、虚拟化的互联网、大数据、多媒体、人工智能等,它们本身也是知识,同时它们更是承载知识和运用知识的载体和工具。它作为知识本身的功能、特点潜在地包含了价值取向。因此,首先我们必须要科学地认识它,才能正确使用它;其次是必须正确地使用它来承载知识和传递价值思想、观念,使之成为促进人类解放与自由的文明成果;再次是必须预防它可能给我们的教育带来不确定的负面影响,消除其异化人的可能性。这一系列问题属于通过"格物致知""知止而后有定"直至"能虑"与"能得"的范畴。也就是说它属于知识传授过程中的人性考量的问题,是"课程思政"的优势所在。当前在信息化、虚拟化、互联网、新媒体、人工智能、大数据等一系列新技术的运用过程中,产生了一系列的学习与教育中的不适应、使用不科学、使用态度负面等问题。一是它们对传统的教育理念、教育方法、教育路径等带来强烈冲击,消解了传统教育的本质与功能,二是由于新的载体运用以及新载体承载的知识、信息本身也有冲击传统人文精神、道德伦理等现象,三是新技术、新载体的功能、限度、科学运用的方法等一系列本质问题还没有被真正认识,造成过度使用、滥用、不科学使用等一系列问题。

## （一）信息化、虚拟化、互联网等作为学习工具带来浅层阅读与过量阅读

当前大量中小学生、大学生乃至成人都把互联网上的信息化、虚拟化信息作为消遣、学习的工具。然而这种碎片化、虚拟化、海量化的信息或知识，使阅读者应接不暇，只能快速浏览，从而使人难以深入、认真、严肃地思考并加以消化或内化。由于其内容具有虚拟性、图像化的特点，直接把阅读者带入虚拟情境，一方面使得阅读者缺乏实体感和实践真知感，另一方面虚拟情境本身的图像化、情景化以及快速转换，带领阅读者沉浸其中而无须联想、结合实践或自身经验进行反思，也没有给阅读者留下反思的空间。这就会造成艾伦·梅考克所说的现象："今天人们阅读过量，头脑消化不了。就像贪食损害健康营养一样，过量阅读只会阻塞思考，造成头脑麻痹和怠惰"，简直就是一种"智力自杀"。① 因此，互联网上的阅读是一种浅层次的阅读："屏幕上的阅读基本上都是浏览型的信息获取"，"在信息令人应接不暇，无法集中心思的环境中读屏，难以觅得这样的深度阅读。而如果只是满足于屏幕上的浅层阅读，那么，久而久之，人会变得精神涣散，无论读什么都走马观花，自己没有深入、明确的想法，凡事便只能是道听途说"。② 吉利·曼德在《消灭电视的四个理由》中说，"电视会把人变成脑死的绵羊"③。与之相类，这种虚拟化、图像化、海量化的信息或知识碎片之所以会给人造成浅层阅读、难以深入思考的负面影响，从视觉生理原理来看，读屏不容易集中精力，很难使阅读者深入思考。"读屏造成的眼疲劳程度超过读书，对需要高度集中注意力的深层阅读来说更是如此。"从阅读认知上来看，"读书更能调动和协调人脑的阅读功能，因此更有利于与'理解'有关的深层阅读"，读书更有实体感和位置感，更少额外信息的干扰

---

① 徐贲著：《人文的互联网》，北京大学出版社 2017 年版，第 96 页。
② 徐贲著：《人文的互联网》，北京大学出版社 2017 年版，第 55 页。
③ 徐贲著：《人文的互联网》，北京大学出版社 2017 年版，第 23 页。

等,这些都有利于阅读集中精力,增强理解与记忆。从学习知识的机制来看,"屏读不适宜于较长的学术或严肃文本","原因是读屏会让阅读者有'触觉失调'的问题"。① 互联网上的海量碎片化信息,读者来不及消化、思考,只是产生一些信息痕迹,但是在遇到类似的某些情景,它会被激活,使人的心理和行为产生盲目模仿的倾向,由于网络上的阅读是粗浅的,往往不能引起人们冷静、严肃、认真的思考,容易从众、盲目、肤浅认同、模仿或潜移默化地接受影响。

## (二)信息化、互联网支撑的社交平台、自媒体等传播不少消极、虚假、低俗的内容

从内容上来看,在互联网发展的初期,网上存在许多消极、虚假、低俗的信息。胡泳对微博现状这样描述:"微博已经从传播信息、交互式交流平台沦落成'公共厕所',是许多垃圾信息、八卦、恶搞甚至谣言的集散地。"②在互联网发展初期,由于网络监管没有及时跟上,不少人都把互联网作为宣泄的工具,由于匿名,没有现实中的伦理道德乃至法律法规的监管,不少人就会变得肆无忌惮,把自身积蓄已久的负能量在各种交往平台发泄出来,也会造成了他人的从众和模仿,产生网络暗示效应,使得一些"在日常生活中行为文明、通情达理的人一上网就可能变成一副完全不同的模样:发言暴戾嚣张、尖酸刻薄、粗鲁下流"③。由于是虚拟空间,匿名形式,"人人都有发声的权利,人人都是'通讯社',个个都是'麦克风'",因此,造成新媒体平台上的信息"泥沙俱下,鱼龙混杂","极易产生一些别有用心、造谣生事,甚至反党反社会主义的言论"。④

---

① 徐贲著:《人文的互联网》,北京大学出版社 2017 年版,第 57—61 页。
② 胡泳:《限娱令、"微博公厕"论与道德恐慌症》,《青年记者》2011 年第 34 期。
③ 徐贲著:《人文的互联网》,北京大学出版社 2017 年版,第 89 页。
④ 王大伟、孟宪生:《新媒体时代我国高校意识形态工作的理性审思》,《思想政治教育研究》2020 年第 5 期。

### （三）基于用户兴趣的"算法分发"和"算法推荐"，容易造成负面信息的"扩音"效果

人工智能的使用，一方面产生了媒体新闻信息发布的基于用户兴趣的"算法分发"，即一个热点问题或具有新闻意义的事件产生，在媒体上引起关注，于是媒体就会倾向于围绕此"卖点"组织系列稿件向用户发布。另一方面阅读者一旦在一定时间内相对集中阅读过什么内容，表现出一定的价值倾向性，媒体就会利用基于用户兴趣的"算法推荐"，根据阅读者的网上浏览痕迹，向读者自动推荐相关的新闻信息。基于用户兴趣的"算法分发"或"算法推荐"，一方面是阅读者的基本信息、兴趣爱好、搜索及阅读爱好等各种互联网痕迹决定了打开网页时首先看到的同类信息推荐，这种对同质化的信息或事件长时间接触会产生持续的情绪影响和扩大，它具有正反两个方面的"扩音"效果；另一方面是"算法推荐也限制了公众接触新闻广度，产生'信息茧房'的效果"①，会使人产生对社会的刻板印象或错觉。虽然这种智能化的"分发"与"推荐"具有正反双方面的"扩音"效果，但是，"扩音"更容易扩大负面信息和负面影响，而且这种"扩音"还充分利用了人们的"负面趋向"本能。美国政治学教授斯图尔特·索罗卡认为人在认知上有"负面趋向"本性，"对负面事物的关注超过正面事物，负面信息也比正面信息更让人感兴趣，因而对人的影响也更显著。而且，负面印象在人的记忆中比正面保留得更为长久"②。可见，智能"分发"与"推送"所"扩音"的更多是负面影响。

### （四）信息化、网络化、智能化、娱乐化等媒介内容的阅读可能造成"成瘾"与"脑死"现象

现代网络所传播的影视作品、小说、博文、推特、视频或抖音、游戏以及交

---

① 姚广宣、郭晨雅：《新媒体环境下社会热点事件的舆情传播特点》，《新媒体》2019年第3期。
② 徐贲著：《人文的互联网》，北京大学出版社2019年版，第22页。

互平台、交际平台等,其内容极为复杂,形式丰富多样,特别是网络手机化之后,人们的生活时空几乎被手机、网络所充斥、挤占,而其中的大量信息与活动内容被不同年龄、性别、民族、行业、学习、生活、工作、用途、功能、爱好的人各取所需、各尽其能地利用,造成人们严重的网络与手机依赖症。其中各种成瘾行为极为普遍,有游戏成瘾、电视成瘾、网络社交成瘾、网络小说成瘾、色情成瘾、暴力成瘾等,其中不少成瘾行为严重影响了成瘾者正常的生活、学习和工作。现在的成瘾范围已经比早期人们认为的"网文""肮脏不洁的阅读""令人上瘾"等广泛得多,不仅造成"脑死的绵羊",其负面影响的确还比"毒品的影响力"更"深入人的身体、精神和灵魂,从骨子里改变一个人"。① 据《半月谈》2021 年 4 月 13 日报道,当前部分青少年包括大学生、中小学生产生"学习无动力""真实世界无兴趣""社交无能力""生命无意义"等"四无心理"现象,这种现象的产生除与现代人的生活方式有一定关系之外,应该直接与这种网络、手机依赖症有关系。

信息技术媒介所传播的知识是否真实,是否有价值,需要结合或利用专业的、学科的知识及其基本原理所培养的理解能力、抽象思维能力、分析判断能力、批判能力、自我反思能力等来进行解释、分析、理解、推理、反思、批判、评估、证明、自我审视等,然后才能正确阅读、流畅阅读和充分利用等。价值知识首先是基于事实的陈述与判断,是在事实性知识基础上的价值选择与认定,而事实性知识总是蕴含了一定价值取向的判断。并且思想政治教育的内容本身也具有知识的系统性和整体性。因此,要鉴别、诊断网络化、虚拟化知识的真伪或者价值,首先需要通过相关学科知识的储备以及由此培养的分析、判断、反思等能力来进行批判或鉴别、评估等。因此,要有系统的、扎实的、真正科学的知识基础,才能够揭示网络化、虚拟化信息与知识的真伪,并充分利用网络化、虚拟化的信息与知识进行思想政治教育。这正如《大学》中所揭示的道

---

① 徐贲著:《人文的互联网》,北京大学出版社 2019 年版,第 96 页。

理,"格物致知","知止而后能定,定而后能静,静而后能安、安而后能虑、虑而后能得",如果没有实践经验、实践知识及其所培养起来的相应的抽象思维能力、分析推理能力、批判反思能力、自我审视能力等,那就自然不会有正确的阅读以及使用信息技术所带来的学习便利,反而会被改变成"识字的文盲"和"盲从的奴隶",异化为机械性操作者。

# 第四章 "课程思政"的内生机制[①]

从"思政课程"到"课程思政"是思想政治教育的一次重大转折,是实现"立德树人""根本任务的关键环节"和重要措施。[②] 过去单纯地认为开展思想政治教育就是实施思想政治知识的教育,思想政治教育应该专业化、专门化,建构专门的、独立的知识体系,建设独立的教育队伍以及研究团队。这使得思想政治教育从学科知识、科学研究到教学队伍都从整个教育活动中独立出来,从而造成两个系统在某种程度上的脱节,造成知识教育与技能教育忽略或排斥思想政治教育内涵的偏差、"知识传授与价值引领割裂的困境"[③]。这种分裂的背后其实潜藏了对知识本质及其与人的本质关系的误解。因此,我们必须从知识的产生、课程的生成、教学活动的开展以及学习转化活动来考察教育的全过程,揭示各个环节包含的思想、价值、道德、情感体验等内涵与思想政治教育内容之间的关系及其外生机制与内生机制,以增强专业、学科知识教学"立德树人"的意识和能力,切实提高高等教育的质量。

---

① 本章的核心内容以《"课程思政"的内生机制、现实路径与教学方法》为题发表于《国家教育行政学院学报》2021 年第 8 期。

② 中华人民共和国教育部:《关于深化本科教学改革全面提高人才培养质量的意见》,2019 年 9 月 29 日,http://www.moe.gov.cn/srcsite/A08/s7056/201910/t20191011_402759.html。

③ 胡术恒:《论课程思政中知识传授与价值引领的融合——基于罗素教育目的观的分析》,《思想理论教育》2020 年第 2 期。

# 一、"课程思政"内生机制:教学主客体 相互作用创生"思政元素"的过程

辩证唯物主义原理告诉我们,对事物发展起决定作用的是内因,但是任何事物都是在内因与外因相互作用下发展变化的。外因是发展变化的条件,内因是发展变化的根据,外因只能通过内因起作用。我们研究"课程思政"的内生机制,必须遵循辩证唯物主义原理,通过研究其发展变化的内因及其与外因之间的相互作用的整个过程,揭示其发展变化的规律,遵循内生机制的规律指导"课程思政"的实践,才能提高教学主体立德树人活动的科学性和自觉性。

内生机制,指构成事物的内在要素及其相互作用的发展、演变过程或其必然包含的本质特征与规律的生成过程,即事物的某些特质、规律是在事物的内部矛盾的发生、发展与解决的过程中产生出来的,是事物的本质表现,而非由外在因素强加而产生的,外因必须转化为内因起作用。而事物的内部要素之间的相互作用,总是有某些因素是起支配作用的,有某些因素是被支配的,而这种支配与被支配的地位又是随着发展阶段而产生转化的,其中某些因素之所以能够成为支配性因素、占主导地位,是因为它发挥了主体性和主动性的作用。"课程思政"的内生机制就是指知识教学中各要素(知识、课程、教学、学习转化为教材、教师、学生)相互作用,必然内在地产生思想、价值、道德、情感体验等育人内涵的本质特征与规律的过程。研究"课程思政"的内生机制就是要研究教学活动内部主体与客观的要素相互作用的发展、演变以实现其目标的过程,以及产生"思政"内涵的环节、规律等。这些内涵与知识内容内在地融合在一起,并在相互作用的过程中随着不同主体的参与而不断生成知识本身。在生成的过程中主体与相应的客体相互作用的规律、特点的表现就是"课程思政"内生机制。教育者如果能够把握这个内生机制,就能够自觉、主动地调节自身的行为以启发、引导、协助受教育者在教学活动中积极主动地相

互作用,不断全面发展,成为社会所期待的人,成为一个真正的生命体。从这个角度来说,"课程思政"是"思政课程"的载体和具体表现。思想政治教育的知识如果不能与生产劳动相结合的专业知识、专业能力融为一体,便不能与生产劳动、生活实践相结合,就没有实践能力的表现形式,没有表现的载体,便成为没有"皮"的"毛"。

研究专业课教学的"课程思政"问题,就必须首先研究教学活动内部的构成要素,构成要素中的主客体关系及其发展变化的完整过程中的诸环节。因此,我们认为完整的教学包含了知识、课程、教学与学习四个核心要素。这四个要素在具体的教学活动中是一种内生与外生相互作用、相互转化的过程。其核心环节是教学环节,教师把教材这个外在因素转化为自己教学的内在因素,展开教学,而学生参与进来之后,把教师讲授的这个外在因素转化为自己学习接受内化的内在因素。教师和学生是广义教学因素在教与学活动中直接的相辅相成、相互转化的主体,而且是四个环节集中交互作用的环节。教师的教与学生的学是两个显性的主体,在这个环节中他们是内生因素,而课程编制者和教材编写者及其课程之源头的知识生产者也仍然是主体,他们处于隐性状态,他们在这个环节中是外生因素。他们在知识生产与课程形成阶段处于显性状态,在相应的活动中分别为该阶段的主体。在知识生产过程中认识对象是外生因素,实践者是内生因素,而在课程设置与教材编写环节,知识作为客观对象是外生因素,课程专家或教材编写者是内生因素。我们把完整的教学划分为四个环节,即知识产生、课程生成、教学实施与学习转化。每一个环节都有主体的思想、价值、道德与情感等因素的产生,都有外生因素与内生因素的相互作用。它们的产生既有主观的选择与创生,又有客观的社会因素的牵引与制约。主体有意识地主动调节自身以及自身主动对相关主体施加影响,或无意识地被动接受客观因素的影响,这是主体的主体性的表现。而在主体主动调节自身以及如何影响他人方面还会有思想、价值取向的分别,这种思想与价值取向是积极正向的还是消极负向的,是由主体自身的思想与价值取向决定的。每一个环节都具有显性和隐性的主体在思想、价值、道德、情感等方面的互动,从而生成新的内涵。

"课程思政"的核心要义是通过专业知识的教学实现对人的教育性价值。夸美纽斯"把一切知识教给一切人的全部学问"就把教知识指向人与物的关系、人与人的关系以及人与上帝的关系,成就资产阶级的人。[①] 赫尔巴特把只教知识不问一个人变好变坏的教书匠与秉承"一切教学都是教育性的"理念的教师区别开来。[②] 因此,"课程思政"是对"教学教育性"经典理论的超越和我国新时代教育理论的创新。传统的观点局限在狭义的教师的教学环节;其实完整的教学包含了知识、课程、教学与学习四个核心要素与相应的四个教学环节,其中教学、学习是直接的教学环节,是显性的,集中表现为课堂教学或实践教学中的教学内容、教师和学生的相互作用;知识生产与课程生成是间接的教学环节,是隐性的,它们集中表现在课程大纲与教材中,潜在地影响或规定了直接的教学活动。每一个环节中都有相应的主体的思想、价值、情感、道德等内涵的孕育、生成。要真正理解和揭示"思政"的内涵是如何在教学中生成的,还必须从广义的教学入手来研究其生成过程、规律与目标。

## (一)知识生产的"思政"内涵与生成机制

知识生产环节的主体是实践者(科学家或劳动者),他们在与客观世界相互作用时,一方面,受前人的思想、价值观念、情感、道德等因素的影响,产生的知识必然包含已有的思想、价值观等的影响,这些因素作为外生因素转化为科学研究或生产劳动主体的主观因素,即内生因素,从而影响知识的产生。他"对科学方法的信念、他对问题的选择,以及解释问题时的倾向,都不可避免

---

① [捷克]夸美纽斯著:《大教学论》,傅任敢译,教育科学出版社1999年版,第11页。
② 《赫尔巴特文集·教育学卷·第一卷》,李其龙等译,浙江教育出版社2002年版,第187页。

地存在着价值判断因素"①。科学研究即科学知识的生产本身"需要一整套概念和思想的支撑。已有的科学概念和思想,既是一段时期内科学进步的探照灯,又构成了对这一时期科学家的约束和限制"②。已有知识的思想、价值判断影响着当下知识生产者提出假设、选择问题、选择研究方法以及情感价值态度等因素。另一方面,主体自身以前的经验会被激活从而产生当时的或即时的思想与价值内涵,这些被激活的经验就成为当下产生知识的先在的经验条件,具有先在的思想与价值内涵,对当前的知识产生具有隐性的影响。因此,当前的知识生成既具有经验中的思想与价值的因素,又具有当前主体的思想与价值选择,是两者的融合。同时,从个人知识到系统化的学科知识,这个过程中科学家共同体对众多个人知识的真假、重要程度以及构成学科体系的逻辑地位等进行价值鉴别、筛选与重构,另外,从学科知识的产生到把它转化为社会生产力,被社会所认可、承认或普及等,还会经历社会价值标准的取舍以及对转化运用的不良后果的预判等。塞蒂纳强调科学的对象和内容不仅"技术性地在实验室中被创造出来,而且符号性、政治性地被建构"③。他在分析科研论文的写作时,认为论文前面都有一段导论,这个部分是"围绕研究成果的推理之网",它"建构了一个现实世界,这个现实世界要求他们启程前往一个可能的世界"。④ 科学家在修改科研论文时"删除原稿中的某些特殊陈述;改变某些论断的形式;改组最初的陈述"等行为,其实都是在"掩饰""文学的意图",⑤

---

① [奥]卡林·诺尔-塞蒂纳等著:《制造知识》,王善博等译,东方出版社 2001 年版,"序言"第 3 页。

② [美]约翰·S.布鲁贝克著:《高等教育哲学》,王承绪等译,浙江教育出版社 2002 年版,第 22 页。

③ [奥]卡林·诺尔-塞蒂纳等著:《制造知识》,王善博等译,东方出版社 2001 年版,"序言"第 3 页。

④ [奥]卡林·诺尔-塞蒂纳等著:《制造知识》,王善博等译,东方出版社 2001 年版,第 197 页。

⑤ [奥]卡林·诺尔-塞蒂纳等著:《制造知识》,王善博等译,东方出版社 2001 年版,第 189 页。

即让自己的思想、价值观等更加美妙与隐性地显示出来或让社会、他人更加理解他的意图或更加符合社会和他人的价值取向。科学家一方面建构自己的观念之网,另一方面会把这个观念之网建构得符合社会的价值取向,或者说逐步影响社会、他人观念的渐变,因为只有渐变才可能会被接受。在人文科学研究中研究者"从一开始就是借助自己接近材料时不自觉地运用价值理念,从一种绝对的无限中突出一个微小的成分,使自己仅仅关注对它的考察","如果没有研究者的价值理念,就不会有选择材料的原则","他的灵魂之镜中的价值折射,规定着他的工作的方向"。① 这就是说,科学知识(包含人文社会科学知识)本身就内在地包含了主体的思想、价值取向的内涵。只不过科学知识从主体转化为客观的、符号化的知识形式后,其本质内涵被遮蔽了。因此,不能因为它"最终表现是无生命的抽象形式,而否定它固有的人性",就像我们不能否定印刷体表现出来的诗歌具有人性内涵一样。② 可见,知识本身必然包含一定的思想与价值取向因素,而知识生产过程中的思想与价值因素的产生,是知识生产者主体通过前人已经有的知识在与当下客观世界对象的相互作用之中产生的。它将成为课程编制、教学设计、学习转化的主要材料,从而从一个过程中的主体内在的因素转化为另一个过程中的外在的客体因素。

### (二)课程生成的"思政"内涵与生成机制

课程是对人类已有知识的选择与加工,并在此基础上进行教材编写。课程设置与教材编写者首先是带着社会与国家的要求来对前人知识进行选择与加工,不论是社会与国家对于育人的要求还是编制者对于知识和国家要求的理解,都具有思想与价值上的考量,既考量前人知识中的思想与价值因素,又

---

① [德]马克斯·韦伯著:《社会科学方法论》,李秋零、田薇译,中国人民大学出版社1999年版,第25—26页。

② [美]萨顿著:《科学史和新人文主义》,陈恒六等译,华夏出版社1989年版,第122—123页。

需要考量这些已有的思想与价值内涵与当前以及编制者的判断之间的关系，最终形成编制者的选择与加工、教材编写的思想与价值倾向性。这些因素便通过课程设置与教材编写渗透进课程之中，思想与价值在课程这个环节的新生成就是课程设计与教材编写者带着社会、国家的要求以及自己对社会、国家要求的理解和前人知识及其蕴含的思想与价值的融合，最终形成课程的具体表现形式：教学大纲和教材。因此，课程设置与教材编写不仅仅是已有知识的事实性传输系统，"它还是政治、经济、文化活动、斗争及相互妥协等共同作用的结果。教科书是真正由人们根据自己的真实兴趣构思、设计和创作出来的"，它体现的是"用谁的文化去教育孩子"的大问题。① 这就是说课程和教材首先包含了社会、国家的思想与价值取向，然后在课程编制者和教材编写者把社会和国家的要求转化为具体的教学大纲和教材的过程中，渗透了他们对知识选择与加工的思想与价值取向。这是他们作为课程主体在与社会、国家要求，与知识和知识生产者以及教育对象的特点等因素的相互作用中产生的思想与价值取向。这个过程是外部因素转化为他们自己内生因素的过程。它在下一个环节又将转化为影响其他主体，成为主体相互作用的客体形式的外在因素。

## （三）教学的"思政"内涵与生成机制

教学其实包含了两个"三合一"的环节。一方面，知识、课程与教师教是一个三者协商统一的过程，即形成教师用来教学的知识形式的过程。它既包含了前人知识中蕴含的思想、情感、价值观，又包含了课程设计者与教材编写者的思想、情感、价值观，还包含了教师自己对知识和课程理解的思想、情感、价值观等因素。另一方面，课程、教师与学生也是一个"三者之间的'协商'过

---

① ［美］阿普尔、克丽斯蒂安-史密斯主编：《教科书政治学》，侯定凯译，华东师范大学出版社 2005 年版，第 1—2 页。

程或方法"①。教师在与学生的互动之中借助知识媒介,既可能产生对前人知识本身的新理解,也可能产生对课程设计者与编制者体现于教材内容中的思想的巧妙创新理解;既可能在与前人的知识互动中产生自己的新的思想、价值与情感体验,也可能在与学生的思想、价值与情感体验的互动中产生自己的新内涵。教师就是综合多方面的复杂情况进行重新设计、引导、建构新的教育化知识形式的总设计师。在具体的教学活动中,不论是对知识本身的理解,对课程、教材意图的领悟,还是对学生接受的种种可能与兴趣的理解、把握以及据此设计、引导、启发、互动、建构新的知识形式,教师始终都伴随有自己的思想认识、价值取向、情感体验以及伦理考量。这不仅表现在对知识本身的理解与加工上,还表现在对课程与教材所持有的相关内涵的解释与要求的执行上,也表现在对学生的认识与自身教学行为的调节等方面。教学绝不是一个照本宣科的行为,而高校专业课教学的现实中,却出现了育人意识与行为的"弱化",育人能力的"退化"。② 这是与教学具有教育性的经典原则不符合的行为。在教学活动中,知识生产者、课程设计者与教材编写者的思想与价值取向是作为外生因素起作用的,它们都通过教学活动中的教材知识表现出来,作为教师与学生互动的客观材料,但是教师必须通过自己的教学设计使得知识本身显出"媚态"特征,才能激发学生对知识的"爱",这个过程也就是教学中的"思政"内涵的内生过程。③

## (四)学习的"思政"内涵与生成机制

不论是知识本身、课程与教材还是教学,最终指向的都是学生的学习。学

---

① [加]小威廉姆·E.多尔、诺尔·高夫主编:《课程愿景》,张文军等译,教育科学出版社2004年版,第49页。

② 朱征军、李赛强:《基于一致性原则创新课程思政教学设计》,《中国大学教学》2019年第12期。

③ 陈理宣、刘炎欣著:《基于马克思实践哲学的教育问题研究》,人民出版社2020年版,第301页。

习是学习者把前人的知识、课程编制者的要求以及教师的指导等外生因素转化为自己的能力、智慧以及思想、价值、情感体验等主体性知识的活动过程。在转化知识的过程中,知识本身的、课程要求的以及教师引导的因素在学生那里都是外在的、客观性质的内容,学习者自然有自己已经形成的思想认识、价值取向、情感体验以及知识应用的伦理道德信念等方面的主体性因素,不论这些因素是科学的还是不科学的,不论是积极的还是消极的,它们都会影响学习者对新知识接收的方式、态度以及内容的取舍等,都会影响接受这些外在的知识后融合创新的主体化知识的生成。好的教师就是能够诊断学生已有的思想认识、价值取向、情感、态度等主观因素的性质及其对于知识转化的影响,启发、引导学生向正确的、积极的方向转化,从而能够有效地、正确地转化学习内容,生成学生自身的生命发展素养。这就是解释学所揭示的教育过程中的对话(教师与学生对话和学生与文本对话)本质以及学生理解与文本(知识和课程)之间的"视界融合"规律。① 因此,知识、课程、教学中的一切事实性陈述,思想、价值、道德与情感态度的暗示都成为学习者理解与"想象建构"作为人的能力、智慧与灵魂的"源泉"。②

从四个环节和相应主客体的关系来分析广义的教学过程可以揭示"课程思政"内生机制的规律。一方面,教学所包含的四个环节或阶段都有"思政元素"的内在生成机制,生成了相应的"思政"元素。另一方面,在直接的教学与学习环节中,教师是教的主体,学生是学的主体,他们既互为主客体,又共同作为主体与客观的知识或教材相互作用,产生相应的各自的"思政"内涵。"课程思政"的内生机制就是指在广义的教学中,知识生产、课程设置与教材编写、教学设计与开展和学习接受、内化相应的各个环节主客体相互作用必然内在地产生思想、价值、道德、情感体验等育人内涵,实现育人目标的过程与规

① 张天宝:《试论理解的教育过程观》,《陕西师范大学学报(哲学社会科学版)》2001年第12期。
② 邓友超:《教育解释学论纲》,《教育理论与实践》2006年第12期。

律。这些内涵与知识内容内在地融合在一起,并在相互作用的过程中随着不同主体的参与而不断生成。在生成的过程中主体与相应的客体相互作用实现育人目标的规律、特点的表现就是"课程思政"内生机制。教育者如果能够把握这个内生机制,就能够自觉、主动调节自身的行为以启发、引导、协助受教育者在教学活动中积极主动地相互作用,不断全面发展,成为社会所期待的人,成为一个真正的生命体。

# 二、"课程"与"思政"、知识与价值的 交汇点和连接点

"课程思政"中的"课程"是指作为专业的、学科的课程知识,而"思政"则是指知识中渗透思想政治教育的内涵,即一般所指的科学知识中的价值因素。因此,"课程"与"思政"的交汇点就是知识与价值的交汇点。我们都知道知识首先是客观实体事物的内部结构与功能,客观事件的组成要素及其相互作用的过程与规律等客观事实的陈述或描述以及过程、规律等分析的结果或结论。其价值因素就蕴藏在认识者或研究者对问题或认识的客观事物、事件的选择、获得结论的陈述方式、分析的要素以及对功能的认知、选择与应用等方面。因此,我们可以把这些交汇点概括为知识的历史逻辑、社会逻辑和伦理逻辑。任何知识都是在已有知识基础上的创新,都是作为社会存在的人的实践活动的结晶,都必然会产生一定的社会意义与价值,而这些都会受社会时代、个人应用角度的局限或知识本身价值的多面性等影响,产生积极或消极的作用。因此,我们可以从所有知识必须接受的三个检验维度——知识的历史逻辑、社会逻辑和伦理逻辑——出发来审视其思想与价值内涵,从而找到知识与"思政"内涵之间的连接点。

## (一)科学知识发展的历史逻辑

任何知识都有自身发生、发展的历史与传统,教学必须梳理所传授知识的

历史与传统。表面看起来它是学科知识在传承中创新的条件,但它更标志着对人类认识世界的发展历程的认识。科学的发展是具有历史继承性的,科学成就在本质上具有合作性和有选择的积累性。① 从历史与传统之中,既可以理解世界的本质、科学地认识世界,同时有助于理解世界与人(既包含人的本质与物的本质,也包含人与物之间的价值,即世界观、人生观与价值观都包含其中)、人的认识与人的本质关系(包含人生观和价值观)。叙述科学知识的发展过程,就是陈述科学知识价值的发展过程,也是分析人自身与世界关系的发展历程,这就是马克思主义辩证唯物主义原理的运用,也就是"思政"的核心内涵。思想政治教育的根本特征是科学地认识世界,是培养学生辩证唯物主义的思维方法及其运用的实践能力。在思想政治教育中知识不是最终的目的,关键的是通过知识培养相应的思想观念、思维意识、思维方法和实践能力。任何科学知识的陈述其实都带有其思想观念、思维意识、思维方法与行为趋向。布鲁纳说,任何科学知识或科学教育都是用故事或叙事的形式表达的,虽然"科学在展现其自身时,使用的工具是逻辑和数学",但是在大理论的层面它更近似于故事。故事的叙述者自然都"带有观点",因此,"每一个故事都有两面:事件的序列以及隐含在重叙之中对该事件的评价"。② 布鲁纳所说的叙事,就是指基于学科知识大理论背景的历史与传统故事。如果在学科知识的传授过程中注重知识本身的历史与传统内涵的梳理,那就是"课程思政"要求的"树立科学无神论的世界观"和"辩证唯物主义的方法论"的内涵。③ 这恰恰是给学科知识树"马克思主义的魂"。④ 只有在这个基础上才可以进一步提

---

① [美]Robert K.Merton 著:《科学社会学》,鲁旭东译,商务印书馆 2003 年版,第 369—372 页。

② [美]杰罗姆·布鲁纳著:《布鲁纳教育文化观》,宋文里、黄小鹏译,首都师范大学出版社 2012 年版,第 258—259 页。

③ 万林艳、姚音竹:《"思政课程"与"课程思政"教学内容的同向同行》,《中国大学教学》2018 年第 12 期。

④ 李凤:《给课程树魂:高校课程思政建设的着力点》,《中国大学教学》2018 年第 11 期。

出展示"学科的文化魅力""科学家的探索和创新精神"、激发"学生对客观世界的兴趣"以及培养"理解和解决现实问题的能力"的要求,①也正是从知识发展的内在历史逻辑出发才能找到知识的创新点、突破点,才能找到人类认识世界的历史历程、内在规律及其蕴藏的文化。它是人类从哪里来和到哪里去的认识基础和意义基础。

## (二) 科学知识价值的社会逻辑

不论是科学家还是一般劳动者的认知活动,都是作为社会人的活动,不论他们本人活动的出发点是个人目的还是社会目的,都具有社会性。个人价值是以社会为目标的,不能够得到社会承认的价值,对于个人来说其实也没有意义,任何个人活动的价值都是通过社会实现的。科学研究的起点都是社会价值,不论是学术价值还是现实价值都是以社会价值为标准的。这是作为社会人的有意识活动的本质规定。马克思指出:"个人是社会存在物。因此,他的生命表现,即使不采取共同的、同其他人一起完成的生命表现这种直接形式,也是社会生活的表现和确证。"②正是人的生命活动的社会性,决定了他的科学活动本身也是社会活动,他的科学知识的价值也是社会的价值。因此,马克思认为,即使"我"从事的是个人的研究活动,很少同别人直接交流交往,"我"也是在从事社会活动,因为,"我"是作为人在活动,"我"所使用的活动材料是社会的,甚至"用来进行活动的语言本身,都是作为社会的产品给予我的……因此,我从自身所做出的东西,是我从自身为社会做出的,并且意识到我自己是社会的存在物"。③ 因此,科学知识的价值本质上就是社会的价值。而这种社会价值首先表现为人们吃、喝、住、穿等的物质生活资料的价值,即现代社会

① 万林艳、姚音竹:《"思政课程"与"课程思政"教学内容的同向同行》,《中国大学教学》2018 年第 12 期。

② 《马克思恩格斯全集》第 42 卷,人民出版社 1979 年版,第 122—123 页。

③ 《马克思恩格斯全集》第 42 卷,人民出版社 1979 年版,第 122 页。

核心指标之一的经济价值。人类认识世界,既可以通过认识世界的客观规律以此改造世界来服务于人类的生活实现价值,也可以在遵循世界规律的基础上,与世界(自然世界与社会世界)和平相处获得生存的价值。社会的价值可以从宏观视角来看,那就是知识的发展带来的整个社会文明的进步。比如,英国的弗莱明于1928年发现了青霉素及其对某些细菌的抑制作用,后来随着纯化和工业制取青霉素技术的发展,生产出了医用青霉素,在第二次世界大战中挽救了大量伤病员的生命,从而产生了巨大的社会作用,因此1945年弗莱明获得了诺贝尔生物医学奖。诺贝尔奖的设置目的就是奖励那些在科学研究上为人类社会创造了巨大价值的成果。再比如共产主义理想的提出是与马克思对人类社会及其发展本质的认识分不开的。

正是因为科学具有社会价值,因此,社会总是会为了人类的需要而组织实施一些大型的协作性的科学研究活动。巴伯(B.Barber)曾认为,从根本上说科学是一种社会活动,是发生在人类社会中的一系列行为。[①] 比如人类基因工程,就是由美国、英国、法国、德国、日本和中国科学家的共同参与合作完成的,而它的启动就出于其社会价值。教师的知识传授和学生的知识学习总有一定的价值取向和价值实现,或者为了就业,或者为了自身的发展等,而就业与发展总是和社会联系在一起的,不能适应社会价值取向的就业和自我发展就不能实现。即使是创业,也是以社会需求为价值取向才可能成功。因此,任何知识传授都必然要与学生一起探讨所学知识的社会价值(包含政治、经济、文化价值等)与个人价值,探讨知识如何与自己的生活经验结合,如何与社会实践联系,探讨个人价值如何与社会价值融合,通过社会价值来实现个人价值。这既是教学过程中对知识"思政内涵"的揭示,也是对学生学习动机的激发;既是对知识的社会价值本质认识的教育,也是对学生人生观与价值观的教育。

---

① [美]Bernard Barber 著:《科学与社会秩序》,顾昕译,生活·读书·新知三联书店1991年版,第2—4页。

## （三）科学知识应用的伦理逻辑

各学科知识本身是对某些自然现象或人类社会现象的客观规律的认识，人们利用这些规律来指导自身行为就会产生一定的社会价值和个体价值。从科学知识本身的目的来看，科学工作"本质上是人类的工作"，并且"在高度完美的意义上，可以被看作是人道的事业"，是"人性的一项最高成就"，①所以，科学本质上是"一种人文事业"②。从科学知识使用的范围来看，它是有一定界限和适用对象的，超越一定界限、适用对象以及使用者目的的规定，就会产生应用的伦理道德问题，甚至产生违背法律、法规的问题。在现代科学技术高度发展的今天，科学技术的任何错用、滥用与恶意使用都可能造成严重的不良后果，给社会和他人带来严重的伤害，造成严重的伦理与社会道德甚至犯罪问题。对于这个问题需要从两个方面来分析。一方面，科学家本身在开展科学研究中一定要有伦理规范、科学精神和人文精神。20世纪以来，随着科学技术的快速发展和在军事与工业中应用的日益增加，它所带来的负面社会影响也越来越大。特别是核武器、基因工程、人工智能等的发展都对人类的生存产生了巨大影响，科学家们对科学发明可能产生的社会后果再也不可能漠不关心了。因此，不少社会学家、哲学家、人类学家都呼吁应该有科学研究的人文、伦理规范。默顿就从"为科学而科学"的角度提出了科学家要具备科学家的共同精神气质、伦理规范、有条理的怀疑主义和独创性等，③后人在此基础上逐步增加了许多内容如谦虚、理性精神、感情中立、尊重事实、不弄虚作假、尊重他人的知识产权等。另一方面，科学知识与科学技术产生后会在社会各个相关领域广泛使用，使用者也需要遵循一定的使用伦理规范。科学和技术的

---

① [美]瓦托夫斯基著：《科学思想的概念基础》，范岱年等译，求实出版社1982年版，第30页。

② [美]库恩：《科学知识作为历史产品》，纪树立译，《自然辩证法通讯》1988年第5期。

③ Robert Merton, *The Sociology of Science*, University of Chicago Press, 1973, pp.269-270.

发展用来作恶还是为善,取决于人所在的社会,而不是科学和技术本身的性质。怎样发展科学和技术为社会服务的一面,避免和防止它对社会作恶的一面,这需要人们努力改善社会,"取决于人们控制技术后果的能力,而不取决于科学技术本身"①。因此,虽然科学家要注意科学研究本身的伦理规范,但是更重要的是全社会要注意科学技术使用的伦理规范和不良后果。如果能合理利用科学技术,就会给人类带来福祉;滥用科学技术,就必然会给人类社会造成不堪设想的严重后果。

这是学习与使用科学知识与技术必须思考的问题,甚至是科学技术创造与发明时必须首先审慎考虑的问题,科学知识的社会与个人使用必然本质地包含了伦理道德的问题,这就给专业学科课程教学提出了必然的要求。人类的生活、工作与学习无时无刻不在使用科学知识与科学技术,不负责任的滥用或怀着邪恶目的的使用将极大地危害社会和他人。比如核能的和平利用和战争利用就是完全不同性质的问题。在教学生知识的同时教给他们所学知识的应用伦理道德,这就是育人的核心内容。

# 三、课程知识的知识与价值的主体关联与设定

当前学科专业课程教师特别是理学类和工程类的专业教师,往往认为学科专业知识离思想政治远,没有人文社会科学课程那么容易渗透思想政治教育的内容。究其根本原因是学术界有一种思想,认为科学知识是价值中立的。其实任何学科知识都有其客观特性,即价值中立的因素,但是也有价值关涉和价值负载的特性。因此,对于任何学科专业的教师来说,问题的关键不在于知识本身有什么特性,而在于任何知识本质上都同时具有价值中立、价值关涉和

---

① 龚育之:《科学与人文:从分隔走向交融》,《毛泽东邓小平理论研究》2004年第1期。

价值负载的特性,不同知识的特点和内涵存在差异,在知识生产、价值发掘、使用后果的不同阶段以及在不同的思维逻辑维度上其内涵不同。知识是作为主体的人认识和使用的结果,其出发点必定是主体的价值设定。人之所以为人,是因为人具有意识能动性,即主体的人的有意识活动,这个意识就是价值的设定。人不可能产生无意识、无价值的行为,问题的关键在于什么样的人会有什么样的价值取向,我们的教育培养什么样的人,自然会有与之相适应的价值取向。虽然知识的产生有价值取向,但是知识的使用并非只限于其产生时的价值,它会因使用者的不同、使用方法的不同而有价值实现的差异。因此,教师要能够明辨科学知识的价值特性及其不同特性之间的关系,在教学中准确辨识和择时、适当引导学生。

## (一)科学知识追求过程中的价值中立

科学既求真也求善,只有在求真的基础上才可能有善。实证主义的重要代表涂尔干认为对社会现象的研究应该坚持观察社会事实、解释社会事实与因果分析先于功能分析两条原则。[①] 因果分析先于功能分析,说明因果分析是条件和手段,功能分析是目的。马克斯·韦伯区分了社会知识与科学知识的科学外与科学内的价值立场、价值关联与价值中立原则。科学外是价值关联,科学内是价值中立。价值关联与研究者所拥有的特定的历史价值判断、利益倾向密切联系,研究者总是"将自己的研究客体同那些能够决定整个时代的价值联系在一起"[②]。科学内立场是在科研中遵循科学的基本规范性原则,科学内的立场在于完成"确立事实、建立事物的数字和逻辑的原理或文化状况的内在结构",不去"回答文化价值问题"和"解决文化共同体和政治联盟内

---

① [法]涂尔干著:《社会科学研究方法的准则》,耿玉明译,商务印书馆 1995 年版,第116 页。

② [德]马克斯·韦伯著:《社会科学方法论》,杨富斌译,华夏出版社 1999 年版,第198 页。

部应当如何行动的问题"。① 因此,不是知识对象的特点决定其价值中立、价值关涉还是价值负载,而是知识处在什么阶段和从哪个角度去审视的问题。不论是科学研究还是科学知识的教学,都需要区分主体持有或处在科学外价值立场还是科学内价值立场,处理好两者辩证统一的关系。

## (二)科学知识产生的起点和终点的价值关联

在古代一直有强调科学知识来自纯粹好奇心的传统,但是自从资产阶级科学思想兴起以来,特别是培根和斯宾塞开启了功利主义的知识传统,强调知识的生活价值,提出了"知识就是力量"和"什么知识最有价值"的口号,开启了资产阶级知识价值观的新传统。特别是到了现代科学技术高速发展的今天,几乎所有科学研究从一开始选择研究课题时就是以生活、生产价值为起点的,如果科研课题没有一定的可预期的社会价值、生活价值与生产价值,科研活动就难以开展,即使开展也难以为继。再退一步讲,科学知识即使生产出来,没有一定的社会价值、生活价值与生产价值,也不会得到科学家共同体、一定社会的认可,就得不到传播与保存。同时,知识生产的起点就意味着选择什么价值以及选择的价值是否符合社会需求与社会伦理道德。因此,科学知识特别是理工科类科研项目和知识的使用,都需要有关现实价值与社会伦理内涵的审查。在科学知识的教学和科研方法的学习中,都必须引导学生对于知识的各种可能的功能和价值进行分析与讨论。教育是有明确目的的,在科学知识的教学中,教师必须审慎地区分作为手段与作为目的的差异以及不同阶段、不同情景中教学的不同任务。从知识传授的角度来看,必须保持客观中立,专注于是什么、怎么样的问题;从科学知识学习目的的角度来看,必须讨论其客观功能可能产生的价值及作用,并培养学生明确的知识价值观。"在高等教育内部,人们追求知识主要是作为手段而不是作为目的。"也就是说,在

---

① 〔德〕马克斯·韦伯著:《社会科学方法论》,杨富斌译,华夏出版社1999年版,第97页.

追求知识中,尽量客观、真实,但是在使用知识时择优选择,知识没有被运用,其价值就没有表现出来,但是一旦使用就必然涉及价值。① 大学培养的人才最终必须走出学校,进入社会,因此,大学培养学生时"即使想中立,实际上也办不到","思想不仅有后果,而且只有这些后果在校园以外的经验的验证下,思想才能被充分理解"②。思想一旦应用就必然产生可能的价值取向和道德伦理后果,这就不是价值中立的问题了,而是价值关涉。因此,科学知识生产的起点和终点都必然涉及价值问题。

### (三)科学知识本质上负载价值

社会学家涂尔干认为,对社会现象的研究应该坚持观察社会事实、解释社会事实与因果分析先于功能分析。③ 但是,涂尔干并不否定观察事实、解释事实与因果分析始终与功能分析的目的联系在一起的事实。为什么要观察这个事实而不是那个事实,从什么角度、如何解释这个事实,分析某种事实之间的哪些因果关系等,潜在地蕴含着价值取向。经验实在只有当我们把它"与普遍的'文化价值'联系起来",才由于这种价值关联而变成在我们看来是有意义的。④ 这说明科学知识本身就包含价值取向与伦理道德因素。科学知识的探求是手段,而手段必然包含目的。科学知识之于人类的价值或意义的差别在于手段与目的,但是手段与目的是统一的。因此,"价值负载是说科学知识既包含真理性知识,也包含规范知识;即科学知识本身也具有伦理价值"⑤。

① [美]约翰·S.布鲁贝克著:《高等教育哲学》,王承绪等译,浙江教育出版社 2002 年版,第 24 页。
② [美]约翰·S.布鲁贝克著:《高等教育哲学》,王承绪等译,浙江教育出版社 2002 年版,第 52 页。
③ [法]涂尔干著:《社会科学研究方法的准则》,耿玉明译,商务印书馆 1995 年版,第 116 页。
④ [德]马克斯·韦伯著:《社会科学方法论》,李秋零、田薇译,中国人民大学出版社 1999 年版,第 25 页。
⑤ 成良斌、周红艳:《论科学知识的价值偏向性》,《自然辩证法研究》2019 年第 3 期。

121416

182022

242628

对教学而言,既要"承认事实",把"事实的确认与评价性的表态区分开来",也要"将自己的性情置于事情后面",①既不能因为自我的情感影响事实,也不能只有事实而没有价值意义。

科学的事实陈述本身就包含了价值。"事实认识是价值认识的基础和前提。""客体性知识是主体性知识的基础和前提。"但是也有一些教师停滞于机械的事实陈述的教学,不能引导学生"按照客体的尺度认识世界和改造世界",不能引导学生"把握客体对于人的意义和价值"的认识去"做出正确的价值判断、价值选择,去创造价值和实现价值"。因此,"知识教育是价值教育的前提和基础,价值教育依赖于知识教育"②。如果做不到正确认识世界本身,就不可能获得对客体价值的认识,更不能按照客体的"尺度"和主体的"尺度"创造满足主体需要的价值。人之所以为人,关键在于人能够"懂得按照任何一个种的尺度来进行生产,并且懂得怎样处处都把内在的尺度运用到对象上去;因此,人也按照美的规律来建造"③。知识使用者处在科学知识的什么样的立场,就应该持有什么样的价值设定。而知识教学者则更需要重视从知识使用的不同角度、不同立场审视知识的价值设定,以启发、引导学生在不同的知识场域中持有适当的、正确的价值立场和价值设定。

## 四、课程与教学知识的科学性内涵同思想政治教育内涵的辩证统一

知识的对象是客观的自然世界或人类社会现象,然而不论是反映自然世界还是反映人类社会的知识都是一种社会文化活动。马克思说,"我从事科

① [德]马克斯·韦伯著:《社会科学方法论》,李秋零、田薇译,中国人民大学出版社1999年版,第114页。
② 李斌雄:《论知识教育·价值教育·思想政治教育》,《思想教育研究》2001年第6期。
③ 《马克思恩格斯全集》第42卷,人民出版社1979年版,第97页。

学之类的活动"也是在从事"社会的活动",因为"我"是作为人和社会的人在活动。① 人的这种社会性决定了人从事的任何活动都有社会性的意识。同时自然科学不断积累和增加新的材料,是"为人的解放作准备"②,因此,自然科学是"人的科学的基础",自然世界也是"人类学的自然界",这就是自然科学同哲学结合,"关于人的科学包括自然科学","自然科学"也将"包括关于人的科学"。③ 显然在马克思看来,一切科学都是关于人的科学,一切知识都包含了人的本质与人的生成因素。科学工作"本质上是人类的工作",并且"在高度完美的意义上,可以被看作是人道的事业",是"人性的一项最高成就",④所以,科学本质上是"一种人文事业"⑤。科学活动的结果生产了科学知识,科学知识作为人的教育的内容,正是因为知识本身蕴含了丰富的人的科学内涵,通过知识传授实现的是人与人、人与社会、人与自然的交流,是与从事社会活动的人的交流。真正的教育是"人对人的主体间灵肉交流活动","包括知识内容的传授、生命内涵的领悟、意志行为的规范,并通过文化传递功能,将文化遗产交给年轻一代,使他们自由地生成,并启迪其自由天性"。教育的根本是"选择完美的教育内容"和使用完美的方法"通过现在世界的全部文化导向人的灵魂觉醒之本源和根本",使学生的全部灵性与可能性充分生成,即"教育是人的灵魂的教育,而非理智知识和认识的堆集"。⑥ 如果科学教育与性格培养、理想教育等脱节,就会导致培养的人与社会脱节,从而使科学失去价值、目标和意义等。⑦ 教育始终要注意的是智慧和智能不能同社会福

---

① 《马克思恩格斯全集》第42卷,人民出版社1979年版,第122页。

② 《马克思恩格斯全集》第42卷,人民出版社1979年版,第128页。

③ 《马克思恩格斯全集》第42卷,人民出版社1979年版,第128页。

④ [美]瓦托夫斯基著:《科学思想的概念基础》,范岱年等译,求实出版社1982年版,第30页。

⑤ [美]库恩:《科学知识作为历史产品》,纪树立译,《自然辩证法通讯》1988年第5期。

⑥ 成良斌、周红艳:《论科学知识的价值偏向性》,《自然辩证法研究》2019年第3期,第3—4页。

⑦ H.Smith, "Excluded Knowledge: A Critique of the Modern Western Mind-set", in H.Smith (ed.), *Beyond the Post-Modem Mind*, New York: Crossroads, 1982, pp.62—91.

祉和精神脱节。①

因此,教育者必须领悟知识本身的思想认识、价值取向、情感体验以及道德关联等内涵及其与学生的成人之间的联系,识别、判断学科知识的人性内涵,才可能真正赋予自己的知识以丰富的思想与人文精神,并随时结合具体的教学知识和学生的人性发展状况履行"人师"之职责。专业课程的教师,要完整理解知识的科学性与"思政性"的统一与辩证转换,要把"专业知识与思想政治教育融合",要把"善与美"融入"知识领域的'真'",既要掌握"专业课知识",更要掌握"每门知识背后蕴含的社会价值",这是有难度的。② 然而,这是对教师的必然要求。否则,教师就只能把知识作为一种单纯的符号信息,把自己的教学活动视作传递信息的机械行为,在信息化时代,这样的教师也只是一台低端的教学机器而已。

一些人担心学科专业课程的教学渗透思想政治教育是否会造成科学知识、专业技能教育的"意识形态化"或削弱专业教育,这种担心有一定的道理。我们观察到现实的教学中,确实存在这种问题,即一些教师生硬地为了"课程思政"而"课程思政",把一些科学知识与思想政治教育内涵人为地、生拉硬扯地联系在一起,甚至在一些人文社会科学知识的教学中,也存在把知识直接变成了思想政治教育内容解释的现象。这里的关键问题就是不少教师没有真正把握特定学科核心素养的培养问题,没有把握好学科知识与学科知识所蕴含的思想政治教育之间的联系点以及相互的区别与界限。问题的关键在于知识的事实性内容与知识的价值性内容是通过两个不同视角所看到的,从学科知识的事实性、规律性、原理性教学转向价值性教学,不是在同一个认知环节中实现的,而必须转换视角、转换认知环节,在相关的另一个认知或体验环节实现价值性教学的任务。这是一个非常重要的界限。同时,知识的事实性、规律

---

① G.Claxton,"Why Science Education is Failing",*New Scientist*,1992,18(1),pp.49-50.

② 王学俭、石岩:《新时代课程思政的内涵、特点、难点及应对策略》,《新疆师范大学学报(哲学社会科学版)》2020 年第 2 期。

性、原理性内容与思想政治教育内容之间的关联点,并不是一一对应的,两类知识之间的关联点极为复杂,关联点之间存在强弱关系、交错关系、层级关系、显隐关系、对立关系、互证关系等,不能一一穷尽。雷纳特·N.凯恩、杰弗·凯恩就特别强调人大脑内的信息或知识具有无数可能的连接点或链接方式。他们认为人"投身到相互作用的体验中",脑具有无数的可能的相互连接,并行的和相互联系的加工过程是脑的典型特征,是一个全息的或整体的相互连接的,我们的大脑"与生俱来就拥有一些基本结构,这种结构可以让我们与周围的世界相互作用",通过这种相互作用,对外部世界的反映方式开始拓展。[1]凯恩所说的是脑结构的复杂联结,而比格斯所说的代表思维水平的知识结构的多点联结,那就是不同知识、不同性质的知识、知识的不同内涵等之间的联结,并且只有人的思维实现了这种联结才代表思维发展到了较为高级的水平。[2] 而这些关系也会因为当下的社会政治、经济、文化、状况的变化而变得复杂、捉摸不定。因此,这就需要教师有足够的专业智慧、洞察时局的智慧以及做人的智慧才能灵活、艺术地实施"课程思政"。

## 五、思想政治教育的核心内涵及其与各学科知识的关联形式

思想政治教育的内容自身具有系统化、整体性的知识体系,它属于整个知识体系中的部分,但是思想政治教育知识是关于人类基本思维规律和整个世界基本规律的思想以及人与世界关系的本质与规律的认识,因而既是认识人类社会发展规律的知识又是认识价值关系的价值观念,是两者的统一。那么,

---

① [美]雷纳特·N.凯恩、杰弗里·凯恩著:《创设联结:教学与人脑》,吕林海译,华东师范大学出版社 2004 年版,第 3 页。
② [奥]比格斯、科利斯著:《学习质量评价》,高凌飚、张洪岩主译,人民教育出版社 2010年版,第29—31 页。

这两种知识的界限与关联形式就是"课程思政"实施过程中必须弄清楚的问题。

### (一) 思想政治教育的核心内涵及其与学科知识的本质联系

思想政治教育的核心就是"思",科学地"思"客观世界(包括自然世界、人类社会世界以及主体自身的思维、情感世界等),获得科学的知识(包括自然科学知识、人文社会科学知识以及个体思维、能力、情感发展等知识);科学地"思"知识之社会功能、个人功能以及必然包含的价值选择。教育既传授一切事物的事实与因果知识,也传授一切事物的功能与价值选择的知识。专业课教学,说到底就是教学生如何"思"本专业知识的科学性和价值选择、价值运用,前者表现为辩证唯物主义与历史唯物主义的认识论,后者表现为一定社会政治、经济、科技与文化等环境下的价值选择与运用的价值论。但是,认识论与价值论的思想最终都必须与具体的知识相结合,转化为社会主义事业建设的实践行为,这就需要不同学科知识与相应领域的实践结合,实现思想政治教育从认识论、价值论向实践论转化。因此,专业学科课程的教学作为思想政治教育的具体化,是思想政治教育的认识论与价值论向实践论转化的必经路径。这是思想政治教育的核心内涵及其与学科知识的本质联系。

### (二) 各学科课程知识与思想政治教育内涵"同向同行"的特殊形式

"各学科课程蕴含着丰富的思想政治教育内涵,但是不同的学科知识的表现形式或相关联的内涵不同"。自然科学课程蕴含的是世界观、价值观、方法论等思想政治教育的元素;社会科学课程蕴含的是有关社会科学本身的、"具有鲜明的意识形态属性"的思政元素。因此,科学知识(课程知识、专业知识),"既是知识体系,又是价值体系,是科学知识教育与意识形态教育的统一"①。雅思贝尔斯分析过不同学科知识的思想与价值内涵:伟大的文学作品蕴含了"人类本真精神内涵",历史课程可以让学生"形成清醒的历史观",自然科学在于"掌握自然科学认识的基本方法论"。② 因此,各类学科课程教师必须根据各学科课程的内容、思维方法、价值理念与教学方式的特点,结合思想政治教育的根本任务挖掘其中蕴含的"思想政治教育资源",不仅要时刻牢记"立德树人"的根本宗旨,更要熟练掌握本学科知识如何承载这一任务形式与特点,具体通过教学活动"寓价值观引导于知识传授和能力培养之中"。③ 但是,各学科蕴含的思想政治教育的内涵始终是与该学科知识本身及其特点联系在一起的。专业学科知识与思想政治教育之间的联系,既有相互融合的内涵,也有每个学科知识一定的界限,这两者是不能越界或混淆的。对教师来说要把握这个临界点,需要灵活多变的教学策略。

# 六、学习中"思政"内涵的生成路径

教育的一切内容都最终要落实到学习者主体的价值意识与价值观念的生成之上。教育并不仅仅局限在教师如何教,其核心在于学生获得什么、生成了什么,教师的教虽然会影响或制约、引导学生的知识、思想、价值、情感的生成,但是生成与获得是以知识为中介、以学生为主体实现的。因此,教师如何引导学生在学习过程中生成价值意识和价值观念,才是整个教育的重点和逻辑终点。我们认为"反思与交流""创新与实践""体验与直观"是三个基本的环节和路径。教师把外在的"思"与"感"转化为学生内在的"思"与"感",生成学

---

① 刘在州、唐春燕:《各类课程与思想政治理论课同向同行的契合性与对策》,《学校党建与思想教育》2019 年第 5 期。

② [德]雅思贝尔斯著:《什么是教育》,邹进译,生活·读书·新知三联书店 1991 年版,第4 页。

③ 中华人民共和国教育部:《高等学校课程思政建设指导纲要》,2020 年 6 月 3 日,http://www.moe.gov.cn/srcsite/A08/s7056/202006/t20200603_462437.html。

习者主动学习的"思"与"感"的机制,是"课程思政"实现"观念认同"、"情感认同"与"行为习惯"统一、①螺旋式上升的生生不息的内生方法与路径。主体的"反思与交流""创新与实践""体验与直观"是外在知识与内在经验之间相互作用过程的三个环节与路径。知识中的思想、价值、情感、道德等因素是客观的、外生的,学生主体通过内在的"反思"把众多客观因素作为材料进行内部"运算"(在皮亚杰看来这种运算既包括身体动作对物体的直接操作的运算,也包括心理的思维对物体进行操作的运算,通过外在的操作的运算实现运算的内化与结构化),②就产生"思"的过程及其结果。思想的产生始终都必须与交流联系在一起,而思想的过程又是对目前材料的更新组合过程,即产生新思想的过程。创新的科学性与可靠性需要生活、生产实践或逻辑论证的检验,检验获得成功就自然会产生对自己学习能力与实践能力的体验和对自身本质的审美直观。这三个环节和路径是一个连接一个的螺旋式上升过程。教师的教育就是引导、启发学生科学地思想,然后引导、启发结合实践操作与反思体验的过程,这个过程就是学生作为人类一员的"本质力量"的感性的、打开的书本,是学生"最容易感知的、最容易理解的""丰富的和真正的科学"。③整个教育过程其实就是借助知识材料和实践途径,引导学生思想、实践、体验,最终实现"塑造灵魂、塑造生命、塑造新人"④的伟大目标。

## (一)"反思与交流":生成"观念认同"

"心之官则思"(《孟子·告子上》),思是人的本质。思想一经形成就会产生交流的渴望,交流是思想存在的形式与过程,交流是个体获得效能感和成

---

① 习近平著:《决胜全面建成小康社会 夺取新时代中国特色社会主义伟大胜利——在中国共产党第十九次全国代表大会上的报告》,人民出版社 2017 年版,第 42 页。

② 《皮亚杰教育论著选》,卢濬选译,人民教育出版社 2015 年版,第 1—2 页。

③ 《马克思恩格斯全集》第 42 卷,人民出版社 1979 年版,第 127 页。

④ 习近平著:《思政课是落实立德树人根本任务的关键课程》,人民出版社 2020 年版,第 12 页。

就感的外在路径,虽然内在的路径肯定是主要的,但必须有社会性的外在路径和外在的肯定,人的社会本质才会得到体现,人的社会地位、自信心、自我效能感、自我成就感、生存意义等才得以实现。学校的学习主要是外在知识的学习,学生通过反思外在知识与自己内在经验之间的关系,实现两种思想之间的"接活"①。一方面是"接活"学生已有知识与外在新知识之间的连接,形成主体化的知识结构;另一方面是"接活"已有思想、价值等与外在知识所蕴含的思想、价值等精神性知识,使学生产生自我的精神性素养。"思"要有知识材料,知识不是用来"记忆"和"背诵"的,知识是作为"思"的材料与联结世界的线索,同时是联结主体已有经验的线索。因此,教师在教学过程中就要向学生呈现、展示知识材料,让学生去理解、整理、加工,形成系统的、整体的科学知识结构,再把这个结构与世界的结构联系起来、与学生已有的经验结构联结起来,才可能转化为学生主体化的知识。这个过程,既可以是对自己已有经验的"思",把过去经验和现在的经验或材料连接,也可以是对未来情景想象的"思",把现在的经验或材料与未来可能的某种情景或活动形式等连接;既可以发现原来"思"与"行"的方法的不完满,也可以产生新的"思"与"行"的思路;既要与外在知识对话,也要与自己的内在知识对话;既要与他人对话,也要与自己对话。这就是一种广义的交流,是主体以己之全部经验与整个外在的环境及其相关信息交互作用并不断完善与改进的过程。交流可以促进反思,反思也可以促进交流。在交流中既可以从对方那里获得成就感,使自身的"思"获得能量和动力,也可以发现自身"思"的不完满,从而调整思想、价值取向,提升自己的思考力,使自己的"思"更加科学,生成对学习内容的"观念认同"。这个任务渗透在整个知识的教学过程中,但可以相对集中在"章节起始

---

① 华中师范学院教育科学研究所主编:《陶行知全集》第2卷,湖南教育出版社1985年版,第87页。

课"和"章节结束课"环节中来完成和提升。①

## （二）"创新与实践"：生成"行为习惯"

学习主体通过与外在的世界和内在的世界的交流,生成新的知识,产生新的思想、新的价值观念等,这是创新。思的本质趋向创新。在学习过程中任何外在的知识所包含的思想与价值理念都不可能原原本本、不折不扣地被认同和遵照执行,它必须经过学习主体结合自己的已有经验进行理解、交流,既产生认同学习内容的思想、价值等因素,又产生融合之后的新理解、新思想、新价值理念等因素。然而"思"的创新必须得到实践的支撑,表现为新思想、新价值理念与生活、生产之间的联系。在学校教育中,一般来说通过"项目式"（project based learning）或"问题式"（problem based learning）的教学实践检验行为层面上的可行性（或可能性）。② 只有当新思想、新理念所支配的行为得到验证、肯定（学生对自己行为的肯定或者在与他人的交流中获得的肯定）,获得成功,这种行为才可能趋向得到延续,并进一步发展,才有可能转化为有系统性思想与坚定信念支撑的习惯性行为。当然没有创新性的机械行为也可能产生,但这不是人的本质性的行为习惯,甚至可能是不良习惯。不仅创新需要实践的检验,而且只有实践才能促发创新,没有基于实践的丰富经验,单纯接受间接知识及其思想、价值理念等,是不能转化为学习主体内在的思想、理念和行为的。因此,创新与实践必须密切联系,联系的方式既有"现实实践",也有"模拟实践",还有"虚拟实践"等多种形式,③教学必须启迪学生对知识材料产生真正的"思",使外在的材料与内在的经验相联系,启发自己的"思"

---

① 邢成云、王尚志在《初中数学"章起始课"的探索与思考》一文中探索了知识教学的思维逻辑,还没有涉及思维内涵的丰富性,即思维包含价值取向的内涵。

② 董艳、孙巍:《促进跨学科学习的产生式学习(DoPBL)模式研究——基于问题式 PBL 和项目式 PBL 的整合视角》,《远程教育杂志》2019 年第 3 期。

③ 陈理宣、刘炎欣著:《基于马克思实践哲学的教育问题研究》,人民出版社 2020 年版,第 309 页。

得到提升。这就是一个创新的过程,也是外在知识材料转化为内在知识经验的过程,更是新思想产生的过程与引导行为习惯形成的过程。这种行为习惯就不是机械的、本能式的习惯,而是杜威所讲的"通过经验而有所改变"形成一种"倾向"的"习惯",①它是一种由知识所引起的逐步形成的非认知、非理智的整体经验,也是布迪厄所说的"同一历史的身体化"的那种"习性"。②

## (三)"体验与直观":生成"情感认同"

任何科学知识都是科学家或生产实践者运用抽象的逻辑方式审视自己的对象,获得对自然世界、人类社会规律或个人的思维、情感世界的认识,但是,"当科学家把科学知识作为一个整体并与人的本质联系起来加以直观时,他运用的是想象的、形象的、情感的方式,是以一种欣赏的态度来直观和欣赏他的对象",产生的是一种"感性的愉悦",形成的是一种"审美精神状态和审美境界",借助"科学美跃升至人之生存意义上的整体审美境界"。③ 同理,当主体对自身的思维、情感体验有所认识而能够顺利调节、把控的时候,自身也就会立刻产生一个主体的"我",产生对客体的"我"的反思,乃至调节自身的思想、情感与行为,实现自身的效能感、成就感、超越感等。因此,作为人的本真的认知活动并不完全是理性的认知过程,或者说并不完全是出于工具理性的功利目的的,它还伴随着审美体验与审美追求,伴随着人类一切活动的超越性目标,并且正是这种目标对人类发展与进步产生持续的巨大动力。知识的实践生产与知识的教育获取的根本机制与原理是一致的,并且知识的教育获取既要为了实践的目的,也要通过实践的途径。

说实践结果有认知性,是因为结果与假设或预期之间的差异判断,说实践结果是非认知的,是因为结果对主体需要的满足会产生身体的或者精神的效

---

① [美]杜威著:《民主主义与教育》,王承绪译,人民教育出版社2001年版,第358页。
② [法]布迪厄著:《实践感》,蒋梓骅译,译林出版社2012年版,第81页。
③ 陈理宣、黄英杰:《论科学活动中的审美精神》,《求索》2013年第12期。

益。主体或者直接享用结果满足身体的生理欲望,或者享用结果作为自己精神需要的意义。反思就是连接物质结果与精神需要之间联系的中介,体验就是身体对物质结果的直接感知或想象性感知,直观是主体对实践结果的形式上的感知,即情感形式的感知,连接的是作为自身与对象之间的本质关系,获得的是主体的本质性内在认知,即马克思所说的对自我本质力量的直观。因此,在教学中,利用"反思""体验""直观"就是指向学习者对学习或实践结果的自我本质的"体验与直观",从而产生精神性因素,而非把知识学习或使用可能产生的结果作为功利性或一己之私的对象来进行物质性占有的感知与感受。而这种体验与直观的精髓就是建立在求真与求善基础上的"立美育人"。① 一些教师在具体的教学中引导学生把学习成绩与考大学、就业、挣钱联系起来的行为就是引导学生对知识进行物质性占有的典型表现,是一种功利主义的激励手段和教育方法,对生活在小康社会条件下的青少年来说,这种方法或手段已经不能激发他们的学习动机了。这种功利主义的学习动机观的理论假设就是物质人或生物人的人性本质假设。对这种教育理念及其背后的人性假设,在"课程思政"条件下是需要认真地反思和批判的。

---

① 赵宋光:《论美育的功能》,《美学》1981 年第 3 期。

# 第五章  "课程思政"以知识孕育人生命发展的灵魂[①]

在提倡实施"课程思政"的同时,既要防止过去只重视知识的教学,只看到基本知识与基本技能的"双基"的重要性这种片面的教学,要注意识别那些借学生核心素养或学科核心素养翻版传统知识技能教育的假象,也要防止把"课程思政"简单地看作意识形态教育的思想,[②]还要注意在重视"课程思政"与"思政课程"同向同行的同时忽视"思政课程"与"专业课程"同向同行的现象。要从根本上理解"课程思政"和"思政课程"协同实现"立德树人"的宗旨,还需要从人的生命发展的整体性和元素养来分析人的生命发展。"立德树人"是一项复杂的育人系统工程。要理解一个复杂的现象,一方面是从具体的问题出发进行细分,分析其内在结构及其功能,应该说核心素养的研究是从这个策略出发的。但是这还不够,还需要从具体事物上升到其上位概念,整合、抽象,再把具体的细分成果归入上位概念下的范畴。这样才能更为全面地认识事物本身。并且这一过程是一个反复的螺旋式上升的发展过程。"课程思政"是以"立德树人"为宗旨在专业课程教学中进行的教学文化深层变革,

---

① 本章主要内容以《论生命的元素养三维结构及其教育意蕴》为题发表于《中国教育科学》2022年第3期。

② 靳玉乐、张良:《要认真对待高校课程思政的"泛意识形态化"倾向》,《现代教育管理》2021年第4期。

这体现为从过去的认知性、基本技能性的"双基"培养目标向作为社会主义事业的建设者和接班人的人的生命发展目标的变革。因此,教育深层变革不能仅仅局限在"课程思政",也不能仅仅局限在"思政课程",而是要以"立德树人"为根本宗旨实现两者双向发展的同向同行,并在此基础上整体思考作为人的发展的根本。因此,作为人的发展的本质规定性及其整体发展的核心元素就成为必须研究的深层次的理论问题。

近年来,关于学生素养结构的研究成果呈逐步增长的态势。经济合作与发展组织(OECD)提出的学生素养,核心是如何利用各种工具(包括语言、符号、文本,知识与信息、科技手段等),通过建立良好关系、开展合作,协调处理冲突等,设计与实现自己的人生,维护自己的利益;①美国的 STEM 教育(Science,Technology,Engineering,Mathematics,即科学、技术、工程和数学)和 4C 教育(Critical thinking and problem solving,Communication,Collaboration,Creativity and innovation)以培养批判性思维和问题解决、交流、合作、创造力和创新技能为主,其核心在于强调科学技术能力;②2018 年全球经济论坛提出的全球竞争力指标体系中,与教育相关的"技能"支柱的核心依然是以技能组合、熟练程度、批判性思维以及受教育年限等为主,其价值取向是劳动力技能水平。③ 我国也提出了中国学生发展的核心素养,具体表现为文化基础、自主发展、社会参与三个方面,共有人文底蕴、科学精神、学会学习、健康生活、责任担当、实践创新六大素养和十八个基本点;④信息教育领域提出了"元素养"的概念,在 Jacbson T.和 Mackey T.看来,元素养是一个"综合性的自我参照框架,它整合了新兴技术并统一了多种素养能力类型,并以元认知概念为基础,提出了获取信息的元素养模型,形成了一个融知识发现、创造与共享的

---

① 乔鹤、徐晓丽:《国际组织全球教育治理的路径比较研究》,《比较教育研究》2019 年第 8 期。
② 彭正梅、邓莉:《培养具有全球竞争力的美国人》,《比较教育研究》2018 年第 7 期。
③ 邓莉、施芳婷、彭正梅:《全球竞争力教育指标国际比较及政策建议》,《开放教育研究》2019 年第 1 期。
④ 林崇德:《中国学生核心素养研究》,《心理与行为研究》2017 年第 2 期。

有机整体"①。杨鹤林认为,元素养是指信息学习中"催生其他素养的素养",是指导人们通过社交媒体及在线社群进行信息获取、生产、分享的综合素养框架。② 显然,多数研究是针对科学技术与社会发展对人的适应能力、竞争能力提出的教育要求,以此作为学生发展的素养结构。如果我们深入分析众多核心素养和能力结构,其出发点的本质是从生命体外部的要求来规范个体的发展方向和质量规格,以认知性的知识与技能、功利性的人际交往等内容来形塑学生的个体生命。这无疑是一种外生素养的培养,而忽视了内生素养的引导。这是传统学校教育以认知素养为核心、以社会对人的要求为目的的教育模式,在信息化社会条件下这种外生素养会越来越多,给人的压力会越来越大。这就是为什么当前要实施"双减"的必要性,但同时,也是"双减"实施的困难所在。过去我们在很大程度上忽视了内生素养的培育,其实,以内生素养来催生其他素养,更为符合生命发展的规律。因此,我们借用"催生其他素养的素养"的命题"元素养",从"综合性的自我参照框架"的生命发展和生成出发,融合作为整体生命发展的以人为本的根本宗旨,打破传统的僵化的社会本位的适应性生命发展观和认知教育模式,以生命发展的社会化内在要求与生命本质要求统一为理论基础,以外生素养与内生素养统一为路径,提出实现以生命的目的、内在的"元素养"为目标的以人为本的教育理念。

# 一、人的生命发展的"元素养"
## 三维结构及其关系

人的生命发展是一个复杂的过程,人类一直都在不停探索。亚里士多德

---

① 陈晓红、高凡:《何雪梅·国内外元素养教育研究综述》,《图书馆理论与实践》2019年第1期。

② 杨鹤林,元素养:《美国高等教育信息素养新标准前瞻》,《大学图书馆学报》2014年第3期。

的著名的灵魂三分法将人的灵魂区分为植物的、动物的和理性的三部分,将理性的灵魂视为"生命的本源",①提出了以理性为核心的身心和谐发展的教育思想。康德从人的本质出发,将人的意识活动分为认知与理性的、审美情感的、道德伦理的,即知、情、意三个部分,把审美情感作为认知理性与道德伦理因素的桥梁,据此理论他撰写了三大批判。按照康德的理论,教育就是培养人的智(认知理性)、美(审美判断力)、德(实践理性)。杜威的经验主义、皮亚杰的发生认识论、梅洛-庞蒂的身体现象学等揭示了知识的经验与身体因素,催生了具身认知心理学,为教育重视知识教育与身体机能的发展相结合提供了理论依据。弗洛伊德及其精神分析学派、存在主义哲学与马斯洛等人本主义心理学以及米德的社会心理学等都从不同角度揭示了作为人之灵魂的自我发展与形成的本质,为人的灵魂教育奠定了理论基础。马克思、恩格斯、列宁的经典著作也从唯物主义的角度把人的思想与行为取舍的价值观念和人生追求的意义等视为一个人的灵魂。因此,如何找到众多教育内容之间的结构关系及其与人生命本质的联系,从生命体本身的原点出发,激发生命本身的内在发展动力,引导学生建构适合自身的素养结构,成为教育改革的关键。

有学者从生命的存在形式出发提出了个体生命的"身体存在"、"心智存在"和"灵魂存在"形式。② 这对理解生命的"元素养"具有一定的启发意义。我们从生命存在形式的后天教育、内涵丰富以及高阶发展的形式方面提出生命的三维"元素养",这对于教育实践而言具有更直接的指导意义。生命的"元素养"是人的身体素质、道德品质和心智机能以及精神风貌的综合体现。它是发动、促进其他众多素养与素质发展的根本元素。所谓人的素养,是指人基于先天遗传的生理基础,在后天逐步发展起来的、标志着人的本质属性的修

---

① 苗力田主编:《亚里士多德全集》第 3 卷,秦典华译,中国人民大学出版社 2016 年版,第3 页。

② 张荣伟:《个体生命的存在形式及其教育学意义》,《教育研究》2016 年第 4 期。

习品质。据此而言,生命"元素养",就是指在遗传基础上后天发展起来的标志人的生命特殊形式的根本性品质,它是从对人的生命本质的标志性特征的认识中概括而来的。人的身体具有先天素质,而体质、体型、体能以及与认知、精神等相关内涵的机能,则是后天发展起来的身体素养;人的感知系统的功能具有先天的遗传素质,而伴随感知所产生的认知结果与应对环境的行为方式、方法则是后天发展起来的心智素养;伴随感知所产生的意识和行为的过程或结果都会产生情感体验以及自我调节系统,这就是后天发展起来的心灵素养。因此,我们把人的内在素养发展分为三个相互作用的维度,即身体的生理和机能、认知的知识和智慧、情感的意义和价值判断,进一步集中概括为机能(身体)、智慧(心智)、灵魂(心灵)。从婴儿出生之后这三个方面就开始了从无到有、从低级到高级发展的过程。

## (一) 机能、智慧与灵魂三维素养结构

### 1. 身体的生理−机能结构

婴儿出生以后,机能、智慧与灵魂三个方面的发展是相互促进、整体推进的。身体的生理−机能发育是个体生命发展的基础。身体机能的发展是以身体的生理发展为基础的,早期的机能主要是基本反应和生存需要的机能,比如眼睛对色彩的反应、耳朵对声音的觉察、胃对饥饿的反应、手对物体抓握的感觉、身体平衡等。生理上的骨骼、肌肉发育到一定时候,开始翻身、爬滚、站立、行走、平衡、快慢控制等,这时大运动就主要依靠脚来支撑、控制身体的外显运动。与此同时,手在与实体物体的相互作用中,开始抓握、搬移、撕扯、推动物体,发展了对物体的重量、体积、温度、力度、质量、数量等的操作与感知机能,于是大多数精细运动都集中在手上,而与此同时眼、耳、鼻、皮肤等机能也协调发展起来。身体的机能发展与环境的相互作用具有很大关系,同时与教育密切相关——通过教育和训练,创造人为环境等来促进儿童的机能发展。比如

玩具和游戏的机能开发就起到积极作用,机能与技能是相互关联的,机能往往以技能表现出来,但是技能又不能完全代表机能的发展。机能与技能的形成并不是特定区域的功能,比如手对物体的敏感性就不仅仅是手的机能,而是与脑神经联系在一起的,是整体协调的功能。比如,认知神经科学研究发现"大脑皮层的视觉Ⅵ区受损而其余部分完好的情况下,盲视患者竟然能几乎正确地报道其视域盲区内的特定事件"①。这可能是因为大脑视觉神经区域的机能形成之后具有整体性,虽然部分受损,不能清晰地看到实物,但能在整体上形成视知觉。只有机能与技能充分发展,才能够为认知性的感觉、知觉以及记忆等提供丰富的生理、机能和技能基础。

### 2. 认知的知识-智慧结构

与人身体的生理-机能发育相互促进发展的是认知的知识-智慧系统。婴幼儿初期的认知发展主要是与身体操作活动相应的感知的发展,即通过直接的视、听、触、摸形成感知觉,这个时候思维是与身体直接联系在一起的,属于皮亚杰所说的感觉运动阶段。只有当这些直接与身体相互作用的感知觉,即对物体的感知积累了适当数量的永久性图式,才会产生物体表象的储存,身体机能得到了发育,于是思维便可以运用表象来进行运算,永恒客体开始形成。这就发展到了皮亚杰所说的前运算阶段。当接触的实体足够多,表象积累足够丰富,并且实体、表象与符号相结合,产生了分类、秩序、数量、时间、空间等概念,语言得到较充分的发展,就到了皮亚杰所说的具体运算阶段。语言的产生促进了思维的发展,推动认知能力的发展,加速知识的积累,一方面是"组合"的结构产生,另一方面是"群"的结构产生。这就发展到了皮亚杰所说的形式运算阶段。② 这个阶段达到了思维发展的高级阶段,能够在知识的基

---

① 王晓阳:《论意识的认知神经脑科学研究及哲学思考》,《自然辩证法研究》2008 年第6 期。

② 《皮亚杰教育论著选》,卢濬选译,人民教育出版社 2015 年版,第 16—18 页。

础上产生智慧。因为思维会在直接感知经验的基础上通过类推去理解语言所表达的没有直接体验过的知识,并在有关实体的众多知识的基础上再概括抽象掌握更多知识。只有知识的积累以及知识之间、知识与主体之间的复杂关系形成,才可能在遇到需要解决的问题时,通过知识之间的关联、重新组合、转换甚至发现知识的新运用等找到适当的解决办法并解决问题。也就是说,在有了足够的经验、知识积累的时候,主体即使遇到了没有直接经验过的事件,也能够洞察环境中各部分之间相互冲突的内在关系,在经验与未经验结合部产生对"一个事实情况的洞见",即解决问题的"创造性"思维。① 智慧是思维发展的高级水平,但是它必须通过知识的积累并能够灵活关联、转换才能产生。"学习结构就是学习事物是怎样相互关联的",或者说"以允许很多别的东西与它有意义地联系起来的方式去理解它"。② 这种有意义的联结和理解其实就是智慧。比格斯把智慧能力分为五类(五种不同等级的水平),即前结构、单点结构、多点结构、关联结构、抽象扩展结构,其中最高水平是抽象扩展结构的形式。抽象扩展结构,是指学习者能够进行演绎与归纳的思维操作,"能对未经历的情景进行概括",即表现出"问题线索+相关素材+相互关系+假设"的结构形式。③ 也就是说思维过程是多点对多点,多角度、多层面复杂地设计、规划或决策解决问题的过程。关联程度越丰富,越能够超越给定情景和已有经验,发生的抽象概括和迁移就越好。其中反省思维能力是关键,因为它"是有意识地去掌握实践智力所取得的结果"④。智慧是知识与技能结合的升级版,反过来,智慧一旦得到发展,就会进一步提升获取知识与技能的能力。

---

① ［德］马克斯·舍勒著:《人在宇宙中的地位》,李伯杰译,贵州人民出版社 2018 年版,第8、23—25 页。

② 《布鲁纳教育论著选》,邵瑞珍等译,人民教育出版社 1989 年版,第 24 页。

③ ［奥］比格斯、科利斯著:《学习质量评价》,高凌飚、张洪岩主译,人民教育出版社 2010 年版,第 5 页。

④ 《皮亚杰教育论著选》,卢濬选译,人民教育出版社 2015 年版,第 57 页。

### 3. 灵魂的情感-价值结构

随着身体的生理-机能、认知的知识-智慧的发展,逐步发展起以自我灵魂为核心的情感-价值素养,情感价值结构系统内涵最为丰富,包含指向人的理想信念、意志品质、情感体验、道德意识以及精神气质等因素。婴儿从一出生开始都有本能的情绪反应,初期的情绪主要是身体的舒适度引起的,反应很简单,即平静、哭或者笑等。随着经验的积累越来越多,身体能够感受、体验的内涵不断丰富,同时表达感受的身体机能也在发展,不论是平静还是哭、笑都增加了丰富的内涵和外在的表现形式,不仅有遭遇痛苦、拒绝等当下的情绪,还有回忆过去与预测未来的情感反应。由情绪对象和情绪内涵的积累,逐步发展起特定的、倾向性的情感对象和情感内涵,形成了与整个身体机能的感知、认知的思维模式相融合的情感体验、价值认同、意义的感受与赋予机制的结构模式。有研究表明,自闭症儿童就很难形成一个自我意识,在他的世界中不能产生自己的操作与结果的联系,不能评价自己操作的结果,不能产生有意识的自我调节系统。正常儿童不仅产生了自我与对象之间的生理、功利的需要满足关系,基本的身体机能感知与情绪关系,认知的思维与情感关系,还产生了自我与对象之间的价值体验与意义关系,一个完整的人与对象、他人以及世界之间的基于生理、功利的需要之上的认知的、意义的自我形成了。这个自我的核心是意义及意义的丰富程度以及价值取向模式,它构成了一个人的灵魂。

灵魂这个概念在教育学和倾向于自然科学的心理学领域很少使用,但是在哲学领域经常使用。马克思、恩格斯、列宁的经典著作中把"爱的情感"、"使命的崇高感情"、有关思想与行为取舍的价值观念以及人生追求的意义等视为一个人的思想与行为的调控灵魂。[①] 习近平在 2014 年 10 月 31 日全军

---

① 李忠军:《关于"灵魂"进入思想政治教育基本范畴的探讨》,《教学与研究》2015 年第11 期。

政治工作会议上提出培养"有灵魂、有本事、有血性、有品德"的军人,又在 2021 年 3 月 6 日下午看望参加全国政协十三届四次会议的医药卫生界、教育界委员时发表重要讲话,提出了教育要"培根铸魂,启智润心"的要求。李忠军撰文探讨了"灵魂"作为思想政治教育的基本范畴的科学性,并认为灵魂具体可以表现为"信仰为导向,以价值观为核心,以共有精神为基础"的"情感发生判据标准""思想形成的先在结构""观念确立的内在依托"以及"目的选择"标准等素养结构。[①] 因此,灵魂概念完全可以在唯物主义层面使用。灵魂是人的主观能动性的集中表现,它既相当于主体主观的理想、信念、情感、道德、意志等精神性因素的概念,又具有对人的思想、观念、行为起关键、统帅作用的内涵,是一个唯物主义的概念范畴,因此,使用"灵魂"概念比使用"精神"概念或"意识"概念更能够表达作为生命发展的积极的、高尚的、根本的、关键的本质内涵。灵魂的发展对一个人的整体素养结构发展具有统帅作用。周国平认为:"灵魂是人的精神生活的真正所在地,在这里,每个人最内在深邃的自我直接面对永恒,追问有限生命的不朽意义。"[②]可见,灵魂是生命价值的升华,正如柏拉图指出的,个体的成长之路就是从身体到灵魂的整全发展,培育生命的成长、达到灵魂的美善是教育的旨归。教师之所以被称为"人类灵魂的工程师",就是因为教师培育人的灵魂,从而促进整个社会与人类根本性的生命发展。

综合上述分析,我们建立了机能、智慧与灵魂三维素养结构模型,以进一步探讨个体生命"元素养"的三维结构,如图 5-1 所示。

## (二) 机能、智慧、灵魂三维素养结构之间的关系

### 1. 智慧与灵魂嵌入身体机能,机能随智慧、灵魂的发展而发展

身体的生理-机能的发育同它与环境的相互作用有关,身体的运动涉及

---

① 史巍:《铸魂育人中灵魂范畴的唯物主义解读》,《思想教育研究》2015 年第 11 期。

② 周国平著:《人生哲思录》,上海辞书出版社 2011 年版,第 365 页。

```
                    ┌─────────────────────────────────────────────────┐
                    │ 体质：人体的质量，它是在遗传性和获得性基础上表现出来的人体形态结构、      │
              ┌── 体 │ 生理功能和心理因素的综合的、相对稳定的特征。它包括内在的新陈代谢与      │        ┌────┐
              │   质 │ 免疫系统，适应、抵抗外在病毒侵入的能力或损伤的修复能力，外在的运动      │        │ 机 │
          ┌ 身 │     │ 速度、力量、耐力、协调、柔韧、灵敏等运动能力，以及身体外在的各部分      │        │ 能 │
          │   │     │ 比例结构形态。                                         │        └────┘
          │   │     └─────────────────────────────────────────────────┘
          │   │   ┌─────────────────────────────────────────────────┐
          │   └── 机 │ 机能：指人体器官的作用与活动能力。一方面是生理系统的生物功能性能力；     │
          │       能 │ 另一方面是与认知、操作、情感等相联系的感知、体验、精细动作协调等后      │
          │         │ 天发展起来的超过动物本能的身体能力。它既存在于大脑神经系统，又存在      │
          │         │ 于整个身体的各个器官、肢体、肌肉、皮肤与筋骨之中。                  │
          │         └─────────────────────────────────────────────────┘
人                  ┌─────────────────────────────────────────────────┐
          │         │ 知识：是身体的感知系统对环境信息反应到神经系统联系已有信息进行分析、    │
          │         │ 整理以及联系相关身体机能采取行为操作及其总结的结晶形式。它存在于身      │
          │     ┌── 心 │ 体之中，用符号表现出来就成为可传递的间接知识。知识的获得是与身体机      │
          │     │   智 │ 能相关联的。没有身体机能的适应，它只能是信息。                    │
          │     │     └─────────────────────────────────────────────────┘
          │     │     ┌─────────────────────────────────────────────────┐      ┌────┐
          │     │     │ 技能：指身体能够发展出来与所获得知识相适应的对外在环境因素的操作机      │      │ 智 │
          │     │     │ 能。操作技能需要生理的体质与体能、机能的支持，因而有生理发展成熟和      │      │ 慧 │
          │     │     │ 机能发展的长时间性，由于感知系统获得信息的速度与数量总是快于机体发      │      └────┘
          │     │     │ 展适应的速度，因此，知识与能力始终存在一定差距。                  │
          │     │     └─────────────────────────────────────────────────┘
          └ 心 │     ┌─────────────────────────────────────────────────┐
                │     │ 智慧：是知识运用的方法与策略，是由知识存储的数量、质量、结构方式以      │
                │     │ 及重组的灵活性等决定的。它既需要机能的配合，又需要一种能够结合已有      │
                │     │ 知识进行回忆、联想、重组并产生新的结构方式和新的操作方式的反思与操      │
                │     │ 作调试。它是人的思维与行为发展的最高标志。                      │
                │     └─────────────────────────────────────────────────┘
                │   ┌─────────────────────────────────────────────────┐
                │   │ 情感：是身体机能对环境刺激以及操作行为的体验性反应。初期阶段为情绪      │
                │   │ 反应，是机体直接的适应情况的反应。随着刺激的累积以及与机体的联结，     │
                └── 心 │ 并伴随知识、价值观念、意义信仰等因素的发展，某些刺激情景具有特定含      │
                    灵 │ 义，产生持续性的、内涵丰富的情感和心境。                        │
                      └─────────────────────────────────────────────────┘
                      ┌─────────────────────────────────────────────────┐      ┌────┐
                      │ 价值：是在情感和知识基础上发展的关于行为取舍的系统化的观念系统，它      │      │ 灵 │
                      │ 是在长期的认知性经验的积累基础上经过比较、鉴别、判断、排序等系统化      │      │ 魂 │
                      │ 建构起来的观念系统。它对行为取舍的影响具有长时性、稳定性和系统性。      │      └────┘
                      └─────────────────────────────────────────────────┘
                      ┌─────────────────────────────────────────────────┐
                      │ 意义：是生命存在的最终依据，它既基于价值观，又基于情感，是两者融合      │
                      │ 在一起的生命的境界。有形而上的生命意义，也有形而下的生命意义。为情      │
                      │ 所困、为物所累都可能形成生命意义的困境。但是如果是为人类、社会的信      │
                      │ 仰和理想的意义，则是唯物主义的形而上的生命意义。                  │
                      └─────────────────────────────────────────────────┘
```

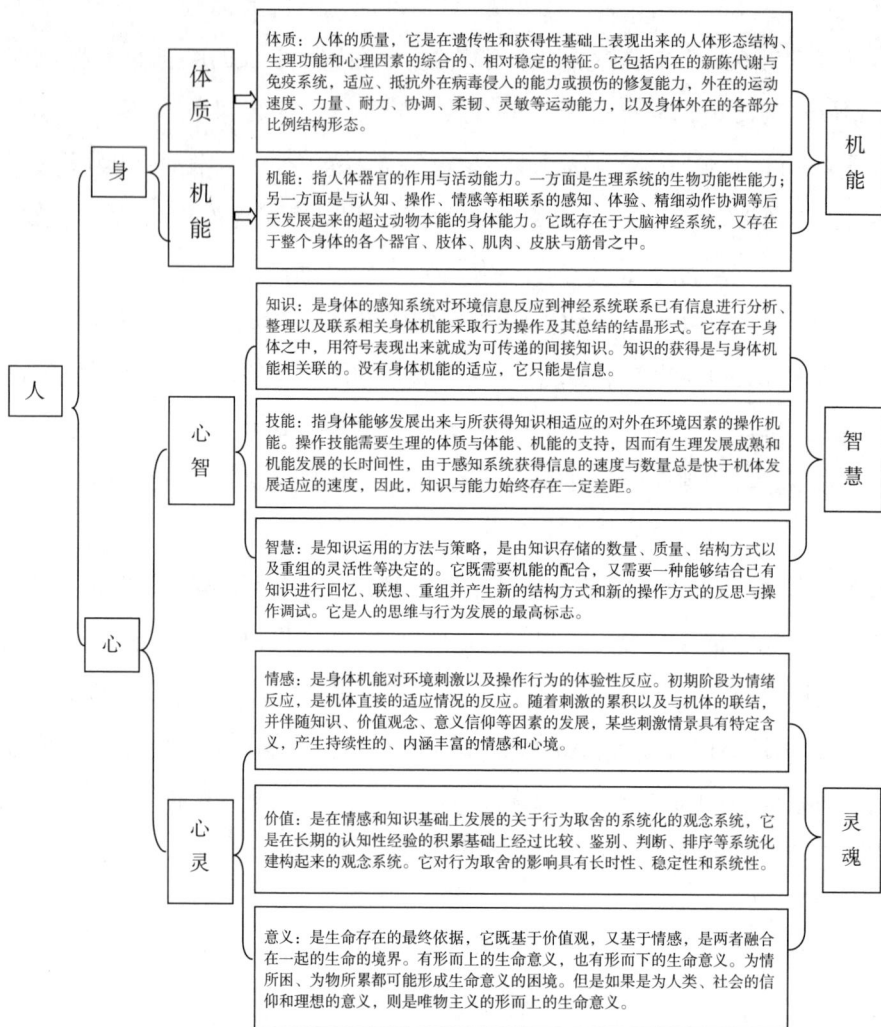

**图 5-1　个体生命元素养结构图**

与环境的相互作用。运动促进身体的骨骼、肌肉、新陈代谢,促进体质、体能以及体态发展,但是由于人还伴随着知识、智慧、情感、意义素养的发展,生理的发展转化为机能的发展,而不像动物的生理发展那样只是骨骼、肌肉、力量以及各种生理功能的发展。认知的知识与智慧的发展,是在身体活动过程中伴随着与客观对象的相互作用产生的应对技能、策略内化为机能的结果。正如皮亚杰所说,智慧行为是"由于协调操作、联合、整理等而形成的。这些来源于主体及动作的内化的运算,是有关认识的变化的工具"。儿童思维的发展都可以"在主体自己的动作协调中找到其起源",知识的来源"决定于认知者和物体之间(有机体和环境之间)的交流或相互影响"。① 一方面是"思维和判断等认知过程本身与身体的感觉-运动系统构成了耦合关系"。另一方面"意义源于身体和身体的活动,意义有着身体感觉-运动系统的基础","身体感觉运动图式、理解和判断、抽象意义之间"紧密联系。② 从生理上看是机能的发展,从心理上看是认知的知识和智慧的发展,从灵魂上看,是情感、价值与意义的发展。认知的内容更多涉及的是关于对象的结构与功能的反映,它强调的是对客观事物的构成与运行规律的认知。虽然这种反映必然涉及应对的行为技能与策略,但是在没有情感体验、价值观与意义因素介入的情况下,它仍然属于生理与机能的自动反应,甚至可能产生认知心理学理论所说的产生式系统或自动化的应对行为。一旦情感、价值观、意义感等因素介入,那么,主体的应答行为就会具有主动性、意志性、选择性等特征。然而,驱动行为的主动性、意志性、选择性等现象的内在原因是意义感、价值观、情感体验等,属于灵魂的关键因素。

身体一方面是"由那没有被任何知觉、观念、理念和理性因素所渗透的自然生成"的四大组织(上皮、结缔、肌肉、神经)和八大系统(运动、神经、内分泌、循环、呼吸、消化、泌尿、生殖)组成;另一方面又是由"血肉、结构、情感和思维等要素共同建构的一个整体性的肉体"。③ 前者是身体的生理发展,是自在性身体;后者则是身体伴随着"心智"与"心灵"的发展产生的机能发展,是自为性身体,即身体具有能动性,能够"通过事先分析、构思和谋划所包含着存在的存在","通过自我意识的'出神的谋划',身体便超越自在之存在,进入

---

① 《皮亚杰教育论著选》,卢濬选译,人民教育出版社 2015 年版,第 1 页。
② 叶浩生主编:《具身认知的原理与应用》,商务印书馆 2017 年版,第 53—55 页。
③ 张之沧、张尚著:《身体认知论》,人民出版社 2014 年版,第 23—24 页。

自为之存在"。① 因此,身体与心灵的链接点就应该是机能,机能既是由生理
上的"四大组织"和"八大系统"组成的,又是在此基础上发展出来承载智慧和
心灵的物质载体。

### 2. 思维是联结机能、知识与智慧的中介

思维是掌握知识和运用知识的方法,思维发展水平越高,其掌握的知识之
间以及知识与行为之间联系的结构越复杂,内涵越丰富,越能够找到适合解决
问题的线索、有效的策略与方法。思维既存在于知识的结构与关联之中,又超
越知识本身,情感、价值观、意义感也一样既存在于知识的结构与关联之中,又
超越知识本身。只有知识不可能有智慧,或者说虽然有知识、智慧,也不一定
有灵魂。思维作为方法既能够把知识之间、知识与行为之间连接起来,又能够
把知识、行为与行为的情感体验、价值取向以及意义感联系起来,让智慧"生
智",来解决行为的科学性、有效性问题,让灵魂"掌舵",来解决效能感、价值
观与意义感的问题,形成最终的思维、行为决策。一般来说,主体的情感、价值
观与意义感可调动机能、认知联合起来应对遭遇的问题情境,甚至激发主体主
动创造机会与客观环境产生相互作用。作为人的灵魂的情感、价值观与意义
感等是行为的动机与方向,知识与智慧是提高情感、价值、意义行为的科学性
和效能性的因素,机能是两者的承载系统,并且它们始终是与机能一起发展
的,具有生成性(enactivism)、具身性(enbodied)、嵌入性(enbeded)和延展性
(extended)等特点。②

### 3. 灵魂是机能、智慧与行动的调控者和驾驭者

人的身体、思维、行动是否主动活动,与其内在需求有关系,然而,生理性

---

① [法]梅洛-庞蒂著:《知觉现象学》,姜志辉译,商务印书馆 2001 年版,第 109 页。
② J.L.Kolodner,"The Learning Sciences:Past,Present,Future",*Educational Technology*,2004
(3),pp.34-40.

的需求引起的思维与行动往往是被动的。思维与行动如果是物质功利性的需求激发的,与生理需求直接相关,则属于庸俗甚至低级的动机,其引起的思维和行动虽然也可能具有主动性,但并不是生命体的高级的、社会性的、发展性的形态。由灵魂激发的思维与行动,就具有主动性、自主性、发展性以及社会性等特点。《大学》强调教育要"格物致知",但关键还在于要"诚意正心",并转化为"修身、齐家、治国、平天下"的行动。可见,古人认为知识与智慧是灵魂修养的基础,而灵魂修养的目的是高尚的、社会性的行动。灵魂的形成反过来又对身体机能、认知的智慧以及实践的行为进行调控,产生激发动机与矫正目的的作用。"灵魂的意义就在于驾驭思和行,慎思和修行是灵魂自为性存在的最好说明"①,并且也只有形成了真正的灵魂,一个人的行为才可能自由、自主和高尚。"一个人唯有用自己的头脑去思考,用自己的灵魂去追求,在对世界的看法和对人生的态度上自己做主,才是真正做了自己的主人。"②可见,灵魂的培育应始终居于教育的核心。正所谓教师是"灵魂的工程师",教育就是培养灵魂的工程。

综上所论,人的身体不仅仅是物质意义上的肉体存在,而且是包含了智慧、灵魂等人之为人的本质特征的复合性的载体,"人的身体是个体成人和进行教育的基础性的生命视域,不仅是我们的身体提供了我们所有活动的物质性基础和前提,更是缘于身体之中所包容的人的心灵以及情感态度等人类本能的所有素质。"③人之高贵,就在于人有智慧,人的身体必然要超越肉体的范畴,走向灵魂的高尚,才能成其为人。个体机能的健全、智慧的涵养以及行动的确当需要社会属性的价值赋予,才能造就完整意义上的人。

---

① 张荣伟:《个体生命的存在形式及其教育学意义》,《教育研究》2016年第4期。
② 周国平著:《人生哲思录》,上海辞书出版社2011年版,第368页。
③ 位涛:《个体成人之路:从身体到灵魂——兼谈柏拉图哲学教育的意蕴》,《教育学报》2017年第6期。

## 二、认知性知识教育忽视了人生命发展的根本

知识是用来塑造人的,反过来,人的成长和成才必然需要知识的"育化"。但是用"什么样"的知识以及"怎么样"去塑造人,这是诸多教育问题产生的根源。

传统意义上的学校教育是以理性的、认知性的教育内容为主线的教育,教育在多数情况下是在学校实施、以课堂为主渠道、以传授人类文化知识及其应用技能为核心的教学活动。传统的教学论把教学视为特殊的认识过程,它潜在地预设了这样几个命题:其一,教学就是传授客观的科学文化知识,训练知识应用的技能。这就产生了经典的教学"双基"目标观。其二,教学传授的是符号的、理性的知识系统,有意无意地忽视了知识的实践性和身体的体验性,因此产生"教书"和"读书"的说法,其中"书"就是符号性知识的典型表征。其三,既然以知识、技能为核心目标,当然教学就是教授知识越多越好,死记硬背、苦学苦练就成为"当然"的方法之选。毫无疑问,这就是"双减"产生的背景,也是"双减"实施的困难所在。

### 1.认知的、功利的低层次知识教学,缺乏走向信仰的、价值观的、情感体验的灵魂深度与高度

一段时间以来,社会上流行着这样一种教学质量的评价观,其逻辑推理为:如果一所中小学的教学质量高,它的学生一定能升上好的高一级学校,反之,其教学质量就不高;如果一所大学的教学质量高,它的学生就能够找到好的工作,反之,其教学质量就不高;如果一个人发展得好,他的工资就高,反之,他就发展得不好,如果他发展得不好,就说明他所就读的大学教学质量不高。这样的推理表面看来有一定的道理,但经不起推敲,因为它把或然性条件错误地当作充要条件。虽然这个推理是一个逻辑问题,但这个现象反映的是教学

的育人本质目的观在一定程度上已经演化成了物质性、功利性的知识教学目的观。作为育人的评价标准，其背后潜藏的价值判断是把人的本质理解为物质性、功利性的生存目的，甚至为了迎合家长和学生的这种低层愿望，将教育培养人的理想转化为升上好学校、找到好工作、挣大钱的具体目标。马克斯·范梅南指出："何为儿童？看待儿童其实就是看待可能性，一个正在成长过程中的人。"①过度预设的目的性、功利性的教育评价，往往会导致教育培养人的"可能性"和"未来性"消减，会将一个具有超越性的发展个体矮化成为一个现实意义上的谋生者。

这种衡量教学质量的标准不仅是一种世俗性的社会舆论，其实某些教育评价理论也隐含了这一逻辑。比如，有专家就这样批评现在的高等教育质量与人才质量评价："在确立评价大学人才培养及教学质量的标准时，并非以大学学术标准为依据，而是强调短期的社会效应，对大学毕业生就业率的高度关注最具有代表性。"②一些高校以就业率作为"评价高校教育质量的重要指标"，"导致高校利益相关者片面追求就业率"，③甚至一些高校还以学生就业后的"收入回报"为标准评价教育质量，即使是有关大学生就业质量研究的各种不同理论，也是以就业后的"薪资报酬"为标准评价就业质量。④ 这种思想在西方的一些评价模型中常见，但是我们照搬过来就不恰当了。这种教育质量评价观，必然造成学生的学习存在物化时代的各种错位，产生"学习目的功利化、生活模式理想化、专业认知片面化和就业目标世俗化"等现象。⑤ 教学

---

①　[加]马克斯·范梅南著：《教学机智——教育智慧的意蕴》，李树英译，教育科学出版社2014年版，第1页。

②　张继明：《大学教学改革的功利主义批判与理性回归》，《四川师范大学学报（社会科学版）》2017年第11期。

③　张学敏、柴晓旭：《我国高校毕业生就业率与高校教育质量评价研究》，《东北师大学报（哲学社会科学版）》2019年第3期。

④　胡建国、裴豫：《人力资本、社会资本与大学生就业质量》，《当代青年研究》2019年第5期。

⑤　张骞文：《物化时代大学生学习生活意义的建构》，《中国青年社会科学》2015年第6期。

的育人性是教育学经典理论倡导的理念,体现了教育的本质,这也是当前"立德树人"和"课程思政"教育理念的时代背景和现实依据。功利主义的教育目的观,造就教学的技术主义方法以及教学内容的内涵窄化,从而忽视教学的信仰、价值观、情感体验以及道德伦理等灵魂性的精神内涵。一方面,在社会上产生了一种功利主义的教学文化与学习文化,凡是与物质性、经济性功利直接相关的知识就是有价值的,科学技术类知识比人文社科类知识更能获取物质性和效用性的成果,与功利直接相关,因而更受到学生、学生家长以及社会的推崇,这集中表现在学生的学科专业选择和课程选修上。不论是学科专业选读还是课程选修,学生都更倾向于选择物质功利、经济功利相关性高的专业和课程。另一方面,在教学过程中产生了一种理性的、可计算的、客观的知识文化,教学"程式化""技术化和工具化""形式化""去情境化"以及知识的"视觉化""显性化"受到推崇,而知识与学生的"情感、态度、价值观等"内隐因素受到"冷落和抛弃"。[①] 在教学技术化的情况下,教育只能达到客观的、显性的、精准的知识层次,忽视人发展的"智慧""精神"层面的内涵,造成"教育的低层化"[②],教学"培根铸魂"的灵魂教育功能被忽视,教师作为"人类灵魂工程师"的隐喻式微。

### 2. 离身的、符号化的知识教学,缺乏身体之根与实践经验之本

传统教学强调"双基"目标,即训练学生掌握基本知识和基本技能。"双基"是课堂教学和学科化、符号化、概念化的书本知识掌握的训练,这种教学观是建立在传统的认识论、理性的知识观基础上的。这种完全针对人的大脑之知的教学,由于忽视整体的身体机能的作用,从而造成知识与能力分离的"高分低能"或"有知识无能力"的悖论,但它的价值预设契合了中国民众的教

① 王会宁:《从"离身"到"具身":课堂有效教学的"身体"转向》,《课程·教材·教法》2015年第12期。
② 项贤明:《当代学校教育中的科学和人文危机》,《中国教育学刊》2020年第8期。

育焦虑,至今仍然有广泛的市场。针对"有知识无能力"现象又产生了所谓的加强实践教学的对策,人们以为要把知识转化为能力,就必须通过直接运用所学知识的实践训练和强化才能实现,比如学习物理学知识,为了真正理解物理学知识的基本原理,需要用实验去探索、发现这一原理产生的机制,但是在强化训练的教学方法或理念的误导下,物理实验就演变成了老师演示,学生观看,然后记住实验步骤、实验结果。因此,"实践"这个概念就演变成了某种技能的强化训练的代名词。其实,身体之知与大脑之知必须相互作用,交替、螺旋式循环地发展。既要遵循从"行"到"知"直接知识的获取原理,也要遵循从"知"化"行"间接知识的学习原理。身体之知是培养身体的机能,大脑之知是启迪心灵的智慧,融于生活经验(广义的实践),诉诸反思与体验,激发人的灵魂,三大系统统一,方能培养真正的人,方能彰显教育的本真。

　　当前教育"双减"政策主要是针对学生课业负担和校外培训负担过重的现象出台的措施,如果我们仔细分析"课业负担"和"校外培训负担",这双重负担的实质依然是传统的知识教学理念在作祟。在这种理念下,教学内容是静态、客观、价值中立的概念体系、符号体系等书本知识,教学方式是行为主义式的机械、强化训练。[1] 在这种诉诸大脑之知的书本的、符号化的知识掌握强化训练中,学生只需要"通过背诵、记忆、练习等学习策略,将知识'储存'到'知识库'中,以便在'考试'时能够迅速'提取'"就完成任务了。[2] 这种教学方式既造成学生学习负担过重,又造成教学效果极差。这种教学把学生封闭在"课堂教学、学校之内","完全用抽象化、理性化、符号化的知识来教育学生","通过书写的方式考查学生对书本知识的掌握情况进行评价,既忽视了知识的过程性、实践性,又忽视了知识的情感体验性、价值判断性以及与机体的多方面有机联系性等",最终造成学生既不能"结合身体产生行动,也无法

---

① 周海涛、冼俊峰:《离身教学文化的批判及其超越》,《教育理论与实践》2016 年第 22 期。
② 陈得军:《课堂教学异化批判及破解的可能路径》,《教育理论与实践》2018 年第 25 期。

激发情感、意义、价值、信念产生行动的动机与克服困难坚持行动的毅力与信仰"。① 陶行知早就指出："倘若对于某种知识,自己的经验上无根可找,那么,无论如何勉强,也是接不活的。"他把亲身探究的知识比喻为一棵树的根,把间接的知识、书本知识比喻为叶子,只有树的根越深,叶子才能越茂盛。② 具身认知心理学更是系统阐述了知识的涉身性。具身认知理论认为人的心智有整体知觉、心理意象和运动图式等基本范畴,都有身体结构作用于世界的经验。比如抽象的"进步""落后"就与人观察视野的身体控制意义相关,身体的前进在视野观察范围内,具有安全性,因而具有积极的意义,从而转化为抽象的"进步",而"后退"在视野控制之外,具有不安全的消极意义,因此它转化为"落后"的消极意义。③ 从具身认知心理学和经验主义乃至实践哲学的理论来看,知识的教与学是具身化的,亲身经验是间接知识学习的基础和根本,教育是来自实践、通过实践、为了实践的活动。离身化的、抛弃生活经验、脱离实践活动的知识的教与学缺乏身体之根、经验之本与实践之源,造成学生记忆、背诵许多书本的、符号的、抽象的知识,但是缺乏能力而难以做事,更没有智慧而做不好事。

3. 知识碎片化、信息虚拟化现象严重,导致教学整合和反思困难,无法很好地"转识成智"

当今课堂教学面临三个主要难题:其一,知识划分过细造成碎片化、散乱无序,众多知识点之间难以整合成系统化的结构体系;其二,知识生产过快,新知识不断涌现,难以消化接受、迅速掌握并转化为主体化能力;其三,知识信息化、虚拟化,亲知经验难以同化或顺应并形成有机的主体化知识结构。这些难

① 陈理宣:《论知识的整体性及其教育策略》,《中国教育学刊》2015 年第 12 期。
② 华中师范学院教育科学研究所主编:《陶行知全集》第 2 卷,湖南教育出版社 1985 年版,第 88 页。
③ 叶浩生主编:《具身认知的原理与应用》,商务印书馆 2017 年版,第 55—56 页。

题为主体整合众多新知识,形成活化知识结构,并"转识成智"与"化智育灵"带来重重困难。

由于知识爆炸,新知识呈几何级增长,一些教师经常以社会需求为借口要求学生掌握知识越多越好,追求知识传授的数量,"学生每天面临浩如烟海的知识,只能去听、看和记,没有对知识进行咀嚼、理解的机会","这样的知识学习对于学生智慧的发展不会产生多大的促进作用"。① 与知识爆炸式增长相关的问题是,知识按照学科越分越细,课程门数也越来越多,每一门课程的学习时间越来越短。在具体的知识教学上也是按照知识点细分进行教学,尤其是当前一些小步子的短视频教学,更是倾向于把知识点划分得越来越细,以便于每一个短视频只需要讲授一个小点,让学生一点一点地学习,以利于有效掌握。这样的教学结果使得学科知识之间以及知识的点与点之间的联系越来越少,有人提供"大概念"教学,提倡知识的整体性、系统性、融合性,试图消解小步子、碎片化知识点的教学困境,但难以抵挡这种趋势。怀特海曾指出,"零零碎碎的信息或知识对文化毫无帮助"。"那些仅仅被大脑所接收却没有经过实践或验证,或与其他东西进行融会贯通的知识"就是"呆滞的思想"。要想让学生发展智慧,就"不要同时教授太多科目","如果要教,就一定要教得透彻"。② 比格斯在评价思维发展水平的模型中就以知识同需要解决的问题之间联结的点、相关性为标准,认为"多点结构"比"单点结构"的思维结构所表现出来的思维水平高,"关联结构"比"多点结构"高,"扩展抽象结构"比"关联结构"高;而"扩展抽象结构""能对未经历的情景进行概括",表现出"问题线索+相关素材+相互关系+假设"的结构形式,③因此是思维发展水平最高的阶段。也就是说,思维过程(智慧)是知识与知识、知识与问题之间的

---

① 李长吉:《知识教学的使命:转识成智》,《清华大学教育研究》2010年第5期。
② [英]怀特海著:《教育的目的》,庄莲平、王立中译,文汇出版社2012年版,第1—3页。
③ [奥]比格斯、科利斯著:《学习质量评价》,高凌飚、张洪岩主译,人民教育出版社2010年版,第27—28页。

多点对多点,多角度、多层面复杂地设计、规划或决策解决问题的辩证发展过程。知识与问题之间的关联程度越丰富,那么,思维的结构和发展水平就越高,思维能够超越知识与给定情景(具体的问题)、超越已有经验模式,产生对两者之间关系的抽象概括和迁移,那么,其思维结构和发展水平就越高,思维能力就发展得越好。

随着信息化的发展,人类的交往、学习都呈现出信息化与虚拟化的形式。语言符号是对身体感知的抽象化和形式化,而网络与仿真场景是现实实践的虚拟化。人的认知发展以及生活本身,既要从现实的、身体的、物质的向抽象的、虚拟的、精神的形式发展,这一发展的终极目的是要回归现实的、身体的、物质的内容与形式。人本身就具有虚拟本质因素,虚拟本质是从现实本质发展而来的。但是"虚拟本质不能脱离人的现实本质而直接存在"[1],否则就会产生现在一些年轻人常见的错误感觉,即对"真实世界无兴趣",现实"交往无能力","学习无动力",甚至觉得"生命无价值"。[2] 人类的学习也是从体验的、现实的感知向符号化、概念化和理论化方向逐步发展,但身体体验的、现实实践的感知始终是根本的形式。有人对大学生虚拟实践进行研究后发现一些大学生"沉溺于虚拟实践,排斥和逃避现实实践","被虚拟实践同化,异化"从而"威胁现实实践",[3]这就使得虚拟实践与现实实践之间的关系被扭曲了。李培根院士在肯定了虚拟实践学习的种种有益方式之后告诫人们:"永远也不要试图以虚拟实践去完全取代现实的实践。虚拟实践只是作为现实实践的一种补充而有其特别的意义。"[4]知识碎片化、信息虚拟化现象往往会导致教学整合和反思困难,无法很好地"转识成智"。因此,人的认知发展的起点和

---

① 陈相光:《人的虚拟本质与网络生活指导论》,《兰州学刊》2011年第8期。
② 蒋芳、郑天虹、刘璐璐:《学习无动力、真实世界无兴趣、社交无能力、生命无价值感:青少年遭遇"四无"心理风暴》,《半月谈》2021年第4期。
③ 路献琴:《大学生虚拟实践回归现实实践的路径研究》,《教育理论与实践》2012年第15期。
④ 李培根:《未来工程教育中的实践意识》,《高等工程教育研究》2010年第6期。

终点必须回归到现实的、实践的、亲知的生活与生产活动上来。

可见,传统的认知性的知识教学在人类新的生活、生产方式条件下,某种程度上来说已经完成了其特定历史时期的使命,逐步演变为僭越人的生命发展的异化形式。因此,必须在新的历史条件下,探索促进人的生命发展的根本性素养的系统教育新理念以及具体的新方法与新范式。

## 三、基于生命三维"元素养"结构的教学变革

针对当前知识教学中存在的困境,以个体生命"元素养"的三维结构为理论基础审视知识教学改革,将得到以下三个方面的启示:以知识嵌入机体来承载灵魂与智慧的生成,通过培养学生灵魂来统领人生意义的建构,通过智慧启迪来引导学生创造能力的发展,进而建构基于机能、智慧与灵魂的整体人性发展。

### (一)知识生成促进承载智慧与灵魂的机能成长

坚持人的智慧与行为能力的发展从身体之知、感性之知到大脑之知、抽象的思维之知,再从大脑之知、思维之知到心灵之知的发展逻辑,引导学生既要利用间接知识的途径,又要利用直接知识的途径来灵活地学习知识。

#### 1. 以身体之知为根奠定个体发展的先在基础

知识的生成与身体机能的运用和实践操作直接相关。教学活动要重视扩大学生的身体之知的活动,特别是基础性的新概念、原理的学习,尤其通过亲知、动手操作等方式让学生获得更多、更广泛的机体参与,为知识建立基础性的机体结构,使具有坚实机体结构的知识成为理解领悟不能亲知的书本知识的更为广泛的基础或前提条件。陶行知把这种机体结构性知识比作知识之树的根,而符号性知识或者说间接经验知识则是树的枝和叶。没有根,树不能枝

叶茂盛。因此,要扎牢身体之根,确保生命之树苗壮成长。因此,对一些基础性概念、抽象概括程度高的核心概念,一定要教得深、教得透,一定要让它扎根于机体之中,在理解、领悟概念的同时发展相应的机能,这样有利于以后相关的间接知识的学习。

### 2. 凸显实践在学校教育中的重要意义

一方面,实践凸显了人的存在本质,另一方面,实践是知识教学得以建构的基础——从知识的建构本质而言,学校教育是把人类长期积累起来的符号性知识转化为个体身体之知的过程,实践必然要成为其不可分离的组成部分。由抽象的符号或形式到具体的身体之知,需要结合具体的操作和身体行为的理解与运用,要注重以先验的形式为起点。两种知识都离不开"身体力行",前者为知识的产生与积累,后者为知识的继承与传递。凡是间接知识的学习"必须以身体经验为基础","必须引入生活经验的内容",①因此,要引导学生通过"做"的运用与练习来实现。教学实践中的"做"具有亲知性的价值:将观念知识转化为"具身"知识,通过操作转化为智慧,达到"转识成智";将教学的功利性目的与超越功利性目的统一起来,实现知识学习的审美感。

### 3. 现实实践、模拟实践与虚拟实践走向有机统一

在信息化时代,尤其在"后疫情"时期,模拟实践与虚拟实践将成为学习的主要方式之一。因为新冠病毒疫情极大地推动了信息技术的教学运用,虚拟的教学、线上教学成为普遍的教学形式。课堂教学不再局限于机体接触特别是手对实体事物本身的知识对象的操作来获得知识。实践的范围与形式也随之产生变化,如果从亲知性实践角度来看现代实践的变革,那么,这种实践

---

① 陈理宣、刘炎欣著:《基于马克思主义实践哲学的教育问题研究》,人民出版社 2020 年版,第 290 页。

就是虚拟实践。因此,产生了大量虚拟实践性的学习模式和方法,例如,网络直播式的课堂教学模式和模拟、仿真实验室等教学途径以及慕课、微课等在线学习等方式。模拟性实践教学的不足之处也在所难免:一方面,它选择典型的实践情境进行示范性教学,简化现实实践中复杂的、非典型性的、细节性的内容;另一方面,实践过程被浓缩在较短的时间内,没有足够的时间让学生观察与反思、启发与发现,相应的实践经验以及相应的机能发育跟不上。因此,我们认为,现实实践、模拟实践、虚拟实践是认知发展的必要环节,它们应该实现有序的、合理的、有机的统一。在教学中从现实实践、模拟实践、虚拟实践依序、扎实地做好基础性教学工作,是实现人"螺旋式上升、波浪式前进"发展的前提。

## (二) 注重智慧启迪,培养富有创造活力的生命个体

就认知的结构而言,"是什么""为什么""怎么做"是"知"的三个维度,其实,这只是"知"的基本要求。智慧是根据"已知"去发现和创造新知,并且把"知"与主体的行为和主体自身关联起来,既产生创造性的行为,又获得"知"的精神意义,从而激发不断探索的动机以及对人生和社会存在意义的领悟,基于此而产生新观念,并用新观念建构新知识,达到从知识到创造再到人生意义的逐步上升。因此,教学要以启迪智慧为根本目的。只有"转识成智",才能"化识育灵"。

### 1. 激发学生的求知欲向高级的审美需求发展

教师要引导学生不断探究新生事物,以熟悉客观对象的丰富内涵,从而激发其求知欲,不断建构学生的审美能力和创造活力,始终保持引导学生经历由好奇感、紧张感、压迫感到放松感、效能感、成就感发展的一个有趣的、完整的活动过程,培养学生富于想象、敏于求知,从好奇走向探究,经历一定的艰辛,在探究中成长,在与教师的互动中认识神奇的世界奥秘,产生愉悦感,从而培

养学习中的审美能力,建构学习的审美机制与范式,摒弃功利性学习意义机制与范式。

## 2."转识成智",促进对世事人生的"洞见"

"转识成智"本身是一个佛教术语,本指消除了眼、耳、鼻、舌、身、意识对客观对象的感知分别与固着偏见,经过大脑思考实现从"识"转化为"智"的飞跃。这一术语转化为教育学的概念,主要指"要求人们通过修养使自己获得的各种具体知识和聪明才智(可视为日常生活中的小智慧)转化为对宇宙、社会和人生真谛的领悟(大智慧),并以这种大智慧不断完善自己的人格并提升自己的人生境界"[①]。在这个基础上,可以发现经过大脑反思把知识组织成为有序结构,能够发现知识之间的各种逻辑关系以及意义关系,即实现皮亚杰所说的"在建构现实中建构结构"[②]。也就是说,现实中的行为建构,同时在思维之中建构心理结构。不论是行为结构还是心理结构的建构,其实都是与有意识的反思相联系的。反思不仅可以反省行为,也可以反省思维本身,更为重要的是反思知识与知识主体、行为与行为主体、行为结果与行为主体等一系列的人性本质关系。这就是马克思主义的本质观。

可见,只有实现"转识成智",知识才有深度,人的思想、行为以及精神才有人性生成与发展之根本。首先,引导主体感知知识的图式,无论是先天的遗传基因还是后天的文化习得,都是智慧形成的端点。其次,主体运用知识来处理需要解决的问题。形成"涉及知识的处理,确定有关问题时所需知识的选择,以及运用知识使我们的直觉经验更有价值"的方法。再次,主体主动发现与创新知识。知识的"发现是由我们自己完成的,训练是自我训练,收获是我

---

① 江畅、王佳璇:《中国传统智慧和转识成智观念考论》,《江苏行政学院学报》2020 年第1 期。

② 《皮亚杰教育论著选》,卢濬选译,人民教育出版社 2015 年版,第 129 页。

们自身首创精神的成果"①。教育就是要培养学生自己主动去探索与发现知识,而不是被动地接收知识。又次,主体在已有知识的基础上产生新观念,然后根据新观念去审视知识对象建构新知识,重视知识的实际应用和实践生成,在实践中历练学生的智慧品性,促进自我建构,将知识的习得与实践情境的复杂多变以及学生的实践技能的塑造有机结合,将知识建构的具体性和实践环境的复杂性相融合,以促进"转识成智"。最后,"转识成智"更为关键的是要实现对世事人生的"洞见"。主体通过思维、行为及其结果体验与反思,实现人的本质直观。这种本质直观用传统哲学思想来表达,就是"以道观之",实现智慧"洞见""宇宙人生"奥秘的本质,从而使得"知""行""思"与"人性自由"本质地联系在一起。②

## (三)涵养灵魂以统领人生意义的建构

发展真正的核心素养既要兼顾社会生活所需要的文化素质、专业技能,也要顾全人之为人的本质素养的生成——精神属性的建构和道德素质的养成,即指向灵魂向度的深层次发展,激发学生以主体性为核心的自主发展。

### 1.促进教学过程中师生双方人性的深度融合与生成

从灵魂教育的角度而言,教学中的深度参与,需要心灵的契合。心灵之间以知识为中介,达到对精神的涵养。教师与知识融为一体进行教学,通过自己对知识的深度理解,把知识所承载的精神文化统整为教学的内在规定性,与书本知识一起在课堂中作为学生发展的土壤来实现学生人性的生成与成长;学生通过对知识的学习与共享,相互反复激发、评价与修正,逐渐形成新的认知,

---

① [英]怀特海著:《教育的目的》,庄莲平、王立中译,文汇出版社2012年版,第52页。
② 冯契著:《智慧的探索》,华东师范大学出版社1996年版,第333页。

达到对知识的深层理解。师生的"灵魂交流",以自由、自律、能动、合理的方式在信仰、价值、道德、情感、思维等核心理念方面真情交流、沟通与互动,促进学生在学习中的精神发展,形成自由、自律、能动、合理的信仰、价值、道德、情感、思维等核心理念与人格品质。

### 2. 传授知识的人性体验与自我实现高度统一

教师要将传授知识与实现自我人性的不断饱满形成统一的过程。在教学过程中实现对知识融会贯通、表达自我创造与自我愉悦的体验,以一个具有丰富而鲜活生命力的形象吸引学生参与教学活动。教师、教材知识在课堂中与学生高度统一和深度融合,形成师生共同的精神成长境遇和土壤。教师与知识融为一体,以一个活生生的知识追求者、体验者显现出来,教师的魅力是通过知识展现出来的,教师的教学艺术也是通过知识的组织加工,使知识"动态化"而显现出来的,①才能实现真正意义上"深度"的教与学。

### 3. 以人性的根本形式为联结,实现不同学科知识核心素养的深度融通

不同的知识所表现的人性内涵形式不同,教师必须找到不同学科知识的人性内涵的表现形式,掌握核心,抓住关键点,适时启发。手工课发展学生机体的灵巧性,体育课通过锻炼健美的身体来表现生命的能量,"哲理课发展思想和精神的敏锐和透明","通过接触伟大作品而对人类本真精神内涵进行把握",而历史课"形成对现实批判的清醒历史观","自然科学课的开设,则是掌握自然科学认识的基本方法论(包括形态学、数学观和实验)"。因此,教学的关键在于选择完美的教育内容和尽可能使学生之"思"不误入歧途,能够认识事物的本源。教育活动关注人的潜力如何最大限度地调动起来并加以实现,

---

① 郭晓明:《知识与教化:课程知识观的重建》,《华东师范大学学报(教育科学版)》2003年第2期。

以及人的内部灵性与可能性如何充分生成,质言之,"教育是人的灵魂的教育,而非理智知识和认识的堆集"①。通过对知识的领悟而激发人自身,通过对知识的把握而表现自身的生命。

---

① [德]雅斯贝尔斯著:《什么是教育》,邹进译,生活·读书·新知三联书店1991年版,第4页。

# 第六章 生成性教育模式及其实践路径

  "立德树人"的教育宗旨是以人为本,培养社会主义事业的建设者和接班人。作为教育内容的"思政课程""课程思政"的同向同行、协同配合与作为教育路径的"三全育人"及其整合等的最终目的是实现"立德树人"。因此,"课程思政"的实施,不能仅仅作为专业课教学的内容要求,更要作为整体教育模式与"思政课程"和"三全育人"结合,构建整体育人的教育模式。因此,我们以马克思主义实践哲学的思想精髓作为教育模式构建的理论指导,形成各教育要素的相互作用生成人的生命发展教育实践场域,从而实现"立德树人"、"思政课程"和"课程思政"同向同行价值宗旨下整体教学文化层面的深度变革。

  生成性思维是现代哲学的主体思维,体现了人类认识世界、改造世界的主体性与意识的能动性以及主体与客体相互作用的生成性。人是在与世界相互作用的劳动实践中生成的,而自然界也在与人的劳动实践相互作用中生成为人所用的、对人有意义的特性。实践哲学视域下的生成性思维以生成的过程性和关系性的思维方式来认识人的实践活动,并建构改造世界的主体性行动,旨在消减传统哲学固持本质性、实体性和工具理性等世界观而导致的主客二分的二元认识论的桎梏,对人类实践持过程性立场和生成性理念。用生成性思维审视教育的发生机制,教育的发生现象学能够进一步明晰如何"生成"人的实践机制。

# 一、马克思实践哲学视域下人的实践生成

哲学对人的存在问题的探讨始终是一个未竟的话题。从古至今一直存在人的生成的预成性思维与生成性思维的对立,但是真正突破"本质先在"之预成性思维的是马克思主义实践哲学的生成观。近代哲学的"本质先在,一切既成"的思维模式"试图从人的终极存在、初始本源中去理解和把握存在、行为根据和人的前途命运"。① 对人的超验存在的本体思考,旨在为人的存在寻找合理的解释,建基于人的生存状态的终极关怀,指向人类的精神生活,试图超越自我的彼岸世界。但是,这种认识论在人的世界之外或彼岸世界设定了一个超验的本质世界,并以此评判人的生存状态,其实使真实的世界同活生生的现实世界对立起来,把人的现实意义放到神圣的精神世界之中。这种超验认识论产生的后果也是显而易见的:在试图穷尽人的本质的同时,也忽略了人的现实存在、现实状态和实践样态,人成了脱离现实的孤立的存在。生成论是对二元对立思维的批判和解构,主张人与世界都是现实的存在,是生成性与动态性的统一,强调实践生成的意义建构与赋予,以拯救人类生存的抽象、固化、神秘、机械的危机。马克思主义认为,人的本质是一切社会关系的总和,人是社会性的,是基于社会实践的生成性产物,这才真正揭示了人之本质的本体论、价值论与方法论统一的规律,从而形成了人类对自身认识的生成性实践观。因此,马克思主义的人性实践生成论实现了对传统预成论人性观的彻底扬弃。

## (一)实践是世界与人生成、发展的根本途径

马克思指出,人不仅"认识世界","用不同的方式解释世界",关键还在于

---

① 马志生、敬海新:《哲学思维方式的嬗变:从预成论到生成论》,《北方论丛》2003 年第 6 期。

"改变世界"。① 有了人,世界就变得有生机与活力,人与世界和谐共生,相濡以沫。因此,整个世界都是因为人的存在而诞生,是人通过劳动创造的世界,也是自然界对人来说的生成过程。② 而生成与发展的根本途径就是人与客观世界相互作用的劳动实践。劳动是人与自然之间相互作用的过程,这种相互作用是通过人自身的活动引起的、调整和控制人与自然之间物质变换的过程。人自身作为一种自然力与自然世界或自然物质相适应或相对立,为了自身生活利用自然、改造自然或创造自然的多种形式,从而占有自然物质,人就使自身获得自然的某种能量,这种能量或为人生存必需的物质,或为人发展必需的资源。人必须占有自然而生存,也必须改变自然才能改变自身。"当他通过这种运动作用于他身外的自然并改变自然时,也就同时改变了他自身的自然。他使自身的自然中沉睡着的潜力发挥出来,并且使这种力的活动受他自己控制。"③生成论倡导用生成性思维认识世界,即世界、人以及事物都是生成性的存在,都处于永恒的发展变化过程中,一切在生成中存在和发展。即使一些唯心主义哲学家,比如尼采,也认识到了这个问题:"一切都在生成,在永恒地回归。"④人的世界之外并不存在一个最高形态的本质世界,人就是他自己——只有一个现实的生活世界,现实的生活世界是人的意义和价值的源泉,只有立足于现实世界才能更好地把握人的存在状况。马克思进一步指出,"世界在本质上是某种从混沌中产生出来的东西,是某种发展起来的东西、某种生成的东西"⑤。马克思的论断将世界的存在与人的生存状态看作是一种生成的、变动不居的发展过程,人只有在实践中才能生成人的本质存在。马克思哲学倡导的生成论实践观开创了现代哲学的生成性思维方式,成为认识世界的主要

---

① 《马克思恩格斯选集》第 3 卷,人民出版社 2012 年版,第 136 页。
② 《马克思恩格斯全集》第 42 卷,人民出版社 1979 年版,第 131 页。
③ 《马克思恩格斯全集》第 23 卷,人民出版社 1972 年版,第 202 页。
④ 赵修义、童世骏著:《马克思恩格斯同时代的西方哲学》,华东师范大学出版社 1996 年版,第 154 页。
⑤ [德]恩格斯著:《自然辩证法》,人民出版社 2018 年版,第 13 页。

方法论。李文阁认为,生成性思维是现代哲学的基本精神和思维方式,具有如下特征:重过程而非本质,重关系而非实体,重创造而反预定,重差异而反中心,重理性而反工具理性,重具体而反抽象主义。①尼克斯认为,实践是人的本质,人不是既定的存在物,人是在社会实践中不断超越现实并自我生成的存在物,即海德格尔意义上的"先行于自身的——已经在(世界)之中的——作为寓于(世内)来照面的存在者的存在"②。人类只有在生生不息、变动不居的社会实践中更好地创造生活,才能不断完善自我、丰富自身。

## (二)人生成的核心是人的意义生成和价值建构

马克思主义将"实践"看作世界的本体,实践即过程,是蕴含着"生成性"的人类认识世界和改造世界的活动。实践的概念是马克思主义哲学的核心概念,因此,马克思哲学也被看作实践哲学。在马克思哲学体系中,实践是人类改造世界的活动,也是人类自我改造的活动。在实践中,既产生了认识世界的源泉,也生成了人之意义和价值的本质直观,是目的与手段、价值和意义、自由和精神的统一。但无论认识世界的活动抑或改造世界的活动,其实质都是一种不断生成的过程。正如马克思所说,"整个所谓世界历史不外是人通过人的劳动而诞生的过程,是自然界对人来说的生成过程"③。那么,实践的主体是怎样生成的呢? 显然,也是在实践过程中生成的。因为,实践是主观见诸客观的活动,表明人作为实践主体在与客观对象的作用中发挥了主体性,从而实践被理解为主观见诸客观的活动。④ 马克思主义实践哲学强调实践的感性活动特质、主体性维度以及价值关怀,⑤马克思的实践观确立了人作为实践主体

---

① 李文阁:《生成性思维:现代哲学的思维方式》,《中国社会科学》2000 年第 6 期。
② 〔德〕海德格尔著:《存在与时间》,陈嘉映、王庆节译,生活・读书・新知三联书店 2000 年版,第 287 页。
③ 《马克思恩格斯全集》第 3 卷,人民出版社 2002 年版,第 310 页。
④ 郭元祥:《论实践教育》,《课程・教材・教法》2012 年第 1 期。
⑤ 王仕民:《简论马克思的实践范畴》,《哲学研究》2008 年第 7 期。

的第一价值,人具有主体性,人是改变世界、创造价值的核心力量,人与世界发生作用的过程就是人的主体性弘扬的过程,只有主体发挥了主体能动性,改造世界的实践活动才得以发生,正是主体的人改造世界,使得主体的本质力量得以在生成的过程和成果中得以体现。这才实现了人的本质的自由与解放,产生了人的本质力量的直观,产生了人的精神性的最高意义,即人体验到自身价值与意义和本质的美。因此,人的意义及意义感觉是在社会性实践活动中生成、发展起来的,有了社会性的实践活动和劳动对象,产生了社会性的对象,才使得"人的感觉、感觉的人性",在对象化的实践中存在,在实践中生成。因此,"一方面为了使人的感觉成为人的,另一方面为了创造同人的本质和自然界的本质的全部丰富性相适应的人的感觉"①,社会性的实践劳动作为人具有丰富性的意义感受和享受的本质力量的实现是人的生成与自然生成的必经途径。机械唯物主义只看到了人作为主体对外在实体对象改造以及某些功利主义的利益形式的产生,从而忽视了人的精神性意义特别是社会性意义的生成。

正是因为如此,马克思主义认为劳动是教育的根本途径,我们的教育方针也正是遵循了马克思主义理论这一真理,一直都要求教育必须与生产劳动相结合,必须是德、智、体、美、劳教育"五育并举"与"五育融合"。近年的教育政策更加重视劳动教育和审美教育,一方面是从社会性的、精神性的意义出发,强调人生的审美意义的生成,防止把学习纯粹当作功利主义的、物质享受意义的生成,另一方面是从劳动作为人的本质的、社会的、丰富的能力生成出发,防止虚假的非本质的、纯认知的、抽象的学习能力发展误区。这正是马克思主义实践教育哲学思想的具体表现。

## (三) 人及社会生成呈现三个阶段的发展过程

在《1857—1858 年经济学手稿》中,马克思认为,人类社会发展要经历三

---

① [德]马克思著:《1844 年经济学哲学手稿》,人民出版社 2018 年版,第 84 页。

个阶段:人的依赖关系阶段、以物的依赖为基础的人的独立阶段和共产主义社会人的解放与自由阶段。①"人的依赖关系阶段"是人类社会发展的第一个阶段。这个阶段是人类社会发展形态的初级阶段,人类在生产力水平极其低下的基础上形成了以宗族关系和血缘亲属关系为基础的生存性依赖关系,人类在这个阶段还不具备个体独立生存的能力,因此必须以群体相互依赖的方式才能得以生存。

而"以物的依赖为基础的人的独立性"是人类社会发展的第二个阶段。这个阶段的生产力水平提高了,出现了商品生产和商品交换,社会中出现了分工,商品交换活动所衍生的生产、分配、交换和消费活动使人类的社会关系发生了质的变化,即从人的直接依赖关系走向了物的依赖关系。这个阶段的进步性不言而喻,人的独立性和自由有了较大的提高,但是,其负性效应在于人的物化现象加剧,人成了商品的奴隶,这在资本主义社会中表现得淋漓尽致。

人真正的自由和解放是在人类社会发展的第三个阶段,即"共产主义社会阶段"。这是一个人真正实现自由个性全面发展的阶段,人成为完整意义上的人,实现了自由与全面发展,人的丰富个性得到了全面生成,确立了人之为人的全面而丰富的个性。马克思说:"共产主义是对私有财产即人的自我异化的积极的扬弃,因而是通过人并且为了人而对人的本质的真正占有;因此,它是人向自身、也就是向社会的即合乎人性的人的复归,这种复归是完全的复归,是自觉实现并在以往发展的全部财富的范围内实现的复归。这种共产主义……它是人和自然界之间、人和人之间的矛盾的真正解决,是存在和本质、对象化和自我确证、自由和必然、个体和类之间的斗争的真正解决。"②因此,这个阶段是人发展的高级阶段,是人的彻底自由与解放。然而这个阶段仍然是一个生成性的过程。社会的每一个人和每一代人都不是现成的、已经发展的完成时态,而是一个生成的历史过程。人类如此,而个体也是如此,因为

---

① 《马克思恩格斯全集》第46卷上册,人民出版社1979年版,第104页。

② [德]马克思著:《1844年经济学哲学手稿》,人民出版社2018年版,第78页。

每一个人其实都必须经历人类发展的类似的阶段。作为个体或者新生一代来说,他绝不会完全简单重复人类发展的全部过程,但是人的生成与发展在本质上是一致的。因而教育的关键就是培养人自己不断创生,生成创造性本质的人性、意识与能力。"人的本质是在实践活动中由自己创生的,人是自己本质的创造者。"①人在实践中创造生活,也在不断创造自身,进而还可以以美的追求为目的,实现自我美化与自我创造。②

生成性是人之为人的主要特性。人在社会实践过程中不断生成自我,人的社会属性和社会品质都是在社会实践中生成的。人的社会属性、物质属性和精神属性统一而形成人的生命整体。人的这种完整的生命体的生成,需要教育的引导和启发,需要教育组织某种生活场景,创造某种契机,开展某种典型的活动,以激发、生成自由的精神、深邃的智慧、崇高的信仰等。人的精神"不仅包括自我意识、更包括对社会意义、思想意识和文化意识的认识,尤其指向个体总体的心智水平、情绪状态和价值追求,是一个人内部世界总体状态的概括"③。精神建构的可能性决定了人之为人的高度和深度,是超越物质性存在而使人具有责任、担当和社会良知的重要维度,生成人之为人的精神性,才是真正意义上人的生成。

## 二、人的教育实践生成机理

从根本上讲,教育生成人的实践过程是一种创造性的生成,意味着教育的展开过程即人的主体性、创造性和能动性弘扬的过程。教育即生成,生成意味着在人与人之间交互的影响,教育的过程即生成的过程,而这个生成过程的核

---

① 冯建军著:《生命与教育》,教育科学出版社 2009 年版,第 5 页。
② 陈理宣:《教育:促进人的自我美化与自我创造》,《江西社会科学》2002 年第 2 期。
③ 王坤庆著:《精神与教育——一种教育哲学视角的当代教育反思与建构》,华中师范大学出版社 2009 年版,第 113 页。

心是人的精神性内涵,特别是作为思想、情感、价值等精神性因素的灵魂的生成。然而遗憾的是至今在教育上有些关于人的意识的能动性方面仍然没有得到重视,正像马克思批判费尔巴哈的唯物主义思想一样,教育中关于人的意识的能动性方面"却被唯心主义发展了"。因此,虽然说唯心主义在人的意识与精神的能动性方面是抽象地发展了,但是它对我们的教育改革仍然有借鉴和启发的意义。雅思贝尔斯对教育的看法应该属于这种情况。他说:"人对人的主体间灵肉交流的活动(尤其是老一代对年轻一代的教育),包括知识内容的传播、生命内涵的领悟、意志行为的规范,并通过文化传递功能,启迪其自由天性,使他们自由生成。"①人的生成是以生理性的物质基础为起点,以知识、能力、智慧等为中介,以人的主观能动性的灵魂为统帅生成的整体生命。这就是人的生命发展与生成的心理机制。虽然雅思贝尔斯关于人的精神、灵魂的发展具有抽象性,但是,我们是可以通过对其批判改造而在教育实践和通过实践进行教育来把人的生命发展建立在社会性、物质生产性的劳动实践基础上,从而研究人的生命发展与丰富的教育内涵。

### (一)教育的起点:人之生成的意识开启

教育实践是发生在主体间文化传承情境中的过程性行为,意向的开启无疑是起点。胡塞尔的现象学将意向性看作分析心灵哲学的主要意识形式,意向性就是"对……的意识",即对意识对象的属性状态、情形的意识,"把某物称之为意向对象就是说它是意向状态所相关之物"②。而这个"意象"的本质正是马克思主义哲学所强调的人的主体性和意识能动性。马克思在《1844年经济学哲学手稿》中说:"人则使自己的生命活动本身变成自己的意志和意识

---

① [德]雅斯贝尔斯著:《什么是教育》,邹进译,生活·读书·新知三联书店1991年版,第3页。

② John Searle, *Intentionality:An Essay in the Philosophy of Mind*, Cambridge University Press, 1983, p.16.

的对象。他的生命活动是有意识的。"①他在《资本论》中又说:"……最蹩脚
的建筑师从一开始就比最灵巧的蜜蜂高明的地方,是他在用蜂蜡建筑蜂房以
前,已经在自己的头脑中把它建成了。劳动过程结束时得到的结果,在这个过
程开始时就已经在劳动者的表象中存在着,即已经观念地存在着。"②这说明
人的实践行为是从具有意向性的观念开始的。从有意识的教育和学习行为来
看,人的培养以及人自身的发展是以自身的"意向性"作为起点的。将"意向
性"作为教育过程中主体间发生联系的起点,澄明了教育实践生成人之内在
机制:教师具有教的"意向性",学生具有学的"意向性",教育者和受教育者的
意向开启是教育的起点,心灵的契合是教育发生的前提,教育者对受教育者的
成长过程保持意向关联是教育得以完成的内在缘由。马克斯·范梅南认为:
"掌握就是对某物的掌握,倾听就是对某物的倾听,指向就是对某物的倾
向。"③在范梅南看来,意向就是指向,指向即倾向。在教育过程中,只有保持
良好的意向,才能发现一个人(学生)的"世界或前景"。教育者对受教育者的
意向性意味着教师的教学行为要以学生的存在状态——班级学生的知识水
平、基础状况、认知结构、主体能动性、求知欲望、整体风貌、个性差异性,等
等——为思考教育行为的起点,这也是现象学生成性思维的启迪教师要在教
育的起点上开启关于这些背景性因素的意识活动和意向活动。意向性指向意
识对象,而意识对象是意识显现的对象,这也是教育者与受教育者思想融合的
开端。现象学意向性的指向是明确的意识的显现,意向对象存在的现象学才
得以澄明。马克斯·范梅南在《现象学与教育学》刊物的发刊词中明确指出:
"教育的本质是我们与处在教育关系中的儿童、青年或长者之间的生活方式。"④

---

① 《马克思恩格斯全集》第42卷,人民出版社1979年版,第96页。
② 《马克思恩格斯全集》第23卷,人民出版社1972年版,第202页。
③ [加]马克斯·范梅南著:《生活体验研究——人文视野中的教育学》,宋广文译,教育科
学出版社2012年版,第234页。
④ 宁虹、钟亚妮:《现象学教育学探析》,《教育研究》2002年第8期。

生活需要体验,而意向性的开启是教育体验的第一步,是教育的生活体验和生活方式建构的基础。教育发生的一端是教师,另一端是学生。教师对教育意向性的开启是教育生成人的起点,但也仅是教育意向性的一个方面;作为教育另一端的学生,其教育意向性的开启与否才是关键。因此,教育的意向性包括两个维度,即教师的意向性和学生的意向性,所谓教师是"教"的主体、学生是"学"的主体,前者是教育生成人的外在因素,后者是教育生成人的内在因素,学生对学习意向性的开启是教育得以生成人的主要维度,决定了学生对学习过程的准备情况、投入状态、努力程度,等等。学生直面学习内容和交往对象的"心灵显现",学生在学校的学习生活是学生成长的重要环节,通过学校生活的"形塑"和"积聚",学生成长为具有社会性品质的"社会人",学生对学习状态的完满准备和投入,使主体建构的能动性得以弘扬,确保学习过程的完成。同时,学习意向性的开启不仅仅指向知识的学习,更主要的是思想、道德、品质、技能、信仰启蒙、政治社会化等人之发展所必需的非智力因素的建构和意识指向。胡塞尔认为,现象学还原之后,现象就成为对我们直接显现的东西——纯粹体验。纯粹体验与纯粹自我也属于"意识"的范畴,学生对学校生活的体验是学生全面发展的"意识存在状态和过程环节"。狄尔泰认为:"生活体验对我来说并不像被觉察或呈现出来的事物那样'与我相遇',它并未向我显现,但事实上生活体验确实与我共在,因为我能够以反思的形式意识到它。从一定意义上讲,我直接占有它,就像它完全属于我一样。它只有在思想中才变得客观具体。"①人参与教育过程的发生学意义在于人投入状态的饱满与否,被动性的或应付性的接受过程往往会使学习效率低下,成长不完善。因此,学生意向性的指向,是学生建构性生成机制的端点。

---

① ［加］马克斯・范梅南著:《生活体验研究——人文视野中的教育学》,宋广文译,教育科学出版社 2012 年版,第 18 页。

## （二）教育实践:生活意义的生成过程

教育实践既是促进生存能力发展的过程,也是促进生命发展的过程,还是生命意义的生成过程。在人类发展的不同历史时期,虽然教育赋能的侧重点不同,但是其基本内容的结构是相似的。在以人的依赖关系为基础的生存性发展阶段,生命的延续以血缘、宗族、宗教、君臣、父子、夫妻、主奴等为表征结成生存依赖关系,教育致力于建构人与人的依赖关系,以知识结构、制度体系、行为规范、行为能力以及生存意义等为核心。而在以物的依赖为基础的独立性发展阶段,生命发展以独立劳动获取生存所需物质资料结成了物质利益关系,人与人之间摆脱了人身依附关系,转而形成了以劳动能力交换物质生活资料的交换关系,教育致力于劳动知识、劳动技能、劳动意识、劳动意义培养以及相关的劳动与产品交换的商品市场体系等的建构。当然,教育不仅仅局限于这些有限的内容,同时促进了作为人的本质及其意义的生成与建构,从而促进了作为本质的人的内涵不断发展。随着人类发展进入第三阶段,人真正实现自由个性全面发展的阶段,教育就不再仅仅局限在劳动能力、人际关系的基本知识、技能以及相关机制的构建,而更加自觉地着力于人的丰富、全面、自由发展的能力、意识、意义的生成。此时的教育实践既要立足于认识世界、改造世界的科学世界,也要面向作为人的精神本质的直观的生活世界;既要促进认识世界、改造世界的能力生成,更要促进认识世界、改造世界的意义生成和人的本质生成。虽然以往的教育因受到生产力和生产关系所决定的生活方式的限制,表现出了教育及人的发展在不同的社会发展历史阶段的不同特征,然而教育赋予生命以价值、意义这一本质内涵始终推动着人及人类社会向着人性的方向不断发展,使得人类的发展始终向着积极的、不断丰富的、从低级向高级的阶段发展。

马克思主义是发展的理论,随着现代社会科学技术、生产力的发展,一方面是资本主义发展到了垄断、金融寡头的资本主义阶段,另一方面是社会主义发展特别是中国特色社会主义发展到了新的历史阶段,整个世界社会发展呈现了一些新动向、新特点,真正的马克思主义者一定会运用马克思主义思想的精髓,研究、处理实践中出现的新问题,研究解决问题的新办法。当前教育理论界乃至整个社会科学界产生了大量新理论,我们必须正视、研究、分析,吸收有益成分以发展具有中国特色的社会主义教育理论。当前摆在我们面前的理论问题很多,单就生活世界及意义生成理论而言,就有两种既不同又有关联的"生活世界"教育理论,即马克思主义生活世界理论和西方现象学及其发展演变的存在主义生活世界教育理论,而国内教育界在把"生活世界"的哲学思想运用于教育理论的过程中,不少人还没有认识到这两种不同的理论之间的本质差异,更没有找到两者之间的关联点及其界限,因而导致了一些误用或滥用。

因此,我们首先应该区分至少三种"生活世界"的概念。借用高秉江的研究来说,他认为胡塞尔批判的是近代科学用理念所剪裁的外衣代替了世界本身,在人为的抽象科学世界中,人性的审美和道德的丰富性被抽象掉、悬置掉了,主体的意义与价值,都被科学的理性或科学的实用性消减了,原本无限可能的世界、丰富多彩的世界被理念化、逻辑化、公式化的概念所导致的残缺不全的实证的科学世界或实用的物质世界遮蔽了。"现代欧洲科学的危机正是产生于这种生活世界和客观的科学世界的分离,科学世界的抽象性本来产生于生活世界的直观性,但科学世界中的人们却忘记了这一点。'客观科学本身属于生活世界。科学的理论,亦即逻辑的构成物,当然不像石头、房子、树木那样是生活世界中的东西,它们是由最终的逻辑要素构成的逻辑的整体和逻辑的部分。'"①也就是说,科学世界其实是从生活世界中发展出来的丰富多样的世界中的一种思维的、理性的形式之一。如果用科学世界代替生活世界,那么,丰富的世界本身以及人的丰富的意义也就会被遮蔽。胡塞尔所说的欧洲

---

① 高秉江:《胡塞尔"生活世界"的先验性》,《华中科技大学学报(社会科学版)》2002 年第5 期。

科学的危机不是数学、物理学等具体的科学危机,而是指由科学的社会作用所引起的人性危机,核心问题是人的意义生成危机。他所谓的回归生活世界,其实是构建人与世界统一的价值和意义的世界。生活世界其实是意义世界,但是这种意义并不是物质功利性的意义,而是人的生命的、精神的意义。胡塞尔说:"我们处处想把'原初的直观'提到首位,也即想把本身包括一切实际生活的……和作为源泉滋养技术意义形成的、前于科学的和外于科学的生活世界提到首位。"①

马克思主义的"生活世界"理论是实践哲学理论,它不同于理论哲学的那种思维方式,但是又与理论哲学具有某些联系。理论哲学的生活世界理论认为,从逻辑上说在理性地认识世界之初、之前存在一种原始的目的、意义和感知世界的形式。而理性地认识世界、科学的活动方式以及理性地、功利性地去改造世界都具有对世界本身的强制性,因而是对直观的、原初人本身的本性的一种破坏。世界本身是丰富的、开放的,并不等于人类用科学的理性的认知形式把它框定起来的样子,而实际的样子、实际的意义、感知世界最开始的形式是丰富多样的,带有人主观的、意义的、开放的、不断生成的形式。海德格尔等人所批判的工业文明对人的日常生活的异化,其实与马克思的思想有某些一致之处。马克思在"手稿"中批判异化劳动的异化包括工人同自己的劳动产品的异化、劳动本身的异化、人的"类本质"的异化和人与人之间的异化,其结果就是人"只有在运用自己的动物机能——吃、喝、生殖,至多还有居住、修饰等等——的时候,才觉得自己在自由活动,而在运用人的机能时,觉得自己不过是动物。动物的东西成为人的东西,而人的东西成为动物的东西"②。在马克思看来,科学技术之所以异化人,主要是因为人的物欲造成的,而物欲的过分扩张,是因为私有财产制度造成的。因此,生活世界的异化是基于生产资料

---

① 〔德〕胡塞尔著:《欧洲科学的危机和超验现象学》,张庆熊译,上海译文出版社1988年版,第70页。

② 〔德〕马克思著:《1844年经济学哲学手稿》,人民出版社2018年版,第51页。

的私有制和资本化引起的。要解决生活世界的人性化、本质化的根本措施在于消灭私有制和资本化手段及其引起的人的本质异化。那么,问题的关键在于教育的生活世界意义是什么呢?这就是教育的目的和手段的生活世界化,从目的来说,教育的目的是生成人的精神意义,而不是物欲、功利性意义,教育的方法揭示生活意义和生成生活意义。因此,生活世界的教育理念并不是一味地批判概念、逻辑、表征以及实证等科学地认识世界以及利用认识到的世界运行规律为人服务的改造世界实践。就像人的精神始终不能离开人的吃、喝、住、穿一样,没有吃、喝、住、穿基本的物质生存资料,什么精神意义都没法谈。然而现代科学技术所创造的生产力并不是人的生存意义的全部,人具有丰富的意义内涵,这些内涵是从人的动物本能进化而来的,这种进化恰恰是在人认识世界、改造世界的过程中生成的。"人们的存在就是他们的现实生活过程"①。"人们为了能够'创造历史',必须能够生活。但是为了生活,首先就需要吃喝住穿以及其他一些东西。因此第一个历史活动就是生产满足这些需要的资料,即生产物质生活本身……"②"社会生活在本质上是实践的"③。马克思主义讲的生活世界是包括科学活动与日常生活活动以及与科学活动相对应的直观的意义世界的生活,而胡塞尔所谓的生活世界专指与抽象、理论、实证等相对应的具体的、直观的、意义的、原初的认知或领悟活动,属于理论哲学问题。他所说的生活世界是与科学世界相对立的认知世界的不同方式。因此,从这个角度来看,当今不少教育学者在使用"生活世界"概念时,至少存在两种误用。一种是对于现象学生活世界的误用,"在未明晰和洞察现象学派的意义脉络和理论意蕴下迷失于望文生义式的庸俗境地"④。另一种是对于马克思主义生活世界的误用。王楠湜早就指出胡塞尔的生活世界属于理论哲

---

① 《马克思恩格斯选集》第 1 卷,人民出版社 2012 年版,第 152 页。
② 《马克思恩格斯选集》第 1 卷,人民出版社 2012 年版,第 158 页。
③ 《马克思恩格斯选集》第 1 卷,人民出版社 2012 年版,第 139 页。
④ 杨柳玉:《教育场域中生活世界的误读与重释》,《当代教育科学》2021 年第 7 期。

学范畴。而马克思主义生活世界属于实践哲学范畴。"如果认为理论活动具有一种独立于实践活动的地位,能够在理论中把整个世界构造出来,这便是一种理论哲学的理路;而如果认为理论活动尽管有其巨大的作用,但它归根到底乃是生活实践的一个组成部分,并不能超越于实践活动而独立建构整个世界,这便是一种实践哲学的理路。"①因此,教育学界对于生活世界的误读,至少表现在两个方面:一方面是完全不了解马克思主义的生活世界才是一种能够转化为教育的生活教育理论;另一方面把纯粹的理论哲学的生活世界理论盲目地、生硬地套用到教育理论中来。这里我们首先要明确的是,纯粹理论哲学是不能直接套用到教育理论中的,因为纯粹理论哲学思考的是认识论的问题,而教育不完全是认识论的问题,教育学理论即使具有认识论因素也是特殊的认识论,教育问题是一个实践问题,教育的认识是为了实践,最终要回到实践,通过实践认识实践,并最终改造实践,因此,教育是一个实践问题,教育是整个实践中的一个环节。对于马克思主义生活世界理论的误读才是教育学领域根本性的误用。

在马克思主义者看来,概念、逻辑、表征以及实证都是人们认识世界并得以传达的标志,也是理性思维从多到一抽象发展的必然路径,把科学的理性、实证唯一化,必然是对人的丰富、自由意义的扼杀,但是没有抽象理性、实证,对世界的认识与改造都难以成功,从而使人生活意义的生成也失去根基。人的所谓生活世界的原初境遇、发生境遇以及构成境遇,如果没有主体参与周遭的物、事的活动及其经验,它的内涵何以形成呢? 正是主体参与了生活世界,才有逐步从原初的经验世界向科学世界发展的过程及其相应的结果,而教育中一些问题的原因就在于并没有从原初的经验世界出发,推动学生从原初的经验世界上升到科学世界,科学世界成为一种完全与经验世界隔离的抽象的、空洞的理性世界,从而使得生活缺失了丰富的意义,异化出一种脱离人

---

① 王南湜:《回归生活世界意味着什么》,《学术研究》2001 年第 10 期。

的原初经验意义的理性的甚至是功利的世界。这种世界很可能就使得人的意义脱离人的本质而异化了整个社会乃至人类本身。如果单纯否定科学、否定理性，就只能让人停滞在原始的水平上，否定发展。即使胡塞尔本人也不是否定科学与理性，而是否定没有从原初的生活意义出发的科学与理性。因此，他才可能发出要拯救科学危机而不是否定科学的呼声。但是，即使如此，胡塞尔的生活世界理论也仍然是一种理论哲学的理论，而非实践哲学的理论。

理论哲学的生活世界观与实践哲学的生活世界观具体到课堂教学过程中的知识教学上，则表现为预成论和生成论这两种截然不同的过程观，二者思维的图式不同，所产生的效果也截然不同。预成论教学观将教学看作在单位时间内（一节课）按部就班地讲课，根据事先精心准备的教学方案去向学生展现扎实的教案、精致的 PPT、生动的讲解、一厢情愿式的发挥，全然不顾在场学生的"意向状态"，学生俨然是置身于外的自在性存在者，明显缺乏对学生的关注，缺乏与学生的互动，也没有鼓励学生动手操作与体验生成，更遑论学生的参与与讨论。生成论教学观倡导教师与学生的互动，鼓励学生积极参与课堂教学，在参与中体验课堂过程，体验知识生成的机理，学生学习的主体性成为课堂教学的核心，在学习过程中教师与学生角色的换位为学习的发生创设了良好的条件。显然，前者本质上是一种机械而僵化的课堂教学，是被杜威批判为"目中无人"的教学观；后者是具有创造性的课堂，旨在打破预成论教学观的弊端，还教学以动态生成的过程性实践思维——以学生为核心，将学生心智状态的发展作为教学的中心，在教师的组织和引导下，学生积极参与课堂、动手操作，主动建构，从而得到全面发展。

现象学的"还原"概念，只有放置在生活实践哲学方法论的基础上才具有实际的启发价值。现象学的"还原"概念是现象学理解"过程性"的关键词。"更确切地说，还原是一个达成目标（end）的手段（means）：这个目标就是使我们能重回到以一种丰富的（enriched）和深刻的（deepened）方式生活的世界中去。还原就是试图使反思接近于未经反思的意识生活。"①教学的发生必然要"还原"到当下，即学习者的在场。例如，有效学习将"效果、效率、效益、效能和效应"作为课堂教学的集中表征，目的在于实现教学过程、教学状态和教学环境的有机耦合，最终指向人在教学中的生成。② 课堂教学以人的生成为矢量，将人的全面发展确定为中心，而所谓的"五效"（效果、效率、效益、效能和效应）仅仅是实现人之生成的手段而已。又如近年来兴起的"深度学习"，为生成性过程观带来了实践图景——学生在教师的引导下，围绕具有挑战性的问题进行自主学习，在解决问题之后去体验成功的喜悦，从而获得有意义的发展。这就要求教学的目的不仅仅局限在获得确定性知识，而在于从确定性知识出发，既要理解人类已有的知识成果，更要在理解已有知识成果的基础上，重新回到世界本身寻求新的理解与新的视角，创造新的知识，实现人自身的生成与知识的生成，揭示世界更为丰富的意义及其与人类社会更为丰富的联系。这无疑是教学中有意义的变革。教育学要找到自身的世界，这个世界既要联系生活世界又要促进学生超越生活世界，走向新的科学世界。因此，"教学世界是生活世界和科学世界的中介，是生活世界与科学世界的双向二重化，即化科学世界为生活世界和化生活世界为科学世界。教学就是在这种双向二重化的过程中，将其转化的结果沉淀在学生的精神世界里，最终实现教学之目的"，提倡"教学面向生活世界，超越生活世界，走向科学世界"。③ 只有这样才能够真正把教育理论落实到教学之中，找到生活世界如何转化为学生人性生成与生命发展的教学中介，而不是抽象地谈生命意义的生成、主体性弘扬等命题转化为教学的三维目标，真正改革以知识讲授为基础渗透思想、道德、情感、价值教育的课堂，发挥学生的主体能动性和参与精神，改变学生单一的以

① ［加］马克斯·范梅南著：《生活体验研究——人文视野中的教育学》，宋广文译，教育科学出版社2012年版，第240页。

② 朱德全、李鹏：《课堂教学有效性论纲》，《教育研究》2015年第10期。

③ 南纪稳：《教学世界：生活实践与科学世界的双向二重化》，《华东师范大学学报（教育科学版）》2015年第3期。

听讲为主的课堂形式,增进学生的主观能动性;增加学生课堂活动的次数,改善学生被动听课的状态,转为以小组合作学习和交流为主的课堂形式,有效增加学生的探究活动,以师生间的对话和交流代替学生被动听讲而导致的思维不活跃的状态,将目标与过程、知识与方法、实践与技能以及情感、态度与价值观有机融合,促进学生的全面发展。因此,教育对人的生成过程是一个复杂的循环过程,生成性教育理念注重对个体自我生成和自我建构特性的弘扬,赋予生命个体以一种自我成长和主动发展的意识,建构个体生存和发展的能力,形成生命赋能。

## (三) 教育交往:社会属性的生成

教育交往,是指教育过程中人与自然的交往、人与人的交往、人与符号世界的交往以及人自我的主体之我(I)与客体之我(ME)的交往等活动过程。其中人与人的交往是意义与社会属性生成的主渠道。人与符号的交往是人与人交往的条件,虽然没有符号产生之前人与人也有交往,但那是一种极为简单的、直接的信号交往,交往所使用的人如面部表情、手势、单音节的声音等工具表意简单、变化单一、内涵贫乏等,而自从人类发明语言符号及不断积累丰富的语言符号系统并具有书写形式的记载之后,人与人的交往就不仅仅是当下信息的交往了,更携带了大量自身积累的经验、情感、思想、价值取向等内涵,从而发展了人与人以及代际积累的全部文明的交往,因而急剧扩大了交往的内涵、时空,丰富了人的发展的内涵,提升了人的发展的速度。因此,读书,其实质就是读语言符号,而语言符号阅读的目的不在于符号本身,而在于符号所代表的前人或他人对自然世界与社会世界的反映。阅读者不仅需要阅读人类积累的认识世界的成果以快速地了解世界,还需要了解前人、他人认识世界的思维方式、价值取向、情感反应等,同时需要阅读者通过一系列的理解、领悟、对照、检验、体验、启发、反思、创新等与自身融合,从而使自身具有整个社会历史的属性,产生具有历时性和社会性(时间与空间)的生命意义。教育交往就是教师通过引导学生通过符号与整个世界进行交往而产生具有全部人类文明精华的生命意义的过程。

教育中的交往是教育生成性的重要组成部分。要培养学生在交往中的自我意识、他人意识，建立良好的人际关系，形成多元化的价值观念和民主开放的思想意识，就要注重在课堂中形成平等对话的情境和氛围，创设宽容、理解的交往关系，剔除话语霸权。雅斯贝尔斯认为："对话是真理的敞亮和思想本身的实现，对话以人及环境为内容；在对话中，可以发现所思之物的逻辑及存在的意义。"①尤其要注重形成以"我—你"精神交融为核心的交往理性，注重对话沟通，形成思想分享和情感移情，以坦然豁达的开放意识与人共处，善于倾诉和倾听，易于交流和领悟，才能形成良好的人际交往能力。

## （四）人的发展：生命意义的整体建构

生命意义的建构无疑是教育生成人的核心。党的十八大报告明确指出，教育"培养什么人、怎样培养人、为谁培养人"是教育的根本问题，其实质是指向人的生成的规格、方式和方向等问题，是对马克思主义的"为了人而对人的本质的真正占有"的具体化，是"人向自身、也就是向社会的即合乎人性的人的复归，这种复归是完全的复归，是自觉实现并在以往发展的全部财富的范围内实现的复归"人性规定，是"人和自然界之间、人和人之间的矛盾的真正解决，是存在和本质、对象化和自我确证、自由和必然、个体和类之间的斗争的真正解决"的中国特色社会主义制度与教育制度的建构。②

教育生成人，就在于建构人的生命的整体意义，生成自由而全面发展的人。西方马克思主义的代表人物、布达佩斯学派的主要成员 A.赫勒立足于人的自由而全面发展的立场，建立了系统的日常生活批判理论，她认为："人的

---

① ［德］雅斯贝尔斯著：《什么是教育》，邹进译，生活·读书·新知三联书店 1991 年版，第12 页。

② ［德］马克思著：《1844 年经济学哲学手稿》，人民出版社 2018 年版，第 78 页。

生成(即他从缄默的类本质的提升,这一类本质在他出生时,像他的特性一样被授予他),始于他通过自己的活动而占有这一'自在的'对象化领域之时,这是人类文化的起点,是所有'自为的'对象化领域的基础和前提条件。"①那么,教育就要把人的"主动健康发展意识和能力作为核心价值,并在教育的一切活动中体现出来"②。教育建构人的生命意义,要重视对人的生命状态的唤醒,重视对生命力量的点燃、生命活力的激发、生命责任的树立、生命信仰的培育。人的生命状态决定了人对生活的投入、追求和热爱。在教育生活中健康、快乐、充满阳光地学习,来自生命状态全身心地投入;而生命力量决定了学生积极好学、勤奋上进,积极参与学校教育的全过程;生命活力的唤醒表现为学生对生命价值和生命意义的体验和感知,以正确的人生观、价值观和世界观提升人生境界;生命责任是对世界之爱和社会责任、家庭贡献的担当意识、责任意识的培育,渗透在教育过程的诸多环节中,旨在消减人的惰性和冷漠、麻木和无视、自私自利,等等,培养具有社会公共品质和责任担当精神的人;生命信仰是生命质量的核心,是教育提升生命价值、建构生命意义的重要组成部分,激发自觉为生命的幸福而进行创造活动的能力。建构主义认为,人的建构过程有两种方式:一是个体与环境的建构,二是个体与自身的建构。③就个体与环境建构的过程而言,要注重培养学生的主观能动性、独立性和自主性,促进学生在教师的引导下对生命意义的主动建构、对生命质量的能动提升;就个体自身建构的过程而言,要将生命存在的意义、价值、生命的责任、信仰融入教学的全过程,引导学生主动内化为生命力量,理解、涵泳生命的意义,自觉践行生命责任。

---

① Agnes Heller, *Everyday Life*, Routledge & Kegan Paul, 1984, p.118.

② 叶澜著:《"新基础教育"论——关于当代中国学校变革的探索与认识》,教育科学出版社 2006 年版,第 250 页。

③ [美]莱斯利·P.斯特弗等主编:《教育中的建构主义》,徐斌艳等译,华东师范大学出版社 2002 年版,第 390 页。

# 三、人的教育实践生成路径

从生成性视域思考教育实践,教育的过程既是一个确定性的发生过程,也是一个充满或然性和不确定性的动态过程。教育的魅力和挑战也在于此——动态中蕴含着创造性,为教育的培养指明了路径。一方面,宏观意义上的教育过程是确定性和程序性的过程,教育目的、教学目标、教学内容、教学组织形式、教学方法等都在教育过程中秩序井然地展开,确定性和程序性成为现代教育得以发生、发展的逻辑基础;另一方面,教育的过程又是一个充满着动态变化的过程,具有生成性——复杂的情景性、流淌性、变动不居性,还有主体间情感的交流程度差异、知识认知结构的差异、思维方式的异同、精神状态的投入程度等,使教育过程的确定性充满了大量容易被忽视的不确定性因素,从而构成了教育的生成性魅力。因此,建立生成性实践观是教师重要的意识。生成性教育实践要有机统合教育发生过程中的各种因素,积极创设生成性教学情境,以培养学生的创造性能力为核心,促进学生全面发展。

## (一)启发引导,培养受教育者的深度思考能力和动手操作能力

人的成长过程是一个遵循身心发展规律而发生的过程,教育的意义重在引导。人的成长是一个身体机能、认知智慧与精神灵魂统一发展的过程。身体机能发展的关键是动手操作,知识、智慧就是通过"协调操作、联合、整理"等操作"动作的内化运算"得以形成。① 智慧发展与精神意义的产生是"劳力"与"劳心"的结合。② 而教育在于启发与引导,通过动手操作,启发引导思考,是一个"自然而然"的发展过程,并不是精心预设、强制教训与惩罚禁止的

---

① 《皮亚杰教育论著选》,卢濬选译,人民教育出版社 2015 年版,第 1 页。
② 华中师范学院教育科学研究所主编:《陶行知全集》第 2 卷,湖南教育出版社 1984 年版,第 44 页。

过程:从母体的孕育、分娩出生到婴儿期、幼儿期的发展都是自然的成长,必须顺应自然。而现代学校为了追求教学目标的精确、可见、量化等,容易急功近利、过度设计,往往导致学生发展的自然属性式微。精确的课堂教学设计和预期的、确定的教学目标的实现,往往僭越了个体生命本身所具有的体验、顿悟、澄明等生成性品质。现代教育在一定程度上缺乏生成性,会造成师生疲于奔命,从而出现思维迟钝、精神消减的无活力状态。因此,教育者要善于引导受教育者以积极开启的状态同化和顺应新信息,不断生成新的知识和经验,以循循善诱和情境渲染的方式促进受教育者的积极投入和参与,在教育过程中保持双方积极的思维活力,深度思考解决问题的方法,并培养学生动手操作的能力。

## (二)注重创造,促进受教育者的全面发展

生成性中蕴含开拓性、积极性和创造性,更蕴含无限开放、无限生成、无限创生。规范、限制、计划、训练等都是为了确定性的目标,如果没有生成、开放、创生等与之相辅相成,生命就只能逐渐枯萎甚至死亡。创造就是去实践,就是不断生成自我的价值和意义的过程。人只有在不断开拓中创造生活,才能成就自我,这才是人走向幸福与过上有意义的生活的过程。对个体的发展而言,引导反思、激发活力、启迪智慧、追求崇高等,更能够培养具有活力、生机的生命体,更切合现代社会的发展理念。"一个人的存在从来不是完成了的,不是最后的。人的状态是初生状态,每时每刻都在做出选择,永远不会停滞。"①人的发展是一个"永远在路上"的过程,是一个从原初状态走向创造状态的过程,教育作为人发展的环境和条件,应注重创造性的培养过程,塑造受教育者的创造品质。

---

① [美]A.J.赫舍尔著:《人是谁》,隗仁莲、安希孟译,贵州人民出版社1994年版,第38页。

### （三）面向"生活世界"，树立共在与转化理念

立足人的"生活世界"，形成人的共同存在的基本方式，要求直面教育中的真实生活，去"理解我们自己，理解我们的存在，理解存在和我们的生命意义"①。要关注事物发展变化的动态生成过程，重视人与世界的和谐共生，发掘人的能动性、主体性和创造性，以一种动态发展的实践逻辑思维看问题。立足"生活世界"的教育行动要注重教育实践的丰富多彩和实践方略的正确选择，扎根"生活世界"，寻求教育的奠基性源泉，以"生活世界"为基点，在教育者与受教育者的交互联系中促进受教育者的全面发展。

在具体的教学过程中，一方面要"化科学世界为生活世界"，即"借助儿童有用的生活经验，去'同化'科学知识"，"引入生活情境，激发学生学习科学的兴趣"，"将科学知识运用于生活情景中，丰富学生的情感体验，使学生认识科学世界的价值"；另一方面要"化日常生活世界为科学世界"，"教学不仅仅是回归生活，还应当超越现实生活"，即"化错误的常识知识为科学知识""化常识思维为科学思维""化低级、消极情感为高级、积极情感"。"教学世界是生活世界和科学世界的中介，是生活世界与科学世界的双向二重化，即化科学世界为生活世界和化生活世界为科学世界。教学就是在这种双向二重化的过程中，将其转化的结果沉淀在学生的精神世界里，最终实现教学之目的。"提倡"教学面向生活世界，超越生活世界，走向科学世界"。②

### （四）拓展丰富的交往内涵与交往形式，培育基于生命发展的交往实践

教学并非仅仅局限在课堂和书本，而是通过课堂和书本面向整个人类发

---

① M. J. Langeveld, *Refectionon Phenomenology and Pedagogy Phenomenology+Pedgogy*, Edomonton：University of Alberta Publication Services，1982，p.10.

② 南纪稳：《教学世界：生活实践与科学世界的双向二重化》，《华东师范大学学报（教育科学版）》2015 年第 3 期。

展的文明结晶,展开整个人生发展的时空视域。交往实践世界因人的共处而凸显价值,人类的存在以世界的存在为意义,个体的存在以他人的存在为背景,人只有进行丰富的交往才能创造五彩缤纷的生活。因此,在教学中要注重学生交往实践品质的培养,锻炼学生专注于与自然世界的共处、与社会世界以及周围的人际交往和沟通能力,马克思说"动物只生产自身,而人再生产整个自然界"①,这种生产就是人与自然界的相互作用共同生成。培养交往的艺术就要培养学生与自然和谐、与社会和谐、与他人和谐、与自身和谐的意识和能力,形成主体性和主体间性意识和能力。教育是通过对文本的阅读去读世界、读作者、读自我,然后对所读的一切进行自我的沉思、反思、创思,做到胸中有竹,设计出实践活动,或者联系书本知识之间的融合,或者联系书本知识与生活实践,或者联系书本知识与生产劳动等,进行项目式或问题解决式活动的探究与学习,最终实现学习者与世界、文本、自身经验以及实践行为之间的通达,产生自己新的体验、领悟、表征,形成结构性知识,并进一步把自我的"知"与"悟"表征出来,于是完成获取知识、实践操作、新知识建构与表达等整个知识生成与意义生成过程的统一,因而也完成了相对完整的交流、交往与生成阶段与环节。

---

① 《马克思恩格斯全集》第42卷,人民出版社1979年版,第97页。

# 第七章 基于"课程思政"的传统
教学文化反思与变革

　　教学的本质是通过知识及其所承载的文化来育人,文化必然成为教学的核心支撑力。教学文化是蕴含在教学中的价值体系、思维方式、内容结构以及师生的精神面貌等,在教学活动中表现为内在性、根本性、持续性、方向性的意义和特点。新时期以来,随着"课程思政"成为我国教育教学改革的根本思想和理念,学校教学文化面临着新变革。基于"课程思政"的视角审思教学文化,必然要求教学在传授知识的过程中凸显"育思"、"育德"与"育人"的价值取向。因此,思考教学文化的变革路径,弘扬教学文化的核心价值观,以"文化自觉"的力量来实现教书与育人的统一,才能真正推动教学从形式的、外在的向内容的、内在精神的转变,使得整个教学改革具有本质上的变革与持久的稳定发展。"课程思政"与"思政课程"属于"立德树人"的两个不同的教育维度。但是上升到教学文化层面,就不仅需要倡导"专业课程"与"思政课程"同向同行,在"专业课程"的教学中渗透、蕴含思想政治教育的内涵,反过来,还需要倡导"思政课程"的教学必须与"专业课程"的教学同向同行,要求在开展思想政治教育的过程中遵循思想政治教育内容作为知识体系建构的特征和规律,必须在价值观念、道德知识、行为规范、法律法规等教育中重视事实陈述与原理分析,使思想政治教育的内容具有科学性。在"课程思政"与"思政课程"

双向同向同行和协同教育的基础上研究教学文化,使得两种教学的科学性和价值性、理性与感性等一系列范畴真正统一,这对于培养全面发展的社会主义事业建设者和接班人具有重要的理论意义和实践价值。

# 一、"课程思政"的教学文化意蕴探析

文化是人类的根本属性,是物质世界、精神世界、意识形态以及制度规定之内化于心并外显于行的思维方式、价值取向、情感体验、行为范式和精神风貌等的整体统一形式。教学文化则是教学活动中主体与相应的物化资源、环境、政策制度等相互作用形成的行为方式表现出来的教学目的的价值取向、教学过程的思维方式、教学主体的精神面貌及其所影响而形成的表现形式,其中教学目的的价值取向是核心。国外学者一般认为教学文化是教师群体共享的信念和知识,主要包括教师的社会互动规范、教师对教学回报的看法、教师在日常教学中信奉和运用的实践性知识,[1]也指教师之间以及教师与学生之间的人际互动模式。[2] 对于教学文化的具体内容,学界有不同的意见,有人认为包含教学思想的象征、教学知识和教学的目标等,[3]也有人持不同的意见,认为是人际关系的价值取向,包含"非约束性的个人主义、群体合作主义和强制合作主义"[4]。国内学者的观点与国外相似,大多认为教学文化是在一定价值观支配下的"关于教与学的信念、理念、行为方式及其支持要素"[5],是一种

① S.Feiman-Nemser,R.E.Floden,"The Cultures of Teaching",in M.C.Wittrick,*Handbook of Research on Teaching*(3rd edition),New York:Macmillan,1986,p.508.
② [美]安迪·哈格里夫斯著:《知识社会中的教学》,熊建辉译,华东师范大学出版社2007年版,第147—163页。
③ D.W.Chernilevsky,"The Essence of the Concept of'Culture','Professional Culture'in Shaping Professional Culture for Students of Professional Colleges",*European Journal of Research and Reflection in Educational Sciences*,2020(8),pp.158-160.
④ [美]安迪·哈格里夫斯著:《知识社会中的教学》,熊建辉译,华东师范大学出版社2007年版,第147—163页。
⑤ 韩延明、张洪高:《我国大学教学文化建设探析》,《大学教育科学》2014年第2期。

"持久形成的教学传统、思维方式、价值观念和行为习惯的类型或范式,是教学背景下师生的课堂生活方式"①。"课程思政"作为新时代的教育新思想,无疑是课程建设与教学变革中具有特殊意义的文化现象,其教学文化必然表现出新的教育思想理念、价值取向、思维方式以及教学行为范式等特点。如果"课程思政"的改革不深入到教学文化的深层次变革中,没有转化为教师、学生、课程内容等的思维方式、价值取向、内容结构、精神面貌等,只是某些局部内容的增减、教学方法的外在变化等,那么,很可能只是换汤不换药地变革一些形式,过几年便会销声匿迹。因此,必须深入到教学文化的层面,探讨基于"课程思政"的教学文化的变革,才能使改革全面、彻底、持久地进行下去。

## (一)"课程思政"教学文化的育人思想

基于文化学的视角审思,"课程思政"的教学文化意在形成特有的育人思想:教学活动要以"立德树人"为根本宗旨,立足于"为谁培养人、培养什么样的人、怎样培养人"这一根本问题,将专业课程与思想政治理论课程有机融合,推进"全员、全过程、全方位"育人;以思政为根基,以课堂为主阵地,以教师为关键点,以学生发展为出发点,重构育人目标和教学方法;彻底转变传统的思维模式,振奋精神面貌。

当前,在中华民族伟大复兴的重要历史阶段,立足"课程思政"这一根本方式,重构教学文化的育人思想,对教学理念和教学实践的变革具有重要的意义。把"课程思政"的育人思想深度融入教学全过程,形成育人文化,有利于塑造学生正确的价值观和思维方式,培养学生的精神境界。青少年学生是祖国的未来,其世界观、人生观和价值观的形成和发展具有十分重要的意义,尤其在其成长的关键期有效融入"课程思政"的文化要素,树立正确的理想信念,无疑是新时期课堂变革的新方向,也是教学文化的新使命。

---

① 李志厚:《论教学文化的性质》,《课程·教材·教法》2008 年第 3 期。

## （二）"课程思政"教学文化的价值取向

"课程思政"的根本旨趣在于将思想政治教育与知识教育有机结合,使学生的思想意识、思维模式、知识技能、精神状态以及行为方式更加符合我国新时代学校教育育人的规格标准和质量要求。"'课程思政'是为顺应新时代人才发展的需要,在高校课程中开展的综合性教育效果提升工程,它既服务于立德树人的总目标,又服务于课程教育和知识体系,从专业上培养能力过硬、具有基本科学素养的合格建设者,从道德上培育值得信赖、具有坚定政治素养的可靠接班人,使有血有肉有灵魂的专业课教学成为塑造时代新人的主渠道。"①因此,基于"课程思政"的教学文化追求的是"立德树人""培根铸魂"的高尚目的,旨在把社会主义核心价值观融入知识教育之中,把知识中蕴含的思想、信念、价值、道德、情感等丰富元素转化为学生的素养,在教学方式上继承与创新中国优秀传统文化的"启智润心"精神,促进学生在观念上、情感上、行为上认同社会主义核心价值观,树立"建设者"和"接班人"的人生追求,在思维方式上追求辩证唯物主义与历史唯物主义统一的科学思维方法,养成科学的世界观、人生观与价值观,在精神面貌上要积极进取、奋发向上。

不论传递知识,锻炼技能,还是陶冶道德情感,都需要价值观的认同。教师在教学中要用正确、科学的方法对学生进行价值观培养,启迪智慧,用人文关怀的爱心滋润学生的心灵;在教学行为范式上彰显时代新人的精神风貌及行为方式,培养学生把所学知识与实践结合起来,以良好的心态积极进取,快乐学习,明确学习的个人目的与社会目的的辩证关系,通过服务社会、奉献社会来实现自身价值,获得人生意义。

---

① 张旭、李合亮:《廓清与重塑:回归课程思政的本质意蕴》,《思想教育研究》2021年第5期。

## （三）"课程思政"教学文化的实践特性

"课程思政"作为一种新的思政理念,其根本在于指导教学实践,表现出特有的实践特性——变革教学目标、教学内容、教学方法、教学手段等,真正将知识传授和思想培育有机统一。

### 1. "课程思政"的结构是立体多元的,旨在建构多元化、立体化的育人模式

"课程思政"通过立体建构,引导学生多维度、多向度发展,打破以往教育中唯知识、唯分数的发展模式。"课程思政"既是"思政课程"的一个切入点,也是专业知识课程的一个扩散点,同时是管理育人的潜在点。其核心是坚持"立德树人"的根本任务。"立德树人"贯穿教育、教学、管理等全方位、全过程、全员实践过程。因此,"课程思政"的教学本质、教学目标、教学内容、教学手段、教学方法、教学场景等极其复杂,要"把思政课教学过程予以充分扩大、延伸和辐射",在坚持思政课堂和专业课堂结合的基础上,既要在思政课堂上融入知识的逻辑,也要在专业教学课堂上融入思政的逻辑,更要在管理、服务上示范做人的逻辑,"全力打造思政育人的'综合花园';强化思政课教学过程中的融入和渗透作用"①。"课程思政"打破传统意义上单一的、唯知识而教学的课堂,将知识传授和育人思想有机融合,体现了时代发展的根本要求。

### 2. 价值引领、多元育人是"课程思政"的文化本质

习近平总书记指出:"培养社会发展所需要的人,说具体了,就是培养社会发展、知识积累、文化传承、国家存续、制度运行所要求的人。"②教学的本质

---

① 李东坡、王学俭:《新时代大中小学思政课一体化建设的内涵、挑战与对策》,《新疆师范大学学报(哲学社会科学版)》2021 年第 5 期。

② 习近平著:《在北京大学师生座谈会上的讲话》,人民出版社 2018 年版,第 5 页。

是文化活动,毫无疑问,这意味着知识的传授、道德品质的培育和精神世界的建构必然是文化行为与文化活动,要从思想上、思维上、精神上影响学生成人。"课程思政"设计的根本出发点在于依循课程自身的逻辑体系和知识资源,挖掘其中蕴含的深层次的育人元素,以期对学生产生立体化的育人成效。只有将"课程思政"形成一种文化力量,"课程思政"的育人成效才能持存,并对一代又一代受教育者产生久远而深刻的影响,才能确保"课程思政"的文化影响力经久不衰。

3.凸显时代价值与学校育人文化的有机统一,建构基于"课程思政"的育人范式

"课程思政"要求在教学中融入"课程思政",超越了传统意义上的教学模式,彰显了对人发展的文化塑造功能。"课程思政"的文化使命无疑契合了时代发展对学生培养的价值引领和精神导向的作用,"教学作为文化的探究,作为人的文化存在和生存方式之一,必然自发或自为地孕育教学文化,必然要关照人的内心世界和精神成长,必然要以社会的进步为自身的历史使命"①。只有以学生的思想信仰、道德品质、价值取向、思维方式以及行为方式的统一生成为依归,"课程思政"的文化生命力才会经久不衰。

## 二、基于"课程思政"视角反思传统教学文化

"课程思政"的指向性以学生的全面发展为宗旨,以全面提高教学质量为落脚点,从而形成文化育人的特有方式。在知识教育中强化思想意识教育和政治思想教育,促进学生的政治社会化、信仰发展、道德发展和人格社会化,进而促进其社会性发展。在教学中全面融入"思政"教育的文化元素,将显性的

---

① 龚孟伟著:《教学文化论》,人民出版社 2016 年版,第 56 页。

知识教育和隐性的"思政"文化教育有机结合起来,形成以课程知识教学为底蕴、以"思政"文化为价值引领和育人导向的文化体系,注重促进学生的精神完善、知识学习和文化精神的统一生成——建构起学生的"精神坐标和价值追求"。① 基于"课程思政"的价值理念,对传统教学文化以及当前一些不良教学文化进行反思,对于确立新的教学观与育人观具有重要的意义。

## (一)从功利的生存文化到依赖型消费文化,人性被锁定在感性物质需求的枷锁中

马克思批判资本主义把人异化为单纯的吃、喝、住、穿的动物和赚取利润的机器。在资本主义社会,一方面,人只有在运用自己身上动物性的机能比如吃、喝、性行为、居住、修饰等时,才觉得自己是存在的,虽然这些是必需的,但是仅仅是运用动物的这些机能,人就只是动物性的存在。因此,马克思说,"如果使这些机能脱离了人的其他活动,并使它们成为最后的和唯一的终极目的,那么,在这种抽象中,它们就是动物的机能"②。另一方面,资本家给工人工资,其实是把工资作为"维持工人在劳动期间的生活的需要",就像"生产工具的保养和维修"的费用一样。③ 因而,工人其实是被当作资本家赚取利润的机器。在现代社会,为了实现再生产,通过感性的消费刺激,以人的物欲为代表的感性被无限扩张,消费主义文化盛行,把人异化为消费性人。消费行为成为资本主义再生产的必然环节。人被假设为消费的物质性的、动物性的人。为了物质消费而劳动,劳动是为了物质消费。从文化哲学的视角反思,当今社会无疑进入了消费社会,"当代社会之所以被称为消费社会,很大程度上正是由于消费已经逐渐取代生产,开始在人类社会生活中占据主导地位"④。目

---

① 吴璇、曹劲松:《新时代文化精神的主体建构》,《南京社会科学》2021 年第 3 期。
② 《马克思恩格斯全集》第 42 卷,人民出版社 1979 年版,第 94 页。
③ 《马克思恩格斯全集》第 42 卷,人民出版社 1979 年版,第 105 页。
④ 文军、罗峰:《公共知识分子的污名化:一个消费社会学的解释视角》,《学术月刊》2014 年第 4 期。

前,学术界比较认同的消费社会的显著历史特征是:商品和物质极大丰富,使消费作为一种控制范畴在经济领域取代生产范畴成为整个社会生活的中心。这正是西方马克思主义技术理性批判的开创人卢卡奇在"物化理论"中所批判的"物性化"现象:西方发达的资本主义社会的一切都被商品生产和商品交换关系支配,人处在商品化的世界中,人成为被外在强迫性力量(商品生产)驱使的奴隶,人与人之间的关系也表现为"物"的依赖关系,尤其是人的精神活动领域受到了"理性化"和"物化"的全面统治,导致人的主观世界沦为物质支配的世界。

从根本上而言,应试教育和"唯分数论"是功利主义文化的体现。应试教育的文化精神其实是生存性的功利文化,其背后的人性假设就是物质性的、动物性的人,相应地教学目的也被设置为培养单纯地生产物质产品、消费物质资料的人。教师激励学生的口头禅就是升学、就业,表面上看似乎教学是为了学生的幸福,然而这里的幸福观显然就是物质、功利的幸福观。彻底扭转物质功利性的目的观及相应的教学目的观难度很大,究其根本原因就在于教学文化中的教学目的观和价值观的问题没有得到彻底扭转。并且在这一前提下还派生出一系列扭曲的现象,比如,与物质功利性教学观相应的,为了上好学校而派生出的学区房炒作、教学中的"双减"制度落实困难等现象,都说明这种文化的巨大惯性。随着信息社会、消费文化的进一步发展,消费作为新的需求和新的生活方式冲击着传统的生活方式,网上购物、虚拟消费、虚拟生存等新形式盛行,对学生的冲击是全方位的,不少学生不同程度地存在"四无"心理现象[1]与此密切相关。过度消费、网络消费和虚拟消费是一对孪生兄妹,它把现实的、亲身的功利主义转化为虚拟生存的功利主义,其根本特征是忽视现实的社会生活、对他人漠不关心、失去理智控制的行为方式。这种功利主义目的的文化观,正是造成当前一些教育错位现象的真正原因。一方面,传统的应试教

---

[1]　蒋芳、郑天虹、刘璐璐:《学习无动力、真实世界无兴趣、社交无能力、生命无价值感:青少年遭遇"四无"心理风暴》,《半月谈》2021 年第 4 期。

育惯性占据着成人的心理,"望子成龙"的期望值不断升高;而另一方面,新生
一代学生往往对此不感兴趣甚至抵触,造成了增压与反抗的对立。

## (二) 知识、技术文化对价值文化、人性文化的冲击与僭越

从人文社会科学专业受冷落到包括"思政课程"在内的人文社会科学选
修课程的冷清,都说明了当代社会具有技术性知识占优势的文化特征。技术
性知识强调技术理性,忽视甚至鄙视价值理性,单纯强调价值中立或价值无涉
就是这种文化的产物。这自然会影响教师特别是理工科课程教师忽视政治修
养以及人文社会科学素质的修养,导致其知识、能力与技术回到物质功利主义
目的的价值取向上。知识、能力文化追求的是掌握基本知识、基本技能,提高
社会生存能力,特别是以提高掌握科学技术的能力以适应激烈的社会竞争。
多种有关学生素养的指标都指向在现代社会竞争中获取生存与优势的能力。
世界经合组织(OECD)提出的学生素养,核心是如何利用各种工具(包括语
言、符号、文本,知识与信息、科技),通过建立良好的关系、开展合作,协调处
理冲突等,设计与实现自己的人生,维护自己的利益等。[1] 如美国的 STEM 教
育(Science, Technology, Engineering, Mathematics, 即科学、技术、工程和数学)
和 4C(Critical thinking and problem solving, Communication, Collaboration, Crea-
tivity and innovation, 即批判性思维和问题解决、交流、合作、创造力和创新技
能)技能教育,其核心都是强调科学技术能力。[2] 2018 年全球经济论坛提出
的全球竞争力指标体系中,与教育相关的"技能"支柱中,核心是技能组合、熟
练程度、批判性思维以及受教育年限等,其价值取向是劳动力技能水平。[3] 面
对生产和消费的全球化,是站在个人的角度适应社会发展提升个体生存竞争

---

① 乔鹤、徐晓丽:《国际组织全球教育治理的路径比较研究》,《比较教育研究》2019 年第
8 期。

② 彭正梅、邓莉:《培养具有全球竞争力的美国人》,《比较教育研究》2018 年第 7 期。

③ 邓莉、施芳婷、彭正梅:《全球竞争力教育指标国际比较及政策建议》,《开放教育研究》
2019 年第 1 期。

力,还是站在社会人的角度来设计全面发展的素养,主动调节自身的能力与行为促进社会发展,这是不同的教学文化理念的表现。而当今世界各国或各种组织设计的核心素养体系,其设计出发点是从社会外在的要求来设计学生应该成为一个什么样的人,引导学生为实现自己的目的而必须具备适应社会、他人以及使用工具以获得物质生存能力的目的。其核心价值理念是利用一切可利用的手段来满足个人的物质性功利目的。这样的教学文化表面上是价值中立或价值无涉,但实质上是个人主义、功利主义文化,它与社会上曾经流行的"学好数理化,走遍天下都不怕"的学习激励口号的价值取向是一致的。这是科技主义、工具主义与功利主义合流的教学文化特征。

## （三）职业文化与升学就业文化,消解了事业文化与人生理想文化的崇高

教师是人类灵魂的工程师,教师的专业行动更需要文化的支撑力量。"教师文化是支配教师行为方式的深层次因素",因为它是一种"由教师独特的知识体系、个人信仰、思维方式以及家长系统等构成的复合整体"。[1] 但是,教师的职业倦怠现象和专业精神的缺少越来越成为一个问题,董志文等的研究表明,"物质主义倾向越高,则越可能会与周围他人进行社会比较,进而导致其职业倦怠"[2]。在内在精神与意义缺失的情况下,物质主义就会成为价值与情感体验的主导,这难免造成教师"价值观念和道德信念"的"迷失"、教师育人行为"本真"的异化以及教师教育情怀与师生关系的"撕裂"。[3] 教师作为知识分子和学生灵魂的"工程师"的精神受到"市场社会功利逻辑的侵蚀与学科建制分工的区隔","教师专业的公共责任遭致屏蔽,批判精神受到钳制,

---

① 车丽娜:《教师文化初探》,《教育理论与实践》2006 年第 11 期。

② 董志文、李冉、周静:《物质主义对中小学教师职业倦怠的影响:社会比较倾向的中介作用》,《中国临床心理学杂志》2020 年第 2 期。

③ 王夫艳:《教育问责背景下教师的专业责任观》,《全球教育展望》2012 年第 3 期。

人文情怀日趋消解是其鲜明的实践表征"①。不少人强调教师也是人、教师也要生活、教师就是一个求生的职业等,这一系列命题其实暗示了教师现实中的生存困境,戳破了没有坚实的经济待遇做支撑而被吹大了的气泡,整个教师群体不得不面对现实生存困境而弱化没有经济基础支撑的宏大理想与崇高的精神情怀。

同时,随着学生就业问题的日益突出,从幼儿园、小学开始就向往"上好学,就好业",走上了以谋取一个好职业为终极目标的文化道路。在教学过程中,知识更多地被作为谋生存、上好学、就好业的工具,其深厚的思想、精神性内涵被挤压。一些高校以就业率作为"评价高校教育质量的重要指标","导致高校利益相关者片面追求就业率"②。甚至一些高校还以学生就业后的"收入回报"为标准评价教育质量。即使是有关大学生就业质量研究的各种不同理论,也是以就业后的"薪资报酬"为标准评价就业质量。③ 一方面,学生的学习存在物化时代的各种错位,产生"学习目的功利化、生活模式理想化、专业认知片面化和就业目标世俗化"④等;另一方面,现代社会生产力的极大发展使得生存本身并不是最大的问题,就业难的根本原因是工业化水平的提高与剩余劳动力增加的必然趋势。因此,当前的教学文化走入两难境地:走功利性文化路线,人为制造生存压力,会遭到学生的强烈反抗和抵制;走精神性意义的文化路线,由于学生的生活方式的变革,生活经验匮乏,造成了知识学习的"模拟实践"与"虚拟实践"没有相应的"亲知"经验基础,不能产生经验完善的意义。⑤ 而一些学生们特别是大学生长期沉迷于虚拟的网络生活,随意性、

---

① 余宏亮:《教师知识分子的专业化异化及其超越》,《教育发展研究》2016年第10期。

② 张学敏、柴晓旭:《我国高校毕业生就业率与高校教育质量评价研究》,《东北师大学报(哲学社会科学版)》2019年第3期。

③ 胡建国、裴豫:《人力资本、社会资本与大学生就业质量》,《当代青年研究》2019年第5期。

④ 张骞文:《物化时代大学生学习生活意义的建构》,《中国青年社会科学》2015年第6期。

⑤ 陈理宣、刘炎欣著:《基于马克思主义实践哲学的教育问题研究》,人民出版社2020年版,第307—309页。

被动性、刺激性等代替了现实性、目的性、主动性等意志品质,产生了像波德里亚所说的"任何现实都被代码和仿真的超级现实吸收了","不能用目的性与随机性作斗争"的现象。① 因此,年青一代部分学生中出现了学习无兴趣、现实生活无意义、实际工作无能力的现象,他们更不可能树立学习的远大理想、人生追求与崇高的事业感、使命感了。

### (四) 教师日常生活世界的异化,导致教师"躺平"的人生观

传统社会给予教师光鲜的形象隐喻,如"灵魂工程师""天底下最光辉的职业""春蚕""园丁"等,然而教师的现实状况却是"工作任务繁重、劳动强度大,但与之相应的职业报酬却不高"②,市场经济从某些方面冲淡了人们对教师职业的崇高赞誉,教师往往也因为理想与现实的冲突而产生职业崇高感的失落,特别是当前边远乡村教师面临的乡村经济与乡村文化现状,更产生了政治、经济、社会地位乃至自我心理地位的卑微感以及生活意义的丧失感。因此,小部分教师放弃了理想,放弃了追求,把自己湮没在外界中或沉溺在玩物中。由于无意义感、无崇高感、缺乏理想追求等而产生的失落、自暴自弃、沉溺于感性刺激、放归自我、逃避责任等问题,一些年轻教师受到"躺平"主义的影响,这样的人生观、价值观在教学过程中必然有意识或无意识地表现出来,产生一种消极的教学文化价值取向。

综上所论,由于受到功利主义文化、消费文化、技术文化以及传统升学和就业文化的冲击和影响,教学文化的内涵不断发生偏移,影响到学校育人文化的理想性、崇高性等本质特性。因此,立足"课程思政"的文化内涵,重构教学文化形态,以育人为根本方向,有机融合知识教育和思想教育,培养全面发展

---

① [法]让·波德里亚著:《象征交换与死亡》,车槿山译,译林出版社 2012 年版,第3—4页。

② 楼世洲、张丽珍:《教师专业境界:精神世界和现实世界的和谐》,《教师教育研究》2009年第6期。

的社会主义事业的建设者和接班人,是当前教育改革的时代特征和历史使命。

# 三、"课程思政"理念下的教学文化变革

学校是人类先进文化的策源地,毫无疑问要成为"课程思政"育人的主阵地。"课程思政"的文化精髓在于将整体育人作为学校教学活动的核心,就是要在课堂教学活动中,注重以思想政治教育为灵魂,以知识教育为载体,形成育人合力,推进整体育人。"思政"内涵融入教学活动的过程,就是要在传承人类文化的同时,做到"思政育人""思想育人"和"文化育人"的结合。教学方法的设计、教学手段的选择、教学内容的传授、教学过程的推进、教学成果的体验、教学结果的评价,都要将思想政治教育有机融入教学过程之中,从而形成以"思政育人"为内在机制的教学文化。因此,坚持"课程思政"的育人精神和育人路径,弘扬社会主义核心价值文化,是当前教学文化变革的根本路径。

## (一)树立中国特色社会主义的"育思""育德""育才"与"育人"相结合的教学文化理念

"课程思政"的根本目标和价值旨趣在于培养学生的思想、道德、知识、文化以及政治意识的协同性发展。这就需要确立中国特色社会主义的"育思""育德""育才"与"育人"相结合的教学文化理念。整合课程资源,重构课程教学的目标导向,突出"思政育人"的价值倾向性,从而增强课程教学的整体育人效果。"政治认同培育目标指向青少年对中国特色社会主义理论与实践的赞同、认可与支持的态度培养,以及由此形成的心理上的归属感与实践中的行动力培育,是思政课程性质的集中体现与一贯坚守。"①在新时期中国特色社会主义建设的历史进程中,学校的课程教学要注重"育思""育德""育才"

---

① 李寒梅:《论思政课政治认同培育目标的一体化建设》,《中国教育学刊》2021年第6期。

与"育人"的有机统一,将思想政治教育与知识教学以及专业技能学习有机融合,注重挖掘课程内容中蕴含的思想政治教育要素,以社会主义核心价值观、社会责任、民族担当、国家情怀等为核心,形成教学文化的核心价值取向:培育学生的科学精神、人文精神、价值观念以及道德品质等,从而达到知识教学、价值引领与思想发展的整体生成。

## (二) 以"生活世界"为基础,消解生活、工作、职业与意义世界的对立

以"生活世界"作为教学文化的生长基础,就是要将"生活世界"作为教学活动的起点,在教学中融入生活的元素和思想培育的元素,将"科学世界""思想世界"与"生活世界"有机融通,最终使得所有的学习、工作、生活回归"生活世界"的生命价值与人性意义,即从"生活世界"出发,上升到"科学世界",再通过生产实践回归"生活世界"的否定之否定、螺旋式上升,实现不断生成与发展的人生观、世界观、价值观。

首先,建基于"生活世界"的教学文化,其精神取向必然是创造性的。马克思强调实践劳动是对对象的改造与创造,是思与做的合一。马克思甚至还认为创制活动才是人的一切活动的本质,是最高的、根本性的活动。如果按照亚里士多德的观点,沉思、实践都是从创制活动中派生出来的,是以创制性的劳动为基础发展起来的。按照马克思的思想,当创制性活动高度发达之后,生产力也就高度发达,利益对立性的分工将消失,人类可以在不同类型的活动中自由转换。因此,一切知识、技能、智慧的教育最终指向的是创造性的实践活动,而创造就是人的生命与本质的标志。

人的生活是人不断开拓属己的疆域、不断丰富生命内涵的过程。在人类创造属于主体的世界、构建人类历史的过程中,蕴含着创造性和开拓性元素,没有创造,就没有人类生活的美好世界,人类只有不断开拓生活疆域,创造属于自己的丰富多彩的生活世界,人存在的价值和意义才能彰显。教学生活要

以培养学生的创造性能力为根本目标,培养学生发现问题、思考问题、分析问题和解决问题的能力,形成丰富的思想境界,而不是单纯地以知识的传授和生命的"规训"为旨趣,只有将"生活世界""科学世界"与"思想世界"融合交互,才能真正实现教学的育人成效。

其次,以"生活世界"为基础的教学活动必然是对话式的。教学活动是师生之间以"主体间性"的方式开展的平等对话,教师要注重引导学生从文本、课堂理解走向世界与实践,再从世界与实践走向自我的体验与反思,实现"人""事""物"的沟通和融合;从知识领悟走向生活实践,最终将外在对象融合为自我本质的力量,在生活世界中徜徉,体验与生成思想认识与人生意义。在对话过程中,教师与学生在文化精神上共同成长、共同生成新的文化精神,共同享受教学活动的乐趣;通过对话把学生从初级认知和思维引向开放的思维模式,从物质的文化价值取向引向精神的文化价值取向,从个人的意义模式引向社会的、人类命运共同体的意义模式。教学对话的核心应以学生思想的发展为根本。

最后,以"生活世界"为教学文化的核心,要以中华民族优秀传统文化为"根",以马克思主义思想为"魂",以中国特色社会主义事业为"本",促进学生的全面发展。我们主张在马克思主义生活实践哲学理论指导下的"生活世界"教育理论。这一思想倡导的是知识与文化都植根于生活实践,来自生活实践,教学活动的内容是已经创生的文化果实,教学活动必定是借助已有的经验与智慧,结合学习者现实的生活实践以及当下的生产实践活动,通过生活实践中具体的事物,在相互作用的过程中,内化为自身主体的生命内涵,生成新的生命意义。在这个过程中教师之所以能够借助"物"与学生进行对话,之所以能够引导学生从外在于自身的"物"向内在于自身的"事"转化,再从自身之"事"向人类社会与宇宙世界的"世界"深入,①其根本在于教师与学生、文化

---

① 陈理宣、刘炎欣著:《基于马克思主义实践哲学的教育问题研究》,人民出版社 2020 年版,第 293 页。

知识具有共同的文化之根,具有符合人性的科学之思以及共同的思想土壤和理想、信仰与价值追求。知识教学背后具有深厚的文化之根、价值之魂以及实实在在的生活实践之土壤,因此,教学必须遵循这一根本规律,通过知识的传授,引导文化精神的生成,塑造社会主义事业接班人的灵魂,培养具有精神追求和高尚灵魂的建设者。我们培养的学生必定是具有社会责任感,能够将民族大义、担当精神、人类福祉融入自身生活,在生活中植入"修身、齐家、治国、平天下"的理想与君子人格素养。

### （三）以科学知识为基础,与生活、生产实践结合,生成教与学的意义世界

毫无疑问,知识教学是学校存在的第一要务,"传道、授业、解惑"是教师的天职,但是,知识传授和文化传承以及思想育人是新时期"课程思政"背景下教学文化变革的新方向,因此,在知识的传授中培养思想无疑是教学文化的内核。这意味着教学不能进行单纯的知识传授,而是要将知识与思想、文化、道德有机整合。人的出生是"自然生命体"的降临,如果撇开文化的"占有",人的出生与其他任何生命体的出生无异。从文化学而言,出生于人类群体范畴的个体具备了人类特有的遗传属性——文化的可教性,但这种遗传属性的后天发展和复现完全依仗于教育,通过知识和文化的"嵌入",人的类特性才能不断"繁衍"。人的这种现象被施普朗格称为"精神的繁殖",他认为:"教育的文化繁殖是一种精神繁殖,而不是生物界的生理繁殖。精神繁殖就是指精神文化的进步离不开教育过程。教育不断地把上一代精神传达给下一代,教育事业一旦停止,则精神文化会逐步消失。"①人的成人主要是文化成人,文化成人主要指向人的精神世界,是文化哲学意义上的"超个人结构的客观精神"。

---

① 杨德广著:《高等教育学概论》,华东师范大学出版社 2015 年版,第 47 页。

科学知识是人类认识世界的概念体系和理论规则,是客观世界的真理性反映。人类对客观世界的认识过程产生了科学知识,科学知识建构了科学体系。列宁认为:"……是一系列的抽象过程,即概念、规律等等的构成、形成过程,这些概念和规律等等……有条件地近似地把握永恒运动着和发展着的自然界的普遍规律性。"①无论科学定律、科学规律或者科学事实,都是以科学文化为核心、经过实验确证和逻辑推演建立起来的理论体系。然而,这些体系不仅仅是事实的陈述,还有科学的思维方法与行为的价值取向蕴含其中,科学家对科学方法的信念、对问题的选择"以及解释问题时的倾向,都不可能避免地存在着价值判断因素"②。因此,科学知识具有人文内涵,科学工作"本质上是人类的工作",并且"在高度完美的意义上,可以被看作是人道的事业",是"人性的一项最高成就"。③

科学文化必然是教学文化的内核。"课程思政"背景下强调思想教育和文化育人的重要性,但丝毫不能弱化知识教学的任务,相反,而是要变革教学手段,创新育人方式,加强知识教学,形成学生认识世界的理论根本。在教学中,形成求真、客观与人文关怀的科学精神,批判、怀疑与创新的科学思想,从实际出发、实事求是的科学方法等科学的内在价值指向,就形成了一种科学的文化。所谓科学文化,是思想、精神、方法、知识、手段等的统一。从这个角度来讲,这种科学文化是"不以时代、国家、民族和地区为转移的"④。依循科学知识的内在价值、建构教学的文化精神来进行文化育人,这无疑是"课程思政"视域中的教学文化变革的基本价值取向和发展的根本方向。

---

① 《列宁全集》第 55 卷,人民出版社 2017 年版,第 152—153 页。

② 〔美〕约翰·S. 布鲁贝克著:《高等教育哲学》,王承绪等译,浙江教育出版社 2002 年版,第 22 页。

③ 〔美〕瓦托夫斯基著:《科学思想的概念基础》,范岱年等译,求实出版社 1982 年版,第 30 页。

④ 黄顺基著:《自然辩证法概论》,高等教育出版社 2004 年版,第 153 页。

## （四）以人文精神作为教学文化建构的内在规定性，突破功利主义文化

科学价值和人文精神是教学文化须臾不可分割的组成部分，但是，课堂教学中对科学价值的过度彰显，一定程度上消减了教学的人文精神，这不能不说是现代教学的悖论。

人文精神是文化的内核，自然要成为教学文化的核心要素。"人文精神是通过长期的文化实践活动，在一定历史条件下形成的、反映人的文化价值观念的社会意识，它以理性实践为基础，隐蔽于主体思想深处，展现的是人的文化批判意识和实践活动本质，对社会生活及个体行为有重大影响。"①正如中国古代经典《易·贲卦·彖传》所云："观乎人文，以化成天下。"张岱年、方立克等学者对之解释为："'人文'，指人伦社会规律，'人文'与'化成天下'紧密联系，'以文教化'的思想已十分明确。"②学校教育是文化传承的主渠道，课堂教学必然要以文化为核心，方能实现"以文教化"的目的。课堂教学是科学知识与人文精神共生的过程，科学知识为显在性文化，表现为显在形态，而人文精神是缄默性文化，表现为缄默性形态。从辩证关系而言，二者相辅相成，人文精神要成为教学的内隐核心，才能使课堂教学的过程回归文化本义。文化不仅包括知识，更包括人类在社会实践活动中对自我的超越而形成的价值观念和社会规范体系，以及建立在此基础之上的思维方式和审美情趣，这是课堂教学中不能忽视的文化精神及其内蕴，单靠科学知识的教学是无法达成的。因此，从知识课堂向文化精神建构的课堂转型是现代课堂教学的新取向，意义生成的课堂教学必然要以科学知识与人文精神的统一为基本范式。"课程思政"作为新时期我国教育事业发展的新育人模式，能够凸显人文精神和价值关涉，体现了"培养什么样的人、如何培养人以及为谁培养人"的方向性问题，

---

① 刘旭东：《学校文化重建论》，《西北师大学报（社会科学版）》2004年第5期。
② 张岱年、方立克著：《中国文化概论》，北京师范大学出版社2004年版，第2页。

必然成为教学文化精神的核心内蕴,要融入课堂教学文化中,并成为文化育人的核心。

　　坚持"课程思政"的文化旨趣和思想精髓,形成立德树人、文化育人的教学观是新时期教学文化变革的基点。教学文化的核心是以育人为根本指向的文化氛围及其建构。师生在教学交往过程中,是以文化传承为根本旨趣,并不是以单纯的知识传授为唯一目标,是将知识的传授、道德品质的培养、技能的训练以及情感、态度、价值观的形成融为一体,建构整体发展的人,这是一个文化赋能的过程。"文化赋能是围绕提升人的文化素养,通过价值观念、知识方法、制度安排、社会舆论和生活经验等方面,给予社会个体生存和发展能力的过程。"①在人的文化赋能过程中,精神成人是比知识传授更重要的维度,需要知识与技能、过程与方法、情感与态度以及价值观的整体生成,才能实现人的全面发展的教育目的。

　　在新的时代背景下,亟须确立"课程思政"的教学文化,坚持立德树人的文化育人理念,在教学中挖掘知识的文化内涵,积极探索思想政治教育和科学知识传授的融合性、系统性以及互涉性,实现"思政课程"与"课程思政"的统一。既要重视"培根"的优秀传统文化、又要保障"铸魂"的思想政治教育文化,也要"立基"于先进的科学技术文化,以此重构教学文化的核心价值观,真正实现全员育人、全过程育人和全方位育人,把知识教育、专业学习、思想教育以及文化教育有机融合,培养学生求真务实的科学精神、自强不息的奋斗精神和以生命为本的人文精神,更好地实现"课程思政"的教育目的。

---

　　①　陈乙华、曹劲松:《文化赋能城市的内在机理与实践路径》,《南京社会科学》2020 年第 8 期。

# 第八章　知识育人的教育实践
# 环节与实施路径

　　知识是指人类认识世界、改造世界所获得的系统、科学的经验表征为符号系统的结果。它在实践主体身上既可以表征为理性的符号系统,进行交流、表达;可以表征为身体上的机能,它是主体与客体相互作用的身体机能发展的成果;也可以表征为主体一系列的行为能力,与相应的实体进行相互作用,改造世界与环境以适应人的生活;还可以表征为一个人的深层次的情感体验、价值取向、理想、信念、道德伦理品性等精神性的品质或素养等一些无法——列举的身体内外现象。我们把这一切整体的主体身体的机能的、认知的、实践行为的、情感的以及融为一体的精神、灵魂性的要素视为主体化的知识,而把这一切主体化的知识表征为客观化、符号化的形式视为客观性知识。教育所要传授的知识其实是客观化的符号化的系统知识,这种知识并不是主体化知识,但教育就是要把这种客观化的知识转化为主体化的知识。那么,这里就面临一个悖论:面对观念与面对经验的悖论。

## 一、教育:面对观念与面对经验的悖论

　　所谓知识,一方面是指前人认识世界的结果,转变为符号化的、客观化的

知识形式,学校教育面对的就是这种知识。另一方面是指当下主体面对世界或与世界相互作用时认识世界的心理感受、体验在内心中的反应及其形成的身体机能与整个人的精神性素养等。它还处于主观的形式之中,有可能主体的认识、感受、体验是很独特的,不同于以往任何人的认识、体验与感受,有可能与别人的认识、体验、感受是一样的,还有可能他的认识、体验、感受是虚幻的、不真实的。但是,他如何知道他的认识、体验、感受与别人或前人不同,或者是真的、新的成果呢?如果是真的、新的、与别人不同,他又能不能用已有的表达形式表达他独特的体验和感受,或者用自己的表达形式表达而别人又能够理解呢?那么我们再问一下,前人表达的对世界的感受是否就真正完全表达了他的独特体验或认识吗?后人又怎么相信这种知识本身的真实性和真实程度呢?虽然这一切看起来像是一个怀疑主义的提问方式,但是,客观主义的知识观无法解释这种现象,他们可以解释的只能是某种媒介或中介表现出来的认知成果。反过来再进一步思考,即使是客观的中介,我们可以完全相信其中介性吗?还有没有更为完善的中介产生呢?历史的发展证明这是完全可能的。正是由于有这种情况,有两个科学家提出了相应的疑问及其解决办法。一是波普尔从主体反映的客观对象的真实性出发,认为知识的科学性和客观性是一个不断发展的过程,这个过程被称为证伪过程。他认为任何理论都只在没有被证伪的时候是真理,一旦被证伪,就不是真理了。由此,可以得到一个推论,知识本身是一个不断被证伪的过程,也就是一个不断探索发展的过程,真理与谬误的临界点就在被证伪的那一瞬间。另一个是波兰尼的默会知识理论。他认为主体化的知识中能够表征为客观化的符号系统知识的只是主体化知识的很少一部分,相当于海面上的冰山一角,其大量的冰山在海平面之下。可见,主体面临实践所形成的知识内涵非常丰富,能够用已有符号表达出来,才能被理解,凡是表达出来能够被理解的也只是部分内容,即使是这一部分内容也不一定是正确的,因此,指望通过书本的、符号化的间接知识学习来获取知识,获得主体化的丰富知识内涵是不可靠的路径。那么,这种间接的知识对于人的发展又有什么益处呢？波普尔理论给我们的启示是,在前人知识的基础上探索、证伪获得新知识。没有对前人知识的学习,没有证伪的对象,就没有探索的起点。因此,学习知识并不只是接收现成的结果并储存以备用,而是不断把知识作为证伪的材料、探索的起点,探索新知识。

　　然而,教育界并没有清醒地认识到这两种知识的区别,往往把符号化的知识与直接面对世界的认识的知识等同起来,造成以认知的、书本的、符号化的知识代替实践的知识、作为人的生命整体的知识的错误。在教育活动中,我们面对的是前人的认识成果。这和直接面对客观世界的认识有何差别呢？科学知识是面向经验世界的,它要在经验的世界里运用,并接受经验的检验。我们的教育是对科学认识活动成果的认识,它具有普遍性和总体性的品质,它只是面向具体科学法则,而不是直接面向具体经验的。因为它既不能直接用于经验的世界,也不能直接接受来自经验的批判和检验。面向前人认识成果的认识,对象是已经产生的知识成果,而不是知识产生的过程本身,因此,对于认识成果的认识法则与面向经验对象的认识活动是完全不同的东西。对认识成果的认识重点在认识知识本身,知识是对象,而认识经验世界的对象,面向的对象不是知识而是实体对象。知识是认识对象的结果,我们如果认识知识,不是认识直接的经验对象,那么,就不可能在认识的过程中获得知识并产生认识能力。前者的对象是理论、直观形式,而不是实践中的感性对象;后者的对象才是活生生的对象。现在我们要问的是,如何把观念的知识转化为经验的知识,这是教育面临的真正问题。杜威区别了两类问题,他认为一种是"真正的问题",另一种是"模拟的或虚幻的问题"。前一种是"从学生个人的经验的某种情境内部自然产生的"问题,它需要学生(面对问题的主体)解决,而后者则是学校情境中的问题,是孤立于实践的,属于"教师的或教科书上的问题",它是虚幻的问题,之所以虚幻,是因为实际上不需要(认识主体)回答,之所以要回答,也是因为学校的老师要求做,这不是一个真问题,来自问题本身的要求,是一个外在于学生的问题或要求。如果学生不做这个问题,就不能得到所要求的分数或者不能升级或者不能赢得教师的赞许。① 可见在杜威看来,只有来自学生自己经验内部的问题才是真问题,而学校教的那些观念性的、死记硬背的、静止的、冷藏库式的知识,不可能培养学生的思维能力。"思想、观念不可能以观念的形式从一个人传给另一个人。当一个人把观念告诉别人时,对听到的人来说,不再是观念,而是另一个已知的事实。"②但是,别人的经验也不是没有用,"一个人应利用别人的经验,以弥补个人直接经验的狭隘性"③。在学校学习的别人的经验,必须作为联系自己经验的材料,教师在教学过程中随时都"在课堂上的教材和日常生活的更为广阔、更为直接的经验之间建立相互的联系",从而"使学生在代表重要社会情景的主动作业中有机会获得观念和知识,并有机会检验这些观念和知识"。④ 这些用语言符号表达的间接的、别人的知识不仅是每个人直接经验的扩充、弥补,而且更重要的是它还可以凝缩丰富的情景和意义。因此,学校教育非常重要,但是也非常危险。因为教育并不是"一件'告诉'和被告知的事情,而是一个主动的和建设性的过程"。因此,学校教育"要使语言和共同活动建立在正常的联系,使语言的运用更有生气,更有效果"。⑤ 杜威认为,如果把学习看作书本的、语言知识内容的学习,那么,就会排除因共同参与产生的兴趣和价值的社会意义。这就与学习的目的背道而驰了。如果仅仅学习书本的知识,学校课堂上的知识,我们可能获得代数、拉丁文或植物学方面的专门能力,但是,不能学到智慧,而这恰恰是有用的能力。因此,"只有通过从事联合的活动,一个人在这种活动中运用材料和工具,有意识地参照别人如何运用他们的能力和器具,他的倾向才获得社会的

---

① 〔美〕杜威著:《民主主义与教育》,王承绪译,人民教育出版社 2001 年版,第 169—170 页。

② 〔美〕杜威著:《民主主义与教育》,王承绪译,人民教育出版社 2001 年版,第 174 页。

③ 〔美〕杜威著:《民主主义与教育》,王承绪译,人民教育出版社 2001 年版,第 172 页。

④ 〔美〕杜威著:《民主主义与教育》,王承绪译,人民教育出版社 2001 年版,第 178 页。

⑤ 〔美〕杜威著:《民主主义与教育》,王承绪译,人民教育出版社 2001 年版,第 4 页。

指导"①。实践中、生活中的知识具有整体性、灵活性和丰富性,而语言所表述、传达的知识失去了这种鲜活性、丰富性。

已经产生的认识成果失去了实践中知识的整体性和复杂性,因此,学生学习认识成果的知识,就会产生不能解决实践中问题的毛病。已有的认识成果只能作为解决实践中问题的知识准备或者说材料。"我们能够向学生提供数以千计的现成的'观念',而且的确这样做了;但是我们一般并没有尽很大努力使学生在有意义的情境中学习,在这种情境中,他自己的活动能产生观念,证实观念,坚守观念——即察觉到事物的意义或联系。"②从人类知识总体上来看,学习已有认识成果实际上起到了减少浪费和提高效率的作用,但是,它绝对不可能替代通过实践活动来实施教育的方式。

维果茨基揭示了两条心理发展的基本规律:一是人的心理机能的发展需要中介因素,而这个中介因素不是从内部产生的,而只能通过人们的协同活动和人与人的交往,从外部产生。二是人的新的心理结构不是在内部自发、自动形成的,它最初必须在其外部活动中形成,然后才能转移至内部,成为人的内部心理结构。这和皮亚杰的看法是一致的,即通过外部的行动内化成为人的心理结构。维果茨基说:"在儿童的发展中,所有的高级心理都两次登台:第一次是作为集体活动、社会活动,即作为心理间的机能,第二次是作为个体活动,作为儿童的内部思维方式,作为内部心理机能。"③维果茨基认为,在新的心理过程的构成与心理过程相互联系之间存在着双重依存关系:一方面,心理过程之间的联系是在外在中介结构相互作用中产生的结果;另一方面,在各机能与外在的中介结构间接联系的过程中,机能本身也必然发生改变。比如,儿童对周围世界的感知具有直接的特点,并且和婴儿的直接需要与情感密切相关,随后,感知开始以他原有的直观经验的联系为中介,和人的记忆发

① [美]杜威著:《民主主义与教育》,王承绪译,人民教育出版社2001年版,第47页。
② [美]杜威著:《民主主义与教育》,王承绪译,人民教育出版社2001年版,第175页。
③ 《维果茨基教育论著选》,余震球译,人民教育出版社1994年版,第403页。

生密切的关系;接着,随着言语的发展,感知开始深刻地反映显示它依据词的基本功能——抽象与概括,与思维过程发生密切联系。维果茨基揭示了儿童的心理机能发展的动态化性质及其基本过程。在这个过程中,一方面,要有直接的外在世界对象和直观经验,另一方面,这些经验要以人际的协同活动以及言语符号为中介,推动儿童内化为自己的内部心理机制,产生对现实的深刻反映。因此,没有丰富的直接感知或直观的经验,没有人际的协同活动及其言语中介,不可能形成或者说不能促进儿童内部心理机能的形成与发展。

那么,反过来说,如果没有对周围世界的直接感知,没有直观的经验,能否运用语言符号工具来作为中介,使儿童获得内化的心理机能呢? 从我们的教育现象来看,当代的学校教育就有这个问题:视书本知识、课堂教学为儿童发展的主要途径,并且通过一级一级的升学考试来强化这种方式,没有或很少让儿童面对直接的自然世界或社会世界。认知是一个过程,知识是在认知过程中获得的,但是同时认知过程不仅仅是获得知识,更重要的是形成认识机能,促进认知能力的发展。杜威所揭示的经验就是这种性质的能力或过程。当前的教育为什么难以培养学生获得知识的能力呢? 根本原因就在于我们是从教知识开始的,是从中介环节开始的,通过语言来传递没有学习者直接经验作为中介的知识,虽然可能学习者也能够通过刺激、强化、反应,形成一定的记忆,在今后的刺激中也可能产生回忆的反应,但是,一定是机械的反应。一方面,教育自从于实践中独立出来之后就脱离了实践,所教授的知识就是一种观念;另一方面,这种观念需要直接的经验做基础才可能得到理解,这就需要教育中要有儿童直接的实践经验。某种程度上当前学校教育远离儿童的直接实践经验的做法,使得儿童学习到的观念成为一堆抽象、教条、机械的知识。因此,好的教育必须充分利用直接经验来理解、扩展间接经验,通过间接经验激活、提升、扩展直接经验,形成两种经验活化的联结,并实现其相互之间的灵活转化。

# 二、知识生成的相互作用实践模型与教育模型

人类知识的发展首先是从实践中与直接的实体相互作用获取知识或者生产知识开始的,逐步发展到直接的实践与间接的书本混合的知识获得方式。之所以首先要从实践的方式获取知识开始,是因为实践是认知机制形成的必经途径,在实践中不仅仅获得知识,而且还形成和发展了主体的认知机制,正是这种认知机制的形成与发展,使得主体不仅具有直接认知实体对象,还能间接地通过认知符号性或虚拟性客体,从而获得间接知识,反过来看,间接知识的获得又能提高获得直接知识的能力。因此,知识生成或获取的实践模式与教育模式是相互作用、交替上升的。我们把这种关系及其发展分为四个阶段。①

第一个阶段,机体与身体(肉体)混合作用产生不分主客体形式的知识。早期的知识是与身体机体紧密联系在一起的,主要是身体机体的感知与简单的反应,是身体接收信息刺激做出的直接行为反应。但是这些反应会储存在身体之中成为进一步反应的基础。

第二个阶段,机体与意识开始形成,身体感知逐步向主要感知器官及有机体和自我意识的形成转化阶段。身体接触外在客观物体的刺激,产生反应促进了接收信息器官的发展,身体的肉体因素发展出了有机体灵活性的反应及其选择性与知觉性的特征。这个时期机体的发育"主要集中在眼睛、耳朵、口和手"②,此时感知觉是由身体的主要感知器官对信息的刺激所做出的反应形成的,整个身体的感知与大脑神经系统紧密联系又相对独立,并逐步发展成以脑神经为核心,从而产生了以身体为主向以机体为主的逐步发展,机体从身体

---

① 陈理宣、刘炎欣:《知识教育:从符号化构成到主体化结构的转化》,《中国高等教育评论》2021年第2期。

② [英]怀特海著:《教育的目的》,庄莲平、王立中译,文汇出版社2012年版,第24页。

中凸显出来。机体与自我意识开始形成,大脑中的表象系统逐步形成系统并围绕自我意识精心组织与建构,产生意向性知识,机体的感受伴随着情感产生了自我概念,在大脑中既有物的表象,也有包括自我情感意义在内的自我意识,身体与机体结合在一起。但是,自我意识只是初步的,直接受到具体事物和代表事物的表象所支配,身体要接受机体反应的指挥,人会在情感的驱使下控制或推动某些行为。学前教育大致就在这个阶段进行,其主要任务是通过游戏性的活动促进机体、语言以及初步的自我意识的发展。

第三个阶段,从表象到语言符号之间沟通,产生了从感知觉向语言符号表达的理性阶段的转化,抽象思维开始产生,个体有了"我"和我的"思"。在这个阶段,主体可以借助符号系统进行独立思维,完全可以脱离具体的事物和代表事物的表象进行逻辑推理和逻辑结构的建构,也可以通过他人的符号表征进行思维,可以获得间接知识,可以通过符号和他人乃至整个社会文化开展交流与对话,因此正式的学校教育往往发生在这个阶段,间接知识、符号化知识可以转化为主体化知识,直接经验的知识也可以转化为社会化的间接知识形式。

第四个阶段,从抽象符号的逻辑结构知识激发调动表象、情感乃至机体的形式产生。这个阶段是主体思维直接面对抽象的知识逻辑结构,通过语言符号启动表象的产生和情感的激发,再进一步返回感知觉以及机体、身体,进而转化为内在的心理结构和机体结构,即知觉现象学意义上的"身体场"①的形成。幻肢现象正好说明伤残者在之前建立了整体的"身体场",在伤残之后仍然会以整体的肢体去应对环境中的问题。这实际上是个体知识演进的过程,但是,人总是要不断吸收他人知识以缩短个体知识的自然演进周期,这就是第三和第四个阶段,也就是说当个体知识发展到了第三和第四个阶段,人开始通过语言中介和人际交往获得间接知识,从而大大加快了知识增长的速度。但

---

① [法]雷诺巴尔拉、梅洛–庞蒂:《意识与身体》,张尧均译,《同济大学学报(社会科学版)》2009年第1期。

是,这一阶段的发展必须要有前面两个阶段做坚实的基础,否则,获得的间接知识不可能内化为身心一体的整体知识结构。在整个过程中,动手操作是个体知识探究的身体和机体基础,问题解决则是动手操作的目的,是知识获取的动机和意义形成的前提。前者是知识的身体和机体基础,后者是知识的价值态度和情感意义基础;知识逻辑结构的形成需要这两者的有机结合,从而形成三个结构融合一体的整体知识结构。

从知识的发生过程来看,知识是在主体与客体相互作用的过程中生成、发展的。知识的生成是一个相互作用的过程。在这个相互作用的过程中,主体的整体知识模式包括机体结构、意义结构、逻辑认知结构。这里的相互作用,是主体直接面对对象的相互作用,而不是抽象的形式对象,哪怕是虚拟客体,也不是对虚拟客体认识的形式,不是对虚拟客体缺乏实践基础的直观形式。但是,如果一切知识都需要直接的经验或直接的相互作用,那么,学校教育如何做得到呢? 杜威对此有很好的说明。在杜威看来,生活与历史都融于经验,人与对象、有机体与环境交织为一体,一个鲜活而饱满的经验世界因此而呈现出来。"生活是指一种机能、一种包罗万象的活动,在这种活动中机体与环境都包括在内。"①因此,生活既是机能活动,也是机体与环境相互作用的整个过程。人带着他全部的历史、文化以及个人的主观态度、方法、情感、价值等,与自然、世界、对象相互作用,在这个过程中,人的意义、自然的意义都开启了,都呈现出来了。每一次相互作用所获得的经验都将成为下一相互作用活动的先在内容而影响着主体,也影响着客观环境。因此,相互作用是一个连续的整体。每一次相互作用的结果虽然要成为下一次相互作用的内容,是一个整体,但是,对每一次的结果主体都会表达出来,都会运用人类积累起来的文化以及表达媒介表达出来,而且表达本身也是主体对自我的一种经验,成为自身发展的连续体,也成为人类知识文化遗产,成为可以保存和传递的经验形式,成为

---

① [美]杜威著:《经验与自然》,傅统先译,江苏教育出版社 2005 年版,第 28 页。

人类发展的连续体。否则,人类社会的发展就会没有历史继承性和连续性。杜威所要表达的意思是:教育不是被动地掌握知识或被直接告知,而是通过搜寻材料、提出某种设想、探索解决问题以及试探证明等一系列的过程获得解决问题的方法与能力,每一次探究的成功都为下一次探究积蓄了动机、动力以及智慧。因此,杜威认为,在传统的学校中,那种一切都是静听的教学方法,儿童甚少自己活动、探索的机会,必然阻碍儿童的发展。真正的教学应该是通过"做"来学。"人们最初的知识和最牢固地保持的知识,是关于怎样做的知识……应该认识到,自然的发展进程总是从包含着从做中学的那些情景开始。"①

在同世界对象相互作用的过程中,一方面要形成一定的心理机能,另一方面要形成一定的心理结构(主要指认知结构);此外还要形成一定的意义结构,它是人的思维和行动产生与发展的推动力。心理机能是生理上的,心理结构是文化上的。文化上的心理结构具有文化性,需要人际协作以及人际使用言语符号来作为中介形成。维果茨基看到了儿童的意识形成与发展并不仅仅局限在儿童对周围世界对象的个人实践关系框架内,儿童的言语与精神的交往范围通常要宽于他的实践和感性经验的范围。这种精神性的交往是以词语作为中介而得到实现和扩大的。杜威强调经验的时候忽视了这个维度。在杜威的著作里能够看到人的理智在经验的积累和思维的发展中逐步扩大,但是,看不到人的激情兴趣的产生过程与发展过程的论述,看不到在经验的基础上逐步发展起来的以词语为中介的精神交往对于具体经验的超越,也看不到儿童在没有真正进入社会生活之前或者说没有直接社会经验的情况下,如何能够通过模拟的社会情境获得真正有用的社会生活经验,从逻辑上看就是因为杜威还没有找到模拟或者说虚拟的社会情境与真实的社会情境是通过什么媒介来实现转化的。也就是说,杜威所说的经验的连续性,主要是直接的经验的

---

① [美]杜威著:《民主主义与教育》,王承绪译,人民教育出版社 2001 年版,第 184 页。

连续性,而没有重视这种经验的连续性既有直接经验之间的连续性,也有直接经验与间接经验之间的连续性。用维果茨基的观点来理解,这种连续性不是直线式的实践经验的连续性,经验一定是具有某些超越具体的实践经验的性质。机械唯物主义的反映论认识论也忽视了这个问题。在现实生活中我们也能看到,一个没有多少社会经验的儿童也能很快适应社会生活,甚至一些儿童还能够在缺乏真实的社会生活经验的情况下理解社会生活。我们也能看到,儿童具有一定的言语能力之后,可能回答任何成人的问题,而且我们发现这些答案虽然并不一定符合成人的标准,但是也不得不承认在他自己的理解范围内是一种创造性的答案。这实际上就是词语对世界观的概括性和抽象性反映的表现。杜威的教育思想所要论证的是通过经验的、实践的、动手操作的"做中学"实现对教育悖论的克服;而维果茨基教育思想所要论证的是教育可以通过观念的教育克服这种悖论。我们接下来所要试图思考的问题,就是学校教育如何既要通过实践的、生活的教育,又要通过书本的、观念的教育实现完整的人的培养。回到这个问题的开端,我们对于知识传授与价值观引导的统一的认识就更加明确、清晰了。

# 三 、知识育人的内在机制

知识育人的本质内涵就是在知识传递与智慧启迪中渗透价值观教育,实现"立德树人"。知识是育人的基础和前提条件,无论是"思政课程",还是"课程思政",都要以知识为中介来实现育人。知识以不同的学科方式系统存在,即使是思想政治教育本身也是系统的科学知识。[1] 学生的学习与发展都必然要以知识为基础,在实践活动中实现。学科知识是各种不同的实践活动的结晶,学校教育通过把已有的学科知识与相应的实践(或模拟实践、虚拟实践)

---

[1]　邓纯余:《思想政治教育学科的知识论视角》,《内蒙古社会科学(汉文版)》2011年第4期。

相结合,引导学生参与到相应的实践中去,或以"同化"的方式丰富、发展已有的知识结构,或以"顺应"的方式扩大、建构新的知识结构,既产生"一种新事物",又能促进"旧的机制的延伸",①并在获得认知性素养的同时,获得精神性素养,而"课程思政"则是对认知性素养与精神性素养进行价值规范与引导。因此,"知识教育"与"价值教育"相互"依赖"。② 思想政治教育的核心要素是引导学生科学地思想。"思"是通过"假设""评估""操作""检验"等过程实现认知性素养与精神性素养的联结作用,既促进知识与智慧的内涵发展,也促进情感与价值的理性统一。这既是对把思想政治教育与学科知识教学割裂开来之行为的矫正与超越,也是对新课程改革"三维教学目标"难以落实到具体教学中去的"难点"的新突破。因此,研究学科育人的内在机制、实践环节与实施路径,是"课程思政"与"思政课程"同向同行、协调育人的核心,更是实现"立德树人"教育思想的关键。

学科育人是指思想政治课程之外的其他各学科课程教师结合教学内容所蕴含的思想、情感、价值取向、道德伦理等因素进行思想政治教育的活动。挖掘学科知识所蕴含的育人因素,把思想政治教育内容渗透到具有关联性的学科知识中来,充分运用"思"对知识进行内容丰富、内涵丰富的"关联"与"扩展",一方面促进"转识成智",从知识上升到智慧,另一方面形成"化智育灵",让智慧与知识生成灵魂,从而促进学生智慧与心灵的融合,实现"立德树人"的整体人格发展。这就是学科育人的内在逻辑和学理机制。

## (一) 知识育人:"课程思政"与"思政课程"的统一

知识按学科进行具体分类。所谓学科是指反映"人类认识的进程和发展水平,从人类科学门类中精选出来适合儿童青少年身心发展水平的内容而构

---

① [瑞士]皮亚杰著:《发生认识论原理》,王宪钿等译,商务印书馆1989年版,第25—26页。

② 李斌雄:《论知识教育·价值教育·思想政治教育》,《思想教育研究》2001年第6期。

成的新的内容体系"。就教育内容的学科知识而言,一定是"由事实与价值、观念与思想、逻辑与方法等构成的"。① 教学本质上是通过学科知识来发展人的基本认知性素养、技能性素养和精神性素养,使学生能够认识世界、认识自我,并根据自身的需要与社会、他人的需要的关系调节自我,即成为叶圣陶说的"疑难能自决,是非能自辨,斗争能自奋,高精能自探","服务为人民,于国多贡献"的人才,最终实现"教是为了不教"的目标,②培养终身学习与终身发展的人。学科知识是人之发展的基础性内容,但是在传授基本知识、锻炼基本技能的基础上,还必须启迪智慧,教会学习方法,激发学习动机,引导和规范知识运用的价值取向与行为等。以往的教学之所产生"低层化"倾向③,主要是因为停留在"教"学生一些基本的、常识性的知识,没有教学生知识所蕴含的智慧,更没有通过教知识来陶冶学生的情操与灵魂。人的精神性因素是通过知识和知识所蕴含的智慧发展"生长"出来的。学科育人是教书与育人的统一,是知识教育与价值教育的统一,即"课程思政"与"思政课程"的统一。

## (二) 从夯实"双基"到"转识成智":知识育人的基础环节

知识如何与智慧联系在一起,这是教学中的难题。知识、智慧如何与人的灵魂联系在一起,则是教学中另一个更大的难题。

知识如何与智慧联系在一起呢? 智慧可以通过解决问题的有效性、解决问题的未经验性以及结论的开放性等维度来衡量。舍勒在定义理智的时候说,理智行为就是不经过"尝试","不依赖从前试验的次数",能够洞察环境中各部分之间相互冲突的内在关系,在经验与未经验结合部的基础上对"一个

① 郭元祥:《论学科育人的逻辑起点、内在条件与实践诉求》,《教育研究》2020 年第 4 期。
② 任苏民编著:《教育与人生——叶圣陶教育论著选读》,上海教育出版社 2004 年版,第 327、19 页。
③ 项贤明:《当代学校教育中的科学与人文危机》,《中国教育学刊》2020 年第 8 期。

事实情况的洞见",是一种解决问题的"创造性"思维。① 比格斯从思维如何
操作知识来解决问题的方式出发,把智慧能力分为五类或五种不同等级的水
平,这也可以看作是对智慧的评估,同时从知识与解决的问题之间的连接关系
看出知识是如何转化为智慧的。这五种水平的思维操作方式与能力层次即前
结构、单点结构、多点结构、关联结构、抽象扩展结构。前结构是指学习者解答
问题的时候没有"问题线索"和"解答混乱",连问题是什么都没有弄清楚就回
答问题了;单点结构是指学习者"只能联系单一事件"来解决问题,即表现为
"问题线索+单个相关素材"的结构形式;多点结构是指学习者"只根据几个有
限的、孤立的事件"进行思维操作,即表现为"问题线索+多个孤立的相关素
材"的结构形式;关联结构是指学习者能够进行归纳,"能在设定的情景或已
经历的经验范围利用相关知识"进行操作,即表现为"问题线索+相关素材+相
互关系"的结构形式;扩展抽象结构是指学习者能够进行演绎与归纳的思维
操作,"能对未经历的情景进行概括",即表现出"问题线索+相关素材+相互关
系+假设"的结构形式。② 也就是说,思维过程是多点对多点,多角度、多层面
复杂地设计、规划或决策解决问题的辩证思维。关联程度越丰富,超越给定
情景和已有经验、发生抽象概括和迁移就越好。可见,知识的多少并不能简
单决定思维发展水平的高低,但是没有获得知识就不可能发展思维能力,因
为解决问题总是需要一定的相关知识。显然,问题的关键是知识之间以及
知识与需要解决的问题之间的联系以及联系方式、性质等。如果从布卢姆、
安德森等对思维的教学目标分类来看,大致上可以把比格斯的前三个水平
看作低阶思维,其基本特征为对知识的理解、记忆、应用,而后两个阶段即关
联结构和拓展抽象结构就可以看作高阶思维,其基本特点表征为综合、分

---

① [德]马克斯·舍勒著:《人在宇宙中的地位》,李伯杰译,贵州人民出版社 2018 年版,第
8、23—25 页。
② [奥]比格斯、科利斯著:《学习质量评价》,高凌飚、张洪岩主译,人民教育出版社 2010
年版,第 27—28 页。

析、创新等。① 一般把具有综合、分析、创新水平的思维能力视作智慧的标志，是"反省智力"；而把知识的简单运用或者熟练运用视作基本的知识和基本技能，看作"实践智力"。可见，"反省智力是有意识地去掌握实践智力所取得的结果"②。智慧是知识与技能结合的升级版，反过来，智慧一旦得到发展，就会进一步提升获取知识与技能的能力。因此，"转识成智"就是把知识转化为相互联系的复杂结构，并能够形成把知识多视角、多维度、多方面地与遭遇冲突的问题联系起来进行操作，使问题得到高效、精准、多途径解决的能力。因此，在教学之中教任何知识都必须在相应的层次结构上增加开放性、灵活性，而不是封闭地教知识。

## （三）从"转识成智"到"化智育灵"：高阶思维的中介与推进

知识、智慧如何与灵魂相关的信仰、价值、情感等联系在一起呢？按照比格斯的说法，简单的知识，即处于前结构、单点结构与多点结构的知识，形成了布卢姆所认为的低阶思维——知识主体只能对知识进行理解、记忆与简单应用；当知识点之间能够形成关联结构、扩展抽象结构的时候，就形成了对知识的综合、分析与创新的水平，产生高阶思维。同时，知识的前面四个层次在"社会和人际背景下的抽象扩展"就产生了"内生因素"，即关涉"个性、行为方式、价值观和态度"等人格因素。③ 因此，"转识成智"不仅是在知识的量上增加，还是在知识的质上提升。它"把外在、显性的知识转化为人内在、隐性的解决问题的立场、方法与观点"④，因而丰富了人性内涵。反省不仅是对对象

---

① [美]安德森著：《学习、教学和评估的分类学：布卢姆教育目标分类学修订版（简缩本）》，皮连生译，华东师范大学出版社 2008 年版，第 58—60 页。

② 《皮亚杰教育论著选》，卢濬选译，人民教育出版社 2015 年版，第 57 页。

③ [奥]比格斯、科利斯著：《学习质量评价》，高凌飚、张洪岩主译，人民教育出版社 2010 年版，第 268 页。

④ 李润洲：《转识成智：何以及如何可能——基于杜威实用知识观的回答》，《国家教育行政学院学报》2017 年第 2 期。

的"思",更重要的是能够从对象返回"思"的主体本身,"思"自身及其与对象的关系。正是这种从对象返回自身的"思"使主体产生了对自我的认识(包括能与不能的行为认识,愿与不愿的情感认识以及行为意义、方向的价值认识),从而产生对自我行为能力的、情感体验动力的和行为动机的调节。在中国传统哲学中,大智慧不仅有像《大学》中所提出的"格物致知"的含义,关键还在于具有"诚意正心"并转化为"修身、齐家、治国、平天下"的行动目的。因此,冯契在分析"转识成智"之后,认为知识转化为智慧便具有了领悟宇宙人生内涵之意。[①] 我们认为,如果把中国传统哲学思想与认知心理学思想结合起来看,那么,这其实就是实现了从思维和智力的认知性素养向人的价值、意义以及理想、信仰、伦理道德等的灵魂内涵的转化与升华。

实现这种转化与升华的关键因素,就是思维能力的发展不仅能够对知识进行综合分析与创新,而且能够分析综合知识之间的不同属性与内涵,从而产生知识与人性内涵之间的关联以及人与整个世界的高度抽象水平的扩展,产生世界观、人生观与价值观的融合与统整,以及宇宙与人生、外物与"自我"之间的关联,进一步形成有关人生意义的信仰、有关行为依据的系统化价值观念以及生活实践中的情感体验等精神性的灵魂。[②] 如果没有思维的高水平发展,仅仅局限在对对象的认知层面,那么,人是人,物还是物,人与物之间除本能的、功利需求的联系之外,别无其他,人不能洞察物中之意义、社会中之自我、宇宙自然中之人生。同时,反思是伴随着实践过程和结果的,没有实践的过程以及实践的结果,反思便没有对象化的外在形式,纯粹的没有对象的思,只能是空洞的意识流动,不会产生与自己关联、与社会关联的意义。"智慧是'做'出来的,而不是'想'出来的"[③]。因此,"立德树人"既要培养低阶思维,

---

① 冯契著:《智慧的探索》,华东师范大学出版社 1996 年版,第 333 页。

② 李忠军:《关于"灵魂"进入思想政治教育基本范畴的探讨》,《教学与研究》2015 年第 11 期。

③ 赵汀阳著:《一个或所有问题》,江西教育出版社 1998 年版,第 10 页。

也要培养高阶思维,更要在此基础上陶冶人的灵魂。这就是要从基础的、简单的知识与技能的积累,达致知识之间产生关联结构和扩展抽象结构的智慧建构的高阶思维,并凸显知识的丰富内涵,以实现知识与价值、物质与精神、自然世界与人类社会的整体性认知。这也正是朱熹倡导的由"洒扫应对进退"的"小学""进而于大学"的过程。[①]

实证主义认为,知识是以客观的态度、实证的方法(摒弃主观的情感与价值判断因素)对客观对象、客观事实以及客观规律的反映,从而获得的认知能力与知识性结果。而灵魂恰恰是人的一切行为的主观情感、态度与价值判断的表现,它是在客观认识的基础上发展出来的主体内在的精神品质。传统的理性主义与实证主义观点都认为在知识层面应该完全摒弃和排除灵魂因素,否则就不会有客观的真理知识。然而,在实践哲学、知识社会学和人本主义心理学看来,知识在生产过程中,是不能排斥意义、情感、价值等灵魂性因素的。马克思主义实践哲学认为"认识世界"的目的在于"改变世界",[②]改造世界就是"创造对象世界",最终使人"在他所创造的世界中直观自身",从而使自身成为"类存在物",产生"类生活",[③]这就是人的本质即社会性的灵魂性因素的发展。因此,无论是知识的生产还是知识的运用,必然关涉人的灵魂的范畴;同理,无论是知识生产还是知识学习,都必然关涉人的意义、情感、价值等因素;否则,人的生产活动就会变成异化的劳动,人的知识学习就会变成"罐装知识"的机器行为,也成为异化的学习。因此,从认知的智慧到精神的灵魂,起到改变知识性质和作用的"媒介"是人类思维特有的反思能力,思维能够对人自身的认知、实践行为与自身的发展进行反思,能够对自身与外在对象、自身精神与物质世界进行反思。正是这一系列的反思确证了人的本质存

① 朱杰人、严佐之、刘永翔主编:《朱子全书》第二十二册,上海古籍出版社、安徽教育出版社 2020 年版,第 1894 页。
② 《马克思恩格斯全集》第 3 卷,人民出版社 1960 年版,第 8 页。
③ 《马克思恩格斯全集》第 42 卷,人民出版社 1979 年版,第 96 页。

在,有一个启动、主持反思的自我之思。因此,具有反思能力的高阶思维是使得人的认知与行为向人的意义、情感、价值等因素提升,从物质的、客观的世界超越的关键环节。

情感性因素不能直接推动行为,否则,行为就会成为本能式的条件反射。情感性因素可以作为推动主体行为的动机与动力;批判性思维和反思性思维(智慧的表现)调整情感动机与动力的方向,不盲目听从非科学的、非理智行为的驱使,可以增强情感动机的认知性因素;通过理智性批判与反思的情感、价值取向更加科学,也更加坚定有力;理智性思考有了情感的推动,行为更加有力量,也更加有意义,行为才有灵魂的主导。单纯的认知,只能是对对象的结构与功能的把握,如果没有高阶思维的转化,认知就会直接作用于行为,从而产生简单的、感性的快感。一旦有了高阶思维的介入,认知与行为之间就增加了行为的科学理性因素和社会性因素,知识就转化为智慧,知识和智慧就成为灵魂生长的土壤。知识的多少与智慧水平的高低决定了灵魂的丰富性与高尚度。否则,知即为"伪知"。身体—机体、知识—智慧、精神—灵魂,它们存在一个逻辑上的顺序,但在实践中始终是交互影响、螺旋上升的。亲自参与到实践中,才可能促进身体机能的发育,发展认知与智慧、灵魂的生理基础与机体机能;机体机能的发育可以进一步促进知识的获取,知识的获取与机能的发育促成认知发展水平的提升;智慧是从知识之中发展出来的,但是知识被主体获取在身体机能之中形成物理结构,也形成逻辑数学性质的心理结构,于是知识的多少及其结构的联结方式决定了智慧的发展水平;同时,智慧的发展又反过来影响知识的获取、知识结构的方式以及知识内涵的丰富程度等。这一切都成为灵魂生长的沃土。因此,作为促进知识内容的结构丰富、知识人性本质的内涵丰富的中介,高阶思维关联主体的认知性因素与精神性因素,勾连着知识内容与灵魂内涵。如图8-1所示:

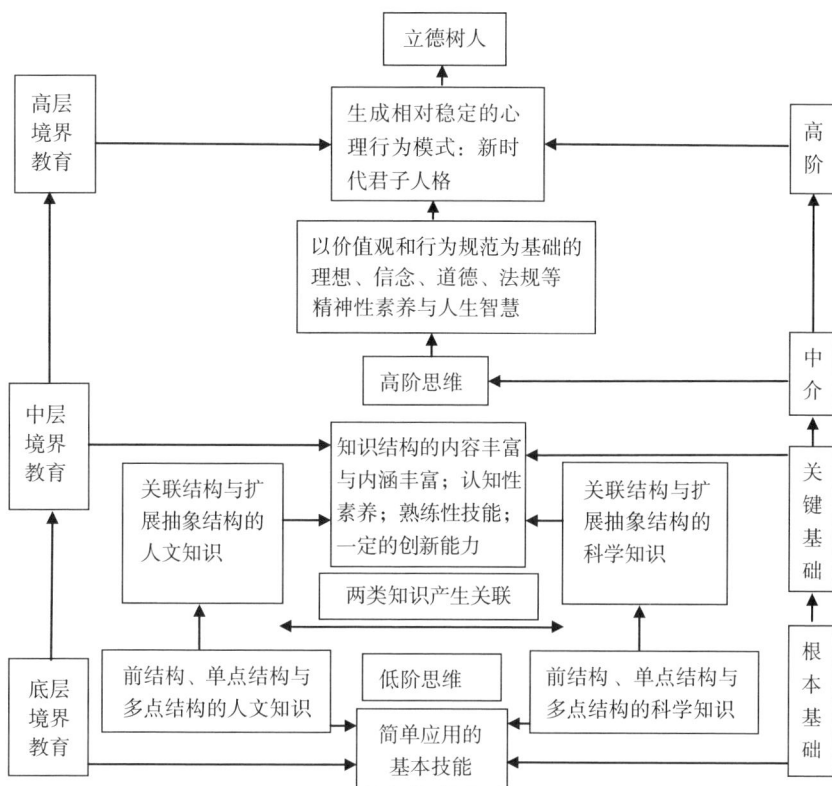

**图 8-1　知识育人实践结构**

# 四、知识育人的实践环节

人的发展是一个整体生成的过程:机体、机能从低级向高级发展;知识积累从少到多、从简单结构到复杂结构发展;思维、智力从低阶向高阶发展;自我与心灵从无到有、从初级到高级发展。人类进化史告诉我们,劳动活动与劳动经验的积累,既改进了机体的机能,又发展了认知世界的思维能力以及能够把自身对象化到对象上去的直观能力和自我意识。人类的机能、知识、智慧与心灵发展的过程和根本途径是人的生存实践活动。自从专门化的学校教育从生产劳动中分化和独立出来,教学过程面对的是语言符号形态的教学内容以及按类别组成的系统化的学科知识。符号化的、系统化的学科知识从生活和生产实践中抽离出来,以概念体系和理论形态的方式呈现给学生,让学生直接"习得",减少了实践中的盲目试错学习,提高了学习效率,但增加了转化为学生能力、智慧、情感体验、价值判断等素养的难度。现代教育面对的就是这样一个悖论。那么,如何突破这个悖论就成为教育改革的关键问题。因此,我们认为通过"做事"的实践联系学科知识与生活经验、生产劳动经验,以高阶思维为中介沟通实践与人格形成之间的关系,引导学生反思"物""事""人",体验自我、他人、社会,实现"成人"的目标(见表8-1)。

表 8-1 学科育人教学模式

| 学科教学(知识教育) | | | | 引导做事<br>(实践育人) | 引导做人<br>(立德树人) |
|---|---|---|---|---|---|
| 事实性<br>知识 | 知道、领会、<br>应用 | 低阶<br>思维 | 认知性<br>素养 | 会做事 | 通过做事成就做人,具体表现是劳动,因此劳动是教育的根本途径,劳动创造人;"立德树人"就包含了全部教育 |
| 策略性<br>知识 | 综合、分析、<br>评价 | 高阶<br>思维 | | 智慧地做事 | |
| 价值性<br>知识 | 体验、直观 | 精神<br>灵魂 | 价值性<br>因素 | 做有价值的事 | |
| | | | | 做有道德的事 | |
| | | | | 做符合法规的事 | |
| | | | | 快乐地做事 | |
| 知(情) | | | | 行 | |
| 知行合一 | | | | | |

## (一)引导做事:从学科知识教学到实践育人

一般而言,知识与技能的积累来自两条路径:生活实践活动和基础知识学习。而学科知识的学习往往必须以生活经验为基础,生活经验的扩展又总是与学科知识的扩展相联系,这两者是相互推动前行的。一方面,任何一个学科的知识概念,都要有相应的生活经验为基础才能被理解,才能够实现皮亚杰所说的"同化",实现知识结构内容的丰富。即使没有直接的经验或已有的知识结构同化,学习采用"顺应"的策略,也需要在已有经验或知识的基础上建立逻辑上的联系,成为已有经验或知识结构中的新结构,实现知识结构的扩展和内涵的丰富。另一方面,任何新知识、新技能的获得都必须经过实践的操作才可能转化为身体的机能与技能,外在的知识才能转化为内在的知识结构,大脑的思维与身体的机能才能融为一体。否则,外在知识只能是一种刺激信息,只能短暂储存。因此,在教学中既要引导学生把所学知识与生活经验结合进行思,更要引导学生把所学知识与生活、生产实践结合起来进行操作,即做事。做事,不仅是知识在学习过程中转化为能力的必经途径,更是做人的必经途径。不断地做事,丰富生活与生产经验,为学习更多的知识提供"同化"的基础,为更多新形式的知识学习铺平"顺应"的道路。

### (二) 引导做人:从实践育人到立德树人

传统的教学方法把"知识教育封闭在课堂教学、学校之内"[①],知识、技能、思维等发展水平是根据知识的记忆量、技能的熟练程度以及思维对于知识与技能的刺激—反应模式的反应细致程度、速度来进行定性评价的。教学始终局限在认知领域,操作也始终局限在对书本知识简单的、模拟的应用之中,缺乏生活与生产实践内涵,更缺乏这些内涵的价值与情感体验以及对自我、社会、人类本质的直观。从而导致学习活动成为机械行为,缺乏启发思维发展的智慧,缺乏激发情感体验的愉悦以及规范知识使用的社会性价值内涵。这种教育成为单纯的知识传授与职业技能锻炼活动,培养的学生往往缺乏生命活力,缺乏智慧,不能判断自身行为与他人、社会以及人类之间的价值、道德与法规的关系,不能体验自身行为的生命意义。因此,一些青年产生"四无心理"

---

① 陈理宣:《论知识的整体性及其教育策略》,《中国教育学刊》2015 年第 12 期。

危机就不奇怪了。[①] 有了一定知识的积累(包括书本知识和生活经验)和技能(知识的理解记忆能力和应用能力)的习得,便可以自己解决距离最近发展区的问题,通过基于学科内与学科间的知识的关联开展"问题式"自主学习(problem based learning),通过基于综合学科知识与生活实践和生产实践所涉及的知识进行"项目式"自主学习(project based learning)。在这个过程中,教师始终以启发思维和引导操作的方式培养学生对问题和项目相关的知识进行综合分析,寻求解决问题的新方法、新措施,借以发展高阶思维,形成比格斯所说的思维发展的关联结构、抽象扩展结构发展水平的知识结构形式。这样一种知识结构及其结构方式,一方面是大脑中知识储存的结构方式,表现为思维发展的水平;另一方面也是新知识获取的联结方式,即皮亚杰所说的"同化"新知识的方式和"顺应"新知识建立新结构的模式,表现为知识学习的方法与智慧。

在这个阶段,教师引导学生通过操作(解决问题和操作项目)培养他们智慧、高效率、科学地做事的能力,这将为他们能够体验成功、直观自身本质提供意志基础。接下来,教师就需要做到:第一,引导学生把所学知识与实践关联,慎思现实的可能性以及可能产生的价值及其与自我、社会、人类的物质利益与精神意义。这既需要思维之批判与反思审定,又需要整体直观身心体验。教师在学生的知识学习、技能锻炼、思维发展到一定阶段时,就要引导学生通过做事来培养实践智慧,在实践中结合学科知识与生活实践、生产劳动发现问题、提出假设、评估现实性、价值性、伦理道德性等。第二,在理性的反思与批判后,制定实施方案并付诸实践过程,在实施过程中学会不断调整与完善。第三,还需要对实践成果做出科学性、真理性、效率性、价值性、伦理道德性的检测与鉴定,这个阶段必须坚持遵循客观规律和理性的判断标准。第四,学习或

---

① 蒋芳、郑天虹、刘璐璐:《学习无动力、真实世界无兴趣、社交无能力、生命无价值感:青少年遭遇"四无"心理风暴》,《半月谈》2021年第4期。

实践主体反思成果与自身(隐含社会、人类)之间的本质关系,体验效能感与成就感,产生愉悦的情感体验,并为下一环节的行动储备动机与动力。要把学生培养成具有社会性、精神性的人,就必须引导学生超越个人的、物质功利主义的思维与情感体验模式,成为"类的存在物",能够在自己所创造的对象世界中"直观自身",使得学习活动具有审美的品质。

## (三)引导审美:从智慧地做事到乐于做事、快乐地做事

能做事,是人生存的基本要求,智慧地做事,是人发展的基本条件,做有益于社会、他人的事,是品德良好的表现,但是如果还能乐于做事、快乐地做事,那就是做人的最高境界,即成为孟子所说的"充实而光辉"之人,能够对他人产生"大而化之""圣而不可知之"(《孟子·尽心下》)的潜移默化的积极影响。这样的人不仅是有益于社会、他人的人,而且是自我快乐幸福的人,也正是我们所要求的德、智、体、美、劳全面发展的人。因此,立德树人就要求教师引导学生能做事、做有智慧的事、做有益于社会与他人的事、快乐地做事。

要让学生在学习和做事的过程中体验到快乐,得到激励,形成喜欢学习、做事,快乐地学习、做事的习惯,教师就必须掌握教育美学的基本原理,做到"立美育人"。首先,让学生成功学习和成功做事。杜威认为经验的完善就是美,一个具有整体性、丰富性、积累性和完满性的经验就具有审美的性质。"我们在所经验到的物质走完其历程而达到完满时,就拥有了一个经验。"[1]"每门科目在它发展的某个阶段,对和它有关的个人来说,应该具有审美的性质",[2]并且"任何形式的知识都是关于艺术的事情"[3]。在学习过程中通过帮助学生不断完善丰富已有的知识经验,不断拓展新的知识经验,让学生体验到经验完善的效能,就能够促进学生学习成功的快乐与学习美感的获得。布鲁

---

① [美]杜威著:《艺术即经验》,高建平译,商务印书馆 2010 年版,第 35 页。
② [美]杜威著:《民主主义与教育》,王承绪译,人民教育出版社 1990 年版,第 267 页。
③ [美]杜威著:《人的问题》,傅统先译,上海人民出版社 1986 年版,第 242 页。

纳用知识学习过程中的"完满的结构"和"连续的情节"来分析学习的兴趣形成以及学习效率的提高,①也即学习美感的获得。其次,要引导学生体验与直观自身的学习、实践行为与生命发展以及与社会、人类发展的审美关系,体验自己学习的进步、成长的快乐、"个人的自我实现"②,同时这种自我实现是作为社会人的实现,是人的类本质力量的表现。再次,揭示学习与生活中有意义的事件及其审美规律。不懂得美的人是不会产生对美的事物的美感的。"对于没有音乐感的耳朵来说,最美的音乐也毫无意义"③。因此,培养学生的审美感知能力,特别是对学习过程以及结果中"连续性"、"交互性"、"秩序性"、整体性的感知尤为重要。学习中无处不充满这些审美特征,只要学生能够体验与直观到学习、实践中的美,做事就有意义和乐趣,也就乐于做事了。这才可能真正培养高尚、纯洁、崇高、美好的心灵。

# 五、知识育人的实施路径

在解决了学科知识育人的学理逻辑与实践逻辑的模式构建之后,还需要解决更为具体的实施路径的问题。这个问题包含如下方面,即学科知识育人的内容与时间节点、教学的特殊方法和特殊内涵。

## (一) 点、节、章、科之"始"与"终":学科知识育人的时间节点与知识节点

知识点之间的联结、知识点与生活实践及生产实践中的问题之间的联结形成知识结构,知识点之间的联结方式、联结的数量与质量,决定了思维的发展水平,它反映的是知识内容的丰富性与灵活性。同时知识还有另外一种联

---

① 《布鲁纳教育论著选》,邵瑞珍等译,人民教育出版社 1989 年版,第 41—55 页。
② 《马克思恩格斯全集》第 46 卷下册,人民出版社 1980 年版,第 113 页。
③ 《马克思恩格斯全集》第 42 卷,人民出版社 1979 年版,第 126 页。

结,即知识与生活实践和生产实践所必然产生的结果与实践主体之间的本质关系以及与社会经济价值之间,与道德、法律、规范之间的联结,这种联结可以称为意义联结,反映的是知识内涵的丰富性与人性的本质性。传统的知识教学往往只注重其逻辑联结,忽视知识教学的意义联结,甚至一些低级的教学连逻辑联结的引导与启发都没有做到,因此不仅影响了学生的思维发展水平和智力发展水平,而且影响了学生学习兴趣和生活意义的产生,至于生活、学习意义内涵的社会性、道德伦理性内涵就更缺乏了。然而,知识的逻辑结构与意义结构毕竟是不同的两个概念,不能在具体的教学过程中同时产生和发挥作用。当陈述、分析知识的逻辑结构时,是不能放进情感、价值、道德等因素的,而事实性知识本身又必然包含这些因素。因此,如何把这两者融合起来,融合的路径是什么,融合的时间边界、内容边界与程度边界是什么,这是学科育人的关键。否则,只是在知识教学的外围空谈知识传授与价值教育的统一,是不会产生任何实际效果的。为此,我们提出以相对完整的知识点为单位在起始阶段或结束阶段进行视角转换,巧妙插入知识导论教学,以知识相对完整的"点""节""章""学科"为单位引导学生反思、体验、直观,实现知识的逻辑结构与意义结构的关联与融合。知识基本的单位就是一个知识"点",布鲁纳把它称为"可长可短""思想可多可少"的学习"片段"(episode)。① 它反映单一实体的单一结构形式、属性或功能。在教材编写过程中往往以知识"点"为基本单位,把多个相关的知识点联结成"节",再把相关的"节"联结成"章",把多个相互联系的"章"联结为一门课程或学科。因此,教师应该根据教学内容以及教与学的具体情况,确定知识的节点,在每一个节点之"始"和"终"设置引导。知识的"点",并不能机械地等于"章""节",教师应根据自己的教学情况和对知识的认识来审定。"章""节"等的"始"与"终"的作用是不同的。"章"(知识的完整内容应包含"整体知识""学科知识""章""节""点")"始"

___

① ［美］杰罗姆·布鲁纳著:《布鲁纳教育文化观》,宋文里、黄小鹏译,首都师范大学出版社 2012 年版,第 55 页。

导论,主要介绍"本章所要研究的主要内容及大致的研究思路",启迪智慧,"展示本章内容的实际应用",传递价值,"激趣励志"等。① 而"章""节"的"终"则主要考虑知识的整合、应用,学习之后思维上的反思、情感上的体验与本质的直观。

另外,在知识教育的过程中,虽然没有直接的、显性的思政内涵渗透,但也有间接的、隐性的思政内涵的渗透。它不以有意识的方式来渗透,而是通过教师长期积淀形成的科学精神、人生态度在知识教学过程中隐性地表现出来。

## (二)反思、体验、直观:学科知识育人的方法

知识是认知的,但知识的使用所产生的效果就不仅仅是认知的,更主要的是体验的、直观的。说实践结果有认知性,是因为结果与假设或预期之间的差异判断,说实践结果是非认知的,是因为结果对主体需要的满足会产生身体的或者精神的效益。主体或者直接享用结果满足身体的生理欲望,或者享用结果作为自己精神需要的意义。反思就是连接物质结果与精神需要之间联系的中介,体验就是身体对物质结果的直接感知或想象性感知,直观是主体对实践结果的形式上的感知,即情感形式的感知,连接的是自身与对象之间的本质关系,获得的是主体的本质性的内在认知,即马克思所说的对自我本质力量的直观。因此,在教学中,利用反思、体验、直观就是指向学习者对学习或实践结果的自我本质的"体验与直观",②从而产生作为成人的精神性因素,而非把知识学习或使用可能产生的结果作为功利性或一己之私的对象来进行物质性占有的感知与感受。一些教师在具体的教学中引导学生把学习成绩与考大学、就业、挣钱联系起来的行为就是引导学生对知识进行物质性占有的典型表现,这

---

① 邢成云、王尚志:《初中数学"章起始课"的探索与思考》,《课程·教材·教法》2021年第3期。

② 陈理宣、董玉梅、李学丽:《课程思政的内生机制、实现路径与教学方法》,《国家教育行政学院学报》2021年第8期。

是需要反思并予以规避的。

## （三）历史与传统、社会与经济、道德与法规：学科知识育人的内涵指向

在学习认知或实践操作的过程中，学习者的全部注意力集中在对象的结构与功能上，教师可以对认识与实践行为的"始"与"终"进行导论性或结果性的反思、体验与直观，其内涵指向"历史与传统""社会与经济""道德与法规"。① 一方面，在学生学习认知与实践行动的"始"阶段，教师要对所学知识的"学科""章""节""点"等单位进行导论教学，即根据知识学习的任务、目标的具体情况，既可以引导启发发现问题的创新智慧，也可以引导认识其社会经济价值，还可以讨论其道德、法律规范等。这个过程重在教会学生发现问题、思考问题和探究问题的方法。另一方面，在知识学习的"终"阶段，即相对完整的认知或实践任务完成后，教师更多的是引导学生体验与直观，引导学生转化视角，反思自身与认识行为、认识对象以及认知结果之间的意义关系；体验认知成果或实践成果的于己、于人、于社会的政治经济文化价值；直观自我与认知、实践行为以及相关因素之间的情感、形式、本质关系。因此，教师需要深度挖掘所教知识包含的（或隐或显的）历史与传统的发展线索，社会、经济与文化价值，道德、伦理、法规与规范等内涵，创造所教知识与它们的连接方式，引导、启发学生生成自己的体验形式，这样才可能把知识转化为学生内在的、有血有肉的主体化形式。

---

① 陈理宣、董玉梅、李学丽：《课程思政的内生机制、实现路径与教学方法》，《国家教育行政学院学报》2021 年第 8 期。

# 第九章 "五育融合":实现学科素养向人的素养转化[①]

    "课程思政"的出发点是各个学科专业课程要融入思想政治教育的内涵,"五育融合"的出发点是各种教育素养的全面发展与整体融合,这实际上是"立德树人"的一体两面。每一种教育素养都要落实到具体的学科知识上,学科知识也就是各种教育素养的承载体。前者强调学科融合,后者强调各种素养的融合。因此,"五育融合"是全面理解"课程思政"、实施"课程思政"的另一条路径。

    自党的十八大提出"立德树人"的教育宗旨之后,相继出台了一系列文件,包括 2019 年的《中共中央关于深化教育教学改革全面提高义务教育质量的意见》《中国教育现代化 2035》、2020 年的《中共中央国务院关于全面加强新时代大中小学劳动教育的意见》《中共中央国务院关于全面加强和改进新时代学校美育工作的意见》《中共中央国务院关于全面加强和改进新时代学校体育工作的意见》等,围绕"立德树人"建构了一个多维、立体、交叉的"五育融合"现代化教育理念与政策体系。如何准确理解这个体系,如何针对现实进行改革以实现这个目标,已经成为相当长一段时期内教育理论与实践重点研究的问题。

---

① 刘炎欣参与了本章的修改工作,在此表示感谢。

# 一、缘起与演进:从"五育并举"到 "五育融合",逐步完善的人的 全面、整体、协调发展教育理念

现代意义的"五育融合"是自近代以来,经过一个多世纪的探索,逐步形成以培养全面、整体发展的人为宗旨的教育理念及其原则与方法。

## (一) 从"三育并举"到"五育并举",形成全面发展的人的教育理念

"五育并举"是近现代我国面临国家命运、民族危机时,思想家、教育家思考救亡图存与人的发展的思想结晶。严复提倡要"鼓民力(体育)、开民智(智育)、新民德(德育)"①,这是最早的"三育并举",其目的是通过"新民"以"新制"(新政治制度)、"新国"。② 王国维则从"使人为完全之人物"角度提出德智体美"四育统合",③可以说是"四育并举"了。1912 年蔡元培提出了中华民国教育宗旨,即"注意道德教育,以实利教育、军国民教育辅之,更以美感教育完成其道德"④,其中"实利教育"大概相当于智育和劳动教育,"军国民教育"大概相当于体育和军事技能教育,"美感教育"是通过艺术净化心灵,达到陶冶人格,代替宗教信仰教育,是美育。这就形成了"五育并举"的概念。可见,"五育并举"的内涵始终是围绕两条线索发展的,一是从"新民"到"新政""新国"的救亡图存的教育目的,二是从"三育"到"五育"逐步完善的我国近代以来资产阶级萌芽时期的人性、人格教育内容。

---

① 王栻主编:《严复集(第 1 册)》,中华书局 1986 年版,第 18 页。
② 梁启超著:《新民说》,商务印书馆 2016 年版,第 4 页。
③ 姚淦铭、王燕编:《王国维文集》第三卷,中国文史出版社 1997 年版,第 298 页。
④ 舒新城编:《中国近代教育史资料(上册)》,人民教育出版社 1981 年版,第 223 页。

## （二）从"五育并举"到"五育融合"，完善全面、整体发展的人的教育理念

近现代意义上的"五育并举"是当时的思想家、教育家提出的改造旧的国民、促进人的全面发展的理想，只是停留于理念，并没有实践的支撑以及在实践中完善。但是随着马克思主义思想的传入，中国的新民主主义革命朝气蓬勃地发展起来，"五育并举"被赋予了新内涵，并在实践中探索了如何使"五育融合"的理念与方法、目的与过程的统一。最早以马克思主义关于人的全面发展理论为指导赋予"五育"新内涵的人是杨贤江。他说，"一个人要过圆满的生活，应当有强健的身体及精神，有工作的智识及技能，有服务人群的理想与才干，有丰富生活的风尚与习惯"①。他倡导青年要在品行、智慧、健康、劳动、审美等方面全面发展。

新中国成立以后，真正作为社会主义教育方针的"五育融合"思想也是经过一段时间的探索而逐步完善的。1957 年 2 月毛泽东发表《关于正确处理人民内部矛盾的问题》的讲话，指出："我们的教育方针，应该使受教育者在德育、智育、体育几方面都得到发展，成为有社会主义觉悟的有文化的劳动者。"②随后中共中央、国务院发布了《关于教育工作的指示》，提出"党的教育工作方针，是教育为无产阶级的政治服务，教育必须与生产劳动相结合"。结合毛泽东的讲话精神，可以看出，此时的教育方针有"四育"的内涵，也思考了德育、智育、体育与劳动教育之间的关系，即劳动教育是作为手段、途径与培养劳动者的目的的统一或者融合。改革开放后的教育方针继承了上述具有"四育"内涵的思想，并继续深入探索。1999 年颁发的《中共中央国务院关于深化教育改革全面推进素质教育的决定》，在总结以往教训和改革经验的基础上提出："实施素质教育，必须把德育、智育、体育、美育等有机地统一在教育活

---

① 任钟印主编：《杨贤江全集》第 2 卷，河南教育出版社 1995 年版，第 582 页。
② 《毛泽东文集》第七卷，人民出版社 1999 年版，第 226 页。

动的各个环节中。学校教育不仅要抓智育,更要重视德育,还要加强体育、美育、劳动技术教育和社会实践,使诸方面教育相互渗透、协调发展,促进学生的全面和健康成长。"这标志着"五育融合"的正式提出,一方面赋予了"五育并举"新内涵,另一方面对"五育并举"的关系有了新认识。

## (三)"立德树人","德育为先","五育优化",培养全面、整体、协调发展的人的教育理念

真正全面考虑"五育"如何融合的问题,是 1999 年之后的一系列相关文件。2004 年 2 月《中共中央国务院关于进一步加强和改进未成年人思想道德建设的若干意见》和 2004 年 6 月《中共中央关于进一步加强和改进大学生思想政治教育的意见》定下"育人为本,德育为先"的原则,2012 年党的十八大报告进一步强调"立德树人"的根本宗旨,其后逐步探讨德、智、体、美、劳五育的学科核心素养、学科边界以及各学科如何优化等原则问题。2019 年《中共中央关于深化教育教学改革全面提高义务教育质量的意见》提出了"树立科学的质量观"和探索科学的教育教学方法、坚持"五育并举""德育为先""全面发展素质教育"的基本要求,并指出要"突出德育实效""提升智育水平""强化体育锻炼""增强美育熏陶""加强劳动教育",阐述了"五育"之间的关系、边界和优化原则。2020 年 3 月的《中共中央国务院关于全面加强新时代大中小学劳动教育的意见》、2020 年 10 月的《中共中央国务院关于全面加强和改进新时代学校美育工作的意见》《中共中央国务院关于全面加强和改进新时代学校体育工作的意见》等,进一步全面阐述了关于德、智、体、美、劳教育的基本方针、基本原则和具体要求。这些文件的内容很丰富,但关于"五育"的阐述有三个根本的特点:第一,"五育并举",全面发展,一个都不能少,这是刚性要求;第二,"五育融合",要把"五育"融合、贯穿到各学科的教育教学全过程,要融合、贯穿到具体的生活、实践环节,相互渗透、相互协调;第三,各学科、各环节、各课程、各方面各尽其责,要"守好一段渠,种好

责任田"①。可见,从"五育并举"要求全面发展,到"五育融合"要求整体发展,再到"五育优化"要求人的素质结构的全面、整体、协调发展,这是对人的全面发展的科学认识与实践完善的过程。

## 二、审视与反思:低层、分裂、书本的教学现实

人们总是不断探寻理想的、应然的、理论的教育样态,并制定相应的教育政策以改革、完善现实的、实然的、实践的教育行动。教育的理想与现实、应然与实然、理论与实践之间始终是有一定距离和差异的,但是后者总是在不断追求前者、接近前者,这是教育者主观能动性的表现。因此,审视教育的现实、实然、实践的现状,反思其不足的原因,提出改革的对策,这是教育改革的本质与规律。

### (一)低层化、功利化的质量观,缺乏指向崇高的"五育"目标

近现代提出的"五育并举",是建立在国家生存与社会发展价值取向上的,指向崇高理想的目标。但是,现实中还有不少教师、家长和学生把教育与学习的目的建立在低层化、功利化的教育目的上,以此为教育质量评价的价值取向。低层次的教育目的观、人才观预设了低层次的质量评价标准、教学内容以及教学方法。当前,教育实践、教育评价都在进行改革,但仍有一些低层化、功利化的评价标准存在。中小学片面追求升学率,大学片面追求就业率、就业报酬的现象仍屡见不鲜。中小学片面追求升学率的低层化、功利化受到了普遍批评,但是大学的低层化、功利化质量评价还没有引起广泛重视。大学人才培养及质量的低层化评价表现在"强调短期的社会效应"和"对大学毕业生就

---

① 《习近平谈治国理政》第二卷,外文出版社 2017 年版,第 378 页。

业率的高度关注"上。① 一些人把就业率作为"评价高校教育质量的重要指标"，"导致高校利益相关者片面追求就业率"。② 而就业质量的标准就是毕业生的"收入回报"，甚至有关大学生就业质量的学术研究也以就业后的"薪资报酬"为标准评价就业质量。③ 这就必然导致"学习目的功利化、生活模式理想化、专业认知片面化和就业目标世俗化"④等现象。

低层化、功利化的评价标准窄化了教学内涵，导致教师倾向于使用简单的技术主义方法，从而忽视教学的信仰、价值观、情感体验以及道德等精神性的灵魂内涵。一方面，凡是与物质功利或经济功利、急功近利等相关的教学内容就被认为是有价值的，反之，则是无价值的，比如认为科学技术知识比人文社会科学知识更具有价值。因此，"不论是学科专业选读还是课程选修上，学生都更倾向于选择物质功利、经济功利相关性高的专业和课程"⑤。理工科学生可能会认为社会科学课程和知识没有价值、意义，所以造成国内部分理工科学生"人文素养缺失、信仰迷茫、价值扭曲，以至于学生们实践能力差，社会知识单薄，审美能力弱"⑥。另一方面，在这种价值取向和评价标准下，教学成为一种理性的、可计算的、客观的、"程式化"、"技术化和工具化"、"形式化"、"去情境化"、"视觉化"、显性化的方法，无须学生体验、感受、想象，因而知识与学生的"情感、态度、价值观"等内隐因素的相关性受到"冷落和抛弃"。⑦ 教学

---

① 张继明：《大学教学改革的功利主义批判与理性回归》，《四川师范大学学报（社会科学版）》2017 年第 11 期。

② 张学敏、柴晓旭：《我国高校毕业生就业率与高校教育质量评价研究》，《东北师大学报（哲学社会科学版）》2019 年第 3 期。

③ 胡建国、裴豫：《人力资本、社会资本与大学生就业质量》，《当代青年研究》2019 年第 5 期。

④ 张骞文：《物化时代大学生学习生活意义的建构》，《中国青年社会科学》2015 年第 6 期。

⑤ 陈理宣：《个体生命发展"元素养"的三维结构及其教学意蕴》，《中国教育科学》2022 年第 3 期。

⑥ 宋园园：《中美两国的理工科大学人文素质教育比较研究》，《实验室研究与探索》2018 年第 2 期。

⑦ 王会宁：《从"离身"到"具身"：课堂有效教学的"身体"》，《课程·教材·教法》2015 年第 12 期。

内容功利化、教学方法技术化都指向知识的看得见的效益,客观的、显性的、精准的质量评价特性,其后果是使得知识的特性和培养的人的特性缺乏"智慧""精神"层面的内涵,造成"教育的低层化"。[①] 在这种情况下,教学失去了崇高的"立德树人""培根铸魂"的本质。

## (二) 分学科、知识点与碎片化教学,缺乏"五育融合"的路径与方法

知识是人类思维创造的形式框定或裁量客观世界事实或规律的结果,同样地,学科知识也是人类思维创造的分类范式,把知识分类整理便于储存或运用时提炼与转换。当实践需要运用已有知识来解决问题时,人就按照实践的逻辑进行组合或者进行变通、创新,而人的实践能力就是在具体运用知识来解决问题的过程中成长起来的。因此,比格斯关于思维水平(或智慧、能力)的评价,就是按照能否把多个知识点或多个线索联系(知识点或线索与问题之间的关联,既有学科系统内又有学科之间的关系)起来,总结归纳出基本原理,并作出合乎逻辑的推演,用以解决面临的问题来进行判断的。[②] 不论是知识还是学生素养都是一个整体。学校教育分不同学科、课程的形式进行教学,不是以知识为目的,而是以学生的素养生成为目的。人类认识世界的基本规律之一就是区分与整合,分化、分析才能更深入地认识事物的各个组成部分,"根据它们的不同之处把它们区分开来",把众多事物或事物的众多组成部分区分开来后,又"根据它们的相同之处把它们作为整体整合为不同的组合",[③]形成整体的认识。因此,人的教育既要分化,又要整合。德、智、体、美、劳,既是相关的学科知识、课程的分类,也是学生相关的素养、品质的分类。它们既

---

① 项贤明:《当代学校教育中的科学和人文危机》,《中国教育学刊》2020 年第 8 期。

② [奥]比格斯、科利斯著:《学习质量评价》,高凌飚、张洪岩主译,人民教育出版社 2010 年版,第 29—31 页。

③ [美]安·兰德著:《客观主义认识论》,江怡等译,华夏出版社 2007 年版,"第一版前言"第 7—8 页。

要以分科的形式进行深入的认识与培养,又要以整合的形式进行整体的认识与培养。

分科、分化的教学本是为了整合,但是在现代教育中分科、分化的教学存在过度分裂的现象,使教学与学生素养难以融合、整合。自进入工业社会以来,学科分化以及工作分工引起了教育的分科与分工,分阶段、分学科、分地点、分不同教师以及分知识点进行教学本来是学校教育的常态,但是学科之内的知识过于细化、过于小步子教学,每一门课、每一个教师过于严格限制知识点之间、学科之间、科学与生活、科学与实践之间的界限,过于严格按照学科逻辑进行教学,就会使学生不能自动产生知识之间的相互关联,在知识与生活实践之间建立联系。在教学现实中,甚至有些教师会为各自所教的学科争取更高的地位而在无形中贬低其他学科的地位,为争取更多的时间而相对挤占其他学科的时间。① 上述情形会导致学生学习的学科之间的知识不能融合,学生的素养之间也不能融合,甚至造成人为的分裂与对抗。究其原因,一是由于现代社会科学技术高度发展,新知识呈几何级增长,客观上要求学生学习的知识的增长速度和数量与学生的接受消化能力不匹配,与教育科学发展不匹配。"学生每天面临浩如烟海的知识,只能去听、看和记,没有对知识进行咀嚼、理解的机会","这样的知识学习对于学生智慧的发展不会产生多大的促进作用"。② 新增长的知识呈发散性发展状态,教育科学还来不及把新知识整合进系统知识之中,还来不及研究新知识的教育化形式转化等,因此就造成了第二个原因,即学科分化越来越专、越来越细,课程组织越来小型化、专题化,教学也越来越小步子、小概念,学习也越来越杂乱、零星。结果使得学科知识之间、知识的点与点之间、知识点与生活、知识点与实践之间的联系越来越少。怀特海曾指出,"零零碎碎的信息或知识对文化毫无帮助"。"那些仅仅被大脑所接收却没有经过实践或验证,或与其他东西进行融会贯通的知识"就是"呆滞

---

① 陈理宣:《论知识的整体性及其教育策略》,《中国教育学刊》2015年第12期。
② 李长吉:《知识教学的使命:转识成智》,《清华大学教育研究》2010年第5期。

的思想"。真正的教学是发展学生的智慧与生命,这样的教学是"不要同时教授太多科目","如果要教,就一定要教得透彻"。① 现代教育的这种分科教学、分素养训练各自为政,特别是在现代社会条件下的知识爆炸与社会急剧变化带来的焦虑,没有科学的启发、引导,完全依靠学生自身自发性的尚且不成熟、发展不健全的主体性进行整合,往往具有盲目性和试错性,这给学生的健康成长带来极大的阻碍。

## (三) 单一性质的知识,指向单一素养和人格,缺乏"五育并举"的教学内容

"五育"不全,一般是指与德智体美劳相关的学科、课程不全。但是,事情远没有那么简单,并不是与"五育"相关的学科或课程开设齐全了,就达到"五育并举"的目的了。我们应深入分析表面现象背后的本质。不仅要相关学科、课程开设齐全、足够,而且还需要分析知识和教学本身的性质特点,即单质知识和单质教学。单质知识是指单一性质的知识,一种是认知性的知识,另一种是书本性的间接知识,即书本的、抽象的、静态的、客观的、价值中立的等性质的间接知识,是与主体化、存在于身体之中的直接知识相对而言的。间接知识要转化为直接知识,需要主体内化并转化身体机能,而不仅仅是存储在大脑中的信息。现代教学很大程度上是课堂的、书本的、静态的、客观的、价值中立的概念、符号体系等的教学,教学方式是行为主义式的机械、强化训练。② 这些诉诸大脑之知的书本知识、符号化知识在教学中只是要求学生"通过背诵、记忆、练习等学习策略,将知识'储存'到'知识库'中,以便在'考试'时能够迅速'提取'"③。书本的、符号的知识本质上是抽象的、理性化的、间接的,在教学时往往"通过书写的方式考查学生对书本知识的掌握情况进行评价,既

---

① [英]怀特海著:《教育的目的》,庄莲平、王立中译,文汇出版社 2012 年版,第 1—3 页。
② 周海涛、冼俊峰:《离身教学文化的批判及其超越》,《教育理论与实践》2016 年第 22 期。
③ 陈得军:《课堂教学异化批判及破解的可能路径》,《教育理论与实践》2018 年第 25 期。

忽视了知识的过程性、实践性,又忽视了知识的情感体验性、价值判断性以及与机体的多方面有机联系性等",学生学习后既不能"结合身体产生行动,也无法激发情感、意义、价值、信念产生行动的动机与克服困难坚持行动的毅力与信仰"。① 可见单质性的知识不利于学生素养融合与人格的整合,不利于全面自由自觉地发展。

与单质知识相对应的是单面的知识。与"五育"相关的学科几乎涵盖了所有知识领域。在片面追求升学率的条件下,德育、体育、美育、劳动教育都被置于智育之后,单方面追求智育,单方面重视数理化或考试知识,凡是不直接考试的道德教育、艺术教育(美育)、劳动教育、体育等课程都可以进行"瘦身"处理。这就造成"疏德""偏智""弱于体""抑美""缺劳"的畸形教育现象的存在②,严重破坏了"五育融合"的教育生态和人的素养生态。这种教育会造成人的素养不全面、不平衡,影响整体素养和整体能力的发挥。比如,有的学生认知性知识掌握得很多,但没有智慧也没有实践能力,想做但不会做;有的学生能力很强,但没有情感动力,不愿意学习、工作;有的学生有动力,但动机不纯,自私自利甚至损害他人利益和社会利益等。

# 三、应然与生成:"五育融合"的本质及其实践创新

"五育并举""五育融合"起源于中国近代以改革国民教育拯救民族存亡危机的思考,成熟于马克思主义教育理论的引入并指导中国特色社会主义教育实践取得阶段性成效的过程。马克思主义关于人的全面发展理论是崇高理想与科学理论的统一,是指导"立德树人"实践的根本原则。因此,我们应认真领会马克思主义关于人的全面发展理论的精髓,探讨"五育并举"与"五育

---

① 陈理宣:《论知识的整体性及其教育策略》,《中国教育学刊》2015 年第 12 期。
② 宁本涛:《"五育融合"与中国基础教育生态重建》,《中国电化教育》2020 年第 5 期。

融合"的应然本质,在教育实践中不断科学地生成与创新。

## (一) 以人为本,德育为先,"五育融合",用知识"塑造灵魂"

"五育融合"的最终目的是"立德树人","以人为本,德育为先"是"立德树人"的根本和"五育融合"的关键。"五育"既是不同的学科知识、课程内容,也是人的不同方面的素养。所有的素养都要以知识为基础,是在先天遗传生理基础上和后天实践活动中生长出来的。因此,要在知识的选择、加工、改造、呈现、运用过程中,渗透和挖掘知识本身的思想、情感、价值与道德等内涵,把知识转化为具有教育性的知识形式,使学生在内化知识、转化为素养的过程中,自觉与不自觉地发展自身作为社会主义建设者和接班人的生命形式。

布鲁纳把教与学的过程和实质概括为四个环节与四个方面的内涵,从而揭示了在教育实践中如何通过知识学习、生活实践逐步积累和建构意义的原理。他认为,学习通过对身体掌控的"行事权",可以将所学知识的原料进行"反思",转化为自己的"理解",并将知识文化"资源予以共享",再将"文化""通过建构、协议、体制化等方式"形成"生活及思维方式"。[①] 他一方面重视知识的积累性,另一方面重视通过知识的积累进行"意义建构"。不过他讲的"意义建构"始终具有抽象文化的内涵,并没有揭示意义的人性本质与社会性的关系。我们认为意义的内涵,集中表现为具有社会性的思想、道德、情感以及价值观等精神性素养。马克思曾经批判现代资本主义社会的人处于以物为依赖的关系之中,产生异化的生产劳动及异化的生活,使人没有灵魂,成为"空心人"。以物为依赖的社会生产关系将人的意义建立在物质功利性的基础上,人不再有崇高的理想与精神性的灵魂。因此,作为人的卓越灵魂的目标从来没有像后现代时期这样凸显其紧迫性和必要性。一切教学都应为了人的自由灵魂生成的目标服务。"唯有能够完善人心的教育,才能在人心中为人

---

① [美]杰罗姆·布鲁纳著:《布鲁纳教育文化观》,宋文里、黄小鹏译,首都师范大学出版社 2012 年版,第 211—212 页。

类筑起一道安全防火墙。"①所以,"立德树人"的教育宗旨是指向灵魂的教育。单纯的知识教育,如果没有人的灵魂作根基,就没有生机与活力,就是怀特海所批判的呆滞思想和无活力状态。因此,要在深入理解、广泛涉猎知识的基础上,确立"立德树人"的目标,通过知识、机能与智慧的教育"塑造灵魂、塑造生命、塑造新人"。

## (二)学习实践活动方式的多样性沟通与转换,"五育融合"的根本途径与方法

人的全面发展的内容主要是指个体能力的全面发展,即人的体力和智力发展的总和。如马克思所说的"人的身体即活的人体中存在的、每当人生产某种使用价值时就运用的体力和智力的总和"②。人的发展的"全面"应该是与人生存的社会发展相一致的全面,而不是"个人的全面性","不是想象的或设想的全面性,而是他的现实关系和观念关系的全面性"。③ 人的全面发展的能力是社会的人的能力的总和,不是单个人的、狭隘的全面,不论是个体的能力还是全人类的能力,始终是在不断丰富发展之中的。单个人的全面发展是与他所处的社会生产力和社会关系相适应的。马克思说人的活动方式各不相同,但都处于社会相互作用之中,因此多种掌握世界的方式又是相通的。"思想整体"是"思维着的头脑的产物",是掌握世界的"专有的方式",它"不同于对世界的艺术的、宗教的、实践精神的"掌握方式。④ 理论思维只是掌握世界的方式之一,与之并列的还有艺术的、宗教的、实践精神的掌握方式,它们的表现形态各不相同。他还说:"必须时刻把下面两者区别开来:一种是生产的经济条件方面所发生的物质的、可以用自然科学的精确性指明的变革,一种是人

---

① 项贤明:《在人工智能时代如何学为人师?》,《新华文摘》2019 年第 12 期。
② 《马克思恩格斯全集》第 23 卷,人民出版社 1972 年版,第 190 页。
③ 《马克思恩格斯全集》第 46 卷下册,人民出版社 1980 年版,第 36 页。
④ 《马克思恩格斯全集》第 46 卷上册,人民出版社 1979 年版,第 39 页。

们借以意识到这个冲突并力求把它克服的那些法律的、政治的、宗教的、艺术的或哲学的……意识形态的形式。"①这便说明,只有经济条件方面的活动才是用精确性的自然科学方式认识世界或掌握世界,而其他领域如意识形态领域则用其他相应的方式去认识或掌握。掌握世界的丰富方式及其丰富的内容就是人的素养的全面性,人的社会关系的丰富性,也是教育全面性的表现。生活实践中各种素养的融合指导着教育的"五育融合"。因此,教育的内容来自实践、为了实践、通过实践进行,人类实践活动的丰富多样性、掌握世界的方式的多样性,决定了教育的实践多样性。实践的、模拟实践的、虚拟实践的多样化方式需要沟通与转换;实践的物质生产性、精神生产性的多样化需要沟通与转换;生活的经济性、文化性、科学性等内涵需要沟通与转换,德性活动、身体运动、审美活动、实践活动、理论活动也一样需要沟通与转换。教育就是要培养学生掌握世界的方式、生活活动的形式以及人生意义内涵的丰富多样及其沟通与转换。从学科教学和素养培育的角度来看,不同的掌握世界的方式、不同的实践活动之间的融合与转换,就是"五育融合"的表现。也就是说,学科不能沟通与转换,各种素养也就不能沟通与融合。任何学科知识都可以在生活实践的不同方面关联、沟通与转换,如果在教学中机械地学、分裂地学,就不能培养沟通、融合、转换的思维能力,就不能引导学生灵活地在生活各相关方面渗透、沟通、转换。因此,在具体的教学实践中,一是要将所学知识在学科内关联、融合,即"育内"融合;二是要将所学知识在学科间关联、融合,即"育间"融合;三是要将所教知识与生活、生产实践关联、融合,即"跨育"融合;②四是要将前三者融合到实践中,回到马克思所说的将各种实践活动相互融合与转换,实现人生态度与方式的多样化融合,即人的融合。

① 《马克思恩格斯文集》第 12 卷,人民出版社 2009 年版,第 592 页。
② 刘登珲、李华:《"五育融合"的内涵、框架与实现》,《中国教育科学》2020 年第 5 期。

## （三）以美辅德，以美超德，达到审美人格的最高理想

全面发展同时指向人的"自由自觉"活动能力的发展。所谓自由自觉，是指人的发展是人的主观能动性的表现，一方面是自由的，他的发展是自己做主，是来自他自身内在的本质的需要，另一方面是主动的，不是被动的、被逼迫的。所以，马克思说："……正是在改造对象世界中，人才真正地证明自己是类存在物。这种生产是人的能动的类生活。通过这种生产，自然界才表现为他的作品和他的现实。因此，劳动的对象是人的类生活的对象化：人不仅象在意识中那样理智地复现自己，而且能动地、现实地复现自己，从而在他所创造的世界中直观自身。"[1]自由自觉的行动超越道德的行为规范而又合乎道德的行为规范，是在遵守人类一般社会规范前提下的理想性、本质性的行为。而自由自觉的活动是人的"类本质"的活动，这种活动通过劳动创造对象世界而实现人的本质力量的对象化，将内在的、真正的人的本质在自己所创造的对象中表现出来，实现自身的发展和对自身发展的认识和体验，达到创造美和体验美。因此，人类自由自觉的活动，既是人的"类本质"的活动，符合人类最高本质的道德规范，更是人的创造美与体验美的活动，是人发展的最高境界。人的自由自觉的活动，通过劳动表现。劳动创造美，所以是审美活动，创造美符合"类本质"，所以是最高的道德。正因为如此，"美是纯洁道德"的源泉，是"情操""心灵"的教育，可以"以美育人、以美化人、以美培元"。[2] 因此，人的全面发展，以人的自由自觉的劳动为根本，提升劳动教育目的，纯洁行为规范，以统帅整体的人格。遵守社会行为基本规范以及法律法规，这是道德底线，辅之以自我修养，"五讲四美"，这就是提升人性、人格之美，激发以美的追求为动机的道德修养水平，这是以美辅德；提升行为的高尚动机，创造美好的既有益于

---

[1] 《马克思恩格斯全集》第 42 卷，人民出版社 1979 年版，第 97 页。

[2] 中共中央、国务院：《关于全面加强和改进新时代学校美育工作的意见》，2020 年 12 月 8 日，见 http://www.moe.gov.cn/jyb_xxgk/moe_1777/moe_1778/202010/t20201015_494794.html。

自我的独立生存又有益于社会发展的成果,这就达到了崇高的美,超越行为基本规范的德,这就是以美超德。

## (四)劳动教育是最终实现全面、完整、协调发展的人的根本途径

恩格斯说"劳动创造了人本身"①。马克思认为教育的根本途径就是生产劳动,教育必须与生产劳动相结合,这是"造就全面发展的人的唯一方法"②。在马克思看来,劳动是人的本质,是人类生存与发展的手段,劳动通过认识世界、社会规律,改造世界与社会,实现物质财富与精神财富的创造,使得劳动能力不断提高,并在劳动过程和劳动结果中直观自身本质的力量。这即是创造之德、之智、之美、之能的综合体现。从广义上看,劳动就是最根本的教育途径。人本身的发展就是通过劳动的推动而实现的,劳动教育"具有树德、增智、强体、育美的综合育人价值"。教育的内容来自生产劳动,人类的所有知识都直接或间接是劳动经验的积累;从教育起源上看,教育是为了生产劳动。随着劳动经验的积累,分化出了专门的教育。学校教育成为年青一代缩短经验自然积累历程的手段,从而站在前人经验的基础之上高起点地开展劳动;教育必须通过劳动来进行,在劳动中进行。因此,劳动是"学生成长的必要途径,具有树德、增智、强体、育美的综合育人价值",要"把劳动教育纳入人才培养全过程"。③ 劳动的内容与智育相关;劳动的态度与德育相关;劳动创造美、体验美,与美育相关;劳动能力包括身体能力,与体育相关。因此,劳动是德智体美教育的必经途径与根本途径,是一切教育价值的最终实现。

过去认为教学是一种特殊的认识,其实教学应该是一种特殊的劳动实践。

---

① 《马克思恩格斯全集》第 20 卷,人民出版社 1971 年版,第 509 页。

② 《马克思恩格斯全集》第 23 卷,人民出版社 1972 年版,第 530 页。

③ 中共中央、国务院:《关于全面加强新时代大中小学劳动教育的意见》,2020 年 3 月 20 日,见 http://www.moe.gov.cn/jyb_xxgk/moe_1777/moe_1778/202003/t20200326_435127.html。

知识是劳动经验的结晶,传授和学习劳动经验,本质上仍然是劳动。因此,学校劳动教育不限于体力劳动或物质生产劳动教育,只要知识学习与一切生产包括物质资料生产、文化艺术生产、科学研究、生活自立等关联都可以视作劳动。综合实践活动、动手操作、问题解决是劳动教育的集中表现。手是"劳动的器官",是"灵巧性与复杂动作"的"高度完善"的机体,是人的机能与智力发展的关键,它虽然只是整个人的"复杂的机体的一个肢体",但是"凡是有利于手的,也有利于手所服务的整个身体"。① 动手操作的劳动促进人的机能与智能发展的同时,伴随自我意识的发展,能够把操作结果与自我联系起来进行反思、体验与直观,从而获得自我本质力量的领悟与表现,产生思想、情感以及相应的价值观等精神性内涵。这才使得人的劳动超越本能生存需求,而能发展出如此丰富的生命文化意义。因此,坚持马克思的教育必须与生产劳动相结合,用劳动的内容、通过劳动、为了劳动教育;必须遵循陶行知先生的教育理念,动手与动脑、"劳力"与"劳心"结合。

---

① 《马克思恩格斯全集》第 20 卷,人民出版社 1971 年版,第 511 页。

# 第十章　教育智能化时代"课程思政"的新样态①

人工智能对人类的生产方式和生活方式产生了全方位的影响,从而带来"学习方式变革的深度融合"②。在人工智能条件下,传统意义上的教学内容、教学手段以及教学场景将发生重大改变,必然影响联结所有教学要素的课堂教学模式的变革——智能化因素与教学核心要素的"深度融合",进而将推动"学校课堂教学方式变革"。③ 课堂教学方式的变革不仅仅是教学方法、教学手段、教学形式等技术性、技能性的外在因素的变革,在早期的"人工智能+教育"中,"教学理念缺乏人文关怀",而随着"人工智能与教育走向深度融合","信息技术与教育教学相互关照","贯穿于培养人的全过程",就实现了"教育+人工智能",教学的过程中就"包括知识、情感、价值观等多方面的融合"。④ 人工智能

---

① 本章部分内容以《人工智能背景下教学形态的嬗变:特点、挑战与应对》为题发表于《当代教育科学》2021年第1期。

② 联合国教科文组织:《人工智能与教育北京共识》,2019年5月18日,见联合国教科文组织官网,https://unesdoc.unesco.org/ark:48223/pf0000368303。

③ 《教育部办公厅关于推荐遴选"基于教学改革、融合信息技术的新型教与学模式"试验区的通知》,2019年10月25日,见http://www.moe.gov.cn/srcsite/A06/s7053/201911/t20191107_407338.html。

④ 徐晔:《从"人工智能+教育"到"教育+人工智能"——人工智能与教育深度融合的路径探析》,《湖南师范大学教育科学学报》2018年第8期。

的发展,必然与教学深度融合,必然造成教学的全新样态,因此探讨人工智能条件下的教学新特点与"课程思政"新模式具有重要的理论意义和实践价值。

# 一、人工智能条件下教学特点的表征

人工智能既是教学的方式,也是一种教学媒介,更是一种教学理念。人工智能技术与课堂教学的多种要素深度融合,促进以"教"与"学"为核心的主体性因素相互作用而发生交互性变革,从而建构适合自身以及即时场景的新教学模式,因其不同于现代教学模式,故称其为后现代教学模式。

纵观人类教学模式的发展与演进历程不难看出,导致教学模式发展与演变的关键性要素是教学过程中相关核心要素的形式、内涵及其相互间作用方式的发展与变革。因此,如果从形成教学活动的四个核心因素即教学的目标与策略、教学内容的呈现方式与样态、教学过程中多种因素融合的模式以及教学主体参与的方式与态度来分析人工智能时代教学的新特点,发现其发展经过了四个不同的发展阶段与相应的模式:原始时期生活实践中的群体教学;农耕与手工业时期生产实践中的学徒式个体教学;工业化生产时期现场与模拟实践活动相结合的现代学校班级制群体式课堂教学;后工业化生产时期人工智能条件下的现场实践和模拟实践与虚拟实践相结合、群体与个体相结合、线上与线下(网络与课堂)相结合等的混合教学。因此,根据构成教学的要素及其相互作用的不同,人工智能条件下的教学形态呈现出如下特点。

## (一)"人是目的":教学的人本性目标与"课程思政"目的凸显

人工智能应用到生产中后,生产力极大提高,生产高度集中,引起生产关系发生相应的变化,从而使得生产方式以及人们的生活方式相应地产生变化。教育适应社会发展与人自身发展需求的社会化与人化统一的本质要求教学目标与教学目的的变化。随着社会生产力的发挥,人类的必要劳动时间缩短,为人的自由与解放提供了条件。马克思所设想的"作为目的本身的人类能力的发挥,真正的自由王国"①才可能实现。传统意义上的教学为了实现人的生产技能的最大化发展,教学的过程经过精准预设,教学的内容和范畴及其目标往往局限于提升受教育者的劳动能力以及其未来获得更多物质生活资料的能力这一层面,过度强调如何培养适应社会竞争的基本技能与生存能力,教学的生产劳动技能目标和适应社会的生存能力目的成为鹄的,窄化了教育的真正内涵,在一定程度上导致人的异化和单向度发展。随着后工业社会的来临,传统教育的劳动能力目标已经不再是唯一,过去所说的"学好数理化,走遍天下都不怕"的时代已经一去不复返,与此相应的是人类追求自由与人的解放,从对人的依赖和对物的依赖中解放出来,实现人人都可以在任何范围从事任何职业,完全"随自己的心愿"做自己喜欢的事的理想。② 要实现这个崇高的理想,无论是从社会生产力还是从人的自觉品性的高度发展来看,教学都是关键。但是,智能教育时代教育的技术主义对人性培养目标、"立德树人"的目的产生了前所未有的冲击,造成人的"主体虚无""非人主体""主体弱化"等风险,而正是这种"非人"的冲击激发并打开了"人"的空间。③ 智能技术的发展一方面通过解放人的不自由限制,为人类人性发展提供了客观的可能性;另一方面智能技术的发展有限制、弱化人性的弊病,因而亟须激发、唤醒人的主体性及其能动性。因此,教学的人性目的真正凸显出来,教学的知识与技能目标应确定为人的成长与发展服务的桥梁和手段。时至今日,课堂教学中的知识中心主义和技能中心主义的热度依然不减,知识与技能目标在传统教学中很突出,中小学的"应试教育"与大学的"应职教育"仍不鲜见。④ 教学的人性目的的凸显是从现代社会向后现代社会转变的根本特征。现代教学的信息量增加以

① 《马克思恩格斯全集》第 46 卷,人民出版社 2003 年版,第 929 页。
② 《马克思恩格斯全集》第 3 卷,人民出版社 1960 年版,第 37 页。
③ 张务农、贾保先:《"人"与"非人"》,《电化教育研究》2020 年第 1 期。
④ 陈理宣、温友珺、舒梦:《怀特海智慧教育思想及其启示》,《教育研究与实验》2019 年第 3 期。

及知识形式的丰富化、多样化却又导致了知识学习的困境,当前一些深度学习与智慧教学的目标依然停留在为生存而竞争的技能水平上。因此,我们认为,在人工智能条件下,如果不能超越知识与技能的目标向人的发展目的转变,不能深度挖掘技术知识背后的思想、情感、价值与道德等精神性内涵,即使是所谓的深度教学与智慧创新教学也仍然是一种为物质生存、为功利目的的教学。的确,智能时代的教育更应该创造超越"技能教育、知识教育和智慧教育"的"灵性教育"。① 而"灵性教育"的核心就是人的思想、价值观、道德、情感体验以及社会行为规范等精神性、理想性、社会性的思想政治教育内涵。

### (二)"现实场景":知识呈现的形式与场景的融合

在智能教育时代,大数据、互联网、云计算等现代媒介在教学中广泛应用,可以构建知识呈现的"增强现实场景"。比如,"把抽象的知识具象化"②,也可以通过非侵入性脑机接口"模拟人类教师实现一对一的智能化教学"和"交互情感感知调节"等,③使教学的临场感增强,传统单一形式的"口授式"教学形式相形见绌。教学场景是教学要素相互作用的活动过程及其样态与情景。现代化的教学媒介既可以让教学内容(知识)以多种形态出现,如知识的呈现方式"既可以是传统的符号性知识形式,也可以是虚拟实践的知识形式,还可以是侵入式体验知识形式等"④;也可以实现教学对象与教学者之间多种形态的连接,如线上与线下混合的方式;还可以营造多种情景的教学环境,如现场实践、模拟实践、虚拟实践,现时场景、历史场景、未来场景等的相互交错切换;

---

① 侯长林:《大学灵性教育的理论探讨与实践策略》,《重庆高教研究》2017 年第 6 期。
② 何克抗:《21 世纪以来的新兴信息技术对教育深化改革的重大影响》,《电化教育研究》2019 年第 3 期。
③ 李海峰、缪文升:《挑战与应对:人工智能时代高校应重视价值判断教育》,《中国电化教育研究》2020 年第 2 期。
④ 蔡乐才、张学敏:《智能教育的挑战与教师的应对策略》,《课程·教材·教法》2020 年第 12 期。

教学媒介的实物与行为、符号与手工书写(黑板与粉笔)、情景与多媒体的融合,使得受教育者的形象思维、抽象思维以及逻辑思维得到全方位的发展,教学者可以充分利用教学媒介营造时空交错、场景交融、多主体交流与对话的场域。教学活动中几乎综合了所有现代教学的智能技术因素,从而形成智能时代独特的教学场域。这种独特的场景为"课程思政"内涵的无形渗透和潜移默化提供了更为有效的新形式。

### (三)"多元整合":多环节、多情景、多方式、多模式教学的自由转换

单就教学形式而言,毫无疑问,智能时代教学媒介的多元化、知识形式的多样化超越了传统教学在单一空间以单一媒介、单一方式、单一模式的作用过程。但是,这并不意味着可以完全抛弃以教师与学生为主体的教学互动性质,反而需要更进一步增强"教师信息化领导力"[1],与学生的信息化应用力互动,在此基础上的教学主体灵活运用丰富多样的教学中介进行教与学的自由转换。人工智能条件下教学内容和教学媒介都以多形态方式参与到教学过程中,多过程、多环节交错循环展开,构建了极为复杂、多种思维方式、多种实践训练模式、多环节展开、多种情景交织在一起的可反复重复、深化发展和生成的过程。教学过程已经不再是简单的、固定的、重复的过程,而是一个复杂的、多因素交互作用的、多模式的、自由的、生成的、充满智慧与创新的过程,甚至是一个"人与智能机器的无缝衔接"[2]、"人机混合、异质性网络、混杂客体、流动身份"以及多元主体、多质主体的交互、融合的过程。[3] 因此,智能时代的教学过程已经发展为不能简单描述的混合式的、多性质客体与多性质主体交互

---

① 赵磊磊、张蓉菲:《教师信息化教学领导力:内涵、影响因素与提升路径》,《重庆高教研究》2019 年第 3 期。

② [美]凯瑟琳·海勒著:《我们何以成为后人类》,刘宇清译,北京大学出版社 2017 年版,第 4 页。

③ 张务农、贾保先:《"人"与"非人"》,《电化教育研究》2020 年第 1 期。

生成的、"多元整合"的复杂过程。这个过程的基本特征是教学媒介的多样化、丰富化，教学时空的形式、场景及其与教学主体的参与融入的自由转换性，教学内容的形态、性质及其与教学主体的相互作用方式的丰富多样、自由选择，教学主体对教学媒介、教学内容、教学时空更大更自由的掌握等。这种对传统教学媒介及其形成的场景的超越，一方面可以实现高效率地教知识与学知识，另一方面可以为启发人的反思、体验与直观，提供更多的时间与空间、内容与形式等方面的便利，更能为实现教学的人性化目标服务。

### （四）"审美创造"：教与学任务的繁重与悠闲并存

知识形式、媒介载体、活动时间与空间以及活动方式等一系列教学要素的变化，使得智能教学给予教与学的主体更多自由性选择与创造的余地。因此，教师的教、学生的学，都将表现为审美的方式与审美的态度。这是对以往三个阶段的教学模式的超越。它表现为对固定的教学者、教学内容、教学媒介、教学方式、教学目标、教学时空以及教学态度的超越。教育者越来越从繁重的、直接的知识讲授与讲解中解放出来，运用智能化的教学媒介将教学信息呈现得丰富多样、优美高效；学习者越来越从被动接受、机械训练中解放出来，运用智能化的学习媒介"转识成智""化智生灵"；教学的互动平台越来越从简单机械的模拟训练中超越出来，充分运用自由的时空、多样化的实践、多样化的方式创造自由转换的活动形式，开启知识、世界、自我、他人相融的学习场域，在教学的诸要素中生成情感态度、价值理念、思想信念、思维方法、道德判断等因素，实现从现象向本质，从对象向自我，从功利向精神的超越的审美直观。

## 二、人工智能背景下教学面临的新挑战

毋庸讳言，人工智能将导致教学要素及其相互作用的性质、功能的系统性变革，这必然对当前的教学提出严峻的挑战。主要表现在：能否在观念和行为

上实现从教学的有用性目的观向人性目的观转化？能否从单一、单质主客体作用方式向多元、多质主客体活动方式转换？能否从"授人以渔"的方法向"授人以欲"的方式转换？能否从"苦行僧"的教学态度向审美化的教学态度转化？

## （一）知识目的观的"祛魅"与人性目的观的"返魅"

传统教学的基本逻辑更多地注重为获取知识、训练技能而进行教学，并以此为目标预设教学过程，这与传统的个别的、师徒式的教学相比，其进步意义不言而喻：从社会层面来看，传统的认知性的"双基"教学，无疑具有促进社会生产力发展和社会进步的功效；从个人的发展来看，这种教学无疑能够较为集中、系统、快速地提高自身的生存能力，从而获取更多物质生存资料。但是，在人工智能条件下，生产力高度发达，人的物质生存资料极大丰富。虽然物质生存是人存在的根本保障，但这并不是获取知识的终极目的。知识从一开始产生就一直在促进人的本质不断发展，然而在知识积累达到一定程度、科学技术发展到一定高度的今天，知识的物质功利目的开始逐步弱化，而知识本身的人性目的越来越凸显出来。因此，教学不再是为求知与求生的直接统一服务，必须以此为基础向求知、求智与成人统一转变。同时，人工智能的发展不仅替代了繁重、繁杂的人类劳动，也替代了人类烦琐、繁杂的认知，既缩短了人类社会必要劳动时间，也缩短了人类认知能力发展的必要时间，为人的认知与实践的解放和自由提供了条件，因而，教学的终极目的越来越指向培养审美生活态度与能力统一的目标。

在人工智能背景下，随着新的教学技术的广泛应用，特别是5G甚至6G技术的发展，大数据、互联网、物联网以及 AR/VR 等新技术形式的泛在化，实现"VR、AR、MR、AI 和 IOT 的高速率、大容量、低时延交互"使得"人—机—物的三元融合"更流畅，①智慧教育、云平台、翻转课堂、慕课、微课以及智慧教

---

① 庄榕霞、杨俊锋、黄荣怀：《5G 时代教育面临的新机遇新挑战》，《中国电化教育》2020 年第 12 期。

学、网络空间学习成为新的教学替代方式,学生的自主性学习加强,精准学习、量身打造将成为新常态。无疑,知识的形态以及知识的内涵也将产生新的变化,那么,教学超越过去受技术条件制约的简单符号形式以及受生存条件制约的实用理性与工具理性的功利性目的也将随之发生改观——在新技术条件下,生产力高度发达,知识作为人的全面发展与本质力量的表现本质逐步彰显出来,教与学的活动作为实用的目的(学历与求职)成为基础和生存的保障条件,其人的解放与自由的本质展现出来了。这就必须要求教师与学生洞察知识与人性之间的本质关系,辨析不同学科知识的人性本质的不同表现形式,以"立德树人"为宗旨,将培育完满的人性始终作为教学的核心目标。如果教师不能洞察知识的人性本质,只能教书,不能用知识塑造学生心灵,就无法很好地实现育人的目的;而如果学生不能洞察知识的人性发展本质,就只能长知识、练技能,不能"转识成智""化智生灵",实现自我发展与自我完善。解决好这一矛盾,意味着教学真正统整了教学的根本目的和育人的根本宗旨,也实现了知识教学的有效性与高效性。因此,在人工智能条件下的"课程思政"理念,不是外在的要求,而是知识教学的本质特征。

## (二)单质主客体的"消减"与多元主体的"建构"

人工智能的发展必然带来新的教学过程观,构建新的教学过程模式。人与人融合、人与机器融合、人与知识融合、知识与机器融合、知识与世界(自然世界与社会世界)融合成为新模式,将推动传统师生文本理解、技能训练的二元主客体的对立模式转向三主体交流沟通的世界场域。文本、教师、学生分别为不同的主体,三主体与客体世界融为一体,形成一个交融的世界场域,既非三主体对立,也非三主体与世界对立。这种场域是人与世界的一体化,它可以实现两种融合,即人与世界的融合,知识主体(含知识生产者与课程编织者)、教学主体与学习主体的融合。

首先,在人工智能条件下,人的机体与世界的一体化凸显。人工智能的非有机体的发展不可能独立于人类,人类也不可能达到人工智能的非有机体发展水平。因此,教学将以具身认知为基础和重点促进人的有机体智能的发展。在教学过程中多主体深度交流与沟通,知识不是一个客观对象,世界不再是与人分离的客观存在,教学媒介不只是教师的工具,它本身就与知识和世界融为一体。特别是人工智能的教学助手,还具有一定模拟性的情感交流与沟通,在赋予意义上有一定的作用。其次,师生之间以知识为媒介而建构的平等对话关系进一步增强。知识本身的人性化内涵与功利化功能之间如何转换,如何在传统知识功能观的条件下转化为人性化功能观,这是一个极为重要的挑战。惯常意义上,人基于知识本身的思维的、信息的内容进行交流没有问题,但要就知识的人性化功能与内涵进行交流,引导学生的人性化发展,这是一个新的要求,也是一个新的挑战。最后,教育培养人的灵魂的价值取向是永恒的,并且在人工智能条件下,这一价值取向将会更加凸显出来。一方面,在人工智能条件下,教育手段将会更多使用网络与智能机器,在知识信息分享过程中,信息的丰富与杂多会使人失去整合知识的能力,从而干扰、阻碍人的灵魂与本质的彰显与直观;另一方面,认知过程中信息呈现与交流功能被人工智能所取代,甚至可能直接实现信息的"嵌入",使得信息的获得更加丰富、快捷、容易,使得人的灵魂的生长获得解放,以科学文献的识别并显示最新发展趋势和动态以及文献综述为主要功能的 CiteSpace 的开发及应用就是一个典型的例证。多质主体的融合与统一,使得知识、世界与教学者、学习者之间的关系更为丰富,内涵更为深刻,教与学的主体更能打破人与人、人与自然、人与符号等之间的隔阂与分裂,消除相互之间的异质性、对抗性以及人的物化性等。

## (三)"授人以渔"的方法论需转向"授人以欲"主体论

在人工智能时代的学校教育中,教师专业发展面临着诸多挑战,其中,教学方法论的转向是最具紧迫感的挑战。教师不得不学会并适应新的教学方法,将传统意义上以知识记忆与技能训练为核心的教学转变为启迪智慧、激活灵魂的教学,将传统意义上以知识讲解与习题练习为主的学习方式转变为引导学生探究性思考、创造性解决问题,而不是知识习得后的简单运用或熟练运用。文本知识及其所承载的技能,不是用来记忆、背诵与技能训练的,而是用来加工处理的材料,转化为智慧与创新的基础。知识作为材料呈现方式在智能教育条件下将越来越丰富、多样。知识作为媒介,既能够作为技能的培养基础,也可以作为智慧的培养基础,还可以作为灵魂激活与生成发展的推进剂。传统的教学大多局限在把知识转化为技能,应用知识去获取物质生活资料的目标上,然而在智能时代,知识就不能仅仅局限在技能。人需要技能,却不会经常使用技能,而是使用智慧,并在智慧基础上生成灵魂。任何形式的教学宗旨都不仅仅是"授人以鱼"或"授人以渔",而是培养对学习的理性思考,培养学生的学习能力与智慧,更重要的是"授人以欲"——以激发学生学习的兴趣和主动探索的愿望为出发点,让学生产生对知识、技能与智慧的好奇心而主动追求,自我建构,产生对自我发展、自我成就以及形成人类命运共同体的"大我"的渴望。如果说传统教学的主要任务在于让学生获得更多的知识信息,那么,在人工智能条件下,教学场景的情景/情境再现,学生的创造性思维能力的培养成为完全可能,随着知识结构与信息呈现方式的优化、人工智能与脑科学技术的发展、直接的人机对话与信息嵌入等,人脑发展的功能将更加凸显智慧生成与灵魂、生命的激活,教学的形态将彻底步入"人工智能教学 N.0 版"。

## (四)学习的"苦行僧"需转变为意义生成的"审美者"

随着人工智能的发展,物质生产的绝大部分工作将被机器人代替,物质生产极大丰富,人类必要劳动时间极大缩短,人类从对物的依赖中解放出来,自由劳动时间相对延长,那么,人还有必要继续学习知识吗? 显然,答案是明确的:人类的自由本性更加凸显,亟须实现真正的人的能力的全面发展以及人的本质的极大丰富,生产劳动的人性本质与审美本质真正彰显,教育的人性发展任务与本质真正凸显。

生产方式决定工作方式的变革。在人工智能时代,人们的工作不再是传统的繁重体力运用、烦琐的手工操作和机械的机能使用的工作性方式与内容,而是转向了从事更加具有智慧性和创造性的工作范畴。无疑,教育的智慧性和创造性要求必然是教育发展变革的重要内涵,也是适应生产方式变革的必然要求。

在智能教育的新时代,教师必然要成为意义生成的"审美者"。以创造美的行为方式、激发美的向往、在美的场域之中获得美的享受为出发点,去激励学生认识美、发现美、创造美。教学是创造美,学习也是创造美。创造与审美统一,不论是教师的教学,还是学生的学习,都是以陶行知所说的"做"来统一的。在人工智能时代,"做"才真正能够转化为创造与审美的活动。因此,智能时代的教学不仅仅是"教学做合一",而且是"教学美合一",这才是陶行知所真正追求的理想。陶行知所说的"做"是包含了审美与创造内涵的,即用"美术的观念去改造社会"①。这更是马克思所憧憬的共产主义的理想——人"按照美的规律来建造"②。这要求教师与学生、师生与知识、师生与世界三个方面的相互作用的态度与方式的审美转变,实现建立在知识与技能的基础上的自由与创造,建构人的审美生活方式。

# 三、人工智能条件下"课程思政" 变革的应对策略

人工智能作为一种生产方式和生活方式,将促进后现代时期人性内涵更加丰富,产生形式更加多样的生成样态。教学活动过程中的核心要素及其相互作用必然会产生新的特点,形成新的模式。但是这一切只能说是初露端倪,

---

① 华中师范学院教育科学研究所主编:《陶行知全集》第2卷,湖南教育出版社1985年版,第5页。

② 《马克思恩格斯全集》第42卷,人民出版社1979年版,第97页。

还需要人工智能技术的进一步发展,教学信息化的进一步升级换代,更需要教师与学生的信息素养的进一步提高以及对教学目的的透彻领悟等条件的成熟。这便是我们推动智能化教学时代的价值诉求,也是应对智能化教学变革的基本对策。

### (一)遵循"立德树人"的根本宗旨,以知识"塑造灵魂"

知识与技能都是人的灵魂生成的基础。作为人的卓越灵魂的目标从来没有像后现代时期这样凸显其紧迫性和必要性,一切教学都应为了人的自由灵魂的生成的目标而服务。"唯有能够完善人心的教育,才能在人心中为人类筑起一道安全防火墙。"①基于此,"立德树人"的教育宗旨实际上是指向灵魂的教育——树人的根本在于树立人的灵魂。单纯知识技能与道德知识教育,如果没有人的灵魂作为根基,就像一个人有骨骼与肌肉,但是缺少心脏与肺,没有血脉与呼吸,因而没有生命的迹象。因此,在智能教育时代,教师必须确立"立德树人"的目标,通过知识、机能与智慧的教育"塑造灵魂、塑造生命、塑造新人"②。只有培养目标正确了,整体的教育才不至于迷失方向,只有人具有了科学、健康、积极的精神与灵魂,才可能具有家国情怀和民族与人类命运使命的担当,最终实现"以人的能动性消解'座驾'的控制性,从而实现人对技术的控制与统领"③,"回归教育育人的本质"④。因此,当前的教育急需提高教师特别是学科专业课教师的"课程思政"能力。

### (二)培养混合式、人机融合式的教学模式创构能力

智能教育将打破传统课堂教学模式,综合多种知识形式、多种教学媒介、

---

① 项贤明:《在人工智能时代如何学为人师?》,《新华文摘》2019 年第 12 期。
② 习近平:《思政课是落实立德树人根本任务的关键课程》,人民出版社 2020 年版,第 12 页。
③ 李芒、张华阳:《对人工智能在教育中应用的批判与主张》,《电化教育研究》2020 年第 3 期。
④ 徐晔、黄尧:《智慧教育:人工智能教育的新生态》,《宁夏社会科学》2019 年第 3 期。

多时空、多场景的要素,创造多场景的教学活动。新的教育方式产生了,但是这并不是用以新换旧的方式消除已有教学方式的过程和目的。后现代教学模式是继承与创新已有全部教育方式积极合理因素的过程。课堂教学仍然占有极其重要的地位。线上学习既需要积累大量的新知识和新技能,也需要人的生理机能的发育与成熟,因此课堂教学存在的必然性和必要性依然不可怀疑,其对于培养线上学习能力起到决定作用;在课堂教学中需要不断逐步综合使用多种媒介,以课堂为中心融合线上与线下、课内与课外、当下与未来、集体与个别、个别与个别、集中与分散、分层与分类以及综合式、混合式、交叉式、模拟式、虚拟式、实践式等灵活多样的方式与策略,形成开放性、生成性的教学模式。因此,教师的信息领导力提升就显得特别重要,而信息领导力必须由一个人的思想、道德、价值观、情感等来规定其本质与方向。

### (三)创造"人际"、"人机"与"人世"精神交往的教学关系

社会生产力的极大提高、社会必要劳动时间的相对缩短、人的潜能的开发等,为人与自然世界和社会世界以及自我世界的关系从对立走向融合创造了前所未有的机遇。知识作为人类认识世界(含自然世界、社会世界和人的自身世界)、改造世界的成果结晶,既是人类主体与个体主体物质生活资料获取能力的表现,也是人类本质力量的表现;既是人类文化的创造成就,也是进一步发展的基础。教育通过已有知识的教育,一方面缩短新一代发展的周期,另一方面培养新一代融入当下社会的素养与能力,更进一步为新一代的创造奠定基础。知识及其缄默性的知识产生过程中的情感与精神性因素是人与世界、人与人、人与自身以及人与机器交流与沟通的中介。教学以培养人的精神世界的丰满为价值追求,离不开主体间的人际交流与沟通,然而交流与沟通是"通过知识中介来开启、督促、激发"的,[1]教师与学生之间是以知识以及知识

①　陈理宣、刘炎欣著:《基于马克思主义实践哲学的教育问题研究》,人民出版社 2020 年版,第 300—301 页。

承载的实践为中介的,脱离实践活动所产生的知识,教师与学生没有可交流与沟通的中介,灵魂之间的碰撞就不可能发生。因此,教学必须利用这个中介开展促进教学场域中人与人、人与知识、知识与世界、人与世界、人与机器等之间丰富多彩的信息沟通、情感交流与灵魂激活活动,构建人际、人机、人世与自我(主我与客我,即I & Me)的交流与沟通、商讨与互启、感动与互悦等新型教学关系。

### (四)以劳动教育为基础,以审美教育为灵魂,"五育并举",创造丰富多样的综合实践活动形式

智能时代劳动教育将更加凸显。恩格斯说,"劳动创造了人本身"[①]。从广义上看,劳动就是最根本的教育途径。人本身的发展就是通过劳动的推动而实现的,劳动教育"具有树德、增智、强体、育美的综合育人价值"[②]。然而,人工智能替代人类大量体力劳动和繁杂的技能劳动甚至脑力劳动,那么,促进人的本质发展的功能由什么来完成呢?人工智能代替人类大量的活动之后,人的存在价值何在呢?也就是说,人工智能通过减少甚至替代作为人类发展根本途径的劳动,从而也将削弱人类自身的本质发展,这将成为人工智能时代不得不面对的教育挑战。

人的生理和心理的成熟以及人的本质属性的生成都必须依靠劳动来实现,教学只不过是通过对符合人本质发展的劳动形式的创造来催化个体社会化劳动能力的发展和社会化人性的发展。教学是劳动的一种特殊形式。知识是劳动经验的结晶,通过知识开展教学,本质上仍然是进行劳动教育,不过在智能教学条件下,劳动形式发生了巨大的变化,因此我们就必须研究劳动的新形式与新内涵,创新劳动教育的新举措,研究劳动教育与德智体美教育之间的

---

① 《马克思恩格斯全集》第20卷,人民出版社1971年版,第509页。
② 中共中央、国务院:《关于全面加强新时代大中小学劳动教育的意见》,2020年3月20日,见 http://www.moe.gov.cn/jyb_xxgk/moe_1777/moe_1778/202003/t20200326_435127.html。

新关系。现代劳动教育的形式与内涵不再仅仅是体力劳动和物质生产劳动,而是综合实践活动和以物质生产为基础的审美文化活动。综合实践活动是劳动教育的新形式,动手操作是劳动教育的基础。手是"劳动的器官",手是"灵巧性与复杂动作"的"高度完善",是人的技能与智力发展的关键,它虽然只是整个人的"复杂的机体的一个肢体",但是"凡是有利于手的,也有利于手所服务的整个身体"。[1] 动手操作的劳动促进人的机能与智能以及审美直观能力的发展。因此,劳动教育必然包含劳动中的品德、智力以及身体机能的教育,德、智、体是劳动展开的条件,没有德、智、体的发展,劳动展开就没有具体的内容,反之,没有劳动,德、智、体的活动就是空洞的形式训练。因而,在德智体美劳"五育"之间,"劳动教育使教育落地,审美教育则使教育上天"[2],德智体教育是内容,审美教育是顶层的精神意义,从而形成一个相互联系的有机整体。

---

① 《马克思恩格斯全集》第 20 卷,人民出版社 1971 年版,第 511 页。

② 陈理宣:《论知识教育、劳动教育与审美教育及其整合》,《教育学术月刊》2017 年第 3 期。

# 第十一章　艺术地掌握世界： 教学的审美化升华

在马克思主义实践哲学思想中，"实践是一个关于人类活动的本质性问题"①。认识世界、改造世界的活动实现了人的生存、发展、自由与解放，表现了人与世界或人与对象的"全面的""完整的""本质的"关系，②便具有了实践性，是人的本质的表现。这一方面表现为认识世界与改造世界的活动本身，即感性的活动；另一方面表现为认识世界与改造世界的活动与主体的生存、发展、自由与解放的关系，即实质性的人性发展；此外还表现为主体对这种关系的直观。由于实践本身就具有促进人的发展、自由与解放的性质，因此"实践本身具有教育性"。同时，"教育具有实践性"，因为，教育内容来自实践，是人类实践经验的总结，教育的目的是人的生存与发展，教育的方式是通过实践进行。③ 教育不仅涉及第一个层面的认识世界与改造世界的能力培养，没有这个基础，人性发展不可能实现，甚至连生存都不能实现；还涉及能否引导人在实践中发展人的生存能力与人性本质，这需要具备一定的智慧，否则，实践活

---

① 陈理宣、刘炎欣著：《基于马克思主义实践哲学的教育问题研究》，人民出版社 2020 年版，第 128 页。

② 《马克思恩格斯全集》第 42 卷，人民出版社 1979 年版，第 123—124 页。

③ 陈理宣、刘炎欣著：《基于马克思主义实践哲学的教育问题研究》，人民出版社 2020 年版，第 177—178 页。

动就停止在简单的生存活动水平上了;更涉及在实践活动中直观这种发展及其与主体的关系,即艺术的、审美的关系,这就需要教育引导体验与审美,实现实践活动(包括学习活动)的审美升华,而这正是教育的最后的高度和境界。当"课程思政"上升到马克思生活实践理论层次上时,教学就必然上升到审美教育的水平上,最终使得人的所有活动具有人的本质核心内涵,成为真正的人的活动,教学就成为人与人之间的人性化的活动。

# 一、艺术地掌握世界的生活实践

马克思主义实践哲学是关于人类生活实践活动的哲学,对实践本性的回答,是其哲学的基本立场。它思考人与自然世界、人与人、人与社会之间的相互作用活动的本质问题,从而揭示人类认识的来源、指导人类生活活动。它既包括对世界的认识,也包括对世界的改造,更关注这种认识活动和改造活动对于人的生成价值,即造就全面、自由发展的人,因而具有本体论与价值论统一的特征。无疑,马克思实现了从认识论向实践论的转向,视实践为人生成的本体,同时实现了本体论与价值论的统一,从而产生了马克思主义的生活实践理论。在马克思看来,实践是以人为本的生活实践,其目的就是实现人的自由与解放,它的最高表现是奠基并超越众多理论与实践掌握世界的形式的、艺术地掌握世界的方式。这是马克思主义实践哲学的价值论。它与本体论是有机统一的整体。

## (一)生活实践本体论的确立

马克思实现了从认识论向实践论的转型,这必然是马克思理论建构的丰功伟绩。"《1844 年经济学哲学手稿》可以说是马克思实践哲学本体论的发端。"①

---

① 阎孟伟:《马克思的实践哲学及其理论形态》,《哲学研究》2012 年第 3 期。

在手稿中，马克思把物质生活资料的生产劳动与人的生命的生成统一起来——劳动的工具性、手段性与人的生命性的统一，是人的"自由的有意识的活动"，是人的类特性与社会性的表现。马克思意义上的"劳动"把黑格尔"抽象精神的劳动"转化为具体的、现实的、基于物质世界改造与创造的生命实践活动。它是人的现实的、感性的物质生产活动，是"打开了的关于人的本质力量的书"。① 在《神圣家族》中，马克思和恩格斯批判了过去的思辨哲学完全抹杀人的物质性生活的观点，认为物质生产活动对于人类历史发展具有决定性作用。历史的发源地是在"尘世的粗糙的物质生产"中，而不是在"天上的云雾"中；②必须从自然科学和工业的观点出发，即从实践的观点出发，才可能认识历史现实，在《关于费尔巴哈的提纲》中，马克思更进一步把实践界定为人的现实的感性活动，使得实践概念成为一个本体论范畴而同以往任何哲学思想的实践概念区别开来。

### 1. 思维本体论和自然本体论的悖论

从西方发展的历史脉络来看，关于本体问题，不外乎思维本体论和自然本体论两种典型的观点。思维本体论以笛卡尔为代表，自然本体论以培根为代表。笛卡尔的"我思故我在"强调"自我"作为独立于外在世界的存在，是世界之本体，"思维"与世界同时独立存在，因而使得思维这个本体与外在世界对立或平行存在，因此产生了二元论的本体论矛盾。最终笛卡尔不得不借助于上帝来调和这个矛盾，上帝作为最高的实体充当着心灵和物质世界之间的中介。这个问题在斯宾诺莎、谢林、莱布尼茨、黑格尔等那里一样存在，他们的共同特点就是要在世界中寻找一个终极动因，这个终极动因就是作为一个精神实体的"自我"或"理念"或"上帝"等，它独立于外在世界而存在。思维本体论排除从感性的世界寻求联结思维和存在的同一性，总是想用思维本身来证

① 《马克思恩格斯全集》第42卷，人民出版社1979年版，第127页。
② 《马克思恩格斯全集》第2卷，人民出版社1957年版，第191页。

明思维的正确性,总是把思维本身设想为能够创生成同化外部世界的最高的理智本体,从而使之具有神学本体论的意义。

培根是自然本体论的代表。他把自然界理解为独立于人类的观念和活动之外的自在世界。培根认为哲学的对象就是客观自然世界,我们的感觉只能是对自然世界的解释。在培根那里,认识世界的方法不论是实验法还是归纳法都是以我们的感觉为起点和归宿的。洛克在自然本体论的基础上,发展了经验主义原则。他认为人们的一切观念,包括简单观念、复杂观念、抽象观念等都来自感性经验。观念的真实性只能通过感性经验的检验。经验主义的经验本体论在法国唯物主义那里得到了进一步发展。孔狄亚克、狄德罗、拉美利特等都强调感官的作用。他们认为凡是引起人们感官注意、产生感觉的东西,都是外在于人的物质实体。物质实体不依赖人们的感官存在,但是人们的感官可以认识它,达到思维的客观性和真实性。但是也存在感官认识的谬误。一方面,感官印象与感官对象所引起的感官内部的变化和感觉的一致性难以克服。另一方面,感官、感觉与自然实体如何连接在一起,感官和感觉差异性如何克服,什么样的感官和什么样的感觉才适合与物质实体连接在一起,产生正确的感觉呢? 因此,人们就会以没有受干扰的直觉来承担这一任务。但是,仅凭直觉最多也只能形成一个抽象的、模糊的、空洞的、没有任何规定性的物质概念。这里存在难以解决的一个问题,即观念间的差异能代表外物间的差异吗? 也就是说我们没有办法说明观念与外物之间的同一性。因此,只停留在思维层面,停留在感官感觉观念层面,无法论证思维与存在的统一性。

## 2. 马克思的生活实践本体论的革命

在马克思看来,形而上学的唯心主义与经验论唯物主义都存在一个共同的问题,即它们不知道"现实的、感性的活动本身"。因此,他们都脱离了人的感性的、物质的实践活动去认识客观物质实体,思考知识或思维的真实性问题。针对形而上学唯心主义和经验论唯物主义的问题,马克思指出:"人的思维是否具有客观的真理性,这不是一个理论的问题,而是一个实践的问题。"①
"凡是把理论导致神秘主义方面去的神秘东西,都能在人的实践中以及对这
个实践的理解中得到合理的解决。"②如果停留在形而上学的唯心主义层面,
现实的问题始终是现象,没有真实性,因而只能闭着眼睛说世界上没有悬崖。
如果停留在经验论唯物主义的观念上,观念与外物始终统一不起来,各是各
的。因此,只有实践活动才能把感官、感觉、思维、观念、物质实体连接起来,人
的感官、感觉、思维结构等作为一种机能是后天经过实践行为内化生成的。思
维和观念通过操作行为如"动作的协调""从事联合、整理、引入对应等活动"
内化为人的思维结构或运算行为。③ 这是皮亚杰从发生认识论和思维发展心
理学角度对马克思的实践哲学作出的阐释。马克思批判的"直观唯物主义"
就是不能把对象、现实、感性当作"人的感性活动,当作实践去理解"④。而真
正的所谓实践的唯物主义就是"把感性理解为实践活动的唯物主义"⑤。

马克思的实践本体论找到了一个人类生存的立足点,即认识世界与改造
世界的感性活动。人类的一切活动都以生活为归宿,而生活在于认识世界和
改造世界的统一,既不单纯是为了认识世界、解释世界,也不单纯是为了改造
世界。改造世界的目的是为人类生活服务,改造世界的依据是科学地认识世
界,但同时这一切认识活动和改造活动都与人的发展和生成相统一。马克思
没有否认唯物主义的"世界的物质性"的基本观念,而是为这个观念找到了一
个更为可靠的基础——一切实践活动都必须以生活为依归。经验论、机械论
唯物主义把外在世界或自然界理解为一种"非对象性的存在物","只是思想
上的即只是虚构出来的存在物,是抽象的东西"。因此,外在的自然世界虽然
先于人而存在,但是旧唯物主义却把它们进行抽象理解,认为是与人毫无关

---

① 《马克思恩格斯全集》第3卷,人民出版社1960年版,第3页。
② 《马克思恩格斯全集》第3卷,人民出版社1960年版,第5页。
③ 《皮亚杰教育论著选》,卢濬选译,人民教育出版社2015年版,第1页。
④ 《马克思恩格斯全集》第3卷,人民出版社1960年版,第3页。
⑤ 《马克思恩格斯选集》第1卷,人民出版社2012年版,第136页。

联、没有产生关系的对象,因而他们看不到外在世界是与人的活动同时存在的,或者说看不到外在世界与人相关联的意义。① 在马克思看来,世界的本体既不是超自然的精神性的理念或神性的上帝,也不是与人们的实践脱离的外在自在自然。所谓客体,即感性客体,是人们感性活动感觉到的活动和活动对象及其关系,"世界的物质性"既不是自在世界本身,也不是人的感性直观,而是人的感性活动及其连接在一起的物质性实体。此时的物质性实体并非独立于人的世界,而是与人发生相互作用的世界。如果只是为了解释和说明世界的物质性,那是没有意义的,而且也不可能深入物质世界的内部获得它纯粹的物性。人不是神仙,人必须要在生活中以物质生产活动为基础实现生存,然后才可能从事政治、文化、宗教等意识形态的活动,而这些活动本身就是意义的生成,是人类要活下去的理由。

马克思实践哲学是在批判中、以批判的形态矗立于世界哲学巅峰的,也正是这种批判性彰显了其革命性。他批判形而上学唯心主义的"哲学家们只是用不同的方式解释世界",而不懂得"改变世界"。② 他批判直观唯物主义的费尔巴哈只知道把人"看作是'感性对象',而不是'感性活动'",不真正懂得"把感性世界理解为构成这一世界的个人全部活生生的感性活动",因此他在"看到了改造工业和社会制度的必要性和条件的地方"又"重新陷入唯心主义"。③ 马克思是在批判中逐步彰显其理论精神的。他并没有像传统形而上学那样建立一个庞大的理论体系,而是以革命的精神、以批判的形态显现出自己的辩证唯物主义思想。他通过描述人类活动的能动性的生活过程,而不再像唯心主义那样抽象地构造与世界脱离的思辨体系,完全按照想象的主体的想象活动,或像经验论那样汇集一些僵死的事实。④ 从人的感性活动出发,也

---

① 《马克思恩格斯全集》第42卷,人民出版社1979年版,第179页。
② 《马克思恩格斯全集》第3卷,人民出版社1960年版,第6页。
③ 《马克思恩格斯全集》第3卷,人民出版社1960年版,第50—51页。
④ 《马克思恩格斯全集》第3卷,人民出版社1960年版,第30页。

就是从物质实践出发,从实践的发展历史出发,才是历史的、唯物的实践哲学。因此,只有通过人的感性活动及其发展历史才能真正理解和解释自然,并最终改造自然和改造人本身(人本身也作为自然的一部分,与自然融为一体)。

## (二)生活实践理论的继承与创新

马克思实践哲学并不是凭空出世的,而是建基于西方哲学厚重的历史文化根脉。尤其自亚里士多德及其古希腊哲学思想以来的哲学精髓为马克思实践哲学的创生奠定了认识论基础。继承—创新—超越,马克思做到了前人无法企及的思想深度,开辟了生活实践哲学独具的理论思维。

### 1.近现代实践哲学对亚里士多德的发展及其内在冲突的解决路径

从哲学历史来看,从古希腊确立的对第一原理的静观式的沉思开始,理论哲学就具有神性一样的主体性特征。虽然在早期,人的主体性在神的面前还微不足道,但是,人一旦借助神的力量,便有了认识世界的能力。因此,哲学的主体总是向神性靠拢,接近神而拥有神性的力量,人借助神性而具有神的认识能力,全知全能。直到文艺复兴时期,人更是借助神性而张扬人性。人文主义者以人是神的杰作、宇宙中的精灵的名义,以人是神按照自己的模样创造的等学理,开始了对人的力量的弘扬。于是人便直接变得伟大而智慧,人性开始觉醒,理性得以弘扬,人的主体性逐步增强,直到最后人便是神,取代了神的位置。因此,从近代开始,人逐步替代了古希腊以及中世纪神的优等地位,直接具有了"我思故我在""人为自然立法"等革命性思想。当人把一切对象作为自己认识的对象,一切对象只有因人而在之时,人类生活实践本身作为一切世界本体的理论就不得不登场了。我们认识世界的目的是什么?世界对象是如何存在与人的生活实践是什么关系?人真实的生活或理想的生活是什么?理想的生活是否能够实现?于是经验主义的实践哲学开始现身了。英国的培根以及斯宾塞开始反思什么知识才是真正的知识。答案当然是现实的、世俗的生活知识才是真正的理想知识，而非神性的知识，也非形而上的、纯粹的认识论知识。

近代以来生活性、主体性的显现，还只是一个苗头、一个开始，但已经冲击了神性主体的理论哲学。虽然近代哲学探讨的实践仍然属理论哲学范畴，它完全失去了亚里士多德理论产生的城邦生活背景；但是，在"近代哲学将实践严格地限制在理论范围之内"，把生活实践排除在理论哲学之外的同时，"生活实践"也在不断地冲击着理论哲学的边界，不断地以不同的方式"现身"。因此，生活实践"作为一种不具备任何理论规定的'自在之物'被表达出来"。① 后来对康德的批判就是从这里开始的。因为，自在之物无法消除人们认识的缺口。既然是自在之物，人们自然难以认识它。但是现实的事实是人们有经验、有知识，能够认识它，而且自然世界会因为人类的活动而有所改变，这如何得到解释？因此，从费希特开始，人们逐步引入历史性和实践性，世界进入历史发展过程之中，主体不再是先验的形式，而是历史的、实践的发展过程。

## 2. 马克思主义生活实践哲学对亚里士多德实践哲学的继承与超越

马克思实践哲学从这里找到了一个打开理论哲学的入口，突破了以往旧唯物主义和唯心主义的桎梏，继承和发展了自亚里士多德以来的实践哲学，开创了生活实践哲学，建立了生活实践本体论。马克思指出，旧唯物主义的主要缺点是"不能把对象、现实和感性等当作人的感性活动、当作实践去理解，不是从主体方面去理解"。无论是主体还是客体，都是静止不变的，都是冷冰冰的主体和客体。马克思则把主体看作"从事实际活动的人"，是处在"现实的、

---

① 王南湜：《论实践作为哲学概念的理论意蕴》，《学术月刊》2005年第12期。

可以通过经验观察到的""在一定条件下进行的""发展过程中的人"。① 每个人都是处在特定的历史时期、特定的生产条件下,具有特定的能力状况,遭遇具体的"生产力、资金和社会交往形式的综合",因此这个主体的人是活生生的,是带着"全部社会生活"本质和内涵的实践的人。主体不是先验的、抽象的,而是具有历史性和实践性的,而客体也不是从来如此与任何社会没有任何关系的客体。因此,认识的主体其实是参与实践的主体,认识的客体也是参与到实践之中的客体,这两者是合一的。马克思以后的现代哲学其实都以"各自的方式重新表达了马克思实践概念的这一层含义"②。

理论哲学指向的既然是最高的善,它和人类的生活实践又是什么关系呢?在亚里士多德那里,理论、道德和政治、制造都是人类生活。理论活动只是一种生活类型而已,但是,它是最高善的活动。它的对象是不变的、永恒的,但也是最难把握的,因而是人类最高善的活动。道德与政治活动也是人类生活实践的一部分而已,但它是城邦生活活动的重要内容,因为城邦生活是一般城邦公民主要的生活实践,但不是唯一的。它同认识与处理不变对象的理论活动和目的在过程之外的创制活动不同,只是整体生活活动中认识和处理善的、可变的对象性活动。同样,创制活动也是城邦生活实践活动之一,不过从事这种活动的人是奴隶或者是手工业者。其实这些活动也具有其自身的努斯,都是人类可以认识和处理的活动。只是因为古希腊社会的等级制所限定,哲学王、思想家是第一等级的,而城邦公民是第二等级的,奴隶或手工业者属于第三等级的,他们分别从事理论活动、道德与政治,创制活动。显然第一哲学原理是属于理论活动,是哲学王或思想家从事的活动,他们从事的活动就被认为是最高的善,所处的地位和所发挥的作用也就最高、最大。但实质上,第一哲学原理既可以认识理论活动,也可以认识实践活动和创制活动,这就是整个人类生

---

① 《马克思恩格斯全集》第 3 卷,人民出版社 1960 年版,第 30 页。
② 王南湜:《论实践作为哲学概念的理论意蕴》,《学术月刊》2005 年第 12 期。

活实践活动。所以,王南湜认为:"道德实践是与理论、创制并列的人的具体活动,而人类生活实践则是这些活动的总体。……理论从属于实践,包含着亚里士多德对哲学理论的一种全新的反省。"①可见亚里士多德开始了对生活实践的形而上学的思考,只不过局限于古希腊社会的等级制的社会观念,他把人类活动分为不同等级,使之与社会现实相吻合,从而成为古希腊哲学对现实生活的反映。但也是亚里士多德思考人类社会生活的本源和本体的结果,是一种生活本体论。因此,亚里士多德伦理学是形而上学的伦理学,但是,他的生活形而上学是通过第一原理得到规定的。第一原理(神)是最真实的原理。"它们无所依于别的事物以成其实是,反之,它们却是别的事物所由成其为实是的原因",因而哲学作为追求这种原理的学术,"被称为真理的知识自属确当"。② 在亚里士多德的伦理学中,"哲学追求永恒不变的质的原理这一规定虽未被否定,但这一追求却始终是作为一种城邦中的活动、作为一种人类生活被理解的"③。因此,理论哲学仅仅将实践理解为一个可以作为对象的领域,这样必然会产生一种超越生活实践的视角和静观者;而形而上学的实践哲学就会主张理论的有限性,从根本上否认理论超越生活实践的可能。这样就产生了一个矛盾,只不过亚里士多德是通过神的角色变化把这两者统一在一起的,而马克思则是通过人类生活实践来把两者统一起来的。

3. 马克思主义生活实践哲学:掌握世界的丰富方式及其多样性的艺术统一

生活实践是每个人都参与其中的生成性活动。如果按照理论哲学的逻辑和原理,理论哲学的认识活动,是一种静观的沉思,而生活实践的人的活动是

---

① 王南湜:《论实践作为哲学概念的理论意蕴》,《学术月刊》2005年第12期。
② [法]安若澜著:《亚里士多德的〈形而上学〉》,曾怡译,华东师范大学出版社2015年版,第34页。
③ 王南湜:《论实践作为哲学概念的理论意蕴》,《学术月刊》2005年第12期。

参与式、体验式的行动。因此,两者的对象也是不同的。静观的对象不可能参与,参与的对象不可能静观。这是人为的划分,从广义的生活实践来看,理论哲学所认识的对象其实也包含在生活实践活动之中,人们对静观的对象也可以参与体验,反之,人们对参与体验的对象也可以静观,人们参与认识、实践与体验的对象多种多样,人们对待多种多样的对象的态度也是多种多样的,因此,可以根据实际情况,采用具体的方法、态度与之相互作用。近代实践哲学其实是把生活实践作为认识对象来看的,并且把实践限定在客观的对象范围之内,是一个客观的对象,这其实是遗忘了生活实践本身。近代主体性的觉醒,其实是一种抽象的神性的主体性,并不是马克思所说的实践的主体的觉醒。这才产生了马克思所批判的抽象的人的思想。生活实践中的人是具有历史性和社会性的人,也即实践的人。实践的人会生成认识自然世界、人类社会世界以及自身内在世界的不同态度和视角,因而产生掌握世界的不同方式。正是因为人有主体性及自我意识,既可以以主体的方式和态度与客观世界相互作用,也可以反过来以客体的方式和态度与客观世界相互作用,这才真正体现了人的活动的自由与自觉,在活动中真正实现解放与自由,才可能不仅是个体主体,也可以是类主体;不仅是主体,也可以是主动的客体。这样的人才可能具有亚里士多德意义上的具有神性的静观者的特性。因此,马克思才是亚里士多德实践哲学的真正继承者。把亚里士多德抽象的、形而上学的"神"转化为现实的、具体的实践中的人——个体主体与类主体相统一的人。正是基于这种对生活实践本身的"神性"的既参与又静观的审视,才有了关于对生活现实的"异化"的批判和对共产主义理想的憧憬及其革命的实践。如果仅仅像亚里士多德那样限于把生活方式作为认识对象,就不可能产生对生活实践的价值判断,更不可能产生改造不合理现实生活的实践行动。

人类个体的理性是有限的,却是发展的、生成性的历史过程。人类实践的方式各不相同,但在得到全面而自由、丰富与充分的发展的基础上,可以相对自由地在领域与性质上不同的类型中转换,即消除分工的局限和等级的限制。

亚里士多德把实践分为三种形式,分别由三个等级的人所从事。笛卡尔又把这三种形式进行了统一,而维柯把不同形式区分开来,但承认了创制活动在社会领域的作用。康德在亚里士多德和维柯的基础上进一步把三者划分开来,并设置了沟通的渠道,试图在个体身上实现三者的统一。黑格尔又用历史的、发展的观念在抽象的层面、宏观的层次上将三者统一起来,但是排除了个体的统一的可能性。马克思则在这个基础上形成其基本观念——实践活动形式的不同与统一(掌握世界的方式多样性),人类理性的有限与历史发展的统一,人类目的的个体与类的统一以及个体内在与外在、当下与未来、局部与整体、自然与精神的统一。

马克思在《〈政治经济学批判〉导言》中提到了掌握世界的专有方式,即"思想具体"是一种掌握世界的方式,而"实在具体"也是掌握世界的一种方式。只不过,"思想整体"是"思维着的头脑的产物",是掌握世界的"专有方式",它"不同于对世界的艺术的、宗教的、实践精神的"掌握方式。[①] 所以,在马克思看来,理论思维只是掌握世界的方式之一,与之并列或不同的还有艺术的、宗教的、实践精神的掌握方式,它们虽然表现形态各不相同,但都是人类与对象的相互作用方式的表现。马克思又在《〈政治经济学批判〉序言》中提出了区别"生产的经济条件方面所发生的物质的、可以用自然科学的精确性指明的变革"与"人们借以意识到这个冲突并力求把它克服的那些法律的、政治的、宗教的、艺术的或哲学的……意识形态的形式"加以掌握的不同方式。[②] 这说明只有生产的经济条件方面所发生的物质变革,才能使用自然科学的精确性认知方式来掌握,而其他领域的则属于意识形态领域的对象,只能使用其他的掌握方式。马克思、恩格斯还在《资本论》中提出了自由王国和必然王国的概念,认为"自由王国只是在由必需和外在目的规定要做的劳动终止的地方才开始",因此"真正物质生产领域"和"物质变换"领域始终是一个"必然

---

① 《马克思恩格斯全集》第 46 卷上册,人民出版社 1979 年版,第 39 页。
② 《马克思恩格斯全集》第 13 卷,人民出版社 1962 年版,第 9 页。

王国",自由王国只能在"必然王国的彼岸"才能发生。① 也就是说,人类物质生产性的实践活动是精神性活动的条件和基础,只有在这个条件或基础之上,两种实践活动或生活活动才是可以进行转换的。其关键是人的物质生产实践能力得到充分的发展,只有在这个基础上,发展人类丰富的其他的掌握世界的方式,这才可能实现主观内心态度的相应转换。个体只有能够将多种掌握世界的方式相互关联、融为一体,掌握世界方式的多种能力得到充分发展,才是人的全面、整体、自由、丰富的发展,才可能实现真正的自由与解放。这种自由与解放是人类在以物质生产实践方式掌握世界的前提条件下的多种掌握世界的方式之间的自由与解放,是能够区分不同实践活动及其在不同条件下自由转换掌握世界的方式的自由与解放。

只有真正理解了马克思关于人的自由与解放,人的全面发展、掌握世界的方式的丰富性与多样性及其自由转换的条件,才能够理解人的本质与生活的本质。实践活动本身不仅仅是获得物质生存的活动,同时,还是获得人性发展与生成的活动,还是实现人的自我本质直观的审美活动。只有在劳动能力得到充分展示的基础上,才可能实现人的多种实践活动的自由转换。因此,没有劳动能力,就不可能从自然科学的掌握方式转化为艺术的掌握方式,不可能在劳动过程中或结束后产生自我肯定的审美感。

## (三)艺术地掌握世界的生活实践理论的教育价值指向

马克思实践哲学在强调实践活动的物质性、客观性的同时,其目的更是凸显人的主体性与能动性——指向人的自由与解放,造就全面发展的人。这便是广义的教育,学校教育只是广义教育的表现形式之一。真正的"立德树人"一定是基于人的全部生存实践活动的。世界是不断生成的,但是,人"在"的世界生成活动不同于无人参与的世界生成活动,人的活动之所以不能突破或

---

① 《马克思恩格斯全集》第 25 卷,人民出版社 1974 年版,第 926—927 页。

改变自身活动的客观物质性,是因为人本身是物质世界的组成部分,受到客观世界规律的制约和桎梏。然而,人的活动具有主观能动性,有自身的目的性,而且始终是一个不断自我教育、自我发展、自我美化的过程。因此,人既"在"世界中,又超越世界外,其中人的自我教育、自我发展与自我美化就是人作为人的本质及其发展的根源。因而,教育始终是与人的全部生活实践活动融合、统一在一起的。学校教育始终不能把自身封闭在狭隘的书本的、课堂的、认知的层面。"立德树人"之"人"并不是一个单面的政治人、经济人、物质人,也不是单面的文化人、精神人甚或神性人,一定是马克思所说的占有了人的本质,"向自身、也就是社会的即合乎人性的人的复归","是完全的复归,是自觉实现并在以往发展的全部财富的范围内实现的复归"的人,能够实现人的真正的本质的占有的社会就是共产主义。①

## 1. 三种实践哲学范式及其发展的归宿与教育价值指向

从实践哲学发展历程来看,历史上产生了三种类型的实践哲学,其实都与对亚里士多德关于人类活动的三种类型的理解有关。由此相应地产生了"伦理—行为"范式、"技术—功利"范式和"生产—艺术"范式的实践哲学,从而也产生了相应的三种教育实践。而"生产—艺术"范式的实践哲学思想,既来源于对"理论"的深刻理解,又整合了"实践"与"制作"的内涵,形成了超越"伦理—行为"范式与"技术—功利"范式的生活实践理论和生活实践教育理论。

"伦理—行为"范式将实践狭义地理解为伦理、政治领域的活动,将其追求的善性作为实践的本质属性。其实这一范式是以亚里士多德对所有实践活动的分类作为依据的。但是与亚里士多德把政治与伦理活动看作实践不同,他们大多数都将道德实践作为理论的对象,研究主体活动的善性规定,从理论上构造符合道德的实践原则。这就是伽达默尔、阿伦特等现代哲学家所追求

---

① [德]马克思著:《1844年经济学哲学手稿》,人民出版社2018年版,第78页。

的亚里士多德实践哲学的复兴活动的宗旨。阿伦特把人的活动分为劳动、工作和行动三种基本类型，认为"行动是唯一不需要借助任何中介所进行的活动"，"一切人的条件都与政治相关"，因此"政治活动""善性""行动"是统一的，是作为人的"充分条件"和"必要条件"。① 显然，"行动"就是亚里士多德意义上的"道德实践"，意味着从理论上寻求或构造一些规则作为道德与政治活动的规范，并将这一范式推广到人类的所有活动上去，"劳动"和"工作"都不具有这种性质，因而与"行动"是有本质区别的。也就是说，根据某些理论基点，寻求在此基点上推演出伦理道德政治的行为规范。这就是"伦理—行为"范式的实践哲学。这种实践哲学的教育价值指向就是教育的根本目的是培养道德的人，把人的本质设定为善，把教育的本质设定为为了善、培养善的人。但是这种推演以及基点的确立仍然是一种用抽象的方式寻求与推演的结果。

"技术—功利"范式实质是将实践理解为对理论、规律的应用，而把实践看作理论活动的一个附属环节。实证主义的实践观也属于这个范畴。"技术—功利"范式不仅排除了亚里士多德那种对技术活动的贬低，而且将技术活动推向人类实践活动的顶峰，形成了技术理性与实用理性的合流，"技术—功利"范式成为人类生产与生活的基本方式，其教育价值指向培养适应当代科学技术发展和全球竞争力的科技人、高经济效益产出的人，实现个人的高物质利益获得或者享受，或实现为国家经济发展、科学技术竞争贡献巨大力量。现代技术特别是信息技术与人工智能技术的发展，对人类的能力与本质带来极大冲击，人类越来越依赖技术，人类与技术的关系以及人类本质问题越来越突出，这一范式在伦理上受到广泛的批判。"技术—功利"范式是对亚里士多德的颠覆，技术不仅把活动指向外在目的，而且也成为外在目的的附属品。从活动本身的关系来看，技术活动是理论的运用，技术失去了其独立性。在亚里

---

① ［美］汉娜·阿伦特著：《人的条件》，竺乾威译，上海人民出版社1999年版，第1页。

士多德那里,暗含了人类不同的生活实践都具有独立性,但又共同为广义的生活实践服务。每一种实践都既相互独立,又统一为生活实践。而在"技术—功利"范式的实践活动中,技术成为生活实践活动的本质,超越了技术本身,成为人的目的。那么,这种实践哲学思想的教育价值指向自然是专业课程、专业知识、专业技能教育即教育的根本、教育的全部,相应地,思想政治教育便成了多余的。

西方一些学者把马克思唯物主义也归属在这一范式中是不符合实际的。王南湜纠正过这种观点,他认为虽然马克思始终肯定生产劳动和经济活动在众多人类活动中的重要性和优先性,但是并不能把马克思归为"技术—功利"范式观,这是一种简单化地理解马克思的实践概念的表现。① 马克思的实践概念应该属于"生产—艺术"范式的实践概念。在亚里士多德那里,创制活动是技艺或技术的德性。创制活动能够"丰富生活必需品"和"增加人类的娱乐"。因此,创制活动既包括生产活动,又包括艺术活动。随着基督教传入欧洲,创制活动在古希腊地位低下的状况得到改善。因为,在基督教那里,劳动是获得"救赎"的方式,"奴隶式劳动与自由闲逸之间的旧式古典对立已不复存在"②。黑格尔把劳动看作人的本质的外化,是构成实践本质的一个重要环节。③ 同时,艺术活动逐步独立出来,成为人的一种具有理想性的、自由的活动。艺术活动提高到了人性最高本质的层次。康德和席勒都把审美或艺术作为沟通自由和必然之间冲突的桥梁,是人的感性世界与理性世界的中介。谢林更将艺术知觉看作实现主客观统一的绝对的最高形式,即使是黑格尔也认为真正的创造就是艺术想象的活动,带有令人解放的性质。④ 马克思把生产

---

① 王南湜:《马克思哲学在何种意义上是一种实践哲学》,《马克思主义与现实》2014年第6期。

② [英]克里斯托弗·道森著:《宗教与西方文化的兴起》,长川某译,四川人民出版社1989年版,第45页。

③ [德]黑格尔著:《精神现象学》,贺麟、王玖兴译,商务印书馆1979年版,第130页。

④ [德]黑格尔著:《美学》第1卷,朱光潜译,北京大学出版社2017年版,第50、147页。

劳动和艺术活动统一起来,劳动既有创造物质生活财富的功能,又有创造美的功能,艺术是对劳动创造美的反映,视艺术为人类生活实践活动的最高本质。马克思指出,人类既可以"通过实践创造对象世界",又可以"按照美的规律来构造"。①  因此,"劳动"在马克思的理论中达到了前所未有的高度:劳动创造人,是人的本质的表现。

劳动与艺术既可以统一,也不必然统一。一方面生产劳动是人及其社会本身的表现。生产什么和怎样生产决定一个人或一个社会是什么样的本质。但是,生产活动中的人的观念、态度以及结成的关系极其复杂,还有众多因素影响生产劳动。其中劳动中的观念、态度及其体验决定本质的根本形态。机械唯物主义认为物质生产决定人的本质,但是马克思和一般机械唯物主义的根本区别就在于,他认为物质生产是基础和条件,是根本和前提,劳动在生产吃喝住穿的物质生活资料的基础上,还创造美,是人的本质力量的表现形式。正是因为如此,马克思强调,在人的劳动能力得到全面、充分、自由的发展,生产力充分发达,分工的对立性消除的基础上,每个人都可以在自己愿意的情况下,从事任何一种活动,而且把每一种活动既当作劳动、技术活动,也当作艺术活动。任何一种活动都有艺术性和审美性,任何艺术活动都植根于实践活动,有专业性、技术性甚至有克服困难的辛劳。艺术活动、艺术生产并不是单独的职业,也不是不食人间烟火的独立活动,它时时刻刻都在物质生产活动中产生,时时刻刻都存在于人类的生活实践中。马克思所批判的资本主义生产就是把物质生产中的审美本质异化为单纯的吃、喝、住、穿的本能活动了。

以上三种生产范式,其实也代表了三种生产方式。在不同的历史时期其表现形式不同。古代社会以人为依赖的关系,决定了人们的生活范式是以人际伦理为主。而到了现代社会,物的产生得到了极大发展,建立了以物质生产活动及交换关系的普遍性,人们形成了以物的依赖关系为主导的生活方式,这

----

①  《马克思恩格斯全集》第 42 卷,人民出版社 1979 年版,第 97 页。

就形成了"生产—功利"的实践范式。马克思认为资本主义社会的"技术—功利"范式是对古代的人际伦理的"生产—伦理"范式的扬弃,有其进步性、革命性的一面。但是"技术—功利"范式的生产形成的以物为依赖的社会导致了人的异化,因而资本主义的生产方式、生产关系以及相应的人们的生活实践虽然具有一定合理性,但不符合人逐步发展的本质,阻碍着人的本质的不断发展。马克思认为:"活动和产品的普遍交换已成为每一单个人的生存条件,这种普遍交换,他们的互相联系⋯⋯表现为一种物。在交换价值上,人的社会关系转化为物的社会关系;人的能力转化为物的能力。"①因此,在这样的社会历史条件下,生产活动对于塑造社会生活和人的生活具有必然性,虽然在一定历史时期有合理性和进步性,但是马克思认为,随着生产力与社会的发展,这是不正常的,相反,这一活动具有严重的缺憾,他对此进行了批判。他认为这是对人的自由与解放的阻碍,人堕落到物的依赖之中,人性被异化了。那么,如何才能实现人的自由与解放呢?他认为必须消除"技术—功利"生产范式中利益关系的对抗性,在具体的生产劳动中消除急功近利的、私人的、狭隘的功利性,在生产活动中保持超功利、超个人利益、超物质、感官的审美态度,在生产劳动过程中嵌入艺术活动,实现艺术活动与生产劳动的融合,人类才能真正实现自由与解放。也就是说,生产活动本身具有艺术的性质和具有审美特征。在这一点上马克思领会了亚里士多德思想的精髓。

## 2. 共产主义的本质及其教育价值指向

在亚里士多德看来,广义的生活实践活动分为三种,即理论活动、实践活动、创制活动。这三种活动分别由三类不同等级的人所从事。理论活动主要的活动方式是"思想"或"沉思"。沉思活动除对象之外不产生任何外在的东西。"思"直接面对对象本身,思与对象合一,即"思想和被思想的东

---

① 《马克思恩格斯全集》第46卷上册,人民出版社1979年版,第103—104页。

西是同一的"。① "思想和被思想的东西"处于同一状态,这便是一种神性状态。沉思者进入一种神性的状态,是沉思者运用自己身上最具神性的东西沉思的状态。而实践活动主要表现为政治、伦理活动,则主要是自由人、城邦公民所从事的。创制活动则是手工生产者以及奴隶所从事的,是处于最低级的活动。其原因就在于活动目的在活动之外。当然亚里士多德的思想正是这种最原始的社会分工的反映。马克思对亚里士多德实践理论的改造,就在于他把劳动(创制)与理论(科学技术)、劳动(创制)与沉思结合起来。

因此,马克思认为,在资本主义社会,把劳动活动之外的东西——比如工资——作为劳动的目的异化了劳动,是实践活动的假象,而本真的实践活动是"自由的有意识的活动",是生命的本质的实现。劳动是第一需要,"劳动是自由的生命表现,因此是生活的乐趣"②,劳动如何能够与沉思结合,如何能够把目的内在于活动本身? 关键在于通过劳动及其产生的产品,作为对象化为主体的本质力量,通过沉思直观自身的本质力量。这样劳动成为确证自身本质力量的镜子。因此,马克思对亚里士多德的改造,是以劳动和沉思统一为蓝本,强调创制活动与理论活动的统一。一方面强调创制活动(劳动)创造出对象,而这个对象是人的本质活动的产物,并不是活动之外的功利性产品,不是与自身的本质分离的东西;另一方面创制活动创造的产品之所以能够成为人的本质力量的感性显现,关键在于沉思,是沉思使"思"和"被思"的东西合二为一,不可分离,"思"与"做"合一。因此,马克思认为创制活动才是一切活动的本质,是最高的、根本性的活动。陶行知强调的"劳力"与"劳心"的统一,领悟了马克思思想的真谛。也就是说,按照马克思的观点,沉思、实践都是创制活动派生的,是以创制性的劳动为基础发展起来的。当创制活动(生产劳动)高度发达之后,一方面创造了高度发达的生产力,社会生产必要劳动时间缩

---

① 苗力田主编:《亚里士多德全集》第 7 卷,颜一译,中国人民大学出版社 2016 年版,第 285 页。

② 《马克思恩格斯全集》第 42 卷,人民出版社 1979 年版,第 38 页。

短,给人们留出了更多时间全面自由发展;另一方面物质财富极度丰富,物质需求的利益客观上不再是突出的问题,人与人之间由分工造成的利益对立等都会得到解决,有利于人与人的自由联合体关系形成;此外,因为思与活动统一,不再被外在的目的所分离,为消除分工所带来的主观上的利益对立创造了条件,从而实现创制活动的目的成为内在性的,成为"思"与"做"的统一。于是,人类可以在不同类型的活动中自由转换,不同类型的生活实践活动都同亚里士多德所谓的理论沉思活动性质一样。当然,这也不是说所有不同类型的活动就没有区别了,而是说没有固化的性质,不会成为有固定的分工和固定的利益对立的分工。因此,马克思和恩格斯设想,在共产主义社会中,人是充分自由、自觉的,没有特定的活动范围和职业、类型的限制,任何人只要愿意,都可以在任何职业、任何部门、任何活动类型、任何活动范围内自由地选择和转换活动形式,可以随自己的兴趣"今天干这事,明天干那事,上午打猎,下午捕鱼,傍晚从事畜牧,晚饭后从事批判"①。创制活动或技艺活动需要有对象及其对对象的认识,一方面有对创制对象及步骤的知晓,另一方面有伴随着创制活动本身的本质内在认识。对创制性科学而言,如果略去质料与外在形式不计,活动及活动主体的"本体或本质就是对象",因此任何活动与理论科学相似,对创制科学活动的反思与所反思的对象都是活动的主体或活动本身的本质。马克思把创制活动视为人的本质性活动,这种实践观同亚里士多德的神性的沉思活动具有形式上的一致性。在亚里士多德那里,努斯活动对象与活动本身同一,没有外在的对象和外在目的,而创制活动有外在对象和外在目的。经过马克思的改造之后,创制(劳动)是从有对象、有目的开始的,最后达到无目的、无对象,即活动本身。劳动的对象中包含了自身,即劳动对象及劳动结果就是自身的表现,劳动对象与自身(主体,劳动者)是密切联系在一起的。创制活动(劳动)的目的和活动(劳动)过程内在地统一在一起。至于活

---

① 《马克思恩格斯全集》第 3 卷,人民出版社 1960 年版,第 37 页。

动(劳动)的产品不论是自己享用还是他人享用,这是过程之外的事情,即使是过程之外,但又包含在活动(劳动)本身之中,因为即使是他人享用,这也是自身的一部分,因为人是类存在物。类存在物意味着人既可以把自己的生活作为对象来观照和行动,也可能把自己的存在放到人类总体的目标中来观照与行动。人的个人生活与类生活相互确证、相互激发与相互引导。这种对自己生活与类生活的体验与领悟具体体现在劳动对象中和劳动产品上:"劳动的对象是人类生活的对象化。人不仅象在意识中那样理智地复现自己,而且能动地、现实地复现自己,从而在他所创造的世界中直观自身。"①因此,对对象(劳动对象、劳动过程或劳动结果)的认识与体验同时意味着对实践活动的认识与体验,内在性的实践认识与体验在本质性的生命活动中无处不在。

创制活动只要体现了个体主体本质的生命(异化条件主体感觉不到),同时就满足了类主体的需要,这种劳动就具有善性,属于好生活的本质,从而体现了实践的价值指向性。首要的、关键的问题在于,只有创制活动才能表现,没有创制活动就没有表现的客观性对象。并不是一切活动都具有创造性,习惯性行为、本能行为没有创造表现生命本质的价值对象,就不可能表现出生命的本质。因此,亲自的、身体的、感性的、行为的活动即是实践的首要本质。其次是善性的问题。之所以能够表现生命,一定是创造了对象,创造了表现生命的价值。在创制活动中和活动外,都能够有益于生命本质的展现——创制品的物质性和满足生存的需要性等。因此,善的内涵是一个全面的、科学的、完整生命的,而非单方面的、急功近利的善,特别不是单方面的物质功利性的善。再次,创制活动(劳动)是内在的快乐。创制(劳动)是生命存在与发展的根本途径和方式,这正是马克思所强调的,物质生产劳动是第一性的,而精神是第二性的,没有创造出物质生产产品,对生命无价值,不能产生精神性价值,幻想、空想、不切实际的设想等都不能有益于生命的存在与发展。但更为重要的

---

① 《马克思恩格斯全集》第 42 卷,人民出版社 1979 年版,第 97 页。

是这种物质性的利益是同精神性满足同时产生的,任何单方面的满足支配整个过程,都会造成异化。因此,实践活动就是生命的活动,是每个人都必须具备的认知与行为。同时,这种活动内在性地具有善与快乐。这就是主体的科学的、生产的、道德的、审美的四者内在统一的创制活动(劳动)。亚里士多德强调单纯德性实践的美好生活,马克思强调在创制活动基础上的德性实践,前者是一种狭义的、分类活动的实践,后者是一种广义的、总体的实践。后者内在地包含理论实践、德性实践与创制实践。生产劳动是解放人的活动,是实现人的自由的活动,是人的本质的、人性生成的活动。它内在地包含了善与快乐。因此,它是内在地具有艺术性、审美性的活动。这与伽达默尔以及阿伦特对亚里士多德实践概念的复兴是不同的,伽达默尔试图让实践重新具有古代政治道德的属性。但是一些人把马克思的"生产—艺术"范式的实践理解为"技术—功利"范式的实践,是对马克思的误读。马克思的劳动恰恰不是完全功利主义性质的,而是既基于物质生活基础的,又超越物质生活的精神、审美的活动,像马尔库塞那样完全把马克思的实践理解为审美性质也是不对的。我国一些机械地理解马克思主义的认识论,把马克思的实践完全理解为物质生产活动观点也是不对的,那些极左的观点把马克思的实践理解为阶级斗争、政治斗争的思想更是偏离了马克思"实践"思想的主旨。因此,我们认为马克思的实践哲学是一种以物质生产活动为基础、与最高境界的艺术活动相统一的生活实践哲学。这是马克思生活实践哲学的价值指向。

## 二、教育活动的实践性

教育实践是从一般社会实践中分化出来的特殊的实践活动。因此,教育必然有其上位概念的属性而具有实践性,而同时,教育的目的和内容都来自实践,其构成要素的实践性决定了整体的实践属性。因此,马克思认为教育必须为生产劳动服务,教育必须与生产劳动相结合,这是马克思主义教育理论的经典命题。

## （一）实践的教育性：实践之为实践的本质

实践之为实践，就在于人类的实践是在不断认识对象世界、改变对象世界的同时，也在改变自身。实践在满足人类基本的物质生活需要的同时，还能够促进人的发展，是人类经验不断重组和完善的过程。这种经验的积累、发展、完善，就是广义的教育。① 因此，"实践本身也是教育"②。在人类实践活动中，每个人都在通过经验的积累与完善而进行自我教育，每个人都通过观察他人完善的经验而模仿学习，使得人的生存活动建立在经验的连续不断积累与发展完善过程中，最终使得人不同于动物的本能模仿与机械重复行为，逐步从类人猿发展到现代人。正是因为实践本身具有教育性，教育才可能从实践中分化出来成为一种更为集中、更为科学、更为高效地促进人的发展的特殊的实践活动。

实践的教育性，从本质上讲就是指实践具有人性的生成性。恩格斯说劳动和自然界统一起来才可能成为财富，劳动"是整个人类生活的第一个基本条件"，"劳动创造了人本身"。类人猿之所以能够发展到人，首先是他们的生活方式即实践或劳动的影响，使得他们能够"在平地上行走时就开始摆脱用手帮助的习惯"，然后是"手和脚的运用"的"某种分工"，使得手得到了发展，从可以把石头制成刀子，到手"变得自由了，能够不断地获得新的技巧"，并且能够把这种灵活性"一代一代地增加"遗传下来。这说明"手不仅是劳动的器官，它还是劳动的产物"。而人的手的发展并不是孤立的，"它仅仅是整个极其复杂的机体的一个肢体。凡是有利于手的，也有利于手所服务的整个身体"，并且这种发展不仅仅是机体的整体发展的关联性，还是劳动本身的社会化合作的关联性，这就促使了语言的产生。因此，劳动促使手及整个的机体和语言的产生，而语言的产生使得人的"意识以及抽象能力和推理能力的发展，

---

① 陈理宣：《论实践与教育的相互规定性及其表现》，《教育学术月刊》2015 年第 3 期。
② 《冯契文集》第 2 卷，华东师范大学出版社 2016 年版，第 143 页。

又反过来对劳动和语言起作用",促使了"完全形成的人的出现而产生了新的因素——社会"。因此,"由于手、发音器官和脑髓不仅在每个人身上,而且在社会中共同作用,人才有能力进行越来越复杂的活动,提出和达到越来越高的目的。劳动本身一代一代地变得更加不同、更加完善和更加多方面。"①劳动创造人,是因为劳动生成了人,促进了人的发展与不断完善,正是这一本质决定了劳动具有人性和教育性,才使得劳动是实践。马克思一再批判在资本主义生产方式条件下,劳动因为失去了促进人的发展而被异化的现象。因此,异化劳动不具有实践性,更不具有本真的教育性。"如果改造世界的行为仅仅是为了功利的目的,仅仅是为了生存,甚至违背了人本性的发展,那么,这种行为就是异化行为。实践之所以是实践,人性生成性是最基本的特性。它阐明了实践与教育的亲密关系,规定了教育人性化的途径、方法和手段。"②劳动的实践性是以其人性生成性为标志的,而人性生成性便是实践教育性的表现。如果仅仅把实践理解为狭隘的功利性,特别是物质功利性的目的,那么,它就异化为非本质的实践、非人性的活动。

### (二) 教育的实践性:教育之为教育的本质

教育理论应该"更深刻理解教育实践的背景"③。这个背景就是一般社会实践。教育既从实践中分化、独立出来,也反过来为实践服务。因此,教育在本质上是实践的。④ 实践具有教育性,但是它并不直接是教育;反过来看,教育具有实践性,它也不直接是实践;这两者既具有相互规定性,又具有相互独立性。石中英认为,教育实践是"有教育意图的实践行为,或者,行为人以教

---

① 《马克思恩格斯全集》第 20 卷,人民出版社 1971 年版,第 509—516 页。
② 陈理宣:《论实践与教育的相互规定性及其表现》,《教育学术月刊》2015 年第 3 期。
③ 瞿保奎主编:《教育学文集·教育与教育学》,人民教育出版社 1993 年版,第 555 页。
④ 宁虹:《教育的实践哲学——现象学教育学理论建构的一个探索》,《教育研究》2007 年第 7 期。

育的名义开展的实践行为"①。

实践具有教育性,是因为人在实践中积累了经验、发展了自身,也因为这种经验可以传递给下一代。一方面,如果实践没有教育性,就不成其为实践,而是单纯的制作;另一方面,如果教育没有实践性,与实践疏离了,教育也就不是教育,而是训练与规训。李泽厚说"学而第一",人之所以为人,在于教育和学习。② 教育具有实践性,既指它的内容从实践中来,也指它的目的是为实践服务,还指它的手段和过程本身就是实践。实践的教育性推动人类劳动从简单向复杂发展,从动物向人发展。教育的实践性,推动教育从简单的知识传授、训练求生的基本技能向智慧生成、创造性发展以及崇高德性、理想信念陶冶的提升。实践没有教育性,它就成为动物式的生存活动;教育没有实践性,它就成为简单的工具人的规训或物质性、经济性人的制造。

## (三)教育与实践的相互规定性,时刻警示着教育的异化行为

反思教育发展的历程,人类时时刻刻都在防止教育的异化行为。"异化是常态的、经常产生的,克服异化是一个永恒的过程,一个不断上升的发展趋势。"③教育的异化表现为在教育教学活动过程中各要素之间关系的扭曲。教学活动从本质上看是人性的生成与表现活动,但是一旦教学的目的被扭曲为人的简单物质生存、功利性目的,知识的传授与学习就会蜕变为工具性技能训练;教学不再是为了学生发展,而是为了外在于学生发展的知识、技能的考试,教师就会运用机械的、抽象化的以及碎片化的知识灌输,甚至对学生进行强化训练以及行为控制,从而造成一系列的对立和矛盾。异化的教育异化了教育

---

① 石中英:《论教育实践的逻辑》,《教育研究》2006 年第 1 期。

② 李泽厚、刘绪源著:《中国哲学如何登场——李泽厚 2011 年谈话录》,上海译文出版社 2012 年版,第 9—10 页。

③ 陈理宣、刘炎欣著:《基于马克思主义实践哲学的教育问题研究》,人民出版社 2020 年版,第 324 页。

的人性发展目的,也异化了教学过程中的教师与学生、学生与知识之间的有机关系,教师并不是学生发展的推动者,并不能承担"人类灵魂的工程师"的这角色,而会成为学生生命发展的阻碍者,他可能通过强化训练、行为规训阻碍学生主体性、主动性的发展,他可能通过知识教学的机械训练而扼杀学生智慧,他可能为了让学生考出好成绩、提高学习效率而阻止学生兴趣爱好的发展,甚至监控学生的一切与学习无关的行为等。在学生与知识之间的关系上,异化了的教学可能会使学生与知识对立,使知识不再成为学生生命发展的营养,学生不再对人类丰富的知识感任何兴趣,视知识为痛苦之源,甚至完全抵制和仇视知识。在学生内在的自我之间,也会存在自己强制自己学习、训练,从而产生严重的焦虑、抑郁、强迫症状等一系列负面心理和行为。如果教育的理念不能改善,"双减"就只会流于形式。

# 三、教学实践的审美化路径

揭示实践的审美本质,为人类实践发展找到了动力之源。揭示实践的人性本质为人类活动找到了方向指引。揭示教育与实践的相互规定性,为教育找到了动力与方向,因而是防止教育异化的重要途径。

## (一)教学审美化的内涵

要使教学实践活动成为审美化活动,我们首先要了解马克思主义美学观。马克思主义美学思想的核心是:美的本质是人的本质力量的表现。人之所以能够在对象上直观自身的本质,从而表现出美,是因为对象身上表现出了人的本质力量,人自身的感觉器官能够在对象身上感觉到这种力量,但这个对象一定是人与之相互作用,打上了人的烙印,转化为人的本质力量的对象化形式。这种力量在抽象的形式中表现为生命的意蕴,在具体的形象中表现为生命的抽象形式。美是多变、丰富的,因为人与之相互作用的对象是丰富的,相互作用所产生的产品或活动结果的形式是丰富的，人们的审美感知能力之所以丰富，也是因为它是在人与对象的相互作用的过程中发展起来的，因而它才能够在多变的具体形式的对象和抽象形式的对象中领悟和直觉自身的本质力量。因此，教师的教学与学生的学习活动也才能成为人类一般的相互作用的活动形式，从而产生审美。正因为美的形式丰富多变，人们要想领悟和直觉美，就需要自由、丰富的想象力和大胆的创造力。我们所说的生命意义，其实也就是每个人（具有社会性的人）在与对象的相互作用中能够发展自身的人性本质的生命，并能享受生命发展的完善和快乐。教师要把教学实践活动转化为自身生命发展与享受的审美活动，学生同样要把自己的学习活动转化为能力锻炼、智慧生成、灵魂陶铸的生命发展活动，并享受这种发展的快乐，产生积极发展的动机。因此，不论是教师还是学生，在面对教学实践活动中丰富多变的抽象性和具体形式时，都要能够运用丰富的想象力和创造力去直觉和领悟自身的生命意义与力量，同时与对象相互作用创造新的丰富多样的审美形式。马克思所说的艺术地掌握世界，就是指向在多种掌握世界的基础上所实现的审美地掌握世界。

在领悟马克思主义实践美学思想的基础上，我们才可能真正理解教学实践的审美化。因此，教学实践过程的审美化，首先是把教学转化为具有实践性的活动，进一步把教学实践活动转化为具有审美性质的活动，引导学生在学习活动中直观、体验学习过程、学习对象、学习成果的对象性，获得对自身生命本质的观照，实现知识学习、能力发展、智慧生成与灵魂陶铸的审美享受，把学习活动当作生命发展与生命表现的活动，使知识学习转化为生活实践活动，从而充满生命的动力和活力。教学的审美化不仅是教学实践过程中提高教学效率的方法、手段与途径，更是人的生命的自由与解放的实现，是人的生命的发展与完善本身。教学实践活动的审美化，一方面作为教学手段可以提高教学效率，运用它有助于德育塑造人的内在品质和外部言行，有助于智育开发人的智慧和创造性，有助于美化人的形体和动作，有助于劳动教育激发人动脑动手，用实际操作把所思所想变成现实等;另一方面审美化的教学实践活动本身就可促进人的生命发展、完善与美化,"它以人的个性全面发展为目的,以解放被束缚的人性并走向自由为核心,以美化人性、健全人格、完善素质结构、提升人生价值水准为实际标志,以人在更高层次上的自我实现和高峰体验的不断追求为动力,是一种既独特又神圣的理想性的做人教育"。① 因此,教学实践活动是人的生命发展的手段与目的的统一。在审美化的教学活动中,教师既把教学作为自己本质力量的表现和观照形式,也把教学实践作为自身生命的发展、美化的过程。因此,不论是对于学生还是教师,教学实践过程都是一个生命发展、审美的过程,即自己本质力量的表现和观照的过程。教学实践过程的审美化,就是把知识还原为具有丰富情感体验的原始经验,让知识主体的思想、情感、活动过程等场景性因素活跃起来,教师和学生或者通过实际的生活实践形式参与其中,或者通过模拟的形式参与其中,或者通过虚拟的形式参与其中,使得知识学习转化为三个主体(教师、学生、知识生产主体)相互作用的过程,学生在此过程中通过获得知识、能力锻炼、智慧生成与灵魂陶铸实现生命发展,获得生命意义,享受生命的美。这样,教学实践过程就是一个意义的呈现过程,把教学的手段转化为美的载体,教学主体成为创造美的主体。总之,教学实践的审美化就是使知识学习过程成为审美活动过程。知识、技能、智慧与情感体验结合为一体。知识内容美、知识形式美、接受知识的心灵态度的美,三者融合、统一为一体形成教学实践过程的审美化。这三者中,当下最重要的是审美态度,前提是审美能力,目的是激活生命美的体验,最终实现的是生命的发展。只有以美的态度在知识对象上发现生命的意义,知识的内容、知识的形式才会呈现出生命的意义。然而审美的态度是需要通过先前的学习培养的。没有欣赏音乐的耳朵和欣赏黄金美的眼睛,再美的音乐、黄金也没有意义。因此,知识的学习本身并不是单纯地为了功利主义的目的,知识学习过

———————

① 李田:《再论美育的本质》,《教育研究》1994年第11期。

程并不直接持有外在的动机,这也就是杜威所说的教学是没有目的的目的。虽然知识学习也具有政治、经济、科技、文化等一系列的社会目的和个人的生存目的,但是,这一定是在知识学习的直接过程之外,或者说是在知识的章、节、点的学习的直接过程结束后或开始之前需要思考的知识运用问题。

过去我们往往从功利主义的态度出发去理解知识教育,把知识分为人文知识、科学知识,并狭隘地认为人文知识可以表现美,能够赋予人生意义,科学知识是对客观世界的客观认识,是价值中立的,没有主观的情感、价值、意义的内容或内涵,因此也就谈不上情感、价值观以及审美的教育意义。这种观点实际上是把知识与知识主体分割开来,认为知识是客观的,与主体的经验、情感、价值判断等主观性的、精神性的因素无关。其实,知识本质上是主体化的,书本的、符号化的知识也不过是主体化知识的表征而已,符号背后始终潜在地蕴含着主体的主观、精神因素。知识本身就是知识主体的意义的呈现,是主体精神追求、意义追求的结晶,表现主体的人性本质,是主体生命形式与意义的感性彰显,是美的表现。知识意义的美,体现在知识本身的生命形式以及对生命形式的体验之美。知识产生本身就是人们在实践过程中充满智慧和对生命情感体验的产物。但是在教学实践过程中,知识作为抽象化的文字符号,遮蔽了知识产生中主体的一切情感体验和价值态度因素,变成了非个人性的、客观的抽象文化和文本文化,任何个人学习、理解这些文本的时候都必须返回知识生产的时间场景之中,与知识主体共情,体验学习主体参与其中的场景,产生模拟的或虚拟的共情之美。这便是情景教学法的精髓,即在知识产生或运用的情境之中教和学,把知识始终转化为一定情景中的知识。如果学习者能够把知识从模拟或虚拟的知识场景中转化为生活实践中的操作与体验,就能直接转化为自身的主体化的知识和审美体验,如果不能直接转化为生活实践场景,那么,学习者就只能产生有限的共情性的、虚拟化的审美体验。这就像是观看电影、阅读小说等艺术欣赏一样,可以产生在场的虚拟审美体验,而这些艺术性的体验一旦转化来指导生活实践,就可能产生直接的、亲身的、实践的审美体验,也就从艺术的审美转化为生活的审美。因此,生活审美才是人类真实的审美,而艺术的审美始终是以生活的审美作为基础和终极目标的。过去也有不少人提倡审美化教学,但他们看不到知识意义的美,只能把知识外在形式的美比如韵律、节奏、对称等,作为功利主义教学的工具,在直接的教学实践过程中强调功利价值,比如传统的"授业"之说,现代的"就业"之说。因此,不少人把大学生就业直接作为教学质量的衡量标准,这就使得大学的教育忽视了人的生命关怀、精神成长、道德完善等领域的人性本质问题,因此审美化教学也只是为提高知识教学的效率这一目的服务的,强调了其工具价值而忽视了其本体价值。

## (二)教学审美化的四个环节

### 1. 符号之"知"化为"能"

传授知识最起码的要求就是需要把知识转化为能力,没有单纯的知识传授的教学。知识是教师与学生进行相互作用的直接媒介。不论是教师还是学生都不能停留在知识的层面上,因为知识是前人或他人在实践中所领悟的对世界的认识与改造的结晶,是自身解决实践问题能力的符号化。不论是教师还是学生,仅仅认识这些符号、理解其基本含义,是远远不够的,还必须把这些符号所代表的信息转化为自身解决类似问题的能力,或转化为自身深化发展的素材或资源。只有在这时,这个符号性的知识才可以说转化为了主体化的知识。这种能力一方面体现为解决书本知识系列中问题的能力,比如会做教材中的作业,但这些作业所涉及的问题并不一定是学生在生活中所亲身涉猎的;另一方面体现为解决生活实践中与书本知识类似的问题,比如学生能够结合所学知识解决自身生活实践中遇到的问题。如果教师的教学仅仅停滞在向学生传授书本知识,自己也不能够完整地理解所教知识的系统性及其内部的关联性,不具备学科的、书本的知识在生产实践、生活实践中的运用能力,不能够在教学中熟练地引导学生既能完成书本上的作业,又能联系生活设计或引导完成相关作业,也就是说教师本身也只有书本知识,而没有知识运用的能力,那么,他的教学就只能停滞在照本宣科或背本选科上。这就是现在不少学生只会解决与书本知识相关的问题即只会考试的原因之一。因此,教师本身必须具备所传授知识的运用能力,并能够引导学生进入知识所描绘的实践场景,并模仿学习,转化为自身知识运用能力,不仅能把知识信息铭刻在大脑中,还能结合运用、操作转化为机体的发展,形成身体操作能力。在这个层面上就必须达到陶行知所强调的师生共同的"教、学、做合一"。教师所传授的知识必须是教师所能做的知识,学生所学的知识必须是与做相结合的知识。教师对自己所教的知识要有整体把握、广泛涉猎,同时还懂得学生学习理解知识的真实体验状况,在洞察和把握学生知识学习状况的基础上,再给予学生解决问题的知识铺垫或启发,这样的教师就具备了教会学生运用知识解决问题的能力。如此,语文教师就一定有语言文字文学处理表达的能力,解决与语文相关的问题;数学教师就必然有广泛的数学知识和数学能力,解决与数学相关的问题(学科系统问题和生活实践问题);甚至教师能够综合运用跨学科知识来指导学生解决知识学习的问题和生活实践中的问题。当教师能教会学生运用知识解决问题,学生所学的知识就具备了真正的可迁移性,学习价值才能得以实现。

### 2. 身体之"能"化为"智"

知道了,不一定能做,因为需要身体的机能发展与之适应。能模仿做,但不一定能智慧地做,因为旧知识不能解决新问题,需要找到旧知识与新问题之间的关联线索,引导主体用改进了的方法,或获得启示进行实验,或探索全新的方法去做。这就是主体智慧的产生。教学的高层次的任务是需要通过有限的知识、有限的时间教会学生无限的智慧。这才可能实现青出于蓝而胜于蓝、一代更比一代强,实现人类社会的不断向前发展。因此,教师的教育教学要生成智慧。从知识到智慧的过程,远比从知识到能力更宝贵、更艰难。教师的教育教学只有具备了"转识成智"的能力,引导学生经历"转识成智"的过程,才能培养学生综合处理自然、社会与人生问题的能力。这要求教师在教学活动中,不仅要让学生从无知识到有知识,还要让学生从有知识到有智慧,要在知识教学中促进学习者"化知识为方法,化知识为德性,以实现认识世界与认识自己双向互动的过程"。在知识向智慧的转化过程中,"理性的直觉、辩证的综合和德性的自证"成为重要的发生机制。① 教师要能够让知识融入自己的人生阅历,融入自己的情意、德性,站在更高的视角来重新审视所教知识及其关联来促进学生发展。所谓教师的"智慧",意味着教师能够将整个知识与自身生命、信仰追求,与社会的发展、学生的发展进行整体关联,进而达到融会贯通,才能产生敏锐的直觉,才能对教学本质有深刻的洞见,对教学活动有整体把握和灵活调节。数学教师有了教育智慧,就能将数学知识与学生的生活、生命、兴趣密切关联,展示数学的用处、彰显数学精神,使学生获得数学乐趣;语文教师有了教育智慧,便能将语言的美、语言的趣、语言的用结合起来,并在自己身上表现语言、文学的气质、魅力,语文教学将不再是反复冗长的文字符号缠绕,而是充满简练、准确、优美的魅力。

### 3. 身心之"智"化为"文"

质是内在的,然而内在的质必然转化为内外结合的气质与文采,这正是孔子所谓"文质彬彬"、孟子所谓"大而光辉谓之美"、谢赫所谓"气韵生动"也。教师的教育教学要生成内外融合的"文""光""气",才能够真正吸引学生,陶冶、熏染学生,才能够使得教师、知识、学生共同融入一个生活世界之中,产生一种有活力、有召唤力、审美的场域。例如,孔子与弟子对话,既是一个知识学习的过程,又是一个文化生成的过程。这种知识教育与文化生成的伴生现象,

---

① 刘利平:《"转识成智":知识教学的价值追求》,《当代教育与文化》2019 年第 1 期。

既能诞生在如苏格拉底、孔子、王阳明等古典教育家与弟子的教学对话中,也能诞生在一所普通的乡村课堂的师生对话中。"文化"意味着要把知识"文"和"化"。所谓"文",即产生审美体验,感受到知识之美,与学生讲起来有滋有味,教师没有体验到知识之美,就不可能有声、有色、有滋、有味地讲解知识。所谓"化",是指教师与知识融化为一体,运用自如,就像用自己的手那样灵活自如。要实现知识教学的文化生成,意味着教师要摆脱零碎知识的烦琐化灌输,能够将学科知识融入历史或现实生活之中,让学生能够在大观念或大概念的引领下,让知识要素以文化逻辑的方式来涵泳生长,"在对大观念(大概念)的全面理解与创生中实现在这一知识领域上的全要素文化生长"[①]。

### 4."知、能、智、文""化"为"人"

学生不论学多少知识,如果不能转化为能力,那就只能是"书袋子";如果能够转化为能力,但是只限于简单模仿、照着做,那就是"书呆子"。传统的教育教学在一定程度上还局限在解决这两个问题上。所谓的提高教学质量,还局限在增加知识教学的数量,即使所谓的创新教育,也局限在高效能地教知识或者高效能地运用知识,这就是高考始终纠结于是出更难的考题还是出更多分量的考题,教学大纲、教材的改革纠结在是增加还是减少教学内容,是减轻知识的难度还是增加知识的难度等问题的部分原因。如果我们培养的学生不能真正成为一个人,不论学了多少知识,有多强的能力、多高的智慧,如果他没有实践的动力,既不能维持自身的生存,也不能为国家作出贡献,如果他的动机不纯,成为就像钱理群所说的"精致的利己主义者"甚至是违法犯罪的人,这样不就是越聪明,越有智慧就对人类、对社会越具有破坏性吗?!因此,我们的教育必须要在"能"与"智"的基础上培养积极、美好的生活动机与动力。在这个范畴之内,就需要教与学乃至今后的工作具有对真、善、美统一的生命之

---

① 李帆、张伟、杨斌:《教育现代化的关键:课堂文化生长力的现代化转型》,《华南师范大学学报(社会科学版)》2020 年第 1 期。

美的内涵和灵魂的培育,这才能使学生成为真正的人,成为真正的社会主义事业的建设者和接班人。所以,教师的教学要回归成人的目的本身。知识教学本身的任务反馈系统,会在知识的符号系统表层构建循环,极易导致教师忘记育人的初心使命,导致教师日日教知识、教写作业、教考试得分,却未能回归知识教学的人性本质。然而,"教育实践的全部过程以人的发展为核心旨趣,以人的生命的建构为旨归,以受教育者个体的自主建构和自我生成为主要路径,促进个体生命的不断完善和绽放"①。在追逐知识教学的过程中,教育面临的首要危机是学生作为完整人性的被忽视、被牺牲,如何在学科分割的知识教学中,"保持适切的哲学追问中实现对人的'完整性'的最大观照"②,就成为知识教学要回归成人的必要性追求。而且,在知识的创生环节,已经融入知识构建者的人类主体性要素;在知识的学习环节,符号化知识必然要落实到学生主体性的建构层面,这意味着知识教学天然地含有回归成人的可能性与必然性。

# 四、教学实践审美化的要求

教学实践的审美化,最终是要落实到课堂教学上的,即使综合实践活动也不过是课堂教学的延伸和补充。因此,我们提出以课堂教学实践为核心的审美化教学的基本要求,以此启发、推动"五育融合"、"课程思政"与"思政课程"同向同行的教学深度变革。

## (一) 以知识为中介、以学生为中心、以生命意义的生成为终点

在教学实践活动中,首先是教师传授知识,学生接受知识,但是不能终止

---

① 陈理宣、刘炎欣著:《基于马克思主义实践哲学的教育问题研究》,人民出版社 2020 年版,第 237—238 页。

② 潘希武:《人的"完整性"的现代性意蕴及其教育观照》,《华南师范大学学报(社会科学版)》2018 年第 5 期。

于知识。知识只能是实现学生生命意义生成的有机材料。知识能够成为学生生命意义的有机材料,是因为知识本身就是知识主体生命意义的产物的客观表征。传统教学论以教师的教为中心,教师以传授知识为目的,学生以接受知识为终点。人们一般认为学生之所以厌学是因为"学生在学习活动中看不到自我、体验不到自我,这是教育审美化的最大敌人"。如果能够让学生在学习活动中"时刻看到自己的进步,他感到自己被自己肯定的喜悦。教育过程就成为一个自己不断得到肯定的过程,刻苦学习就成为他体验自己被肯定的感觉的自觉追求,苦就变成了乐"①。但是,人们忽视了两个方面的问题:知识始终是前人或他人的创造,学习知识本身如何实现自我肯定? 只强调个人的成就可能导致功利主义和个人主义,如何能够让学生的学习具有社会性? 因此,我们必须认识到知识本身的社会性、生命本质的意义,教师必须引导学生进入知识主体的社会性、生命意义场景,在这个场景之中生成一个"大我"参与其中的审美意义的生成过程。学生任何素养的培养都必须通过知识来实现,通过与学生一起发掘知识之中所蕴含的知识生产者主体的生命价值与意义,最终让学生去理解、体验知识本身所蕴含的认知的、体验的、审美的价值意义,从而生成学生当下的、自己的、蕴含有人类本质的生命价值意义。

## (二) 三主体融合,形成生命意义生成场域

在教学实践过程中,始终存在三种关系:第一,学生与教学内容的认识、体验与转化关系;第二,教师与学生的职业、伦理与情感交往关系;第三,学生与自己的认识、体验与控制性关系。在这三对关系中,教师与学生的职业、伦理与情感关系是支撑整个活动的基础。因为是教师引导学生与知识之间的关系的性质、方向等,没有教师的引导,学生在与知识相互作用的时候可能会产生许多盲目、无效的行为。但是,如果教师与学生的关系不科学、不正确、不全

---

① 李海林:《教育的异化与教育的美化》,《云梦学刊》1998 年第 3 期。

面,就会影响学生与教学内容的展开,或者过于强调知识主体而压抑或阻碍学生的生命意义生成;或者强调情感关系而忽视知识的中介性,那就可能产生教师的主观性对学生的误导;或者过于强调伦理性忽视情感性,让学生在教学过程中过于听命于教师,不能激发自身的思维、情感与价值选择等而显得呆板、机械等;或者过于强调教师与学生之间的职业性,教师停滞在把知识讲清楚、完成讲解任务,对学生缺乏人文关怀,使得师生之间成为冷冰冰的工作关系……学生自己的主观的我和客观的我之间的认知、体验、调控关系其实也是在教师的启发、引导甚至行为塑造中产生的。因此,教师在这几种关系中始终起到启发、引导、督促、激励(不能简单地用"评价")等作用。但是,教师的这种重大的作用如果使用不当,就会造成整个教学实践过程的错位、变质、低效等,我们特别强调这三对关系中的三个主体要融合共存、协调作用。首先,教师要充分激活知识主体,让知识符号背后的主体的思想、情感、价值等精神面貌活化起来,不能把知识当作冷冰冰的客观的符号、规律、命令、真理,扼杀知识主体的生命意义内涵。其次,教师要以自己的言行表现出对知识主体精神的敬畏,要把知识主体的思想、情感、价值与精神气质转化为自身的"能、智、文、人",这样便活化了知识主体的思想、情感、价值与精神面貌,同时以一个活的形象与学生进行相互作用,引导学生与知识意义相互作用,这样便形成了一个三主体融合、协同、开放、共生的生命意义场域。

### (三)融通、丰富知识关联点,促进新思想、新知识的生成

生命成长是内在的,如果主体需要感受,就必须有外化的对象,通过外化的对象而认识、直观内在生命的发展与力量。费希特、黑格尔都使用了"外化"或"对象化"这个概念来说明精神要认识自己就必须借助外化对象才能实现的现象。马克思也使用这个概念来说明人类本质力量外化于劳动对象和劳动产品上,主体可以通过自身的外化产品直观自己的本质力量而产生美。他说,"工业的历史和工业的已经产生的对象性的存在,是一本打开了的关于人

的本质力量的书，是感性地摆在我们面前的人的心理学"，"人的对象化的本质力量以感性的、异己的、有用的对象的形式，以异化的形式呈现在我们面前"。① 马克思所说的"对象性存在"就是"人的本质力量"的外化。而这种外化的形式就是美，即人的本质力量的感性显现。马克思这里说的是劳动创造的产品，即工业品和整个工业发展的历史。工人在劳动中创造了工业品或工业的历史，这标志着人类创造了美。因此，美在于创造，凡是有创造性品质的东西都是美的，追求美的人便是追求创造的人。这是由人的创造性本质和美的本质决定的。创造来自人类认识世界的知识，知识本身就是人类创造的结晶。"人的本体就是知识的积累。正是各种知识构成了人的存在以及存在方式，构成了人获得关于世界的意义的理解基础。"② 所以，知识规定人的"视界"，知识的丰富程度以及知识之间的关联度决定了人对世界、人生的理解以及意义的丰富程度。不论是人类还是个体的创造，都始终是基于已有知识基础的创新，都始终需要不断学习已有知识，在已有知识的基础上创造新的知识。

在教学实践过程中，要让教学具有审美性，就必须让教学具有创造性，即让学生能够在学习已有知识的基础上产生新理解、新思想、新体验，从而创造新知识，并把这一切视作自身乃至人类的本质力量的外化形式，产生审美体验，激发生长动机。因此，教学实践中教师必须启发、引导学生能够创建已有知识之间的联结、已有知识与可能知识之间的联结，创建前人、他人知识与自己的知识、经验之间的联结，创造众多知识之间的联结，从而实现各种知识与各种相关生活或生产实践之间的现实联结与可能联结，启发新知识的创造与新实践、新产品的创造，实现以创造立美。因此，学习就可能产生不尽的创造、不尽的美，给学习者以无限的美感，也使学习者感受到自身生命的力量、价值与意义。创造是生命力量、意义的表现的需要。教学实践过程中的创造，表现

① 《马克思恩格斯全集》第42卷，人民出版社1979年版，第127页。
② 周浩波著：《教育哲学》，人民教育出版社2000年版，第147页。

为师生心灵深处对美的追求,使师生在教与学中产生丰富的智慧和永不枯竭的动力,使知识教与学的过程中的苦变为乐,大大减轻外在知识内化的艰难性,提高学习效率。

## (四)操作、交流、体验、直观:创美育人

实践创造是一切生命价值、意义产生的起点。书本上的知识,都是前人在实践过程中对客观世界某些规律的认识的结果,也是他们自身在与客观世界的相互作用中产生的思想、情感、价值等意义性因素的客观化形式,但是这些内涵一旦被转化为文字符号或其他符号形式的记载,就已经使活生生的生命力量的形式、意义被客观化、形式化、抽象化而过滤掉了。它们对学生来说是一个异己的、陌生的对象,它不仅对学生,甚至对教师来说都是一个客观的"物",只有师生都专注于认识这些知识符号所承载、代表的意义,去理解文本符号的意思,理解它所代表的、暗示的客观世界的某些过程、规律以及与知识主体之间的意义关系的时候,它才转化为师生共同的"事",只有师生共同去还原知识所表达的事物及其与不同事物之间的关系、规律,亲自参与其中,并激活自身已有的相关经验,与之产生融合、联系,从而有了新的理解、新的关联,或者超越知识文本的有限性,并可以转化为自身生活或生产实践的操作与创造能力,甚至产生一定的客观对象或产品,师生在其中才真正实现了自身的本质力量和生命意义。当然,师生的这种价值与意义的实现,往往具有模拟性、虚拟性,他们还没有真正走入社会,也没有完全回到生活实践中去,所以,这是一种把自身情感和生命力量灌注到对象上去,从而完成赋予对象意义的任务的过程。只有把所学的知识转化为自身的经验后直接与生活实践或模拟实践结合,产生实际的操作实践行为,产生实际的切身体验,才是真正实现学习的创造与美。要实现这一任务,就必须把教育实际上与生产劳动相结合,在学校教育阶段就必须通过综合实践活动,或者以研究活动、实验室活动,或者走向社会开展社会服务活动,来实现真正的创造美,从而亲身体验美,创造真

真切切的生命意义,实现"创美育人",实现师生生命发展与成长。同时,学校教育组织的这些活动不同于社会生产实践之处还在于,学校会把学生的"做"有组织、有目的、有规律地转化为学生的反思、体验、交流的对象,让学生在其中发展思维水平、审美能力,享受审美快乐,从而使学习的每一个环节都环环相扣,始终让学生处在高效、科学、快乐地发展的场景中,促使学生不断发展、高效发展、快乐发展,产生发展的"惯习",把学习与今后的工作贯通,从而促进人类社会的整体审美化,最终实现马克思所畅想的"人和自然界之间、人和人之间的矛盾的真正解决""存在和本质、对象化和自我确证、自由和必然、个体和类之间的斗争的真正解决",①实现人的自由与解放,人们可以在任何职业、任何部门、任何活动类型、任何活动内容里自由地选择和转换,可以随自己的兴趣"今天干这事,明天干那事,上午打猎,下午捕鱼,傍晚从事畜牧,晚饭后从事批判"②。人类的所有活动、所有活动类型都在解决必然王国问题的基础上可以达到自由王国的境界,成为审美化的社会与审美化的生活。没有这个交流过程,学生就不会有反思与矫正,没有这个体验过程,他们就不能从知识的学习中体验到快乐,学习中不能实现快乐。如果知识学习只是为了完成教师的指令,或者是在教师的权威强迫下完成的,那么,知识学习就不是赋予知识形式以美,而是赋予了丑,不是产生快乐,而是产生痛苦和厌恶。学习本身就是经验的完善,在学习中不能创造美、体验美,在今后的工作中也就不能实现快乐,即使劳动可以创造美,但是也只能停滞在功利主义水平上,即使劳动创造了美,也不可能感受到美。

---

① 《马克思恩格斯全集》第 42 卷,人民出版社 1979 年版,第 120 页。
② 《马克思恩格斯全集》第 3 卷,人民出版社 1960 年版,第 37 页。

# 第十二章　学习的生存论意义生成
# 机制及其引导策略


　　"课程思政"解决学习过程中的意义的价值导向问题和学习的人性本质问题,这是过去不少人都一直未曾理解或真正重视的学理问题和现实问题。过去往往把学习过程中的直接意义等同于走入社会参加实践的间接意义,并且把学习的意义等同于个人物质生存的功利意义,因而忽视教学过程中的心理学意义与学习意义的价值导向。"课程思政"与思想政治教育要解决的正是学习过程中的直接意义、学习过程中的间接意义及两者的关系问题:学习的直接意义问题,即通过学习过程中学习者与知识之间建立情感、价值、审美体验等的联系,获得学习的即时性意义,或过程中的意义,也即心理学意义;学习的间接意义,即通过学习知识的实践运用建立与整个社会、国家、民族、人类的政治、经济、文化、科技等实践活动之间的意义,获得科学的世界观、价值观、人生观,形成个人融入社会的、近期与长期结合的崇高理想、价值取向机制。这两者必须结合,但是两者的结合必须以直接的意义为起点,联系间接的学习意义,也即丰富意义的内涵与学习意义的社会性内涵。由于学习的间接意义的领悟需要以抽象的思维能力的发展和丰富的社会经验为基础,因此,年龄越小的学生,越是不能领悟学习的间接意义,随着年龄的增长和社会经验的丰富与发展,对学习的间接意义的领悟能力才逐步发展起来,但是,始终要以直接意义作为基础、起点,把直接意义与间接意义联系起来。我们必须认真研究学习过程中的直接意义及其间接意义的转化。只有在教学过程中直接意义的价值取向得到解决,才可能在今后学生步入社会、步入实践、步入工作岗位后转化为工作的意义价值取向。因此,我们认为既不能过早地把间接的学习意义等同于工作意义、实践意义、社会意义,也不能把学习意义与工作意义、实践意义、社会意义完全分割开来。解决这一问题的关键在于学习意义的生命化、生存化,也就是说要把学习上认知的意义转化为生存论的意义。生存论的意义并不是庸俗的功利主义的、物质生活的功利意义。物质生活的生存、生理生命是全部实践活动的基础和起点,但并不是全部生活的本身和终点。

探索学习者与知识之间的意义,并建立起有机联系,让学习过程变得更有效率是人类学习行为研究的旨趣。奥苏贝尔(David Pawl Ausubel)很早就发现了这个问题。他根据学习者认知结构中已有知识与学习材料之间的关系,将学习分为机械学习和有意义学习。有意义学习指新知识(符号、概念等)与学习者认知结构中已有的概念体系建立实质性联系的过程;而机械学习相反,学习者与学习的新知识之间没有建立起有意义的联系,导致学习过程沦为一种机械、呆板甚至无意义的过程。20 世纪 80 年代以来,具身认知(Embodied cognition)理论则强调人类认知世界的"身—心"统一、"身—行"统一以及"情—意"统一。如果说奥苏贝尔学习理论的核心在于探究新旧知识之间的意义关联,无论是表征学习、概念学习还是命题学习,概莫能外,并且这种关联是"非人为的"和"实质性"的;那么具身认知理论的出发点是将人具体的身体体验、意义建构和互动生成作为人类认识世界的根本途径。这些理论都是探讨学习的直接意义或者说认知意义及其机制形成的原理的。对学习过程来说,学习的间接意义就是指学习过程之外即狭义的学习中产生的价值,这就需要把学习的知识与课堂之外的生活、实践联系起来,把认知活动与生存活动联系起来,把心理活动与人的本质活动联系起来,建立课堂、书本知识与课外、生活、实践活动的联系,建立认知活动与人的本质活动之间的联系。前者是认知意义,后者是生存意义。我们倡导把认知意义与生存意义联系起来、统一起来,形成生存论的意义机制。

学生是学习的主体,每天都在解决、处理不同的学习问题,都会因解决、处理问题的过程、结果以及对结果的体验而感受到不同的意义。不同的意义感决定了学生的自我效能感、自我成就感以及幸福感、价值取向,也决定了学生可持续地处理学习事件的动机与动力。这种意义感背后却是在日常的学习活动中形成的思维、情感、价值取向模式——意义生成机制的影响。纵观当前学生学习的无意义感、压力感与倦怠感等现象的产生,除客观存在的学业负担重、学习内容繁难偏重、教师教学方法机械乏味等原因之外,也与学生自己在学习过程中没有建立意义机制或形成了不正确、不科学的意义认知与体验有直接关系。因此,研究教师引导学生建构科学的意义生成机制具有重要的理论价值和实践价值。

# 一、意义机制与学习的意义生成机制

人对自身所从事的活动蕴含的意义的理解和把握是人类活动的特性,也是活动持续开展的原动力。"人类生活在'意义'的领域中,我们所经历的事物,并不是抽象的,而是从人的角度来体验的。即使是最原始的经历,也受限于我们人类的看法。无人能脱离意义。我们是通过我们赋予现实的意义来感受现实的。"①学生的学习活动是基于"意义"并追求意义的过程,无论明晰的理念或缄默性的行动,都蕴含着意义生成的作用机制。因此,探索意义生成的过程、规律与模式,有助于引导学生在学习过程中建构科学、积极的意义生成机制,为学习效率的提高及可持续的学习行动奠定基础。

---

① [奥地利]阿尔费雷德·阿德勒著:《生命对你意味着什么》,国际文化出版公司2000年版,第1页。

## （一）意义机制

"意义"是怀特海所认为的"自然而然地存在于日常生活中的终极概念"，它是"人类的直接活动中所预先设定的"，"关于自己的行为及周围世界的适当的一般性观念"，它"看起来是不可避免地成为一切范围的经验基础"①。它"没有定义"，也很难定义。但是我们可以通过实事来分析，因为它就在我们日常生活实事的过程和感觉经验存在本身中。

如果从人活动的最基本的过程来看，主体（人）和对象（自然世界、社会世界以及作为客体的自我世界）是两个最基本的元素。意义正是产生于这两个基本元素之间的互动过程，以及关系和结果的体验之中。对象在没有与主体产生相互作用时，是本然的世界，属于"客观"的范畴；主体在没有与对象产生联系、相互作用时，是本然的人，属于"主观"的范畴——一个客观意义上而非主观意义上的存在。人时时刻刻都在与自然世界、社会世界、自我世界发生着这样那样的关系。人不可能不在思考问题（想某事），即使人努力想控制自己不想事，其实也是在想如何控制不想事这个事本身。即使人在睡眠状态，脑神经系统依然在正常运行着——想事情。清醒的时候是有意识地想事情，睡眠状态是无意识地想事情；清醒的时候想事是有序的，睡眠状态时想事是无序的（梦的幻觉）。

身体与外界的相互作用产生体验，体验经由意识的提炼与加工产生经验。没有经验也就不会产生意识。人如果不与客观对象发生相互作用，也就是一个与自然物一样的"物自体"。物与人在特定的情景下相互作用，人就成为主体，物就成为对象或客体，两者的相互联系就产生了"事"，即相互作用的事实。主体就要用以往积累的与对象（物）相关的经验（知识）以及当下对对象的认知甚至包括新收集、学习的相关知识，再通过把知识与自己的需要相结

---

① ［英］怀特海著：《思维方式》，刘放桐译，商务印书馆2010年版，第5—7页。

合,探索寻求解决问题的方法,处理与对象(物)的关系,或改变对象,或与对象和谐相处等,以达到自己的目的,并同时积累新的经验(知识)。在这个过程中,对象(物)实现了物的价值,发挥了物的功能,人满足了自身的需要,达到了自己的目的,获得了意义。这是人赋予物(对象)以意义的过程,同时是人(主体)获得意义的过程。因此,"通过'物'与'事'的互动敞开世界的意义,并使之合乎人的价值理想","呈现为意义的世界"。同时"人既追问世界的意义,也追寻自身之'在'意义"①。当主体体验到意义的时候,就实际上产生了"情",也就是说对"物""事"的价值有了情感上的反应。具身认知理论正是基于人的身体体验与情境生成之间的关系,揭示了人类认知的三个主要要素:具身、情境和生成。认识的体验与生成需要"具身",是身体在与事物相互作用中的身体感知觉的获得,这是具有决定意义的基础。"认知、知识并非是脱离开身体维度中经验、实践的参与,而是内化在求知的整个过程中,内在于心智、世界的互动过程之中";情境是认识发生的外在条件,人类的认识是发生在特定的情境之中的,认知、知识"并非脱离场景、语境、境遇的普遍、中立性行为,而是嵌入环境之中,与情境相互对话,大脑、身体以及环境三者组成了一个动态的统一体……";生成是相互作用的过程,是耦合、互动与动态建构,认知、知识的"生成维度意味着于人类参与、行动、实践基础上,创造、创生出具有情境性、具身性、复杂性品质的知识产物"②。

可见,意义生成是一个复杂的多因素建构体系。既有主体的积极生成因素,也有环境条件的影响因素;从主体角度看,既有个人的意义维度又有社会的意义维度,既有主体的内在意义也有主体的外在意义;从本质内涵看,既有物质层面的意义,也有精神层面的意义;从时间长度看,既有短期意义,也有长期意义等。因此,意义机制是一个既对立统一、又分裂融合的整体系统。

人生成意义机制的核心旨趣指向人的发展。一方面,主体(人)在与对象

---

① 杨国荣:《意义世界的生成》,《哲学研究》2010年第1期。
② 张良:《具身认知理论视域中课程知识观的重建》,《课程·教材·教法》2016年第3期。

（物）相互作用中，获得了新知识，已有知识的结构、内容得到扩展，认知与行为能力得到提高，表现为经验的连续性；另一方面，主体（人）体验到经验完善、自我意象完美，就会产生一种审美感。这时候"物"就由"事"转化为"情"，它为可持续的认知与行为增添了精神性的动机和动力，也就是说，这样一个认知与行为不仅是被动的应对行为或本能需要的行为，而且是将意义上升到人的本质和精神层面的过程。从与物的接触开始，由先前经验的不完备、不足以解决面临的问题，到收集整理学习相关知识到找到解决问题的新方法，经历了已有知识从不完备到完备、从没有足够的经验解决问题到克服困难找到解决问题的新方法的过程，主体体验到了从紧张、焦虑到放松、愉悦的过程，实现了经验的完善、情感节奏的完整等，使得经验具备了超越一般经验而具有"连续性、累积性、守恒性、张力与预见性"①的审美性特点，形成了"物"（对象）与"人"（主体）、认知（观念形态的知识）与体验（情感形态的审美）合一的情景，在这个情景中，既有物的意义赋予，也有人的意义获得。因此，从本质上看，意义机制"是人的生命在其活动中的自我确证感和自我实现感。人在生活中从追求价值到寻求意义的变化，正反映了人在更高程度上的自我生成和自我觉解"②。从过程和机制上看，意义机制是主客体合一、功能与价值合一的过程。这种机制在主体内部将成为认知（思维）、行为（劳动）、精神（态度）的统一模式，影响未来的生活（包含工作、学习、休闲等）、活动的方式、过程、动机等诸多因素。主体已有经验中包含了关于意义的观念和预期，不论是主动探索的实践还是被动应对的实践，都包含了实践行为的目的以及评价的标准。意义机制决定了活动的过程，并对活动的结果产生直接影响。对主体来说是否产生了意义、能否体验到意义，决定着人的活动的可持续性。

---

① ［美］杜威著：《艺术即经验》，高建平译，商务印书馆2005年版，第152页。
② 张曙光：《生命及其意义——人的自我寻找与发展》，《学习与探索》1999年第5期。

### (二)学习的意义生成机制

现代社会条件下的实践,并不完全是即时性的、机械重复性的生产活动。许多生产活动不仅需要已有的相关知识经验,还要收集与对象相关的新知识来进行学习,才能顺利开展活动。因此,实践的环节中包含了学习,实践也始终与学习联系在一起。同时,学校的学习活动,总是从学生已有的实践经验出发,选择接近学生实践经验的材料、适合学生理解的知识形式,使科学知识经验化,引导学生从已有的经验出发探索新知识,不断对新知识进行同化或顺应,扩大知识结构和改变知识结构的性质,使其经验科学化。可见,学生的学习始终是与生活实践联系在一起的,是从学生的生活实践出发,以学习的途径,提升学生生活实践的社会化与科学化水平。因此,一般生活实践中的意义生成机制与学习生活中的意义生成机制具有同质性。

知识、概念以及理论等属于符号化的存在。对学生而言,在学习知识的过程中如果不关联来自"生活世界"的知识具象,就没有与之发生联结的形象与意义,学习内容就会变成"非现实"的学习内容,是属于本然的"物"的范畴。只有当知识与学生已有的知识、经验接近,能够被学生学习、理解、接受、运用时,才由非现实的内容转化为现实的内容,并经过学习,与已有经验建立联系,或同化或顺应,建立新的经验和知识结构,使得学生的经验、知识结构有了新的突破,并感受到这种新的突破带来的获得感以及积极的情感体验,才能实现知识从冷冰冰的对象性的"物"到与己有关的"事"再到有获得感的"情"的转化的完整过程。这个过程既是学生赋予知识以意义的过程,也是追求意义得以实现的过程。学习的意义并不是知识本身的意义,而是知识从非现实的、与学生无关的对象,到通过学生结合已有知识经验进行理解,同化到已有知识经验中扩展知识结构,或顺应建立新的知识结构点等,学生已有经验知识结构扩大、发生知识结构的质变,获得人性能力的增长,体验到人性能力增长的快乐,同时改善进一步学习或实践的前提条件,提高进一步学习或实践的起点,为进一步学习或实践提供了客观上的动机与动力,使得学习行为或实践行为具有连续性以及持续完善、改进以及提高的特点,从知识本身的意义转化为学生学习的意义,这是一个生成新的意义的过程。这个完整的过程就是学习意义生成的过程和机制形成的过程。

学习的意义生成机制需要通过教学来培养。"教学过程是引导学生主动追寻与创造成长意义的过程,这在本质上体现了教学的过程价值,并内在地赋予了知识学习以意义向度。"①意义生成的学习,从其形成的机制和原理看,必然要经过"物→事→情"的发展和转化环节。从其结构而言,意义生成机制包含已有经验和知识中的价值观念、意义观念,学习目的、预期结果等在学习过程中的实现程度、结果评价符合程度和情感体验程度等,还包括上述因素在学习过程中不断修正的价值观、意义观以及评价标准等。学生学习过程与社会生产实践过程的不同之处在于,教学过程中始终有教师参与的启发、引导与调节。因此,学习过程不仅是知识积累、思维发展的过程,更重要的是科学、积极的意义生成机制的形成过程。

## 二、学习的意义生成机制的理路

意义生成机制是思维方式、价值取向、精神面貌等因素构成的一种相对稳定的心理模式和行为方式。它将促进学习者意义的生成以及意义的创造与体验,从而直接影响人的发展。

### (一)实现人的本质发展,消除生存的无意义感

一个人只有形成了正确、积极的意义生成机制,才能在生存活动中,不断生成、创造生活的意义。人的本质即获取意义、创造意义。"人既是意义的体

---

① 容翠、伍远岳:《学习的意义感:价值、内涵与达成》,《教育发展研究》2016年第18期。

现形态,又是追寻意义的主体;意义生成同时表现为意义主体的自我实现。"①
现代脑科学的研究发现,人的大脑的机能就是探寻意义,"对意义的探寻(赋
予我们的经验以意义)以及随之产生的对作用于我们的环境的需要,都是自
动化的。对意义的探寻是生存定向的,是人脑的基本能力。……脑一直在加
工信息。在一定程度上,脑对经验的消化就好比我们对食物的消化。"②因此,
人的活动就是生成意义的活动,学习活动亦不例外。一旦人的活动不能生成、
创造意义,其自我实现感、自我认同感、自我价值感等就会出现一系列问题,严
重的还可能产生精神疾病,甚至自杀轻生。弗兰克在调研西方大学生自杀已
经跃升死亡第二的深刻原因后,发现"有85%的学生在其生活中再也看不到
任何意义"。他把这种现象称作"生存空虚",是一种"彻底的无意义感","伴
随着某种空虚感"。③ 就学习过程而言,"学习意义感"的获得标志着真正的
学习产生。"真正的学习是学生与学习内容之间发生意义关联,寻求知识的
'个人意义';是学生积极参与学习过程,获得价值体验;是学生进行自我反思
和自我体悟,追求一种自我认同感。"④对学生而言,学习活动就是生命的体验
过程,属于生存的范畴,杜威早就指出教育即生活,不能把学生的学习活动与
生存活动分裂开来。要把"一切知识的学习"都上升到"'生存论'层面来理
解"⑤。人本主义心理学家马斯洛也认为,只有学习满足学习者的内在动机、
成长需要时,他的行为才能够"光芒四射地喷发",才能够"成为天然的、创造
性的、释放出的,而不是获得的,成为为表现自己,而不是应付他人的"⑥。相

---

① 杨国荣:《意义世界的生成》,《哲学研究》2010 年第 1 期。

② Renate. N. Caine, Geoffrey. Caine, *Making Connections: Teaching and Human Brain*, ASCD, 1991, p.75.

③ [奥地利]维克多·弗兰克著:《无意义生活之痛苦》,朱晓权译,生活·读书·新知三联书店 1991 年版,第 3—7 页。

④ 容翠、伍远岳:《学习的意义感:价值、内涵与达成》,《教育发展研究》2016 年第 18 期。

⑤ 郭晓明著:《课程知识与个体精神自由》,教育科学出版社 2005 年版,第 99 页。

⑥ [美]亚伯拉罕·马斯洛著:《存在心理学探析》,李文湉、林方译,云南人民出版社 1987 年版,第 34 页。

反,如果一个人的学习是为了满足缺失性动机、外部动机的,那么,他的成长的或者自我完成的趋向就会受到阻碍,他的人性就会"遭到否定,或者受到压抑",甚至"他就会得病"①。当前国内青少年学生也存在这种"生存虚空"现象,有人把它定义为"空心病",即"青年群体由于缺乏支撑个体生存与发展的意义系统,以至于无法对自我的生存境遇进行有效解释与应对的一种精神世界的贫瘠状态"②。

因此,学生的学习能够获得意义,形成正确的、积极的意义生成机制,就可以抵制生存空虚感,消除学习无意义感带来的一系列心理障碍、疾病、自杀等危机,促进自我体验、自我快乐、自我激励、自我成长、自我认同、自我实现等一系列有意义的心理和行为机制形成和发展。

## (二)提高学习生活的幸福感,把学习当作一件愉快的事

教育的本意在于培育人性,营谋人的未来福祉。幸福在于幸福感的体验。"好的教育肯定人的本性、为人幸福、使人幸福。"③"学习是学生的核心生活,教育能否给他们幸福就成了他们整个生活是否幸福的主要标准。"④但是教育是通过培养学生的幸福能力来实现的,而这种幸福能力是在学习过程中不断取得成功,实现自我,体验学习的快乐、成长以及生命意义。这就是培养学生的意义生成、创造的机制。已有研究发现:"生命意义感对个体幸福和健康具有重要预测作用","缺乏生命意义感则是焦虑、抑郁、空虚、无聊等心理问题产生及自杀意念(或行为)出现的重要原因"。⑤ 这主要是因为"生命意义感

---

① ［美］亚伯拉罕·马斯洛著:《存在心理学探析》,李文湉、林方译,云南人民出版社 1987年版,第 2 页。
② 吴玲:《现代性视角下中国青年"空心病"的诊断与治疗》,《当代青年研究》2018 年第1 期。
③ 刘次林著:《幸福教育论》,南京师范大学出版社 1999 年版,第 3 页。
④ 刘次林著:《幸福教育论》,南京师范大学出版社 1999 年版,第 5—6 页。
⑤ 王鑫强:《生命意义感量表中文修订版在中学生群体中的信效度》,《中国临床心理学杂志》2013 年第 10 期。

较高的个体,总是伴有良好的自我效能感以及正确的归因方式,这都会使得个体在发展过程中表现出更为积极乐观的态度,也就使个体的主观体验更好、更加幸福"①。这充分说明学习中的意义生成机制作为思维、价值选择与行为方式,能够在实际的学习活动中生成或创造生命意义感,从而提高学习的幸福感,并激发可持续的学习动机和动力。

## (三)缓解压力与焦虑,提高学习效率

教育"内卷",学生学习压力大、心理负担重、滋生厌学情绪等是整个社会普遍关心的问题,已经成为久治不愈的教育顽症。在学习中建立学习的意义机制,无疑能够形成学生良好的抗压机制。众多研究表明,"学习的意义感就是促进学生主动学习、积极参与、自我认同和体验活动价值的原始动力"②。王强鑫、张大均的研究也证实了"学生生命意义感与学习动机、学习成绩"呈正相关,"除预防学生自杀、促进心理健康外",还具有"提高学习成绩的作用"。③ 而学习中压力、负担、焦虑、低效、厌学等都是因为建立的是外在的、统一的评价机制,而不是每个人自己有一套意义生成机制。因此,意义生成机制的建立是学习过程中的关键因素。教学行为要以促进学生在学习过程中自我建构的意义为核心,超越生存性的功利目的,促进学生的全面发展。反观当下的教学行为,为了分数、成绩、排名而教的现象依然突出,如果以这种外在意义的、统一的考核指标来衡量人的发展,就会更多关注少数人,而不能观照每一个人使其实现发展意义。杜威指出,个人"丧失对有价值的事物的鉴赏力和与此有关的事物的评价能力",丧失了"从即将出现的未来经验中吸取意义的

---

① 田宪华、张绍波、付伟:《大学生生命意义感与学习动机的关系:一个有调节的中介模型》,《黑龙江高教研究》2021年第7期。

② 容翠、伍远岳:《学习的意义感:价值、内涵与达成》,《教育发展研究》2016年第18期。

③ 王鑫强、张大均:《中学生生命意义感发展特点及与学习动机、学习成绩的关系》,《西南大学学报(自然科学版)》2013年第10期。

能力"是最糟糕的事情。① 因此,让每个人建立个体性的意义生成机制,在学习活动中能够自我生成意义和体验意义感,才能真正缓解学习过程中因比较而产生的焦虑、压力以及由此产生的厌学和无意义感。

## 三、学习的意义机制的引导与建构策略

学习活动是学生主要的生活范畴,因而其生活意义就在学习过程之中。"人的生活意义只能在生活本身,而不可能在生活之外,假如在生活之外有,就恰恰意味着生活本身没有意义或者很不重要。"②学生的生活意义只有通过学习活动来实现,即让学生"切实地感受到知识的秩序与不同知识的生命意义",是"今日教育的重要而隐在的根本性问题"。③ 但是,学生是成长中的人,处在发展过程中,知识量、知识技能、智慧以及对待知识的态度、意义等都有待发展和提高。因此,在教学过程中教师要引导学生建构意义生成机制。

### (一)引导学生建构科学的意义观念和意义系统

教师要系统地设计和规划教学过程,有目的地引导和启发学生在日常的学习过程中通过学习行为和学习事件的处理,不断积累、生成意义以及对意义的体验和感知,建构对行为的处理方式及其价值选择。学生日常的学习认知、情绪、行为等,往往积淀了意义观念和意义系统。意义观念内在地决定形成相应的学习目标类型,目标类型决定了对学习事件解释和反映的框架,即对学习结果的感知、评价与原因分析,然后形成下一次行动的策略、动机倾向与动力强度。意义理念与意义系统结构、内涵较为复杂,至少有个人或社会、物质或

---

① ［美］杜威著:《我们如何思维·经验与教育》,姜文闵译,人民教育出版社 2005 年版,第265—266 页。

② 赵汀阳:《知识,命运和幸福》,《哲学研究》2001 年第 8 期。

③ 刘铁芳:《知识学习与生命成长:知识如何走向美德》,《高等教育研究》2016 年第 10 期。

精神、内在或外在等既对立又统一、既分裂又融合的复杂情形。它是一种内在的倾向，并不能明确、清晰地表达出来，而只是潜在地影响学习目标的确定。由于学习目标的不同，产生的结果期待和效能期待也不同，效果期待和效能期待决定意义生成与意义感知、效能感知和成就感知，同时，意义感知、效能感知和成就感知决定结果归因，归因又决定今后的行为动机和行为策略。意义观念、意义系统既生成于学生相对完整的整个学习过程，又影响和制约这个过程。它是经验"积淀而成的'心理形式'"①。因此，在具体的教学活动中，教师要以学生成长和自我实现为主要目标，以精神鼓励、动机激发为手段，建立科学的"失败—成功"的归因策略，提高自尊和改善的动机为目的，以建构学习意义观念和意义系统，形成积极的意义生成的心理基础。

## （二）引导学生做有意义的事，体验效能感、成就感

教师要善于把科学化的知识加工为适合学生理解掌握的知识形式，才能为学生取得实际的成功奠定基础。学校学习以书本知识、课堂学习为主，但最终方向和目的是要实现让经验逐步发展，走向社会化，从学生日常的经验向科学知识和成人的、社会化的知识发展。"教育必须以经验为基础——这种经验往往是一些个人的实际的生活经验。""教育是对日常生活经验中固有的种种可能性的发展给予智力的指导。"②学生的发展是循序渐进的，因此教学一方面是"化科学世界为生活世界"，另一方面是"化生活世界为科学世界"，它是"生活世界和学科世界的中介"，是两者的"双向二重化"。③ 因此，最重要的是学习要与生活实践、生产实践结合起来加以运用，解决一些力所能及的生

① 李泽厚、刘绪源著：《中国哲学如何登场——李泽厚2011年谈话录》，上海译文出版社2012年版，第3页。

② ［美］杜威著：《我们如何思维·经验与教育》，姜文闵译，人民教育出版社2005年版，第297页。

③ 南纪稳：《教学世界：生活实践与科学世界的双向二重化》，《华东师范大学学报（教育科学版）》2015年第3期。

活实践问题或生产实践的问题,也就是要把所学知识充分地与综合实践活动或劳动教育结合起来,转化为运用,让教育与生产劳动、生活实践相结合。马克思说,"生产劳动同智育和体育相结合,它不仅是提高社会生产的一种方法,而且是造就全面发展的人的唯一方法"①。陶行知的"教、学、做合一",都表明了自我效能感、自我成就感的实现要以知识的实践运用为唯一途径。如果不能实际地结合生活或生产劳动做事,即使学习再多知识,也不能转化人性能力,不可能生成或创造意义、体验成功、自我实现。因此,教师要充分利用综合实践活动、劳动教育、探究性学习、项目式学习等多种途径创造并引导体验与感知学习的意义,形成学习的意义生成的实践基础。

### (三)把握生命节奏,循序渐进、张弛有度

教师的教学设计要善于保持一定的节奏,既要保持新旧知识之间的链接中介,保持知识之间的连续性,做到循序渐进;又要让知识学习的过程张弛有度,难易结合,紧张与轻松、克服困难与享受成功结合,让学习过程富有情节性;还要让知识结构得到扩张、丰富与完善,让学生体验到成长性。学习是生命成长的过程,而这个过程是一件愉快的事情。人有一种"成长的或者自我完成的趋向","健康儿童喜欢成长和向前运动,获得新的技能、智能和能力",在他们身上"我们不仅清晰地看到对于获得新技能的渴望,而且也看到重新享有它时的最明显的快乐"②。杜威把学习中经验(知识)的"连续性、累积性、守恒性、张力与预见性"等视作生命成长的最高境界,即艺术或审美境界③。要让一个经验成为审美的经验,一方面要让经验具有完善性、连续性和整体性,即要生长;另一方面要在保证经验的完整性、秩序性的情况下有变异

---

① 《马克思恩格斯全集》第 23 卷,人民出版社 1972 年版,第 530 页。
② [美]亚伯拉罕·马斯洛著:《存在心理学探析》,李文湉、林方译,云南人民出版社 1987 年版,第 19—20 页。
③ [美]杜威著:《艺术即经验》,高建平译,商务印书馆 2005 年版,第 152 页。

性,即这个经验具有强烈的形式感和节奏感。这种强烈的形式感就让经验内部要素之间处于"抵制与紧张"、"分裂"与"趋于完善"的结局,在保持秩序、完善的情况下"变异",表现"节奏"。① 审美的敌人是"单调""懈怠""惯例"等呆板的特质。所谓经验内部要素之间的抵制、紧张、分裂、变异等,是指获得知识、经验完善的过程有一定的挫折、苦难、艰辛的成分,而大量的"重复性操练"只能给学生带来伤害。② 脑科学的研究也证明最好的学习状态是"把构成内在动机的中高度挑战与低威胁结合起来的良好的心理状态和感觉"③。因此,只有让学生在学习过程中体验到分裂与完善、紧张与轻松、愉快与痛苦、自卑与自信、严格与浪漫等一系列冲突而最终又能完善、成长的情节与情绪冲突,才可能真正使学生更为深刻地体验到自我效能感和自我成就感,形成学习的意义生成的生命体验感。

## (四)通过反思交流以明晰意义的内涵,体验与直观知觉生成的意义

在教学过程中,教师要引导学生对学习过程及学习结果进行反思并表达和交流,形成直观体验。"我思故我在","心之官则思",都是对人的本质的表达。人正是因为有思想,才成其为人,而思想也必须表达交流才得以发展。学生在学习中是否真正理解了学习内容,是否可以转化为运用,是否内化为自己的能力,通过回忆、分析并表达、交流便可以对此获得清晰的认知,使学习过程中生成的意义更加明确,同时增加了意义生成的社会路径。因为,交流本身也是意义生成与觉知的一种外在路径,即通过社会性的外在路径和外在的肯定,人的社会本质才会得到体现。任何科学知识都是科学家或生产实践者运用抽

---

① [美]杜威著:《艺术即经验》,高建平译,商务印书馆2005年版,第152、163页。
② 李丽:《追寻学习的生存论意义——兼论学生的需要》,《全球教育展望》2006年第2期。
③ 吕林海:《意义建构与整体学习:基于脑的学习与教学理论的核心理念》,《教育理论与实践》2006年第8期。

象的逻辑方式审视自己的对象,获得对自然世界、人类社会规律或个人的思维、情感世界的认识,但是,"当科学家把科学知识作为一个整体并与人的本质联系起来加以直观时,他运用的是想象的、形象的、情感的方式,是以一种欣赏的态度来直观和欣赏他的对象",产生的是一种"感性的愉悦",形成的是一种"审美精神状态和审美境界",借助"科学美跃升至人之生存意义上的整体审美境界"。① 这种境界的形成便是意义的生成与被知觉。因此,反思就是连接物质结果与精神需要之间联系的中介。交流就是把自己的所悟所感用语言表达出来,与他人和同伴分享。体验就是身体对物质结果的直接感知或想象性感知。直观是主体对实践结果的形式上的感知,即情感形式的感知,连接的是作为自身与对象之间的本质关系,获得的是主体的本质性内在认知,即马克思所说的对自我本质力量的直观。因此,这个过程,既可以是对自己已有经验的"思",把过去的经验和现在的经验或材料连接,也可以是对未来情景想象的"思",把现在的经验或材料与未来可能的某种情景或活动形式等连接;既可以发现原来的"思"与"行"方法的不完满,也可以产生新的"思"与"行"的思路;既要与外在知识对话,也要与自己的内在知识对话;既与他人对话,也要与自己对话。这就是一种广义的交流,是主体以己之全部经验与整个外在的环境及其相关信息交互作用并不断完善与改进的过程。交流可以促进反思,反思也可以促进交流。在交流中既可以从对方那里获得成就感,使得"思"获得能量和动力,也可以发现自身的"思"不完满,从而调整思想、价值取向,提升自己的思考力,使得"思"更加科学,生成对学习内容的"观念认同"。教师引导学生对自己的认知与行为过程进行体验,感受自我在其中的能力增长、与对象的关系变化、自我形象情景形成等,这一切在体验的时候都以直观的形式产生,产生的是审美体验。这对增强学生的自尊心、学习动机以及幸福感等具有极其重要的作用,并可建构学习的意义生成的反思提升机制。

---

① 陈理宣、黄英杰:《论科学活动中的审美精神》,《求索》2013 年第 12 期。

# 第十三章　高校专业课教师"课程思政"认知与能力现状研究<sup>①</sup>

学校教育系统从政治思想工作到思想政治工作转变,直到形成独立的思想政治教育系统,建立起了独立系统的思想政治理论课程、教师队伍、教学机构以及科研机构等,产生了人们对于专业教育与育人教育的分工意识,由此一些人误以为专业教育不管育人的问题,更不会管思想政治教育的问题。思想政治教育的发展产生了科学化、系统化的独立性和相对的分工,是教育发展的必然,但是,分工并不等于分裂,不等于条块分割,现实中产生的整个育人实践的机械分工、分裂现象导致了整体育人实践的分裂现象,甚至产生了一些能量相互消耗的现象。比如,一些思想政治理论课教师自己也认为自己缺乏专业性,上课不敬业也不精业;而一些专业课教师看不起甚至贬低思想政治课的内容,认为是抽象的教条、无用的知识。因此,相对来说,专业课教师的思政教育意识比较缺乏,能力也没有得到应有的发展。"课程思政"的提出就是为了彰显教育本来就是一个整体的育人系统,强调思想政治教育与专业教育之间的协调性与整体性。教育现实中存在不少令人不满意、效果不理想的状况,要改善这种现象,首先就要对专业课教师的思想政治教育意识与能力进行研究,既

---

① 本章主要内容已经以《高校教师"课程思政"意识与能力现状的调查分析及建议》为题发表于《高教探索》2021 年第 9 期上。

要研究它应然的基本素质结构,又要研究它实然的现实状况,以此为提高专业教师的育人能力奠定基础。

# 一、高校专业课教师"课程思政"认知与能力的表征结构

"课程思政"表现为知识传授过程中蕴藏着价值观、情感体验、道德行为以及生存意义的构建与调节等因素。教师的教育、教学是否能够实现"立德树人",一个教师在育人方面是否合格或优秀,既要看他是否愿意或有没有这个意识,同时要看他能不能有效开展育人的实践活动。因此,想做而不会做,或者会做但不愿意做,都是不合格的教师。只有想做,而又有能力做,才是合格的教师;只有不仅想做,而且积极、努力地去做,还能够做得好的教师才是优秀的教师。所以,教师的"课程思政"意识的表征就是看教师是否有这个意识,即有没有引导学生思考或者引导学生构建、形成相应的品质,而意识是内隐的,它必须通过认知和相应的行为表现出来,也就是说它是教师自觉的、有意识的思考与行为。因此,我们只有通过认知来反映其意识。教师的"课程思政"能力的表征,就是看教师能不能适当地引导学生思考或构建、形成与思想政治内涵相应的素养或品质,即意识转化为行为的科学性与效果,它也需要具有对行为的科学认知,表现为自觉行为和对行为效果有合理预期的系统性思考与实践行为。然而要具体了解"课程思政"的认知与能力的表征结构,就必须分析"认知"与"能力"的具体内容,即结构要素。我们把教学设定为知识产生、课程设计与编制、教学设计与实施、学习接受与内化四个环节。把"课程思政"认知与能力的表征结构要素分析放在这四个环节中,考查教师在教学设计与实施中是否有思考这四个因素的意识,是否有对这四个要素的认知以及相应的教学实践行为。

从狭义的教学活动来看,教学过程中主要涉及三个要素的相互作用,即知

识、教师与学生。从广义的教学活动来看,则涉及知识的产生、课程设置与教材编写、教学设计与实施、学习接受与创生。如果只是从狭义的教学活动来看,知识是客观的、符号化的,其意义本身是文本形式的固定内容,很容易让人产生知识是客观的真理的认知,似乎做人的问题应该是知识学习之后的事情。这正是过去把知识教学与思想政治教育分开的直观、机械的教学观。因此,我们必须从广义的教学活动的概念出发,结合教学活动中的四个环节,即知识、课程、教学、学习来思考教师对所要传授的知识蕴含的"思政"内涵的认知和教育能力来分析其表征结构。这四个方面的学理基础分别为知识论、课程论、教学论和学习论,从这四个角度来研究教师的"课程思政"意识和能力,分别表现为"课程思政"视角的、包含"课程思政"内涵和价值取向的知识论、课程论、教学论和学习论。

## (一) 具有"课程思政"内涵的知识理论

"课程思政"的知识理论,我们简称为"知识论","是有关知识的理论,也就是对知识是什么本身做出分析与说明,它侧重于作为认识成果形态的知识的反思性学说,包括对知识本性、知识标准、知识与其所反映的对象的关系、知识证明性的基础等问题的讨论"①。这里是指用来分析教师对于知识的价值内涵的认识、理解与教育,即教师对所教知识的价值性认识和知识教学过程中的价值引导的认识理论和观点。从知识生产过程来分析,知识产生的过程中充满了知识发现或生产主体(科学家或生产生活者)的价值选择与认同、情感体验、使用道德等因素,是知识主体认识世界、改造世界及其对世界和自身行为的反思与直观的结果,其中产生的价值与伦理、意义与理想等精神性因素,是知识主体世界观、价值观、人生观的表现,它通过知识主体对知识创生的具体内容的选择与认同,知识表达中思维方式以及内涵的态度、精神等或隐或显

---

① 陈理宣著:《知识教育论》,人民出版社 2011 年版,第 48 页。

地反映出来。对于教师来说,不仅要理解和认识知识所反映的客观世界的规律,还要认识、理解知识所蕴含的主体思想、情感等人性内涵,并适当地转化教学设计与实施的行为,选择什么样的内容需要客观分析、陈述或阐述(理解文本和世界本身),什么样的内容需要站在知识主体角度理解、同情与解释(理解作者,包括时代、历史发展、主观精神等),什么样的内容需要从多角度综合思考,进行"道"的启发(引导、启发接受者创生新知识的可能)。这是考查教师对知识本质及其内涵的认识的内容。

## (二)"课程思政"的课程理论

课程论,是指研究课程现象、课程问题以及课程规律的学说或理论。这里是指分析课程设置与教材编写过程中所产生或形成的对于知识及其所蕴含的思想、价值、道德以及情感取向的认识性理论或观点。知识并不能直接进入教学。一方面,人类积累的知识越来越多,不可能全部作为教学的内容,必须选择当下看来有用的知识作为课程或教材;另一方面,某些知识产生的当时具有开创性,而当下则主要作为了解科学知识发展历程的需要和促进学生认知发展历程的需要而有价值,这就需要进行加工、改编等。这个工作自从学校教育体系形成以来,就一直是由国家管理领导的社会组织(专业学术组织)或相应的机构承担,负责课程设置与教材编写。我们不得不承认,这个环节也是教学的重要环节。它负责知识内容的精选、知识所蕴含的价值的引导等,其目的是培养社会当下所需的人。我们把这个环节叫作课程论。教师必须对课程的形成、本质等本身有所认识,还要对课程所倡导的价值进行认同并结合具体的教学活动进行阐释、启发与引导。

## (三)"课程思政"的教学理论

教学论是指对教学活动中的现象、问题、经验进行理性反思、总结提炼,形成对教学活动规律认识的理论。这里是指从教学理论的角度去分析教学过程中所蕴含的教育教学思想、价值取向、情感陶冶、道德塑造等因素,从而用来指导教学设计与实施。教学设计大致相当于传统的备课,但是,教学设计的内涵要比传统的备课丰富一些。它不仅要求教师熟悉学生、教材,还需要在此基础上对教学过程中的方法、策略、工具选择等进行艺术和科学地设计、规划等。传统的备课或者说教学设计由于受知识教学任务的局限,忽视了知识教学任务必然包含育人任务的问题。因此,教师不仅要认识教学设计与实施的过程、规律、本质、方法、策略等,还需要认识和处理教学设计与实施中的价值认识与价值观建构的相关内容。教师的"课程思政"意识与能力在这个领域的表征即为对教学相关理论的意识与认识及其教学行为能力。

### (四)"课程思政"的学习理论

学习论本指研究学习过程中的现象、问题、规律等的理论或学说。这里指分析、认识学习过程中的思想、情感、价值道德等现象、问题、规律的理论或学说,以此作为衡量教师是否具有引导学生把知识转化为他们自己的思想、情感、价值、道德等做人的品质或素养的意识和能力。学习环节是教学的终点。一切教学活动其实是围绕学生的学习服务的。教师的"课程思政"意识和能力在指导学生学习方面表现为启发、引导学生理解、体验课程知识所蕴含的思政内涵,结合他们自身的经验转化为自己的世界观、价值观和人生观,转化为自身的学习行为和生活实践行为。

"课程思政"的实施,其实质是通过知识教学传递"思政内涵",既要传授知识,培养学生对知识的理解、运用与创造能力,又要培养学生对知识所包含的价值即"思政内涵"的理解与体验,转化为与知识理解、运用和创新能力相融合的精神素养。因此,高校专业课程教学是"课程思政"实施的主渠道,而专业课教师则是实施"课程思政"的关键,教师的"课程思政"意识与能力便是"课程思政"实施的关键条件。因此,研究"课程思政"意识与能力的表征,考察当前高校专业课教师"课程思政"意识与能力的现状,思考如何提高教师的教育教学素养则显得非常重要。

# 二、高校教师"课程思政"认知与行为 情况问卷的编制与调查实施

## （一）课程思政认知与行为情况问卷的编制

我们根据教师的"课程思政"认知与能力的表征结构的四个要素编制了高校教师"课程思政"认知与行为调查量表,具体分为五个维度,40个问卷题目。

### 1. 维度与指标

完整的教学包含了知识、课程、教学与学习四个核心要素。完整的教学可以划分为四个环节,即知识生产、课程生成、教学实施与学习转化。每一个环节都有主体的思想、价值、道德与情感等因素的产生。因此,"课程思政"的内生机制阐释需要从知识的产生、课程生成、教学活动以及学习活动来考察教育的全过程,揭示知识产生、课程生成、教学设计与教学过程、学习过程各环节包含的思想、价值、道德、情感体验等内涵与思想政治教育内容之间的关系及其内生机制。基于此,我们围绕知识论、课程论、教学论与学习论,对知识、课程、教学、学习的思政内涵认知和"课程思政"实施能力五个维度,编制了《高校教师"课程思政"认知与行为情况问卷》。

知识论维度主要考察对知识本质、生产的思政内涵认识与对知识的加工处理中思政内涵渗透行为的认同情况;课程论维度主要考察对课程设置、教材编写、教材选用、课程目标等的思政内涵认识与行为认同情况;教学论维度主要考察对教学目标设定、教学方法的使用、教学内容的选择与加工组合、教学媒体的使用、实验实训过程的实施、社会实践的设计与组织、教学评价的内容

与方式等的思政内涵认识与教学实施行为的认同情况;学习论维度主要考察对学生学习接受以及引导学生学习包含思政内涵的认识与实施学习指导行为的认同情况。通过对知识、课程、教学与学习的思政内涵认识和教学加工处理行为渗透思政内涵的认可程度,以了解教师的"课程思政"意识与能力的总体情况与结构分布情况。

## 2. 问题与设计

根据"课程思政"内生机制的理论建构,围绕知识论、课程论、教学论与学习论中关于知识的价值性、教育性、生成性,教育方法、路径、教育过程的内生性等理论设计问题,根据各维度的含义及评价内容,经二级编码、汇总,结合理论建构,采用了知识性与实践操作性的题目,避免了问题的倾向性对被试的影响,初步编制问卷问题 48 个,采用专家评定法对问卷项目进行讨论和筛选,剔除含义不明确、表述不清楚、有重合的题项 6 个,随机抽取 32 名不同学院、不同专业、不同职称、不同学历的高校教师进行前测,根据结果再对题项进行调整,剔除冗余题项,最终形成正式问卷。

问卷中关于知识的思政内涵认知包括 12 个题目,以对知识的教育性、知识的思想政治意识与价值取向编制题目,如"数学和科学作为一门技术,价值中立;作为解决问题、改变现实社会的技术,与道德紧密联系""社会科学也是科学,也必须要追求科学性、客观性与实证性,因此教学之中应该排除知识内容的思想、情感、价值与道德等方面的主观因素"。

关于课程的思政内涵认知包括 9 个题目,以对教材编写、教材选用、课程目标、课程设置等方面对知识选择、加工的思想与价值取向编制题目,如"教材知识内容的选择,并不能反映教师的个人价值观""教师应该熟悉课程内容和文本的内外价值,并根据社会核心价值观决定执行或者拒绝某些价值"。

教学的思政内涵认知包括 13 个题目,以教学中的教学目标设定、教学方法的使用、教学内容的选择与加工组合、教学媒体的使用、实验实训过程的实施、社会实践的设计与组织、教学评价的内容与方式蕴含的思想认识、价值取向、情感体验以及伦理考量来设置题目,如"教学就是把教材的知识点讲清楚,把相关的多个知识点联系起来让学生形成知识本身的结构,并通过练习形成操作运用的能力""你会在课堂中鼓励学生参与复杂问题的讨论,从而培养学生的复杂思维、理性思维和开放性思维能力吗""在实验过程中,你会有意识地培养学生的精神品质吗"。

对学习的思政内涵认知包括6个题目,以学习者把前人的知识、课程编制者的要求以及教师的指导转化为自己的能力、智慧以及思想、价值、情感体验等主体性知识方面的取向等设置题目,如"学习方法既是思维方法也是行为方法,因此,教师必须培养学生正确的学习方法""在学科知识的教授中,你能根据学科发展历史的阐述启发学生理解某一知识产生的内在价值和社会价值吗"。

关于教师"课程思政"的实施能力包括8个题目,把对课程、教学、学习三个维度的具体实施行为题项整合为教师"课程思政"的实施能力,如"在教学过程中,你是否会用声音大小、强弱、快慢以及手势等来表达自己对教材内容的某些价值选择、情感体验的喜恶""在你的教学设计中是否有教材知识点中潜含某些思想、价值、情感、道德或文化因素的分析以及如何在教学过程之中渗透的策略、方法等安排""在组织讨论过程中,你会通过提问角度的设计潜在地唤起学生价值意识觉醒与引导价值观生成吗""在专业课程教学中组织学生讨论,只能从知识本身的学理或结构方面启发学生理解知识或众多相关内容之间的融会贯通"。

## (二)计分制及信效度检测

高校教师"课程思政"认知与行为问卷共40个题项,采取5级评分制,16个题目反向计分,得分越高则说明在该维度"课程思政"的意识和能力越高。

信度检验克隆巴赫系数(Cronbach's Alpha)值为 0.856,分半信度为 0.824。

## (三)"课程思政"认知与行为情况问卷的施测

### 1. 研究对象

随机选取不同地域、不同学校类别、不同职称、不同学历、不同任教学科、不同年龄层次、不同性别、是否参与"课程思政""示范课程"建设工作的 338 名高校教师填写《高校教师"课程思政"认知与行为情况调查问卷》,人员具体分布情况见表 13-1。

表 13-1　被试情况分布表

| 人口学变量 | | N | (%) |
|---|---|---|---|
| 性别 | 男 | 149 | 44.1 |
| | 女 | 189 | 55.9 |
| 年龄 | 30 岁以下 | 74 | 21.9 |
| | 30—45 岁 | 150 | 44.4 |
| | 45(含 45)岁以上 | 114 | 33.7 |
| 学历 | 学士 | 71 | 21 |
| | 硕士 | 153 | 45.3 |
| | 博士 | 114 | 33.7 |
| 职称 | 讲师 | 109 | 32.2 |
| | 副教授 | 93 | 27.5 |
| | 教授 | 71 | 21 |
| | 其他 | 65 | 19.2 |
| 任教学科类别 | 文科 | 229 | 67.8 |
| | 理工科 | 76 | 22.5 |
| | 其他 | 33 | 9.8 |

续表

| 人口学变量 | | N | （%） |
|---|---|---|---|
| 所在学校类别 | 教育部直属大学 | 47 | 13.9 |
| | 省市属直属大学 | 67 | 19.8 |
| | 省市属一般学院 | 224 | 66.3 |
| 是否参与"课程思政""示范课程"建设工作 | 是 | 139 | 41.1 |
| | 否 | 199 | 58.9 |

2.施测过程

本研究在四川、重庆、甘肃、广东、陕西、上海、北京等地随机选取不同层次学校的高校教师进行问卷调查,因为疫情原因,除本地学校33名高校教师采用现场纸笔测试外,其余学校的高校教师通过二级学院发放问卷后线上作答,统一指导语,共回收问卷350份,去除填写不完整等无效问卷12份,共收集到有效问卷338份。

3.数据处理与分析

将数据录入SPSS17.0,进行描述统计、平均数差异检验、方差分析等。

# 三、高校教师"课程思政"认知与行为情况调查结果与分析

## （一）高校教师"课程思政"认知与行为总体情况

为了解高校教师"课程思政"意识与能力的情况,对338名高校教师的"课程思政"认知与行为情况问卷结果计算各维度的平均分和标准差,结果见表13-2。

表 13-2 高校教师"课程思政"意识与能力各维度及其总体平均值

| | 对知识的思政内涵认知 | 对课程的思政内涵认知 | 对教学的思政内涵认知 | 对学习指导的思政内涵认知 | "课程思政"实施的能力 | 总体得分 |
|---|---|---|---|---|---|---|
| $M$ | 3.7917 | 3.4208 | 3.5551 | 3.7678 | 3.6487 | 3.6368 |
| $SD$ | 0.51142 | 0.35296 | 0.48319 | 0.65372 | 0.62858 | 0.41411 |

从表 13-2 可见,高校教师"课程思政"意识和能力总体平均值为 3.6368,各维度得分从高到低依次为:对知识的思政内涵认知、对学习的思政内涵认知、"课程思政"实施的能力、对教学的思政内涵认知、对课程的思政内涵认知。其中,对知识的思政内涵认知得分最高($M$=3.7917),对课程的思政内涵认知相对较低($M$=3.4208)。总体得分状况为中等偏上。

## (二)高校教师"课程思政"认知与行为差异情况

### 1. 不同性别高校教师"课程思政"认知与行为差异情况

为了解高校教师"课程思政"意识与能力在性别上的差异,对不同性别高校教师的"课程思政"认知与行为情况问卷结果各维度及总分进行独立样本 $t$ 检验,结果见表 13-3。

表 13-3 不同性别高校教师"课程思政"意识与能力差异状况

| | 男($N$=149)$M±SD$ | 女($N$=189)$M±SD$ | $t$ | $sig$ |
|---|---|---|---|---|
| 对知识的思政内涵认知 | 3.79±0.54 | 3.79±0.49 | -0.169 | 0.866 |
| 对课程的思政内涵认知 | 3.43±0.36 | 3.42±0.35 | 0.267 | 0.790 |
| 对教学的思政内涵认知 | 3.55±0.50 | 3.56±0.47 | -0.247 | 0.805 |
| 对学习指导的思政内涵认知 | 3.77±0.65 | 3.76±0.66 | 0.101 | 0.919 |
| "课程思政"实施的能力 | 3.65±0.63 | 3.64±0.63 | 0.082 | 0.934 |
| 总体得分 | 3.63±0.43 | 3.64±0.40 | 0.003 | 0.998 |

从表 13-3 可见,高校教师"课程思政"意识与能力总体得分及各维度得

分均不存在性别差异($P>0.05$),平均得分相差不大。

## 2. 不同年龄高校教师"课程思政"认知与行为差异情况

为了解高校教师"课程思政"意识与能力在年龄上的差异,对不同年龄组高校教师的"课程思政"认知与行为情况问卷结果各维度及总分进行单因素方差分析($F$检验)和事后多重检验($LSD$),结果见表13-4。

表 13-4　不同年龄高校教师"课程思政"意识与能力差异状况

| | 30 岁以下 (N=74) M±SD | 30—45 岁 (N=150) M±SD | 45 岁(含 45 岁)以上 (N=114) M±SD | F | LSD ①30 岁以下 ②30—45 岁 ③45 岁(含 45 岁)以上 |
|---|---|---|---|---|---|
| 对知识的思政内涵认知 | 3.53±0.43 | 3.81±0.53 | 3.94±0.46 | 15.448** | ①—②:-0.27**,①—③:-0.41**, ②—③:-0.12* |
| 对课程的思政内涵认知 | 3.34±0.37 | 3.40±0.34 | 3.50±0.34 | 4.951** | ①—②:-0.05,①—③:-0.16**, ②—③:-0.09* |
| 对教学的思政内涵认知 | 3.34±0.44 | 3.53±0.46 | 3.72±0.48 | 15.803** | ①—②:-0.19**,①—③:-0.38**, ②—③:-0.19** |
| 对学习指导的思政内涵认知 | 3.49±0.58 | 3.82±0.65 | 3.88±0.66 | 9.061** | ①—②:-0.32**,①—③:-0.39**, ②—③:-0.06 |
| "课程思政"实施的能力 | 3.50±0.58 | 3.62±0.63 | 3.79±0.63 | 5.008** | ①—②:-0.16,①—③:-0.28**, ②—③:-0.18* |
| 总体得分 | 3.44±0.35 | 3.64±0.40 | 3.77±0.42 | 14.777** | ①—②:-0.19**,①—③:-0.32**, ②—③:-0.13* |

注:* $P<0.05$,** $P<0.01$,以下同。

从表13-4可见,不同年龄组的高校教师在"课程思政"意识与能力的总体得分及各维度的得分上差异非常显著($P<0.01$),进一步的事后多重差异检验表明30岁以下年龄组在总体得分及各维度得分与45岁以上组差异非常显著($P<0.01$),除对课程的思政内涵认知及"课程思政"实施的能力两个维度以外的其他方面与30—45岁的高校教师差异非常显著($P<0.01$);30—45岁

组与 45 岁组对学习的思政内涵认知差异不显著($P>0.05$),对知识的思政内涵认知、对课程的思政内涵认知、"课程思政"的实施能力、总体得分存在显著差异($P<0.05$),对教学的思政内涵认知存在非常显著的差异($P<0.01$)。

### 3. 不同学历高校教师"课程思政"认知与行为差异情况

为了解高校教师"课程思政"意识与能力在学历上的差异,对不同学历高校教师的"课程思政"认知与行为情况问卷结果各维度及总分进行单因素方差分析($F$ 检验)和事后多重检验($LSD$,因 $LSD$ 数据结果较多,只呈现出差异显著的结果,以下同),结果见表 13-5。

表 13-5  不同学历高校教师"课程思政"意识与能力差异状况

| | 学士($N=71$) $M±SD$ | 硕士($N=153$) $M±SD$ | 博士($N=114$) $M±SD$ | $F$ | $LSD$ ①学士②硕士③博士 |
|---|---|---|---|---|---|
| 对知识的思政内涵认知 | 3.62±0.47 | 3.83±0.49 | 3.84±0.56 | 5.216** | ①—②:-0.21**, ①—③:-0.22** |
| 对课程的思政内涵认知 | 3.36±0.39 | 3.42±0.35 | 3.45±0.32 | 1.503 | |
| 对教学的思政内涵认知 | 3.42±0.49 | 3.53±0.49 | 3.66±0.45 | 6.268** | ①—③:-0.25**, ②—③:-0.13* |
| 对学习指导的思政内涵认知 | 3.58±0.68 | 3.79±0.65 | 3.86±0.63 | 4.403* | ①—②:-0.21*, ①—③:-0.29** |
| "课程思政"实施的能力 | 3.59±0.65 | 3.60±0.66 | 3.74±0.56 | 1.967 | |
| 总体得分 | 3.51±0.41 | 3.63±0.42 | 3.71±0.39 | 5.193** | ①—②:-0.12*, ①—③:-0.19** |

从表 13-5 可见,不同学历的高校教师在"课程思政"意识与能力的总体得分、对知识的思政内涵认知、对教学的思政内涵认知的得分上差异非常显著($P<0.01$),对学习指导的思政内涵认知存在显著差异($P<0.05$),对课程的思政内涵认知、"课程思政"实施的能力在学历上的差异不显著。进一步的事后

多重差异检验($LSD$)表明在总体得分、对知识的思政内涵认知、对学习指导的思政内涵认知上,学士学历组和硕士、博士学历组的差异达到非常显著($P<0.01$),对教学的思政内涵认知,学士组和博士组、硕士组和博士组差异显著($P<0.05$)。

### 4. 不同职称高校教师"课程思政"认知与行为差异情况

为了解高校教师"课程思政"意识与能力在不同职称间的差异,对不同职称高校教师的"课程思政"认知与行为情况问卷结果各维度及总分进行单因素方差分析($F$检验)和事后多重检验($LSD$),结果见表13-6。

表13-6 不同职称高校教师"课程思政"意识与能力差异状况

| | 讲师<br>($N=109$)<br>$M\pm SD$ | 副教授<br>($N=93$)<br>$M\pm SD$ | 教授<br>($N=71$)<br>$M\pm SD$ | 其他<br>($N=65$)<br>$M\pm SD$ | $F$ | $LSD$<br>①讲师②副教授<br>③教授④其他 |
|---|---|---|---|---|---|---|
| 对知识的思政内涵认知 | 3.77±0.49 | 3.87±0.51 | 3.92±0.53 | 3.58±0.47 | 6.607** | ①—④:0.18*,<br>②—④:0.28**,<br>③—④:0.34** |
| 对课程的思政内涵认知 | 3.39±0.34 | 3.40±0.35 | 3.51±0.34 | 3.39±0.38 | 2.174 | ①—③:-0.12*,<br>②—③:-0.11*,<br>③—④:0.12* |
| 对教学的思政内涵认知 | 3.35±0.46 | 3.63±0.44 | 3.76±0.52 | 3.36±0.44 | 10.290** | ①—②:-0.15*,<br>①—③:-0.15**,<br>②—④:0.27**,<br>③—④:0.40** |
| 对学习指导的思政内涵认知 | 3.78±0.65 | 3.84±0.65 | 3.80±0.64 | 3.62±0.67 | 1.508 | |
| "课程思政"实施的能力 | 3.62±0.63 | 3.71±0.60 | 3.72±0.62 | 3.54±0.63 | 1.324 | |
| 总体得分 | 3.61±0.40 | 3.69±0.38 | 3.74±0.45 | 3.50±0.39 | 4.831** | ①—③:-0.13*,<br>②—④:0.19**,<br>③—④:0.24** |

从表13-6可见,不同职称的高校教师在"课程思政"意识与能力的总体

得分、对知识的思政内涵认知、对教学的思政内涵认知的得分上差异达到非常显著($P<0.01$),对课程的思政内涵认知、对学习指导的思政内涵认知、"课程思政"实施的能力在不同职称上的差异不显著($P>0.05$)。事后检验($LSD$)结果表明,在知识的思政内涵认知上,讲师、副教授、教授组均与其他组有显著或非常显著的差异($P<0.05$,$P<0.01$);其他组的教师包括助教、实验系列的教师,可见他们在对知识的课程内涵认知上显著低于讲师,非常显著地低于副教授和教授组。在对课程的思政内涵认知上,方差分析结果差异不显著,但在事后分析($LSD$)中发现,教授组的得分高于讲师、副教授、其他组,存在显著差异($P<0.05$)。在对教学的思政内涵认知维度,副教授与教授组没有显著差异($P>0.05$),均与其他组有非常显著的差异($P<0.01$);讲师组与副教授组差异显著($P<0.05$),与教授组差异非常显著($P<0.01$)。在总体得分上,副教授与教授组没有显著差异($P>0.05$),教授组高于讲师组和其他组,差异达到显著和非常显著($P<0.05$,$P<0.01$),副教授组高于其他组,差异达到非常显著($P<0.01$)。

## 5. 不同任教学科高校教师"课程思政"认知与行为差异情况

为了解高校教师"课程思政"意识与能力在不同任教学科上的差异,对不同任教学科高校教师的"课程思政"认知与行为情况问卷结果各维度及总分进行单因素方差分析($F$检验)和事后多重检验($LSD$),结果见表13-7。

表13-7 不同任教学科高校教师"课程思政"意识与能力差异状况

| | 文科($N$=229)<br>$M\pm SD$ | 理工科($N$=76)<br>$M\pm SD$ | 其他($N$=33)<br>$M\pm SD$ | $F$ | $LSD$<br>①文科②理工科③其他 |
|---|---|---|---|---|---|
| 对知识的思政内涵认知 | 3.81±0.52 | 3.76±0.49 | 3.68±0.47 | 1.053 | |
| 对课程的思政内涵认知 | 3.45±0.34 | 3.37±0.37 | 3.32±0.45 | 2.866 | |
| 对教学的思政内涵认知 | 3.59±0.47 | 3.52±0.51 | 3.43±0.48 | 1.779 | |

续表

| | 文科($N=229$)<br>$M\pm SD$ | 理工科($N=76$)<br>$M\pm SD$ | 其他($N=33$)<br>$M\pm SD$ | $F$ | LSD<br>①文科②理工科③其他 |
|---|---|---|---|---|---|
| 对学习指导的思政内涵认知 | 3.85±0.61 | 3.54±0.72 | 3.65±0.66 | 7.611** | ①—②:0.32** |
| "课程思政"实施的能力 | 3.73±0.57 | 3.44±0.72 | 3.53±0.68 | 6.938** | ①—②:0.29** |
| 总体得分 | 3.69±0.39 | 3.53±0.45 | 3.52±0.43 | 5.786** | ①—②:0.16** |

从表13-7可见,不同任教学科的高校教师在总体得分、对学习指导的思政内涵认知、"课程思政"实施的能力方面存在非常显著的差异($P<0.01$),在对知识、课程、教学的思政内涵认知上不存在差异($P>0.05$),事后检验(LSD)显示,差异主要是在文科和理工科的任教学科教师之间,理工科任教教师在总体得分、对学习指导的思政内涵及"课程思政"实施能力方面非常显著地低于文科任教教师($P<0.01$)。

## 6. 不同学校类别高校"课程思政"认知与行为差异情况

为了解高校教师"课程思政"意识与能力在不同学校类别上的差异,对不同学校类别高校教师的"课程思政"认知与行为情况问卷结果各维度及总分进行单因素方差分析($F$检验),方差分析显示在不同学校类别之间不存在显著差异($P>0.05$),结果见表13-8。

表13-8　不同学校类别高校教师"课程思政"意识与能力差异状况

| | 教育部直属大学<br>($N=47$)$M\pm SD$ | 省市属重点大学<br>($N=67$)$M\pm SD$ | 省市属一般学院<br>($N=224$)$M\pm SD$ | $F$ | $sig$ |
|---|---|---|---|---|---|
| 对知识的思政内涵认知 | 3.77±0.56 | 3.71±0.55 | 3.82±0.49 | 1.176 | 0.310 |
| 对课程的思政内涵认知 | 3.42±0.34 | 3.43±0.36 | 3.42±0.36 | 0.012 | 0.988 |

|  | 教育部直属大学（N=47）M±SD | 省市属重点大学（N=67）M±SD | 省市属一般学院（N=224）M±SD | F | sig |
|---|---|---|---|---|---|
| 对教学的思政内涵认知 | 3.61±0.50 | 3.45±0.56 | 3.57±0.45 | 1.779 | 0.103 |
| 对学习指导的思政内涵认知 | 3.70±0.68 | 3.76±0.74 | 3.78±0.62 | 0.380 | 0.684 |
| "课程思政"实施的能力 | 3.54±0.63 | 3.64±0.73 | 3.67±0.59 | 0.822 | 0.440 |
| 总体得分 | 3.61±0.44 | 3.60±0.48 | 3.65±0.39 | 0.615 | 0.541 |

从表13-8可见，不同学校类别高校教师在对"课程思政"意识与能力的总体及各维度的得分上不存在显著差异。

**7. 参与"课程思政""示范课程"建设工作的高校教师"课程思政"认知与行为差异情况**

为了解是否参与"课程思政""示范课程"建设工作高校教师"课程思政"意识与能力的差异，对是否参与"课程思政""示范课程"建设工作高校教师的"课程思政"认知与行为情况问卷结果各维度及总分进行独立样本 t 检验，结果见表13-9。

**表13-9　是否参与"课程思政""示范课程"建设工作的高校教师"课程思政"意识与能力差异状况**

|  | 是（N=139）M±SD | 否（N=199）M±SD | t | sig |
|---|---|---|---|---|
| 对知识的思政内涵认知 | 3.85±0.52 | 3.75±0.50 | 1.634 | 0.103 |
| 对课程的思政内涵认知 | 3.43±0.35 | 3.41±0.35 | 0.543 | 0.588 |
| 对教学的思政内涵认知 | 3.62±0.50 | 3.51±0.46 | 2.033* | 0.043 |
| 对学习指导的思政内涵认知 | 3.85±0.66 | 3.71±0.64 | 1.887 | 0.060 |

|  | 是（$N=139$）$M\pm SD$ | 否（$N=199$）$M\pm SD$ | $t$ | $sig$ |
|---|---|---|---|---|
| "课程思政"实施的能力 | $3.74\pm0.58$ | $3.59\pm0.65$ | $2.181^*$ | $0.030$ |
| 总体得分 | $3.70\pm0.41$ | $3.60\pm0.41$ | $2.232^*$ | $0.026$ |

从表13-9可见，是否参与"课程思政""示范课程"建设工作的高校教师"课程思政"意识与能力在总体得分、对教学的思政内涵认知及"课程思政"实施的能力方面存在显著差异（$P<0.05$），对知识、课程、学习指导方面的思政内涵认知不存在显著差异（$P>0.05$）。

# 四、高校专业课教师"课程思政"意识与能力的特点分析

全面推进"课程思政"建设，教师是关键。高校教师对"课程思政"的认知、在教学中开展"课程思政"的能力是高校"课程思政"要融入课堂教学建设、发挥每门课程的育人作用的基本保障。从研究结果可以看出，总体而言，高校教师"课程思政"意识与能力处于中等程度偏上（$M=3.6368$），这说明我国高校教师总体素质较好，能够为高质量教育提供基本保障。但是也有一些教师的素质结构需要改善，教育能力需要提高。

## （一）高校专业课教师的"课程思政"意识与能力水平与学习、工作经验相关

不同年龄组的高校教师在"课程思政"意识与能力的总体得分及各维度的得分存在非常显著的差异，30岁以下年龄组在总体得分及各维度得分与45岁以上组差异非常显著；30—45岁组与45岁以上组在总体得分上存在显著差异。与年龄差异类似的情况是，"课程思政"内涵的认识与行为能力的差异

也与职称差异相关,具体表现在讲师与副教授、教授,副教授与教授在总体得分及部分维度上也存在非常显著的差异。这一结论与相关研究结论基本符合。苏强等人的研究显示,高校青年教师处于职业生涯发展的早期阶段,对学生学习的发生机制缺乏应有认识,倾向于关注自己的教学表现,对学生的质疑、批判、思辨、创新能力的培养,以及公民素质、意志品质、社会责任、人文精神等方面的重视不够,也缺少对其生活伦理与正确价值观的必要熏陶。[1] 刘清生的研究也显示,高校教师"课程思政"面临的挑战包括认识上的偏差、教师"课程思政"理念缺乏、教师"课程思政"能力欠缺。[2] 杨建超研究指出,高校推进"课程思政"教育改革面临的现实困境是与习近平总书记提出的"使各类课程与思想政治理论课同向同行"协同育人的要求还有差距,高校知识传授与价值引领"两分离"、思政课与专业课"两张皮"现象不同程度地存在,专业教学思政元素挖掘能力不足,认识不到每一门课程都有情感、态度、价值观的教育要求。[3]

造成高校青年或低职称教师在"课程思政"的认识与能力上与中老年或高职称教师的差异达到显著或非常显著的原因,既有青年教师自身生活阅历不足的原因,也与其对所教学科知识的熟悉程度以及理解知识丰富内涵不足等有一定关系,但是,与高校教师普遍缺乏职前教师教育也有很大关系。我国的教师教育只是针对中小学教师而言的,大学教师的培养没有这个制度设计。老教师或高职称教师的育人能力大多是通过教育教学实践逐步总结、反思、提炼得到提升的。因此,各高校应该充分利用教师教学发展中心进行职后教师教育,开展丰富多样的教育教学研讨活动,组织老教师、老教授以老带新、师傅带徒弟,切实保障青年教师尽快发展成熟。同时,各高校必须完善教授给本科

① 苏强、王国银、谭梓琳、张东:《高校青年教师教学能力提升的逻辑生成》,《教育研究》2018年第4期。
② 刘清生:《新时代高校教师"课程思政"能力的理性审视》,《江苏高教》2018年第12期。
③ 杨建超:《协同育人理念下高校"课程思政"改革的理性审视》,《南通大学学报(社会科学版)》2019年第6期。

生上课制度,实现教授全员给本科生上课。① 如武汉大学面向大学新生的专业基础课"测绘学概论",教师由多名测绘学界的知名教授和两院院士构成,教授们生动演绎的爱国思政课,用无形的价值观教育与有形的专业知识深度融合,使"院士课"成为思政教育的鲜活载体,让一代代大学新生入脑入心;比如,复旦大学的"中国系列"选修课程,教师聚集了业内领军型顶尖团队,巧妙地寓社会主义核心价值观的精髓要义于多样化课堂教学之中,在引人入胜、潜移默化中实现了教育目标。②

## (二)不同任教学科教师"课程思政"意识与能力有差异,主要表现为文科与理工科的差异

不同任教学科的高校教师在总体得分、对学习指导的思政内涵认知、"课程思政"实施的能力上存在非常显著的差异,在对知识、课程、教学的思政内涵认知上不存在差异。理工科任教教师在总体得分、对学习指导的思政内涵及"课程思政"实施能力方面非常显著地低于文科任教教师。相对于人文课程来讲,理工科课程思想政治教育作用的发挥存在一定的难点,并且有其自身的特殊性。如理工课程本身基于自然认知的普遍性、无人文社会科学的立场导向;理工科强调掌握技术和知识,实现对技术和知识的综合运用,强调"工具理性",而人文社会科学强调"价值理性";理工科教师考虑育"才"重"器"的多,考虑育"人"育"德"的少。③ 因此,各高校、各学科学院、各专业教学机构必须针对不同学科专业教学的特点,特别是针对理工科学科与专业教师开

① 中华人民共和国教育部:《关于加快建设高水平本科教育　全面提高人才培养能力的意见》,2018 年 10 月 17 日,见 http://www.moe.gov.cn/srcsite/A08/s7056/201810/t20181017_351887.html。

② 高燕:《课程思政——课程思政建设的关键问题与解决路径》,《中国高等教育》2017 年第 15 期。

③ 余江涛、王文起、徐晏清:《专业教师实践"课程思政"的逻辑及其要领——以理工科课程为例》,《学校党建与思想教育》2018 年第 1 期。

展科学技术文化与人文精神的专题学习与研讨,开展教学学术研究与教学研究活动,以提高他们对科学技术的思想与文化、物质价值与精神价值、经济价值与社会精神等内涵的认识,提高他们在知识传授过程中渗透思想、价值、情感、道德等内涵的能力。同时,对于人文社会科学教师需要普及理工科学科与专业知识常识,提高他们对人文社会科学的科学性的认识,在人文社会科学知识传授过程中渗透科学思想、科学精神以及科学的研究方法等内涵。

## (三)参与"课程思政""示范课程"建设,可提高教师的"课程思政"意识和能力水平

在性别和高校类别上没有显著差异的情况下,是否参与"课程思政""示范课程"建设工作在总体得分和对教学的思政内涵认识与"课程思政"实施能力上具有显著差异。相关研究也显示,高校教师积极参与"课程思政""示范课程"建设工作,理解"三全育人"、协同育人的理念,增强"课程思政"内容融合、创新"课程思政"方式方法是推进新时代高校教师"课程思政"能力提升的可行途径;[1]在参与"课程思政""示范课程"建设工作中,教师能深入、具体、系统地探索专业课"课程思政"的教学实践,[2]从而提升他们通过专业知识与技能培养育人的能力。因此,我们应该加强"课程思政""示范课程"的建设力度,不仅要加强领导,形成建设机制,还要增加建设经费,提高人、财、物的保障力度;要扩大"示范课程"的规模,提高"示范课程"的覆盖率,逐步把"课程思政"理念扩展到全部课程;提倡全员参与"示范课程",通过参与提高"课程思政"的认识和增强"课程思政"的实施能力,真正实现全员参与"立德树人"的教育事业。

---

① 刘清生:《新时代高校教师"课程思政"能力的理性审视》,《江苏高教》2018年第12期。

② 刘洪艳、李桂菊:《课程思政在生物化学课程"蛋白质"教学中的探讨与实践》,《生命的化学》2021年第1期。

## （四）教学学术活动可以提升教师"课程思政"意识和能力水平

根据总体得分情况可知,教师们对课程的思政内涵认知相对较低,其得分处于五个部分中最低(最高得分为 $M=3.7917$,最低得分为 $M=3.4208$)。根据访谈,我们认为造成这一现象大致有三个方面的原因,一是高校专业课程教学往往是任课教师或基层教研组织编写的,因此,不同学科专业之间缺乏统一的规范,各学科重视自身知识结构体系以及知识技能教学目标,忽视专业课程的思政内涵解析与育人目标;二是学科专业教师对于所教学科知识蕴含的价值因素、思政内涵不能理解,一些教师持有科学知识的价值中立立场以及教知识与育人分工的观点;三是一些教师综合知识素养不够,专业课程知识过于专业或过于细分,导致知识面狭窄,缺乏相关学科知识之间的融通以及不同学科知识之间的本质统一性认识。因此,首先,教育行政管理部门和学科专业教学委员会应协调规范各专业学科课程教学大纲内容,研究教学大纲编写的基本原则,引领基层教研组织研究各学科专业课程的育人内涵和具体的育人目标;其次,各级行政与业务组织要开展"课程思政"培训,让每一个教师都能明确学科专业课程的育人内涵和育人目标;最后,各级行政管理、教学组织和学术组织要开展教学学术研究,"以研促教",提高教师的综合政治素养、教学素养和知识素养。

# 附件：高校教师"课程思政"认知与
# 行为情况调查问卷

尊敬的老师:

您好!

本问卷是为了全国教育科学规划国家一般课题研究项目而开展的对高校教师"课程思政"认知和行为情况的调查,本调查结果仅用于科学研究,采用匿名方式进行,个人信息将绝对保密,敬请您放心填答。您的回答对本次调查非常重要,请您根据实际情况在你认可的答案标号前画"√"即可。谢谢您的大力支持!

## 一、问卷填写人基本信息

1.性别:

A.男;B.女

2.年龄:

A.30岁以下;B.30—45岁;C.45(含45)岁以上

3.学历:

A.学士;B.硕士;C.博士

4.职称:

A.讲师;B.副教授;C.教授

5.任教学科类别:

A.文科;B.理科;C.工科;D.其他

6.学历学科类别:

A.文科;B.理科;C.工科;D.其他

7.所在学校类别:

A.教育直属大学;B.省市属重点大学;C.省市属一般学院

8.您是否主持"课程思政""示范课程"项目:

A.是;B.否

9.您是否参与"课程思政""示范课程"建设工作:

A.是;B.否

## 二、"课程思政"认知与行为情况问卷

1.目前的教材没有清晰呈现价值观,但是潜在地包含了一定的价值取向。

A. 完全不同意；B. 比较不同意；C. 没意见；D. 比较同意；E. 非常同意

2. 在课堂教学过程中，你会用声音大小、强弱、快慢以及手势等来表达自己对教材内容的某些价值选择、情感体验的喜恶。

A. 完全没有；B. 很少；C. 有时；D. 经常；E. 一直如此

3. 有人认为在自然科学方面，我国过去一直落后于西方，教学的内容基本上都是西方科学技术领域的成就。因此，在教学中不可能渗透我们的国家认同、文化认同与文化自信等因素。

A. 完全不同意；B. 比较不同意；C. 没意见；D. 比较同意；E. 非常同意

4. 教材知识内容的选择，并不能反映教师的个人价值观。

A. 完全不同意；B. 比较不同意；C. 没意见；D. 比较同意；E. 非常同意

5. 你会在课堂中鼓励学生参与复杂问题的讨论，从而培养学生的复杂思维、理性思维和开放性思维能力吗？

A. 完全没有；B. 很少；C. 有时；D. 经常；E. 一直如此

6. 在课堂练习和课程活动设计中能有教师的显性价值观传递吗？

A. 完全不同意；B. 比较不同意；C. 没意见；D. 比较同意；E. 非常同意

7. 教师应该熟悉课程内容和文本的内在价值和外在价值，并根据社会主义核心价值观决定执行或者拒绝某些价值。

A. 完全不同意；B. 比较不同意；C. 没意见；D. 比较同意；E. 非常同意

8. 在实验操作过程中，你会有意识地培养学生的精神品质吗？

A. 完全没有；B. 很少；C. 有时；D. 经常；E. 一直如此

9. 教师应该懂得自己的价值观同社会主义核心价值观以及课程文本之中包含的价值观之间的联系，并且能根据学生的成长需要决定如何选择与引导学生的价值理解与价值选择。

A. 完全不同意；B. 比较不同意；C. 没意见；D. 比较同意；E. 非常同意

10. 教学就是把教材的知识点讲清楚，把相关的多个知识点联系起来让学生形成知识本身的结构，再把它与个人的和社会的现实生活联系在一起形成一定的价值意义,并通过实践操作形成相应的能力。

A. 完全不同意;B. 比较不同意;C. 没意见;D. 比较同意;E. 非常同意

11. 通过"课程思政""示范课程"建设能提高教师教书和育人的双重效果。

A. 完全不同意;B. 比较不同意;C. 没意见;D. 比较同意;E. 非常同意

12. 在你的教学设计中是否有教材知识点中潜含某些思想、价值、情感、道德或文化因素的分析以及如何在教学过程中渗透的策略、方法等安排?

A. 完全没有;B. 很少;C. 有时;D. 经常;E. 一直如此

13. 社会科学也是科学,也必须要追求科学性、客观性与实证性,因此,教学中应该坚持客观真理,在教学中教师应该排除知识内容的思想、情感、价值与道德等方面的主观因素。

A. 完全不同意;B. 比较不同意;C. 没意见;D. 比较同意;E. 非常同意

14. 科学是行动、判断、行为、过程、规训和情境,其中必然有价值的成分。科学教育就是做科学。

A. 完全不同意;B. 比较不同意;C. 没意见;D. 比较同意;E. 非常同意

15. 利用多种教学手段专注而动情地讲述、讲解、演示、分析物理中的电和磁铁以及与电池、电线和灯泡相关的观点,这里面就包含了教师的价值取向。

A. 完全不同意;B. 比较不同意;C. 没意见;D. 比较同意;E. 非常同意

16. "课程思政"对大学专业课程教师的挑战就是如何找到知识与价值、课程与社会的联系,以显性的方式引导学生对价值的理解与判断、选择与生成。

A. 完全不同意;B. 比较不同意;C. 没意见;D. 比较同意;E. 非常同意

17. 如果科学教育与性格培养、更高价值或理想的形式脱节,将导致与社会脱节,最终将使科学失去价值、目标和意义等。

A. 完全不同意;B. 比较不同意;C. 没意见;D. 比较同意;E. 非常同意

18. 数学和科学作为一门技术,价值中立;作为解决社会问题、改变现实社会的技术,与道德紧密联系。

A. 完全不同意;B. 比较不同意;C. 没意见;D. 比较同意;E. 非常同意

19. 专业课程教育的根本目的就是培养学生的专业能力、职业能力,最终能够就业。

A. 完全不同意;B. 比较不同意;C. 没意见;D. 比较同意;E. 非常同意

20. 作为学科专业教师,根本职责就是把科学、客观的知识传授给学生,至于这些科学、客观知识之中潜含什么价值因素,让学生自己去判断和选择,因为他们都是成年人了,有自己的价值判断能力和行为能力。

A. 完全不同意;B. 比较不同意;C. 没意见;D. 比较同意;E. 非常同意

21. 教师是道德示范者、价值传播者,其选择的题目,对某些教学活动设计的重点,以及教学模式的倾向性和对批评的态度,都在向学生传递价值观。

A. 完全不同意;B. 比较不同意;C. 没意见;D. 比较同意;E. 非常同意

22. 教学就是把教材的知识点讲清楚,把相关的多个知识点联系起来让学生形成知识本身的结构,并通过练习形成操作运用的能力。

A. 完全不同意;B. 比较不同意;C. 没意见;D. 比较同意;E. 非常同意

23. 外语教学(大学生英语教育)完全就是一个语言学习的问题,不存在价值观、文化观、思想观念等引导问题。

A. 完全不同意;B. 比较不同意;C. 没意见;D. 比较同意;E. 非常同意

24. 科学就是追求客观的真理,与世界观、人生观、价值观没有关系。

A. 完全不同意;B. 比较不同意;C. 没意见;D. 比较同意;E. 非常同意

25. 学习方法既是思维方法也是行为方法,因此,教师必须培养学生正确的学习方法。

A. 完全不同意;B. 比较不同意;C. 没意见;D. 比较同意;E. 非常同意

26. "课程思政"对大学专业课程教师的挑战就是如何找到知识与价值、课程与社会的关联,以隐性的方法、方式引导学生对价值的理解、判断、选择与生成。

A. 完全不同意;B. 比较不同意;C. 没意见;D. 比较同意;E. 非常同意

27. 科学知识本身涉及一定的历史和传统、社会和经济、伦理和道德等内涵,因而完整的科学知识教育就必然包含了价值教育。

A. 完全不同意;B. 比较不同意;C. 没意见;D. 比较同意;E. 非常同意

28. 在课堂教学中,鼓励学生联系社会、科技、经济以及政治与道德等问题来进行讨论。

A. 完全没有;B. 很少;C. 有时;D. 经常;E. 一直如此

29. 数学是内在幸福追求的价值来源的关键机制。

A. 完全不同意;B. 比较不同意;C. 没意见;D. 比较同意;E. 非常同意

30. 科学研究和科学知识是"去个人化的、非情境化的、非社会化的知识",是价值中立的。

A. 完全不同意;B. 比较不同意;C. 没意见;D. 比较同意;E. 非常同意

31. 一部小说特别是现在的武侠小说完全就是编造一个故事,并不存在思想观念、情感价值以及道德判断等因素。

A. 完全不同意;B. 比较不同意;C. 没意见;D. 比较同意;E. 非常同意

32. 在语言教学比如大学生英语的教学过程中,虽然其中一些有关科学技术的语言材料的阅读与教学,不论是内容还是教学行为本身都不存在思想、政治、情感、道德、文化等方面的因素。

A. 完全不同意;B. 比较不同意;C. 没意见;D. 比较同意;E. 非常同意

33. 一个客观的、事实性的知识,能潜在性地包含一些思想、情感体验、道德价值或文化观念的内涵。

A. 完全不同意;B. 比较不同意;C. 没意见;D. 比较同意;E. 非常同意

34. 大学生是成年人,学习完全靠自觉,因此,教师只需要把知识本身的内容讲清楚,让学生弄懂就行。

A. 完全不同意;B. 比较不同意;C. 没意见;D. 比较同意;E. 非常同意

35. 专业课程教学中组织学生讨论,只能从知识本身的学理或结构方面启发学生理解知识或众多相关内容之间的融会贯通。

A. 完全不同意;B. 比较不同意;C. 没意见;D. 比较同意;E. 非常同意

36. 在组织讨论的过程中,你会通过提问角度的设计潜在地唤起学生的价值意识觉醒与引导价值观生成吗?

A. 完全没有;B. 很少;C. 有时;D. 经常;E. 一直如此

37. 你会启发学生思考或讨论有关科学、文化知识方面潜在地包含国家、文化认同的问题吗?

A. 完全没有;B. 很少;C. 有时;D. 经常;E. 一直如此

38. 科学家追求客观的行动,科学和数学等是客观的结果,不存在价值判断、道德判断的问题。

A. 完全不同意;B. 比较不同意;C. 没意见;D. 比较同意;E. 非常同意

39. 在学科知识的教授中,你能根据学科发展历史的阐述启发学生理解某一知识产生的内在价值和社会价值吗?

A. 完全没有;B. 很少;C. 有时;D. 经常;E. 一直如此

40. 教师应该根据教材内容及其呈现顺序依次讲述、讲解、练习,不能有自己对教材内容的重新组织、排列与组合,否则会打乱教材的知识体系结构。

A. 完全不同意;B. 比较不同意;C. 没意见;D. 比较同意;E. 非常同意

# 第十四章 高校专业课教师"课程思政"能力核心素养与提升路径[①]

"课程思政"实施的关键是教师的教育素养。教育学的经典命题"教学具有教育性",就是要求教师在教知识和技能的时候必然内在地包含育人任务。因此,"课程思政"的要求其实是教育本质的回归与新时代的教育价值取向的统一。然而一个显而易见的事实是,一方面,高校专业教师没有系统地接受教师教育,仅仅依靠入职培训,虽然能获得一些教育知识或简单技能,但是要养成教育素养是远远不够的;另一方面,高校教师因为专业性强,职后教师教育开展也不尽如人意,虽然在制度上存在教师发展研究机构,而实际上高校教师的职后教育开展基本上限于单方面的专业知识教育领域,往往忽视了教育素养的内容。

我们通过高校专业课教师对"课程思政"的认知与行为的调查来分析其"课程思政"的意识与能力。调查的结果是:高校专业课教师"课程思政"的意识和能力总体水平中等偏上,在各个维度上的得分,相对来说对知识的思政内涵认知相对较高,而对课程的思政内涵认知相对较低。年轻教师30岁以下同45岁以上的相比,总体得分及各维度得分差异均达到非常显著($P<0.01$)水

---

① 本章部分内容以《试析高校专业课教师课程思政能力的提升进路》为题发表于《学校党建与思想教育》2021年第18期。

平。30—45 岁组与 45 岁组对知识的思政内涵认知、对课程的思政内涵认知、"课程思政"的实施能力、总体得分存在显著差异($P<0.05$),对教学的思政内涵认知存在非常显著的差异($P<0.01$)。① 这些差异都说明年轻教师入职后才开始自己慢慢摸索,逐步发展教育素养。可见高校专业课教师的"课程思政"意识与能力及其教育素养的发展总体水平不高,同时年轻教师的教育素养总体水平显著低于老教师。因此,必须加强高校专业课教师特别是年轻教师的"课程思政"能力和教育素养的培养。

　　"专业课程是课程思政建设的基本载体",专业课教师是"课程思政"的主体,因此,"提升教师课程思政建设的意识和能力"②就成为实施"课程思政"的关键,"专业课教师的能力水平构成了课程思政建设的核心变量"③。要全体教师、全过程、全方位实施"课程思政",就必须"紧紧抓住教师队伍'主力军'",让"所有教师"都"承担好育人责任"。④ 而当前高校专业课程教师的"课程思政"能力的现状还不能令人满意。由于我国相当长一段时间内高等教育的专业设置分类过于细化,专业的学科课程设置过于专业化。学科知识之间的融合不够,理工科专业的人文教育不够,人文社科专业的科学素养不够,思想政治教育的内容专业化强,再加上高校教师没有接受专门的教师教育培训等,造成高校不少专业教师在"课程思政"方面存在"认识上的偏差""理念上的缺乏""导向上的偏失""机制上的偏颇""能力上的欠缺"。⑤ 因此,我们必须研究相应的对策,在基础上培养高校教师的基本教育素养,在实践上提

　　① 王丽、李雪、刘炎欣、陈理宣、刘小平:《高校教师"课程思政"意识与能力现状的调查分析及建议》,《高教探索》2021 年第 9 期。

　　② 中华人民共和国教育部:《高等学校课程思政建设指导纲要》,2020 年 6 月 3 日,见 http://www.moe.gov.cn/srcsite/A08/s7056/202006/t20200603_462437.html。

　　③ 何源:《高校专业课教师的课程思政能力表现及其培育路径》,《江苏高教》2019 年第 11 期。

　　④ 中华人民共和国教育部:《高等学校课程思政建设指导纲要》,2020 年 6 月 3 日,见 http://www.moe.gov.cn/srcsite/A08/s7056/202006/t20200603_462437.html。

　　⑤ 刘清生:《新时代高校教师"课程思政"能力的理性审视》,《江苏高教》2018 年第 12 期。

高他们的"课程思政"能力。

# 一、专业课教师"课程思政"能力的核心素养

根据对教学核心要素及其相互作用过程的认识,我们提出了从三个大的领域对"课程思政"能力的结构模型进行建构,具体表现为"三根本""三维度""四要素"。

## (一)"课程思政"能力核心素养的"三根本"

教育的对象是学生,使用的材料是知识,采取的教育行为是用知识与学生进行交流、沟通,借此调控学生的学习行为和教师自身的教学行为,引导学生自我学习。因此,"课程思政"能力必须反映三个根本性的认识。

### 1. 对人的发展与成长的本质认识

第一个"根本"就是对人的发展与成长的本质认识。对专业课教师来说,在教学的过程中能否将知识得以成功转化,让学生最高效地吸收,直接决定了课堂教学的成功与否。为了达到此目标,必须对教育的对象从本质上进行认识。教学的过程同时是教育者和受教育者共同成长的过程,遵循人的成长与发展的基本规律,是教学方法得以有效实施、确保知识教授效率的根本保障。同时教育的本质内容也就是人的成长与发展,无论是西方的"通识"教育理念还是我国提出的"三全育人"都侧重对人的内在品质的培养,也就是在人的思想、品德、观念等精神层面的塑造,不同的教育之不同在于思想内容与价值取向上的差异,具体来说就是在培养学生什么样的世界观、人生观、价值观的问题上的差异。显然,资本主义社会需要培养学生资本主义的世界观、人生观与价值观。我国的教育则是培养与马克思主义、社会主义核心价值观相适应的世界观、人生观、价值观。在新时期"课程思政"教育理念下,全体专业课教师

更需要加强对自身的世界观、人生观、价值观的马克思主义价值取向的学习和改造,更好地认识自己和改造自己,明确教育应该培养什么样的人、如何培养人,进而将正确的世界观、人生观、价值观渗透进课堂教学的各个方面,和学生互为教育主体,共同进步。同时在树立正确的三观基础上,更利于启发、促进学生对知识的理解和接受,提高学生主体化形态知识的转化效率。

### 2. 同学生的交流与沟通和对学生学习行为引导、调控的能力

第二个"根本"就是同学生的交流与沟通和对学生学习行为的引导、调控能力。众所周知,以往的教学方式是教师作为教育主体,有目的、有计划地对受教育者施教,以自身的行为、活动引导学生接受知识并促进学生身心的发展,教师在教育活动中占主导地位。而在目前的教育活动中,教育主体不仅是教师也是学生。强调学生在教学活动中不仅是被动地接受教育,而且是在充分调动自身主观能动性基础上的主动发展。教师更重要的是起到辅助、引导学生自觉、自主学习的作用。在教育活动中同为教育主体,但又互为认识的客体。在此前提下,教师与学生的沟通、交流能力和对学生学习行为的引导、调控能力就显得十分重要了。教师把课程知识转化为教学知识,要把符号知识解读为可被学生理解的形象化知识形式,需要借助直观教具、口语化语言、身体姿态、面部表情等,并随时与学生对话来了解学生的理解情况并随时调整,那么和学生之间搭建起有效的沟通桥梁,直接关系到课堂讲授知识的传递效率和学生主体化形态知识的转化效率。因此,着重培养专业课教师与学生的沟通表达能力和对学生学习行为的引导能力也是培养专业课教师"课程思政"能力的根本和基础。

### 3. 对知识的认识与加工的能力

教学所面对的知识是知识主体在实践中对客观对象的认识结果符号化的东西。但是,不同的主体对同一个对象的认识并不必然相同,即使相同,被符

号化出来的形式也不一定相同。同理在教学过程中,学生面对符号化的知识,他的理解也可能是不同的。波兰尼认为人们所获得的知识内容极为丰富,但是能够表达出来的内容是相当有限的。语言学的研究又告诉我们,用语言符号表现出来的知识形式,它所表达的内容也有"所指"与"能指"之间的复杂差异。"不同的主体之间、认识的结果与表达的形式之间、不同的语言媒介的表达之间、表现出来的形式的所指与能指之间、不同表达形式之间都存在很大的差异,这些都说明知识的表现形式非常复杂。"①

那么,我们的教育所呈现给学生的知识属于哪一个层面的知识?这种知识是否正确、准确、经济地表达了主体认识的结果这个事实?即使是肯定的答案,那么,这种知识的形式是否适合学生理解和接收?如果不适合学生理解和接收,那么,什么样的知识形式才适合?我们能否对某一种知识进行加工改造、进行形式的转化,使之适合学习理解和接收?对此,西方不少哲学家、心理学家和教育学家做过一些有益的尝试,国内对此还没有给予足够的重视。一些学者对是否轻视知识教育的问题所产生的争论实际上也就是没有把知识放在更为宏观的层面来思考所产生的错位引起的。

如果对知识的认识停留在客观的层面上,认为知识是客观的,教学和学习都把知识当作客观的、权威的、现成的来看待,这样必然产生知识的内容和形式都是唯一的、客观的、标准的等机械主义的知识形式观。在这种情况下,教师和学生都会把所教知识看作唯一的、客观的、标准的而不敢离开教材半步,教师照本宣科,学生机械学习,考试客观化、标准化的现象就是自然的事情了。实际上不同年龄阶段的儿童学习的知识形式层次是不同的。最早关注这个问题的应该是夸美纽斯、赫尔巴特、裴斯泰洛齐等关于知识教育心理化的思考。后来美国的哲学家、教育家杜威关于儿童经验形式知识的理论与实践探索做出了很大贡献。而从哲学、心理学角度系统研究儿童认知发展阶段及其与之

---

① 陈理宣:《论知识的结构形式选择与教育化形式的生成》,《课程·教材·教法》2014年第11期。

相应的知识形式的是皮亚杰。后来美国心理学家和教育学家直接运用这些理论来制定课程,从而提出了儿童认知发展与知识形式发展的阶段理论和课程设置的形式等系统理论,对美国教育理论的发展作出了贡献。

皮亚杰关于儿童认识发展阶段的研究本身不是对知识不同层次和形式的研究,但是他给了我们很大的启发,即如果儿童也有对对象的知(在不以理性作为知识的唯一标准的情况下)的话,那么,不同阶段的知识形式就是不一样的。布鲁纳就是从这里开始阐述他的知识多层次形式理论的。布鲁纳也认为儿童的认知发展有不同的阶段,即表演式、映像式和象征式三个阶段。知识的结构可以用与之相适应的形式教给儿童。也就是说,在布鲁纳看来,知识可以具有与之(表演式、映像式和象征式)相适应的三种形式。知识结构作为知识的最基本形式贯穿各种知识形式之中,这种基本的知识结构形式可以转化为与儿童的认知发展阶段相适应的不同形式,使儿童在不同阶段都能够学习知识的结构,从而逐步促进儿童知识结构和知识能力的发展。前一阶段知识形式的学习和发展是后一阶段知识形式学习的准备。由此,他提出了螺旋式的课程理论。

在过去相当长一段时间内,我们大多数人都认为知识是客观的、固定的,还停留在原封不动、完整地学习知识的水平上。学生更倾向于死记硬背、生搬硬套地大量学习知识,因此学习枯燥乏味,艰辛痛苦,产生了人们耳熟能详的格言"书山有路勤为径,学海无涯苦作舟"。有多少学生不是压抑着自己、硬逼着自己勤奋、刻苦学习的呢!我们认识到了这些弊端,也一再强调给学生"减负"收到理想的效果。道理很简单,我们除能够教给学生更多的知识并让学生牢固掌握之外,还能够做什么呢?学生家长、教师都认为除采取刻苦学习、强化训练之外,根本没有什么办法能够让学生学到更多知识。表面看来这些弊端是来自学习任务繁重的压力,而实际上是因为我们的教学缺乏有效性引起的。如果再深究,为什么会产生教学缺乏有效性的现象呢?因为我们的知识教育没有充分尊重教育的科学性,某种程度上就如列斯力·哈特所说的,是一种"与脑对抗的"教育,而非"与脑兼容的"教育。①

因此,我们应该研究知识的不同形式,开发既能够反映科学最新发展成果,又能适合不同阶段儿童理解学习的知识形式的课程。同时要研究不同个体的生活需要什么样的知识结构形式。

首先,教师的知识形式不是科学家的知识形式,而是具有教育化形式的知识形式。舒尔曼称这种知识为学科教学知识(PCK)。教师要知道整个知识领域的结构,要对不同类型的知识有所了解,能够对知识进行不同难度、不同角度、不同方法、不同情境等的加工、转换、审视。他可以把一个相对完整的知识用五岁的孩子能理解的方式讲,也可以用十五岁的孩子能够理解的方式讲,还可以用二十五岁的青年能够理解的方式讲;这就是布卢姆所说的,我们的教育应该创造适合每一个孩子的教育,而不是挑选适合教的孩子。

作为教师必须要从知识形成的原理、形成的规律、形成的事实、运用产生的结果来认识实践活动、人的思维逻辑、人的审美体验和使用可能产生的伦理道德问题等。这个存在众多复杂关系的结构,说明教学行为是非常复杂的,既涉及知识本身的复杂问题,又涉及教学与人的活动的复杂问题。教育者如果不了解自己所教的知识在整个知识系统中的位置以及与整体知识的关系,就不能够把握人的发展的内容与本质,因此,就不能够整体把握自己所教学科的"立德树人"的要求。既教知识,又教能力,还教智慧,更要教成人。然而,现实中不同学科的教师都强调自己所教的知识才是最重要的知识。这显然是没有从全面了解所教知识的角度,站在宏观的、整个人的、整个社会的视野来正确定位自己所教的知识。

因此,教知识,首先是教某些现象、事实;通过现象、事实理解形成知识与产生知识的原理;掌握自我或人类如何面对、处理这些现象的方法以及态度。这就涉及培养一个人的智慧、伦理与基本技能。但是这一切并不是说只要做

---

① [美]雷钠特·凯恩、杰弗里·凯恩著:《创设联结:教学与人脑》,吕林海译,华东师范大学出版社2004年版,第3—4页。

到了陈述现象、事实，学生就能够自动产生知识、智慧与伦理道德、态度等内涵的理解。因为在陈述、分析过程中潜在地包含了角度、方法、态度、价值取向和精神面貌等的浸润。教师以命令式的方式说这个知识是绝对正确的，还说今后要考试，那当然就只能把学生教成死记硬背、应付考试的"书袋子""书呆子"了。教师以探究性的方式，反省、批判、怀疑的方式去探索知识，当然就可能培养学生自己思考、探索的精神和方法。

其次，科学研究中的知识与教学中的知识是有区别的。教学中的知识始终是从经验形式开始向学术性形式发展的过程。因此，教一个新的知识时，如果学生不能理解，往往都是用学生生活中可能经历过的例子来帮助他们理解。

最后，更为重要的是，教学生知识不仅仅是让学生理解、记忆、应用，还要通过这个过程促进学生智慧的发展和灵魂的生成。比较直观形象的说法"授人以鱼""授人以渔""授人以欲"，这三者中，"授人以欲"更为重要。前文已有详细论述，此处不再赘述。

## （二）"课程思政"能力的核心素养"三维度"

专业课教师引导学生自我学习知识的活动，重点在于三个维度的价值指向，即引导学生对知识的历史与逻辑的把握，与学生探讨知识的社会与经济价值，培养学生对知识运用的道德与法律规范意识。如果说教师引导学生的价值指向有三个维度，那么，教师自身就必须具备这三个维度的价值素养。

### 1. 引导学生对知识的历史与逻辑的把握能力

专业课教师在引导学生学习的过程中，不仅要让学生学习和运用知识，更应该引导学生探求知识的本质。探求知识本身包含了整个人生的内涵，知识在教育过程中是一个不断形成教育化形式的过程。而学习知识不仅要知其然，还要知其所以然。知识的历史发展如何，在不同的历史时期呈现怎样的状态,为什么会出现这样的状态,这些都反映了历史与逻辑的思维。对知识的历史与逻辑的把握不仅能够锻炼学生的辩证思维和逻辑思维能力,使其能够正确认识知识的发展本质;而且还有利于增强学生在学习过程中接受新知识和对知识的整体把握、融会贯通的能力,形成多点联结的知识结构;更重要的是还能促进学生理性的分析能力和创新意识,任何创新与发明都一定是建立在已有知识基础上的,是对已有知识的突破,新知识与已有知识之间始终具有一定的历史与逻辑关系。这是基于知识本身的或者说是基于对世界认识的辩证唯物主义的科学思想的认识,是让学生形成科学的世界观的基础。没有科学地认识世界和改造世界的知识和能力,不可能建立科学的世界观、人生观、价值观和方法论。马克思主义是科学性与革命性的统一,它的科学性就是建立在对客观世界的科学认识基础上。对知识的历史与逻辑的认识是马克思主义世界观和辩证唯物主义思想在具体学科知识上的表现。这不仅是思想政治教育、"课程思政"培养人的本质要求,也是专业课教师培养学生专业能力的一个重要环节。如果专业课教师不能从历史与逻辑上定位当下的教学知识,不能融会贯通整个学科发展的内在逻辑,所传授的知识就必然是碎片化、相互分裂的知识点,既不能在学科内融会贯通,也不能在学科之间融会贯通,更不能使学科知识与生活世界、生产实践融会贯通。

## 2. 与学生探讨知识的社会与经济价值的能力

作为科学知识本身,其价值包含了价值中立、价值关联与价值负载几个层面。从广义上讲,一切科学知识都具有价值中立的属性,即排除主观的情感因素和主体的价值偏向,追求知识的科学性与客观性。价值负载指科学知识本身负载一定的价值,即科学知识与社会实际相结合并作用于社会时可以产生社会价值与经济价值。教师在引导学生自我学习的过程中与学生探讨知识的价值,实际上是在知识教育的基础上对学生进行的价值教育,即引导学生把握事物的用途和功能,按照一定的价值标准和评价标准去做出正确的价值判断和选择,进而创造价值和实现价值。① 同时,思政教育本身是具有价值性与科学性相统一的实践活动,而"课程思政"的基本实现途径是在学科课程之中渗透融入思想政治教育的知识。所以对学生进行价值教育的引导也是专业课教师"课程思政"能力的一个重要方面。

### 3. 培养学生对知识运用的道德与法律规范意识的能力

教师通过引导学生对科学知识的学习,让学生在此过程中树立起正确的社会结构观和社会发展观。同时,学生运用所学知识指导和作用于实践,达成创造价值和实现价值的目的。随着信息渠道的越来越多样化,且大学生在学习期间的"三观"处于发展和健全阶段,对所接收的道德观、价值观存在判断失误的情况,很可能受到其影响,导致在知识运用于实践阶段造成严重的不良后果。因此,专业课教师在引导学生进行自我学习活动中,应当重视培养学生运用知识的道德与法律规范意识,强化学生的社会责任感和遵纪守法的良好品德,培育素质健全的人。将社会公德教育、普法教育融入教学过程当中,形成道德法治教育的常态化机制。

### (三)调节好影响教学过程四个要素和教学四环节的能力

我们曾经在分析"课程思政"内生机制时,把教学视作广义的活动,因而把教学过程分析为知识生产、课程设置与教材编写、教学设计与教学实施、学习接受与主体化转变四个环节,从而分析教师应该具备知识论、课程论、教学论与学习论四个方面的理论素养。教师是四个教学环节中的核心因素,因为他在具体的教学实施中,可以灵活地调节学生对知识本身的理解与接受,可以对课程设置与教材编写进行某些解释或者做某些具体的微调,可以对学生的学习设置某些特殊的情景或者价值暗示等。教师不是教学机器,他绝不是照

---

① 李斌雄:《论知识教育·价值教育·思想政治教育》,《思想教育研究》2001年第6期。

本宣科,他在知识传达、解释、演示、表达等过程中,所使用语言的声调高低,语速的快慢、轻重缓急,他对教学内容的调节,对知识内涵的解释,他的面部表情或呆滞或活力四射,他的身躯萎靡不振或昂首扩胸,他的眼神沮丧、伤感或炯炯有神,他眼中冷静或脉脉含情,他使用简单的教学工具或先进的多种教学手段,他对学生漠不关心或和蔼可亲,他选择什么角度切入问题,如何联系相关问题或选择什么相关问题,他控制对问题讨论的时间分配多少等方面,都无不渗透或潜在地传达了某些思想、价值、情感、道德伦理等丰富的内涵。这一切都可以在教学的整个过程中,在每个知识点里面,或显性或隐性地对学生产生影响。这就涉及教师是否有相关的素养和能力来处理这些因素。

1. 对知识的本质以及思政内涵的认识与知识的形式处理加工能力

从知识的分类和国家以及高校对学生的教育来看,自然科学知识、人文社会科学知识是两个重要板块;从价值的角度来看,前文也曾提到,知识特别是自然科学知识是价值中立的,而更多的知识本身也具有价值负载和价值关联等属性。知识教育要求引导受教育者掌握事物、客体的相关知识并在此基础上进行认识世界和改造世界的活动,而如何培养学生的价值标准、引导学生做出正确的价值判断和价值取向则是"课程思政"对专业课教师提出的新的要求。专业课教师应当培养和强化自身对知识形式的处理加工能力,能够进行相应的专业知识研究,将其转化为符号性知识形式,使其成为文本内容,而后进一步转化为课程知识和教学知识,即将符号性知识形式通过语言表述、肢体动作、姿态表情等方式的处理转化成为学生能够理解并学习的形式,在这个过程中,除要单纯地进行知识的形式处理和加工之外,专业课教师还应当能够对知识本身所具备的价值负载和价值关联进行价值判断和内容筛选,并且对其做出相应的解释和提炼,使知识能够被正确地学习和应用。

### 2. 对课程的本质以及思政内涵的认识与课程设置、教材编写能力

从宏观角度来看,课程是一个宽泛的概念,可以泛指所有的一切教学科目和教学活动;从微观角度来看,课程可以指代一个具体的教育科目或是一节课程。"课程思政"一方面认为各个学科和专业科目都蕴含着丰富的思想政治教育元素,应当进行一定的资源发掘和使用。另一方面要求将思想政治教育的全员、全过程、全方位融入教育教学的课程中,与思想政治理论课形成协同作用,"实现思想政治教育与知识体系教育的有机统一"①。在这个要求下,专业课教师在对本专业的知识进行梳理和加工处理的过程中,应当完善以下两方面的内容:其一是深度挖掘本专业或本科目中蕴含的思想政治教育元素,并且将国家和社会所提倡的正确的"三观"与其相结合,不断完善"课程思政"的思想政治教育内容;其二是对本专业本科目进行整体把握,调整课程设置,构建良好的课程环节,使思想政治教育元素能够更好地与专业课程教育相融合,以达到更好的效果。此外,专业课教师应当具备一定程度的教材、教参、教辅的编写和改写能力,一方面能够对教师的知识形式的处理和加工提供辅助,可以帮助学生更好地理解课堂教学内容,提高课堂学习效率;另一方面能够对教材本身所蕴含的价值取向和思想观点进行过滤和筛选,保证教材内容与我国现实国情相结合,从而加强思政教育与专业教育相结合。

### 3. 对教学的本质、教学的思政内涵认识以及设计教学活动、开展思政内涵渗透的教学能力

如果说课程是实现"课程思政"的行动指南,那么教学就是实现"课程思政"的行动方案和具体实践。教学是"课程思政"的内化过程,它包含了"教"与"学"两个方面。首先,教学必须与课程结合起来,明确教学的方向和内容,

---

① 中共教育部党组:《高校思想政治工作质量提升工程实施纲要》,2017 年 12 月 5 日,见 http://www.moe.gov.cn/srcsite/A12/s7060/201712/t20171206_320698.html。

协调各方面需求,制定相应的教学方案,完成知识的再一次处理加工,并通过教学活动将知识传递给学生。其次,教学必须与学生结合起来,学生既是教学的受众,也是教学的主体,教师以教学活动为媒介,激发学生的学习主动性,引导学生积极参与课堂教学活动,实现主体化知识的生成。从这个角度来看,"课程思政"对专业课程教学的要求主要体现在教学设计和教学实施上。首先,高校专业课教师应当明确"课程思政"理念,以国家和社会倡导的主流意识形态为指导,既注重对专业课程知识的把握,又重视"课程思政"理念的融入,制定高质量的"课程思政"教学方案。其次,教学活动是一个教师既与知识互动,又与学生互动的两方面双向互动的形式。因此,要重视学生的主体地位,在教学方法的选择上,一方面要增加对学生主体的理解,采用因材施教的方式,选择符合学生学习需求、学生喜闻乐见的方式进行"课程思政"教学活动;另一方面要重视与学生的互动,在与学生的互动中寻求学生对课堂教学的反馈,并及时进行教学内容和方法的调整,促进学生主体性知识的形成。此外,"教师课程思政建设意识遵循着盐溶于水的有机融入原则"①,采用"润物细无声"的方式,潜移默化地对学生进行思政教育。

### 4.把握学习的本质与知识内化的思政内涵以及引导学习的思政价值取向的能力

从教育教学的日常活动表现来看,学习的主体是学生,学习是学生将教师传授的知识进行自主理解、行为实践或其他方式进行重组,转化成为自身主体化知识的过程。艾根对深度学习提出了三个标准,知识学习的广度包括自然知识、社会知识和个人经验的各个方面,深度包括符号表征下的道德价值意义和学习者个人经验的深度联系,关联度则表现为自然知识、社会知识和个人经验能形成的关联。从艾根的观点中可以看出,个人经验是影响学习者进行学

---

① 张驰:《教师的课程思政建设意识及其培育》,《思想理论教育》2020 年第 9 期。

习活动的重要因素之一,学习者在进行学习和知识接受的过程中,始终保持着个体独立的思想并基于此进行知识的理解和应用。从我国目前的情况来看,学生在基础教育阶段很难完成个人"三观"的培养,高校学生的"三观"和价值取向还不是很成熟,缺少个人的独立见解,而想要对学生继续进行正确"三观"的形成和价值取向的培养仅仅依靠思想政治课是远远不够的。因此,迫切需要在专业课中增加"三观"和价值取向的培养。这要求专业课教师首先要有针对性地提升自我思想政治教育的水平和能力,不仅要做到"教书",更要真正完成"育人";其次要明确学生学习的本质和过程,重视学生个人经验的形成并将其与思政价值取向学习相结合,引导学生结合社会实践将思政价值取向的学习成果内化成为个人经验,形成主体化的知识形式,帮助学生最终达到学习目的。

## 二、提高专业课教师"课程思政"能力的路径

### (一)建立"课程思政"工作机制,推动教师"课程思政"能力持续发展

1. 成立"课程思政"领导机构,理顺"课程思政"工作机制

"课程思政"与"思政课程"一样重要,两者在教育活动和教育内容上"同向同行"、相互协调产生整体育人作用。因此,必须成立一个统一领导的机构,把"课程思政"与"思政课程"放在同样重要的位置上,建立相应的协调、沟通、统一的领导管理机构和机制。"课程思政"的"重要责任就在于价值引领,促进学生思想政治素质提升"①。"课程思政"的关键问题是如何在开展各类专业课程教学内容的同时自然地承载思想政治教育功能和润物无声地提高学

---

① 刘承功:《高校深入推进"课程思政"的若干思考》,《思想理论教育》2018年第6期。

生的思想政治修养;而相对地,也与时俱进地对"思政课程"提出了新的要求,即"思政课程"的内容应具备专业化、学术化、科学化的特征,在培养和锻炼学生学术思维的同时达到学生对思政课程内容的价值认同,更好地发挥思政育人作用。在统一的领导机构下,协调"课程思政"和"思政课程"两者的提升路径,相互借鉴,相互作用,才能更好地理顺"课程思政"工作机制。比如,在各类专业学科的教学过程中深化以辩证唯物主义为核心的科学精神的教学内容,同时加强社会主义核心价值观的引领,完善"课程思政"的育人路径和机制。在"思政课程"的教学活动中则可以引入经验归纳和逻辑演绎的科学研究方法,突出理论的逻辑表达,并形成完整的逻辑系统,使其能自圆其说,才能够让学生理性地接受。所以,在建立统一管理机构的基础上,需将两者教学育人机制的有机结合切实有效地开展起来,灵活运用,确保"课程思政"与"思政课程"教学活动的同向同行,从而进一步明确和完善"课程思政"的工作机制。

### 2.建立"课程思政"研究中心,开展教学学术研究

实施"课程思政",并不是简单地在知识传授的过程中讲授思想政治教育的内容,而是深入挖掘各门学科专业课程中蕴含的思想政治教育内涵,渗透思想政治教育内涵。这涉及知识论、课程论、教学论以及学习论等方面的知识,需要把教学作为一门科学来研究。从这个角度来看,美国学者博耶提出的教学学术对于我们当前研究实施"课程思政"具有启发性。他认为学术可以分为研究学术、整合学术、应用学术与教学学术四类,它们各自相对独立又相互交叉联系。博耶认为教学也是一种学术事业:"好的教学,不仅传播知识,而且改造和拓展知识;既教育又培育着未来的学者;教学能够使学术之树常青,如果没有这种功能,那么知识的延续性就会中断,人类知识的积累也将面临削弱的危险。"①其实博耶提出的教学学术本身也包含了部分思想与价值的内

---

① 何晓雷:《博耶的教学学术思想:内容、影响与局限》,《高教探索》2018 年第 9 期。

涵。我们结合"课程思政"理念来看,教学学术的要求不仅仅是研究知识传播的问题,还必须研究知识本身的思想性、价值取向、社会应用伦理影响以及知识生产者的情感与学习者自己的情感体验等内涵,研究如何启发对知识的丰富内涵的理解与领悟,实现对知识的热爱、改造与创新,既研究科学精神品质的培育,又要研究如何树立与树立什么样的知识应用价值观与伦理规范,既研究如何认识世界,树立科学的世界观,又要研究认识社会、人生,树立科学的、积极的社会观与人生观等。赵光等人的研究表明,与教学学术能力相关的知识技能因素,在专业课教师实施"课程思政"的胜任力指标中占比达到54.99%。[①]由此可见专业课和专业知识技能作为"课程思政"的载体的重要性,从而表明了教学学术对于促进"课程思政"实施的基础作用。我国多数高校成立了教师教学发展中心,大多把此项工作规范在教务处,而实际开展的教学研究活动非常少,更不用说开展把专业知识的教学研究与教育学、心理学和思想政治教育结合起来的研讨活动了。因此,我们认为,为了提高高校教师"课程思政"的能力,实现大学教学的内容科学性、方法科学性和价值导向的正确性的三融合,应在以下三方面作出努力。第一,应该充分发挥教师教学发展中心的作用,把教学研究活动切实开展起来;第二,把教学作为一种科学来进行研究,研究知识教学与思想政治教育的关系,探讨知识本身具有的思想因素、价值取向与道德情感内涵,彻底打通知识观、世界观与人生观、价值观之间的界限,极大地开阔教师狭隘的单一学科知识的视野,科学地理解知识本身;第三,把学科知识与教育学、心理学知识与方法融合起来,开展关于人的认知能力发展、人类知识形态发展的研究,以此提高教师的教育基本素养。

---

① 赵光、孙伟锋、仲璟怡:《"课程思政"视域下高校教师胜任力模型构建研究》,《南京社会科学》2020 年第 7 期。

3.设立"示范课程"建设常设项目,推动教师"课程思政"能力持续发展

课程建设、教学改革以及科学研究项目三者既相对独立又相互统一。高校与科研机构的不同之处就在于其主要任务是培养人才,与科研院所的科研机构相同之处是培养人才的科学研究能力。教育部于 2019 年在《关于深化本科教育教学改革 全面提高人才培养质量意见》中提出,"建成一批课程思政示范高校,推出一批课程思政示范课程,选树一批课程思政优秀教师,建设一批课程思政教学研究示范中心,引领带动全员全过程全方位育人"①。从中我们不难看出,设立"示范课程"建设常设项目已是当下构建"课程思政"教学体系的紧要任务,建设好"示范课程"不仅能让"课程思政"教学理念贯彻落实在课程教学中,还能将取得优秀教学成果的示范课程作为范例进行推广,对"课程思政"的教学建设有一定的借鉴意义,在"课程思政示范课程"、"课程思政教学研究示范中心"和"课程思政示范高校"的协同作用下实现"三全育人"。因此,我们认为,设立"示范课程"建设常设项目应从以下几方面进行:第一,大学成立"课程思政"教学指导小组,开展"课程思政"教学规划设计工作,构建学校、学院、专业多层级的思政教育与专业教学有机融合的思政教育体系,细化"课程思政"与专业教学的衔接,将"课程思政"教学的细节写入教学大纲。第二,要充分发挥各学科优势,将思政教育理念与具体的学科内容相结合,挖掘"课程思政"元素,做好教学设计。第三,"示范课程"的建设对专业课教师的"课程思政"能力提出了更高的要求,加强高校教师的思政理论学习和师德师风建设,在教学活动中贯彻党的教育方针,是推动其"课程思政"能力持续发展的有力保障。

---

① 中华人民共和国教育部:《关于深化本科教育教学改革 全面提高人才培养质量的意见》,2019 年 9 月 29 日,见 http://www.moe.gov.cn/srcsite/A08/s7056/201910/t20191011_402759.html。

## （二）提高大学教师对"课程思政"的认识，增强"课程思政"实施的自觉性

"课程思政"实施的关键在于学科专业课程教师。"课程思政"推进过程中存在的困难和问题首先是专业课程教师在认识上存在不少误区："由于对课程思政认识的深度不够，难免对课程思政存在误解，认为课程思政与专业教学关系不大，高校推行课程思政对教师个体来说是一种外在强制性的约束，会加重自身教学负担"[①]；有一些人认为，学生毕业后找好工作是最重要的，衡量教育质量的核心指标是就业情况；也有一些人认为，思想政治教育不是学科专业课教师的职责，有专门的思想政治教育教师和学生工作教师负责；还有不少人特别是理工科专业的教师认为，科学知识是价值中立的，没有也不可能渗透价值教育因素等。这些认识直接导致了他们在学科专业课程教学过程中自觉或不自觉地忽视挖掘和渗透价值教育因素。即使有不少教师意识到自己具有育人的职责，但也把重心放在关心学生专业学习、生活困难或者找工作等方面。这就造成"课程思政"实施上有偏差，存在或泛化、或肤浅、或零散片面等问题。赵光等人的研究表明，"课程思政"条件下，专业课教师胜任力指标体系中，对于"课程思政"的思政认识占比达到24.02%。[②] 因此，一方面，要提高对"课程思政"重要性的认识，教书必然育人，不论是否有育人意识，教师其实都在自觉或不自觉地育人，教师教知识的方法、对待知识的态度、关于知识的价值取向，都潜在地蕴含了育什么人、如何育人以及为谁育人的内涵。为此，高校必须重视对学科专业课程教师进行"课程思政"专题培训，提高其对"课程思政"重要性的认识，解决他们"主动性发挥"的"重要源动力"，提出"课程

---

[①]　朱征军、李赛强：《基于一致性原则创新课程思政教学设计》，《中国大学教学》2019年第12期。

[②]　赵光、孙伟锋、仲璟怡：《"课程思政"视域下高校教师胜任力模型构建研究》，《南京社会科学》2020年第7期。

思政"的具体要求,以切实提高他们实施"课程思政"的自觉性。另一方面,也要提高对"课程思政"必然性的认识,教师并不是机械地工作,也不是简单地以自己的思想、态度、情感、道德等去影响人,教师是社会、国家乃至人类利益的代表,必须以全人类、全社会、整个国家的利益和目的为目的,代表他们的意志与要求去育人。为此,高校还必须通过学科教学知识的培训、探讨、研究,切实提高他们对知识本身的"思政性"内涵和形式特点的认识,丰富其对知识丰富内涵的理解,纠正科学知识价值中立的绝对化认识偏差,提高"专业课教师的思想政治素养与思想政治教育专业素养",提高"课程思政"的能力,最终解决专业课教师"胜任、善任、乐教、善教"的问题。①

## (三)严把大学教师入口关,加强大学教师职前教育和继续教育

目前的教师教育是针对未来中小学和幼儿园教师的,几乎没有针对大学教师的教师教育,大学的学科专业课程教师除部分师范类专业外没有接受过教师教育,在人们的心目中似乎大学的教育不需要教育学、心理学知识,似乎只要有硕士或博士学位就天然地能够做教师。目前的状况是,大学教师入职后进行简单的、短暂的入职培训就直接上岗从教。以往大学教师的培养是通过师傅带徒弟的方式做一段时间助教进行培养的,但是随着我国高等教育大众化的发展,高校扩招,大学教师严重缺乏,大多数高校的新教师一入职就直接独立上课了,根本没有办法再慢慢通过助教岗位培养了。高校教师入职以后也没有教学方面的学习与研究的继续教育性质的教师教育,其对教学的理解、教学技能的发展以及教育理念的树立,完全依靠自己在教学过程中的自学与摸索。大学教师的继续教育内容基本上都是学科的科学研究。按照常理,高校教师即使没有经历过教师教育,但是如果在思想上有较为深刻的见解,在知识上有较为丰富、清晰而灵活的结构,在对自然世界与人类社会的感悟上有

---

① 陆道坤:《课程思政推行中若干核心问题及解决思路——基于专业课程思政的探讨》,《思想理论教育》2018 年第 3 期。

较为深厚的修养和崇高的境界,他们经过短暂的岗位培训和实践中的自学也应该能够领悟到作为人之师的基本要求。可是,由于过去从高中阶段就开始分文理科教学,在大学里更是细分学科专业,造成不少学生知识结构单一、条块分割,学理视野狭窄、难以跨学科融合并应用于实践,学习目的功利化,工作、学习都难以提升到较高的精神境界。因此,这样的人做教师就很难把科学知识与世界观、人生观、价值观联系起来,对学生进行正面的心灵熏陶,在知识学习与实践应用上对学生进行富有智慧的启迪。莫非曾做过一个调查,结果显示高达86.8%的高校专业课教师认为,在日常专业教学过程中对学生进行隐性思想政治教育工作不属于自身的职责范围。至于真正能够做到将专业课内容与思想政治教育相结合的专业课教师仅占28.1%。[①]　因此,我们认为,提高高校专业课教的"课程思政"能力,必须把好三个关口:第一,把好"基础关",从基础做起,切实做好新高考改革,切实做好倡导人文精神、科学精神、工匠精神等教育理念的新文科、新工科等一系列人才培养模式的教育改革;第二,把好"入口关",要在入职之前接受教师教育培训,获得基本的教师资格才能到高校求职,设置高校教师入职门槛;第三,把好"过程关",充分发挥教师专业发展机构"教师教学发展中心"的作用,切实开展高校教师教育教学素养与能力提升的培训、研讨与竞赛等活动,让教师们在工作中持续不断地提升"课程思政"能力。

## (四)改革对大学、大学教师以及学生的考核评价

"课程思政"理念的渗透与贯彻,必须要有相应的评价作为方向引导和结果的成效考核作为保障。否则,再好的教育教学理念都可能流于形式。而当

---

①　莫非:《专业课教师在高校思想政治教育中缺位问题的思考》,《遵义师范学院学报》2010年第4期。

前高校普遍存在的问题就是"考核评价制度缺失"①。一是高校内部考核一般情况下就是考核教学工作、行政与服务工作、科研工作,缺乏对教师"课程思政"方面的考核内容;二是教师对学生的专业知识技能的考核评价,一般都是直接考核对学科专业知识和技能的掌握情况,缺乏思想政治内涵;三是学生对教师的评价,一般都简单地限于教学技术上的内涵,缺乏"育人"的内涵;四是教育管理部门与社会对高校的考核评价,大多都会使用量化的就业指标、科研指标以及各项行政管理工作指标等,缺乏"育人"的内涵。因此,必须认真研究各方面的系统评价体系,进行系统的评价改革。首先,改革高校教师考核片面强调科研成果的倾向。我国高校长期以来都重视科学研究,忽视教学研究,甚至视教育学研究、教学研究为非科研成果,在教师聘用、评价与晋升中主要依据科研成果而不是教学成果。这必然造成片面重视科研、轻教学的倾向。因此,在对教师进行综合考核时,必须要有教学以及育人成果上的考核。其次,改革在教师教学水平评价上的重知识内容和知识讲授为结果的倾向。再次,改革对学生学习评价中片面强调知识掌握的量化分数的倾向。在学科专业课程的考试中片面重视知识、技能内容的考核,缺乏对知识思想、情感内涵等的考核。即使有教师对学生学习过程进行考核,但是也更加重视学习过程中的出勤考核。因此,要加强关注学习过程中的学习品质以及对知识的思想、价值的理解和联系实践的运用伦理,在试卷设计上要有一定分量的综合理解与运用的考题,以考核学生对知识所蕴含的思想、价值取向以及知识的社会价值与运用的伦理道德规范分析、理解与认同情况。最后,教育行政管理部门要充分履行"把方向、管大局、作决策、保落实"的职责,②一方面要充分引导社会对高校进行全方位、多方面、长周期的评价,保证评价的正确方向;另一方面要

---

① 汤苗苗、董美娟:《高校课程思政建设存在的问题及对策》,《学校党建与思想教育》2020年第11期。

② 中共中央、国务院:《关于深化新时代教育评价改革总体方案》,2020年10月13日,见 http://www.moe.gov.cn/jyb_xxgk/moe_1777/moe_1778/202010/t20201013_494381.html。

彻底放权,让社会和市场发挥对高校办学质量的监督、评价作用。

## （五）树立大课程观,构建"三全育人"课程体系

狭义的课程是指各门学科课程,然而它并不是"课程思政"的全部。我们应该从广义的课程概念出发,把活动课程和潜在课程纳入"课程思政"体系,从而把整个教育活动过程中的全体教职员工和各种服务工作与生活方式所潜在包含的"思政"育人因素纳进来,才能真正实现"三全育人"的构想。当我们把课程视为广义的课程时,就可以构建"课程思政"实施的全员主体、展开的全过程以及内容和路径的全方位体系。第一,构建"课程思政"全员主体承载责任体系。"课程思政"实施主体本身的一言一行都是课程的具体内容和课程形式。"课程思政"主体,不仅指学校各专业、各类型教师,也指学校行政管理人员、后勤服务人员、思想政治教育教师等,不仅指学校内的全体人员,也包括全社会以及家庭,凡是在生活、工作、学习以及休闲娱乐等方面与学生产生各种联系、与学生产生相互作用,都以不同的方式成为课程要素,以不同的方式履行着教师的育人职责,影响着学生的发展,成为"课程思政"显性或隐性的实施主体。第二,构建"课程思政"展开的全过程体系。"课程思政"的全过程是指从进入大学到毕业以及之后的工作整个过程都是"立德树人"的过程,也指学习发展的各个阶段即大中小学的育人一体化和职前职后育人一体化都是"立德树人"的过程,从而形成完整的"课程思政"链条,形成"课程思政"的全过程体系。第三,构建"课程思政"开展的全方位路径体系。"课程思政"的全方位,指充分利用学校、工作单位、家庭以及社会的如宣传、舆论媒体、社会公共文化设施、各种教育基地、传统节日文化活动等各种资源影响立德树人;也指从各个方面如政治、经济、文化、科技,工作、学习、休闲娱乐等方面的内容和具体表现形式引导"立德树人"等,成为课程实施的全方位路径;还指用各种途径如课堂教学、主题活动、研学旅行、休闲娱乐活动、校园文化、城市文化、节日庆典、纪念祭祀等活动承载课程内涵潜移默化地"立德树人"。

　　学生青少年一代接触的方方面面的活动内容和形式都是课程的内容,它们只要同学生产生相互作用就都是课程的一部分,都会对学生产生一定的影响,对学生来说都是学习的内容。然而众多影响因素在空间上是分散的,在时间上是间断的,在内容上是不系统的,需要通过学校教育引导学生回忆、体验与反思,形成系统化、连续化以及同学科知识建立意义结构,转化为学生学习、生活、工作以及休闲娱乐活动的精神与灵魂的价值指向,真正实现"塑造"学生"灵魂""生命"的关键作用。①

---

　　①　习近平著:《思政课是落实立德树人根本任务的关键课程》,人民出版社 2020 年版,第 12 页。

# 参 考 文 献

## 一、经典文献

《马克思恩格斯全集》(1—50卷),人民出版社1960—1981年版。

《马克思恩格斯文集》,人民出版社2009年版。

《马克思恩格斯选集》(1—4卷),人民出版社2012年版。

[德]马克思著:《1844年经济学哲学手稿》,人民出版社2018年版。

[俄]列宁著:《列宁全集》第55卷,人民出版社1990年版。

《毛泽东选集》(一至四卷),人民出版社1977年版。

《习近平谈治国理政》(一至四卷),外文出版社2017—2022年版。

习近平著:《思政课是落实立德树人根本任务的关键课程》,人民出版社2020年版。

习近平著:《在北京大学师生座谈会上的讲话》,人民出版社2018年版。

## 二、中文学术著作

[美]Bernard Barber著:《科学与社会秩序》,顾昕译,生活·读书·新知三联书店1991年版。

[美]Robert K.Merton著:《科学社会学》,鲁旭东译,商务印书馆2003年版。

[奥]阿尔费雷德·阿德勒著:《生命对你意味着什么》,国际文化出版公司2000年版。

[美]汉娜·阿伦特著:《过去与未来之间》,王寅丽、张立立译,译林出版社2011年版。

[美]汉娜·阿伦特著:《人的条件》,竺乾威译,上海人民出版社1999年版。

[美]阿普尔、克丽斯蒂安–史密斯主编:《教科书政治学》,侯定凯译,华东师范大学出版社2005年版。

[美]阿普尔著:《官方知识——保守时代的民主教育》,曲囡囡、刘明堂译,华东师范大学出版社2004年版。

[美]阿普尔著:《文化政治与教育》,阎光才等译,教育科学出版社2005年版。

[美]阿普尔著:《意识形态与课程》,黄忠敬译,华东师范大学出版社2001年版。

[美]安德森著:《学习、教学和评估的分类学:布卢姆教育目标分类学修订版(简缩本)》,皮连生译,华东师范大学出版社2008年版。

[美]安·兰德著:《客观主义认识论》,江怡等译,华夏出版社2007年版。

[法]安若澜著:《亚里士多德〈形而上学〉》,曾怡译,华东师范大学出版社2017年版。

[日]岸根卓郎著:《我的教育论:真·善·美的三位一体化教育》,何鉴译,南京大学出版社1999年版。

[苏联]巴班斯基著:《教学过程最优化——一般教学论方面》,张定璋等译,人民教育出版社2007年版。

[美]巴格莱著:《教育与新人》,袁桂林译,人民教育出版社2005年版。

[德]本纳著:《普通教育学——教育思想和行动基本结构的系统的和问题史的引论》,彭正梅等译,华东师范大学出版社2006年版。

[奥]比格斯、科利斯著:《学习质量评价》,高凌飚、张洪岩主译,人民教育出版社2010年版。

[法]让·波德里亚著:《象征交换与死亡》,车槿山译,译林出版社2012年版。

[英]波兰尼著:《科学、信仰与社会》,王靖华译,南京大学出版社2004年版。

[英]卡尔·波普尔著:《猜想与反驳——科学知识的增长》,傅季重等译,上海译文出版社1986年版。

[英]卡尔·波普尔著:《历史决定论的贫困》,杜汝楫等译,上海人民出版社2009年版。

[美]博比特著:《课程》,刘幸译,教育科学出版社2017年版。

[法]布迪厄著:《实践感》,蒋梓骅译,译林出版社2012年版。

[法]P.布尔迪约、J.–C.帕斯隆著:《再生产:一种教育系统理论的要点》,邢克超译,商务印书馆2002年版。

[美]布坎南著:《财产与自由》,韩旭译,中国社会科学出版社2002年版。

[美]布兰斯福特等著:《人是如何学习的——大脑、心理、经验及学校》,程可拉等译,华东师范大学出版社 2002 年版。

[美]约翰·S.布鲁贝克著:《高等教育哲学》,王承绪等译,浙江教育出版社 2002年版。

《布鲁纳教育论著选》,邵瑞珍等译,人民教育出版社 1989 年版。

[美]杰罗姆·布鲁纳著:《布鲁纳教育文化观》,宋文里、黄小鹏译,首都师范大学出版社 2012 年版。

[美]布热津斯基著:《大失败——20 世纪共产主义的兴亡》,军事科学院外国军事研究部译,军事科学出版社 1989 年版。

查有梁著:《教育建模》,广西教育出版社 1998 年版。

陈建翔著:《有一种美,叫教育——教育美学思想录》,四川教育出版社 2006 年版。

陈理宣、刘炎欣著:《基于马克思主义实践哲学的教育问题研究》,人民出版社 2020 年版。

陈理宣著:《知识教育论》,人民出版社 2011 年版。

陈先达著:《问题中的哲学》,北京师范大学出版社 2014 年版。

[奥]茨达齐尔著:《教育人类学原理》,李其龙译,上海教育出版社 2001 年版。

[英]克里斯托弗·道森著:《宗教与西方文化的兴起》,长川某译,四川人民出版社 1989 年版。

[德]狄尔泰著:《历史中的意义》,艾彦、逸飞译,中国城市出版社 2002 年版。

[法]笛卡尔著:《哲学原理》,关文运译,商务印书馆 1958 年版。

[美]杜威著:《经验与自然》,傅统先译,江苏教育出版社 2005 年版。

[美]杜威著:《民主主义与教育》,王承绪译,人民教育出版社 2001 年版。

[美]杜威著:《人的问题》,傅统先译,上海人民出版社 1986 年版。

[美]杜威著:《我们怎样思维·经验与教育》,姜文闵译,人民教育出版社 2005 年版。

[美]杜威著:《艺术即经验》,高建平译,商务印书馆 2010 年版。

杜伟宇著:《从知识到创新——知识的学习过程与机制》,上海财经大学出版社 2007 年版。

[美]小威廉姆·E.多尔、[澳]诺尔·高夫主编:《课程愿景》,张文军等译,教育科学出版社 2004 年版。

[美]小威廉姆·E.多尔著:《后现代课程观》,王红宇译,教育科学出版社 2000 年版。

[加]马克斯·范梅南著:《教学机智——教育智慧的意蕴》,李树英译,教育科学出版社 2014 年版。

[加]马克斯·范梅南著:《生活体验研究——人文视野中的教育学》,宋广文译,教育科学出版社 2012 年版。

方克立:《现代新儒学与中国现代化》,天津人民出版社 1997 年版。

柴文华著:《现代新儒家文化观研究》,生活·读书·新知三联书店 2004 年版。

[德]费希特著:《全部知识学的基础》,王玖兴译,商务印书馆 1997 年版。

冯建军著:《教育的人学视野》,安徽教育出版社 2008 年版。

冯建军著:《生命与教育》,教育科学出版社 2004 年版。

《冯契文集》(1—11 卷),华东师范大学出版社 2016 年版。

冯契著:《智慧的探索》,华东师范大学出版社 1996 年版。

[美]弗莱雷著:《被压迫者教育学》,顾建新等译,华东师范大学出版社 2001 年版。

[德]维克多·弗兰克著:《无意义生活之痛苦》,朱晓权译,生活·读书·新知三联书店 1991 年版。

[美]弗洛姆著:《健全的社会》,孙恺祥译,贵州人民出版社 1994 年版。

[美]弗洛姆著:《为自己的人》,孙依依译,生活·读书·新知三联书店 1988 年版。

[美]佛罗斯特著:《西方教育的历史和哲学基础》,吴元训等译,华夏出版社 1987 年版。

[德]伽达默尔著:《科学时代的理性》,薛华等译,国际文化出版公司 1988 年版。

[德]伽达默尔著:《哲学解释学》,夏镇平等译,上海译文出版社 1994 年版。

[美]格里芬著:《后现代科学:科学魅力的再现》,马季芳译,中央编译出版社 2004 年版。

龚孟伟著:《教学文化论》,人民出版社 2016 年版。

[美]古特克著:《哲学与意识形态视野中的教育》,陈晓端译,北京师范大学出版社 2008 年版。

郭齐家著:《中国教育思想史》,外文出版社 1987 年版。

郭晓明著:《课程知识与个体精神自由》,教育科学出版社 2005 年版。

[德]哈贝马斯著:《公共领域的结构转型》,曹卫东等译,学林出版社 1999 年版。

[德]哈贝马斯著:《后形而上学思想》,曹卫东、付德根译,译林出版社 2001 年版。

[德]哈贝马斯著:《交往与社会进化》,张博树译,重庆出版社 1989 年版。

[德]哈贝马斯著:《认识与兴趣》,郭官义、李黎译,学林出版社 1999 年版。

[德]哈贝马斯著:《作为"意识形态"的技术与科学》,李黎、郭官义译,学林出版社

1999 年版。

[美]哈格里夫斯:《知识社会中的教学》,熊建辉译,华东师范大学出版社 2007 年版。

[美]弗·奥·哈耶克著:《通往奴役之路》,王明毅等译,中国社会科学出版社 1997 年版。

[美]E.A.哈耶克著:《资本主义与历史学家》,秋风译,吉林人民出版社 2003 年版。

[德]海德格尔著:《存在与时间》,陈嘉映、王庆节译,生活·读书·新知三联书店 2000 年版。

[德]海德格尔著:《林中路》,孙周兴译,上海译文出版社 1997 年版。

[德]海德格尔著:《形而上学导论》,熊伟、王庆节译,商务印书馆 1996 年版。

[美]凯瑟琳·海勒著:《我们何以成为后人类》,刘宇清译,北京大学出版社 2017 年版。

《赫尔巴特文集:教育学卷·第一卷》,李其龙译,浙江教育出版社 2002 年版。

[德]赫尔巴特著:《普通教育学·教育学讲授纲要》,李其龙译,人民教育出版社 1989 年版。

[美]A.J.赫舍尔著:《人是谁》,隗仁莲、安希孟译,贵州人民出版社 1994 年版。

[德]黑格尔著:《精神现象学》,贺麟、王玖兴译,商务印书馆 1979 年版。

[德]黑格尔著:《美学》(1—3 卷),朱光潜译,北京大学出版社 2017 年版。

[德]黑格尔著:《小逻辑》,贺麟译,商务印书馆 1980 年版。

[德]胡塞尔著:《欧洲科学的危机和超验现象学》,张庆熊译,上海译文出版社 1988 年版。

[德]胡塞尔著:《欧洲科学的危机与超越论的现象学》,王炳文译,商务印书馆 2001 年版。

[德]胡塞尔著:《欧洲科学危机和超验现象学》,张庆熊译,上海译文出版社 1988 年版。

[美]华勒斯坦等著:《学科·知识·权力》,刘建芝等译,生活·读书·新知三联书店 1999 年版。

[英]怀特海著:《思维方式》,刘放桐译,商务印书馆 2010 年版。

[美]海登·怀特著:《元史学:十九世纪欧洲的历史想像》,陈新译,译林出版社 2004 年版。

黄济著:《教育哲学通论》,山西教育出版社 1998 年版。

黄书光、王伦信、袁文辉著:《中国基础教育改革的文化使命》,教育科学出版社

2001 年版。

黄顺基著:《自然辩证法概论》,高等教育出版社 2004 年版。

季苹著:《教什么知识:对教学的知识论基础的认识》,教育科学出版社 2009 年版。

[德]伽达默尔著:《真理与方法》,洪汉鼎译,上海译文出版社 1999 年版。

[美]加涅著:《学习的条件和教学论》,皮连生等译,华东师范大学出版社 1999年版。

金生鈜著:《规训与教化》,教育科学出版社 2004 年版。

靖国平著:《教育的智慧性格——兼论当代知识教育的变革》,湖北教育出版社 2004 年版。

[德]卡西尔著:《人论》,甘阳译,上海译文出版社 1985 年版。

[德]卡西尔著:《人文科学的逻辑》,关子尹译,上海译文出版社 2004 年版。

[德]康德著:《纯粹理性批判》,韦卓民译,华中师范大学出版社 2004 年版。

[德]康德著:《论教育学》,赵鹏、何兆武译,上海人民出版社 2005 年版。

[德]康德著:《判断力批判》,邓晓芒译,人民出版社 2002 年版。

[美]库恩著:《科学革命的结构》,金吾伦、胡新和译,北京大学出版社 2003 年版。

[捷克]夸美纽斯著:《大教学论》,傅任敢译,教育科学出版社 1999 年版。

[古希腊]拉尔修主编:《名哲言行录》,马永翔译,吉林人民出版社 2003 年版。

[美]路易斯·拉斯思著:《价值与教学》,谭松贤译,浙江教育出版社 2003 年版。

[美]兰德曼著:《哲学人类学》,张天乐译,上海译文出版社 1988 年版。

[英]丹尼斯·劳顿等著:《课程研究的理论与实践》,张渭城等译,人民教育出版社 1985 年版。

[美]劳斯著:《知识与权力——走向科学的政治哲学》,盛晓明等译,北京大学出版社 2004 年版。

[美]雷钠特·N.凯恩,杰弗里·凯恩著:《创设联结:教学与人脑》,吕林海译,华东师范大学出版社 2004 年版。

李家成著:《关怀生命:当代中国学校教育价值取向探》,教育科学出版社 2006年版。

李泽厚、刘绪源著:《中国哲学如何登场——李泽厚 2011 年谈话录》,上海译文出版社 2012 年版。

李政涛著:《教育科学的世界》,华东师范大学出版社 2010 年版。

[法]让-弗朗索瓦·利奥塔著:《后现代知识状态:关于知识的报告》,车槿山译,生活·读书·新知三联书店 1997 年版。

梁启超著:《新民说》,商务印书馆 2016 年版。

林崇德著:《教育与发展》,北京师范大学出版社 2004 年版。

刘次林著:《幸福教育论》,南京师范大学出版社 1999 年版。

刘黎明著:《教育学视阈中的人:基于马克思主义人学的思考》,科学出版社 2010 年版。

《刘述先自选集》,山东教育出版社 2007 年版。

[美]卢克曼著:《现实的社会建构:知识社会学论纲》,吴肃然译,北京大学出版社 2019 年版。

[美]罗蒂著:《后哲学文化》,黄勇译,上海译文出版社 1992 年版。

[美]罗洛·梅著:《人的自我寻求》,郭本禹、方红译,中国人民大学出版社 2008 年版。

[英]罗素著:《我们关于外间世界的知识:哲学上科学方法应用的一个领域》,陈启伟译,上海译文出版社 2006 年版。

[美]亚伯拉罕·马斯洛著:《存在心理学探析》,李文湉、林方译,云南人民出版社 1987 年版。

[美]亚伯拉罕·马斯洛著:《动机与人格》,许金声等译,中国人民大学出版社 2007 年版。

[英]麦克·F.D.杨著:《知识与控制:教育社会学新探》,谢维和、朱旭东译,华东师范大学出版社 2002 年版。

[德]卡尔·曼海姆著:《意识形态与乌托邦》,霍桂恒译,中国人民大学出版社 2013 年版。

[法]梅洛-庞蒂著:《知觉现象学》,姜志辉译,商务印书馆 2001 年版。

[法]莫兰著:《复杂性理论与教育问题》,陈一壮译,北京大学出版社 2004 年版。

[美]罗伯特·K.默顿著:《社会研究与社会政策》,林聚任等译,生活·读书·新知三联书店 2001 年版。

牛利华著:《回归生活世界的教育学省察——兼论教育与生活的关系样态》,东北师范大学出版社 2015 年版。

[美]诺丁斯著:《教育哲学》,许立新译,北京师范大学出版社 2008 年版。

[奥]卡林·诺尔-塞蒂纳等著:《制造知识》,王善博等译,东方出版社 2001 年版。

庞学光著:《完整性教育的探索》,重庆出版社 1994 年版。

[瑞士]皮亚杰著:《发生认识论原理》,王宪钿等译,商务印书馆 1989 年版。

[瑞士]皮亚杰著:《结构主义》,倪连生、王琳译,商务印书馆 1984 年版。

《皮亚杰教育论著选》,卢濬选译,人民教育出版社 2015 年版。

浦兴祖、洪涛著:《西方政治学说史》,复旦大学出版社 1999 年版。

[英]齐曼著:《可靠的知识——对科学信仰中的原因的探索》,赵振江译,商务印书馆 2003 年版。

瞿保奎主编:《教育学文集》(1—26 卷),人民教育出版社 1993 年版。

任苏民编著:《教育与人生——叶圣陶教育论著选读》,上海教育出版社 2004 年版。

[美]萨顿著:《科学史和新人文主义》,陈恒六等译,华夏出版社 1989 年版。

[法]萨特著:《存在与虚无》,陈宣良等译,生活·读书·新知三联书店 1987 年版。

[美]塞德曼著:《有争议的知识——后现代时代的社会理论》,刘北成等译,中国人民大学出版社 2002 年版。

[德]马克斯·舍勒著:《人在宇宙中的地位》,李伯杰译,贵州人民出版社 2018 年版。

[德]马克斯·舍勒著:《知识社会学问题》,艾彦译,华夏出版社 2000 年版。

申仁洪著:《论教育科学:基于文化哲学的批判与建构》,重庆大学出版社 2006 年版。

石中英著:《知识转型与教育改革》,教育科学出版社 2001 年版。

舒新城编:《中国近代教育史资料》(上、下册),人民教育出版社 1981 年版。

[英]斯宾塞著:《斯宾塞教育论著选》,胡毅、王承绪译,人民教育出版社 2005 年版。

[美]斯特弗等主编:《教育中的建构主义》,徐斌艳等译,华东师范大学出版社 2002 年版。

孙俊三著:《教育过程的美学意蕴》,湖南师范大学出版社 2006 年版。

檀传宝等著:《少年儿童组织与思想意识教育基本理论》,教育科学出版社 2018 年版。

华中师范学院教育科学研究所主编:《陶行知全集》(1—6 卷),湖南教育出版社 1985 年版。

[法]涂尔干著:《社会科学研究方法的准则》,耿玉明译,商务印书馆 1995 年版。

[美]瓦托夫斯基著:《科学思想的概念基础》,范岱年等译,求实出版社 1982 年版。

汪云九等著:《意识与大脑——多学科研究及其意义》,人民出版社 2003 年版。

高德胜著:《知性德育及其超越——现代德育困境研究》,教育科学出版社 2003 年版。

姚淦铭、王燕主编:《王国维文集》(一至四卷),中国文史出版社1997年版。

王坤庆著:《精神与教育——一种教育哲学视角的当代教育反思与建构》,华中师范大学出版社2009年版。

王啸著:《教育人学——当代教育学的人学路向》,江苏教育出版社2003年版。

[美]威尔逊著:《论契合:知识的统合》,田洺译,生活·读书·新知三联书店2002年版。

[德]马克斯·韦伯著:《社会科学方法论》,杨富斌译,华夏出版社1999年版。

韦政通:《当代新儒学的心态》,上海人民出版社1989年版。

[意]维柯著:《新科学》,朱光潜译,人民文学出版社1987年版。

[英]维特根斯坦著:《哲学研究》,汤潮、范光棣译,生活·读书·新知三联书店1992年版。

[美]温格著:《情景学习:合法的边沿性参与》,王文静译,华东师范大学出版社2004年版。

吴刚著:《知识演化与社会控制——中国教育知识史的比较社会学分析》,教育科学出版社2002年版。

辛自强著:《知识建构研究:从主义到实证》,教育科学出版社2006年版。

熊川武、江玲著:《理解教育论》,教育科学出版社2005年版。

徐贲著:《人文的互联网》,北京大学出版社2017年版。

[德]雅斯贝斯著:《时代的精神状况》,王德峰译,上海译文出版社1997年版。

苗力田主编:《亚里士多德全集》(1—8卷),苗力田等译,中国人民大学出版社2016年版。

王栻主编:《严复集》(1—5册),中华书局1986年版。

杨德广著:《高等教育学概论》,华东师范大学出版社2015年版。

任钟印主编:《杨贤江全集》(1—6卷),河南教育出版社1995年版。

叶浩生主编:《具身认知的原理与应用》,商务印书馆2017年版。

叶澜著:《"新基础教育"论——关于当代中国学校变革的探索与认识》,教育科学出版社2006年版。

叶澜著:《教师角色与教师发展新探》,教育科学出版社2001年版。

[瑞士]英海尔德著:《学习与认知发展》,李其维译,华东师范大学出版社2001年版。

张楚廷著:《教育哲学》,教育科学出版社2006年版。

张楚廷著:《课程与教学哲学》,人民教育出版社2003年版。

张岱年、方克立著:《中国文化概论》,北京师范大学出版社 2004 年版。

张景中著:《从数学教育到教育数学》,中国少年儿童出版社 2011 年版。

张天宝著:《走向交往实践的主体性教育》,教育科学出版社 2005 年版。

张之沧、张卨著:《身体认知论》,人民出版社 2014 年版。

赵汀阳著:《一个或所有问题》,江西教育出版社 1998 年版。

赵修义、童世骏著:《马克思恩格斯同时代的西方哲学》,华东师范大学出版社 1996 年版。

郑新蓉著:《现代教育改革理性批判》,人民教育出版社 2003 年版。

钟启泉等著:《多维视角下的教育理论与思潮》,教育科学出版社 2004 年版。

周国平著:《人生哲思录》,上海辞书出版社 2011 年版。

周浩波著:《教育哲学》,人民教育出版社 2000 年版。

周作宇著:《问题之源与方法之镜——元教育理论探索》,教育科学出版社 2000 年版。

朱杰人、严佐之、刘永翔主编:《朱子全书》(一至二十七册),上海古籍出版社、安徽教育出版社 2020 年版。

朱小蔓著:《教育的问题与挑战——思想的回应》,南京师范大学出版社 2000 年版。

邹进著:《现代德国文化教育学》,山西教育出版社 1992 年版。

## 三、报刊文献

安维复:《社会建构主义:后现代知识论的"终结"》,《哲学研究》2005 年第 9 期。

包国志、刘占祥:《"共同价值"与"普世价值"的本质差异解析》,《广西社会科学》2017 年第 9 期。

包国志、刘占祥:《"共同价值"与"普世价值"的本质性差异解析》,《广西社会科学》2017 年第 9 期。

蔡乐才、张学敏:《智能教育的挑战与教师的应对策略》,《课程·教材·教法》2020 年第 12 期。

曾鹏:《历史虚无主义与后现代主义历史观的批判及话语体系重构》,《内蒙古社会科学(汉文版)》2019 年第 4 期。

车丽娜:《教师文化初探》,《教育理论与实践》2006 年第 11 期。

陈波等:《具身认知观:认知科学研究的身体主题回归》,《心理研究》2010 年第 4 期。

陈磊等:《课程思政建设的价值方向、现实困境及其实践超越》,《学校党建与思想教育》2020 年第 14 期。

陈彩燕:《知识就是快乐——一种关于幸福的知识价值观及其课程新形态》,《华东师范大学学报(教育科学版)》2004 年第 2 期。

陈得军:《课堂教学异化批判及破解的可能路径》,《教育理论与实践》2018 年第 25 期。

陈建华:《论知识/权力关系及其对教育知识价值取向之影响》,《比较教育研究》2006 年第 3 期。

陈理宣、黄英杰:《论科学活动中的审美精神》,《求索》2013 年第 12 期。

陈理宣、董玉梅、李学丽:《"课程思政"的内生机制、现实路径与教学方法》,《国家教育行政学院学报》2021 年第 8 期。

陈理宣、刘炎欣:《知识教育:从符号化构成到主体化结构的转化》,《中国高等教育评论》2021 年第 2 期。

陈理宣、温友珺、舒梦:《怀特海智慧教育思想及其启示》,《教育研究与实验》2019 年第 3 期。

陈理宣:《论知识的结构形式选择与教育化形式的生成》,《课程·教材·教法》2014 年第 11 期。

陈理宣:《论知识的整体性及其教育策略》,《中国教育学刊》2015 年第 12 期。

陈理宣:《论知识教育、劳动教育与审美教育及其整合》,《教育学术月刊》2017 年第 3 期。

陈理宣:《未成年人价值观教育的目标:培养价值行为能力》,《继续教育研究》2009 年第 7 期。

陈相光:《人的虚拟本质与网络生活指导论》,《兰州学刊》2011 年第 8 期。

陈晓红、高凡:《何雪梅·国内外元素养教育研究综述》,《图书馆理论与实践》2019 年第 1 期。

陈晓红等:《国内外元素养教育研究综述》,《图书馆理论与实践》2019 年第 1 期。

陈乙华、曹劲松:《文化赋能城市的内在机理与实践路径》,《南京社会科学》2020 年第 8 期。

成良斌、周红艳:《论科学知识的价值偏向性》,《自然辩证法研究》2019 年第 3 期。

程靖等:《"教育数学"的内涵及其分析框架研究》,《教育科学研究》2016 年第 6 期。

戴艳军、赵宇:《大学生思政课认同状况的调查——基于全国 53 所高校的问卷数据》,《科学决策》2021年第9期。

邓晖、颜维琦:《从"思政课程"到"课程思政"——上海探索构建全员、全课程的大思政教育体系》,《光明日报》2016年12月12日。

邓波、贺凯:《试论科学知识、技术知识与工程知识》,《自然辩证法研究》2007年第10期。

邓纯余:《思想政治教育学科的知识论视角》,《内蒙古社会科学(汉文版)》2011年第4期。

邓莉、施芳婷、彭正梅:《全球竞争力教育指标国际比较及政策建议》,《开放教育研究》2019年第1期。

邓友超:《教育解释学论纲》,《教育理论与实践》2006年第12期。

董海军:《大陆新儒家思潮研究述评》,《思想教育研究》2019年第7期。

董平军:《基于复杂性认识的新知识观》,《科学学研究》2008年第6期。

董艳、孙巍:《促进跨学科学习的产生式学习(DoPBL)模式研究——基于问题式PBL和项目式PBL的整合视角》,《远程教育杂志》2019年第3期。

董志文、李冉、周静:《物质主义对中小学教师职业倦怠的影响:社会比较倾向的中介作用》,《中国临床心理学杂志》2020年第2期。

杜运辉:《马克思主义视域下的新大陆儒学》,《马克思主义研究》2017年第5期。

方红、王帅:《知识教育与个体幸福——知识幸福观视野下的教育反思》,《大学教育科学》2008年第1期。

冯建军:《从主体间性、他者性到公共性——兼论教育中的主体间关系》,《南京社会科学》2016年第9期。

冯建军:《实践人:生活德育的人性之基》,《高等教育研究》2010年第4期。

冯苗、曲铁华:《教育对话的本体论解读》,《教育科学》2008年第1期。

高秉江:《胡塞尔"生活世界"的先验性》,《华中科技大学学报·人文社会科学版》2002年第5期。

高德毅、宗爱东:《从思政课程到课程思政:从战略高度构建高校思想政治教育课程体系》,《中国高等教育》2017年第1期。

高德毅:《"中国系列"思政课选修课程:提升思政课教学质量的有效选择》,《中国高等教育》2017年第11期。

高水红:《"旁观者"知识学与"参与者"知识学》,《南京师大学报(社会科学版)》2008年第3期。

高燕:《课程思政——课程思政建设的关键问题与解决路径》,《中国高等教育》

2017 年第 15 期。

宫维明：《"课程思政"的内在意涵与建设路径探析》，《思想政治课研究》2018 年第 12 期。

龚育之：《科学与人文：从分隔走向交融》，《毛泽东邓小平理论研究》2004 年第 1 期。

顾晓英：《"大国方略"系列课程的思政教育与文化学分析》，《青年学报》2016 年第 4 期。

桂起权：《科学解释学及其"阐释逻辑"》，《学术研究》2020 年第 1 期。

郭齐勇：《综论现当代新儒学思潮、人物及群体意识与学术贡献（上）》，《探索》2010 年第 3 期。

郭荣茂：《共建：科学知识生产过程的"社会"品格》，《自然辩证法通讯》2018 年第 5 期。

郭晓明、蒋红斌：《论知识在教材中的存在方式》，《课程·教材·教法》2004 年第 4 期。

郭晓明：《论知识在教材中的存在方式》，《课程·教材·教法》2004 年第 4 期。

郭晓明：《知识的意义性与"知识获得"的新标准》，《华东师范大学学报（教育科学版）》2004 年第 2 期。

郭晓明：《知识与教化：课程知识观的重建》，《华东师范大学学报（教育科学版）》2003 年第 2 期。

郭元祥：《教育理论与教育实践关系的逻辑考察》，《华中师范大学学报（人文社会科学版）》1999 年第 1 期。

郭元祥：《论教育的过程属性和过程价值——生成性思维视域中的教育过程观》，《教育研究》2005 年第 9 期。

郭元祥：《论实践教育》，《课程·教材·教法》2012 年第 1 期。

郭元祥：《论学科育人的逻辑起点、内在条件与实践诉求》，《教育研究》2020 年第 4 期。

郭元祥：《知识的教育学立场》，《教育研究与实验》2009 年第 5 期。

韩延明、张洪高：《我国大学教学文化建设探析》，《大学教育科学》2014 年第 2 期。

郝德永：《"课程思政"的问题指向、逻辑机理及建设机制》，《高等教育研究》2021 年第 7 期。

何克抗：《21 世纪以来的新兴信息技术对教育深化改革的重大影响》，《电化教育研究》2019 年第 3 期。

何晓雷：《博耶的教学学术思想：内容、影响与局限》，《高教探索》2018 年第 9 期。

何玉海：《关于"课程思政"的本质内涵与实现路径的探索》，《思想理论教育导刊》2019 年第 10 期。

何源：《高校专业课教师的课程思政能力表现及其培育路径》，《江苏高教》2019 年第 11 期。

洪光磊：《知识论——一门培养求知者的新型科目》，《外国教育资料》1995 年第 5 期。

侯长林：《大学灵性教育的理论探讨与实践策略》，《重庆高教研究》2017 年第 6 期。

胡咚：《论高校思想政治理论课教学性的遮蔽与回归》，《思想教育研究》2021 年第 4 期。

胡咚：《论高校思想政治理论课教学性的遮蔽与回归》，《思想教育研究》2021 年第 4 期。

胡建国、裴豫：《人力资本、社会资本与大学生就业质量》，《当代青年研究》2019 年第 5 期。

胡术恒：《论课程思政中知识传授与价值引领的融合——基于罗素教育目的观的分析》，《思想理论教育》2020 年第 2 期。

胡媛媛、王岩：《意识形态安全视域中的"普世价值"思潮批判》，《马克思主义研究》2019 年第 7 期。

黄平、李太平：《教育过程的界定及其生成特性的诠释》，《教育研究》2013 年第 7 期。

黄黎明：《知识教学：文化哲学的检讨与出路》，《教育学报》2009 年第 1 期。

黄晓慧、黄甫全：《从决定论到建构论——知识社会学理论发展轨迹考略》，《学术研究》2008 年第 1 期。

江畅、王佳璇：《中国传统智慧和转识成智观念考论》，《江苏行政学院学报》2020 年第 1 期。

江峰：《客观与主观：当代课程哲学的两种知识观评析》，《北京大学教育评论》2006 年第 4 期。

蒋芳、郑天虹、刘璐璐：《学习无动力、真实世界无兴趣、社交无能力、生命无价值感：青少年遭遇"四无"心理风暴》，《半月谈》2021 年第 4 期。

靳玉乐、张良：《要认真对待高校课程思政的"泛意识形态化"倾向》，《现代教育管理》2021 年第 4 期。

［澳］罗伯特・W.康奈尔：《教育、社会公正与知识》，李复新、马小梅译，《华东师范大学学报（教育科学版）》1997年第2期。

［美］库恩：《科学知识作为历史产品》，纪树立译，《自然辩证法通讯》1988年第5期。

李帆等：《教育现代化的关键：课堂文化生长力的现代化转型》，《华南师范大学学报（社会科学版）》2020年第2期。

李斌雄：《论知识教育・价值教育・思想政治教育》，《思想教育研究》2001年第6期。

李东坡、王学俭：《新时代大中小学思政课一体化建设的内涵、挑战与对策》，《新疆师范大学学报（哲学社会科学版）》2021年第3期。

李帆、张伟、杨斌：《教育现代化的关键：课堂文化生长力的现代化转型》，《华南师范大学学报（社会科学版）》2020年第1期。

李凤：《给课程树魂：高校课程思政建设的着力点》，《中国大学教学》2018年第11期。

李海峰、缪文升：《挑战与应对：人工智能时代高校应重视价值判断教育》，《中国电化教育研究》2020年第2期。

李海林：《教育的异化与教育的美化》，《云梦学刊》1998年第3期。

李海龙、王巨光、薛艳莉：《论马克斯・韦伯的"价值中立"思想对学术自由的启示》，《高教探索》2011年第6期。

李寒梅：《社会主义核心价值观教育内化：高校思政课教学的关键》，《思想理论教育导刊》2021年第2期。

李洪卫：《政治儒学与心性儒学的根基与歧异》，《社会科学论坛》2016年第4期。

李洪修、陈栎旭：《知识社会学视域下课程思政的内在逻辑与实现路径》，《大学教育科学》2022年第1期。

李丽：《追寻学习的生存论意义——兼论学生的需要》，《全球教育展望》2006年第2期。

李玲芬：《当代社会思潮视域中的高校思想政治教育》，《湖北社会科学》2012年第1期。

李芒、张华阳：《对人工智能在教育中应用的批判与主张》，《电化教育研究》2020年第3期。

李培根：《未来工程教育中的实践意识》，《高等工程教育研究》2010年第6期。

李润洲：《转识成智：何以及如何可能——基于杜威实用知识观的回答》，《国家教育行政学院学报》2017 年第 2 期。

李松林:《知识性质的多维透视与当代课堂教学改革》,《山西师大学报(社会科学版)》2005 年第 2 期。

李文阁:《生成性思维:现代哲学的思维方式》,《中国社会科学》2000 年第 6 期。

李毅:《马克思主义与新儒学:七十多年思想交锋的轨迹》,《中国青年政治学院学报》1996 年第 1 期。

李长吉:《知识教学的使命:转识成智》,《清华大学教育研究》2010 年第 5 期。

李志厚:《论教学文化的性质》,《课程·教材·教法》2008 年第 3 期。

李忠军:《关于"灵魂"进入思想政治教育基本范畴的探讨》,《教学与研究》2015 年第 11 期。

林崇德:《中国学生核心素养研究》,《心理与行为研究》2017 年第 2 期。

刘承功:《高校深入推进"课程思政"的若干思考》,《思想理论教育》2018 年第 6 期。

刘登晖、李华:《"五育融合"的内涵、框架与实现》,《中国教育科学》2020 年第 5 期。

刘洪艳、李桂菊:《课程思政在生物化学课程"蛋白质"教学中的探讨与实践》,《生命的化学》2021 年第 1 期。

刘慧:《欧洲新自由主义的发展演变》,《德国研究》2019 年第 4 期。

刘建军:《课程思政:内涵、特点与路径》,《教育研究》2020 年第 9 期。

刘利平:《"转识成智":知识教学的价值追求》,《当代教育与文化》2019 年第 1 期。

刘清生:《新时代高校教师"课程思政"能力的理性审视》,《江苏高教》2018 年第 12 期。

刘清田:《略谈课程思政的内生性》,《中国大学教学》2020 年第 11 期。

刘书林:《"普世价值"问题出现的过程、原因及实质》,《政治学研究》2008 年第 6 期。

刘铁芳:《教育意向性的唤起与"兴"作为教育的技艺——一种教育现象学的探究》,《高等教育研究》2011 年第 10 期。

刘铁芳:《知识学习与生命成长:知识如何走向美德》,《高等教育研究》2016 年第 10 期。

刘同舫:《在应对当代各种社会思潮的挑战中发挥马克思主义的威力》,《马克思主义研究》2010 年第 3 期。

刘文旋:《知识的社会性:知识社会学概要》,《哲学动态》2002 年第 1 期。

刘旭东、马丽:《提升边界的渗透度:教育的实践性诉求》,《教育研究》2012年第6期。

刘旭东:《对教育与生活关系的思考》,《教育研究》2007年第8期。

刘旭东:《行动:教育理论创新的基点》,《教育研究》2014年第5期。

刘旭东:《学校文化重建论》,《西北师大学报(社会科学版)》2004年第5期。

刘在州、唐春燕:《各类课程与思想政治理论课同向同行的契合性与对策》,《学校党建与思想教育》2019年第5期。

柳夕浪:《知识生成的交往和中介原理与知识创新教育》,《教育研究与实验》2000年第4期。

楼世洲、张丽珍:《教师专业境界:精神世界和现实世界的和谐》,《教师教育研究》2009年第6期。

楼世洲、张丽珍:《教师专业境界:精神世界和现实世界的和谐——过程哲学视野下的教师专业发展》,《教师教育研究》2009年第6期。

鲁洁:《一个值得反思的教育信条:塑造知识人》,《教育研究》2004年第6期。

陆道坤:《课程思政推行中若干核心问题及解决思路》,《思想理论教育》2018年第3期。

路献琴:《大学生虚拟实践回归现实实践的路径研究》,《教育理论与实践》2012年第15期。

吕林海:《意义建构与整体学习:基于脑的学习与教学理论的核心理念》,《教育理论与实践》2006年第8期。

马志生、敬海新:《哲学思维方式的嬗变:从预成论到生成论》,《北方论丛》2003年第6期。

[法]梅洛-庞蒂:《意识与身体》,张尧均译,《同济大学学报(社会科学版)》2009年第1期。

闵辉:《课程思政与高校哲学社会科学育人功能》,《思想理论教育》2017年第7期。

莫非:《专业课教师在高校思想政治教育中缺位问题的思考》,《遵义师范学院学报》2010年第4期。

南纪稳:《教学世界:生活实践与科学世界的双向二重化》,《华东师范大学学报(教育科学版)》2015年第3期。

宁本涛:《"五育融合"与中国基础教育生态重建》,《中国电化教育》2020年第5期。

宁虹、钟亚妮:《现象学教育学探析》,《教育研究》2002 年第 8 期。

宁虹:《教育的实践哲学——现象学教育学理论建构的一个探索》,《教育研究》2007 年第 7 期。

牛正兰:《知识教育与信仰危机》,《兰州大学学报(社会科学版)》2007 年第 2 期。

欧阳英:《关于知识社会学的政治哲学分析——从马克思、舍勒、曼海姆到福柯》,《天津社会科学》2014 年第 4 期。

潘希武:《人的"完整性"的现代性意蕴及其教育观照》,《华南师范大学学报(社会科学版)》2018 年第 5 期。

彭泽平:《我国新课程改革的价值转型及其知识论与人学根源》,《华东师范大学学报(教育科学版)》2005 年第 2 期。

彭正梅、邓莉:《培养具有全球竞争力的美国人》,《比较教育研究》2018 年第 7 期。

乔鹤、徐晓丽:《国际组织全球教育治理的路径比较研究》,《比较教育研究》2019 年第 8 期。

邱仁富:《"课程思政"与"思政课程"同向同行的理论阐释》,《思想教育研究》2018 年第 4 期。

邱伟光:《课程思政的价值意蕴与生成路径》,《思想理论教育》2017 年第 7 期。

任剑涛:《重审"现代新儒学":评"大陆新儒家"的相关言论》,《天府新论》2017 年第 1 期。

容翠、伍远岳:《学习的意义感:价值、内涵与达成》,《教育发展研究》2016 年第 18 期。

邵华:《作为实践哲学的解释学》,《哲学分析》2021 年第 1 期。

佘双好:《当代社会思潮的内涵、特征及其研究意义》,《学校党建与思想教育》2011 年第 7 期。

沈壮海、肖洋:《2016 年度大学生思想政治状况调查分析》,《思想理论教育导刊》2017 年第 1 期。

石中英:《论教育实践的逻辑》,《教育研究》2006 年第 1 期。

石中英:《知识性质的转变与教育改革》,《清华大学教育研究》2001 年第 2 期。

史巍:《铸魂育人中灵魂范畴的唯物主义解读》,《思想教育研究》2015 年第 11 期。

宋园园:《中美两国的理工科大学人文素质教育比较研究》,《实验室研究与探索》2018 年第 2 期。

苏强、王国银、谭梓琳、张东:《高校青年教师教学能力提升的逻辑生成》,《教育研究》2018 年第 4 期。

孙玲、徐文彬:《知识观转型过程中知识在三个维度上的变化及其意义》,《教育理论与实践》2010年第10期。

孙广俊、李鸿晶、陆伟东、王俊:《高校课程思政的价值蕴涵、育人优势与实践路径》,《江苏高教》2019年第9期。

孙其昂:《论思想及思想政治教育内生机制》,《思想政治教育研究》2014年第3期。

孙晓晖:《当代社会思潮变革与我国意识形态安全问题的研究进路与思考》,《湖南师范大学社会科学学报》2012年第6期。

孙阳春、柳海民:《课程知识观的学理分析及其启示》,《外国教育研究》2006年第4期。

陶富源:《新时期要继续深化对新自由主义的批判》,《安徽师范大学学报(人文社会科学版)》2020年第5期。

田宪华、张绍波、付伟:《大学生生命意义感与学习动机的关系:一个有调节的中介模型》,《黑龙江高教研究》2021年第7期。

万林艳、姚音竹:《"思政思政"与"课程思政"教学内容的同向同行》,《中国大学教学》2018年第12期。

汪亭友、吴深林:《历史虚无主义的思想认识基础、理论本质及其批判》,《马克思主义理论学科研究》2021年第9期。

王鉴:《课堂重构:从"知识课堂"到"生命课堂"》,《教育理论与实践》2003年第1期。

王帅:《知识的个体属性及其教育意蕴》,《山西师大学报(社会科学版)》2007年第2期。

王大伟、孟宪生:《新媒体时代我国高校意识形态工作的理性审思》,《思想政治教育研究》2020年第5期。

王道俊、郭文安:《关于主体教育思想的思考》,《教育研究》1992年第11期。

王夫艳:《教育问责背景下教师的专业责任观》,《全球教育展望》2012年第3期。

王会宁:《从"离身"到"具身":课堂有效教学的"身体"转向》,《课程·教材·教法》2015年第12期。

王杰、张友宜:《现代新儒学的发展及其片面性》,《中国社会科学院院报》2006年3月6日。

王景云:《论"思政课程"与"课程思政"的逻辑互构》,《马克思主义与现实》2019年第6期。

王丽、李雪、刘炎欣、陈理宣、刘小平:《高校教师"课程思政"意识与能力现状的调查分析及建议》,《高教探索》2021年第9期。

王南湜:《回归生活世界意味着什么》,《学术研究》2001年第10期。

王南湜:《论实践作为哲学概念的理论意蕴》,《学术月刊》2005年第12期。

王南湜:《马克思哲学在何种意义上是一种实践哲学》,《马克思主义与现实》2014年第6期。

王仕民:《简论马克思的实践范畴》,《哲学研究》2008年第7期。

王晓阳:《论意识的认知神经脑科学研究及哲学思考》,《自然辩证法研究》2008年第6期。

王鑫强、张大均:《中学生生命意义感发展特点及与学习动机、学习成绩的关系》,《西南大学学报(自然科学版)》2013年第10期。

王鑫强:《生命意义感量表中文修订版在中学生群体中的信效度》,《中国临床心理学杂志》2013年第10期。

王兴国:《当代新儒学的新津发展及其面相》,《中国人民大学学报》2015年第5期。

王学俭、石岩:《新时代课程思政的内涵、特点、难点及应对策略》,《新疆师范大学学报(哲学社会科学版)》2020年第2期。

王艳玲:《从"客观主义"到"建构主义":教学认识论的变革与超越》,《全球教育展望》2006年第9期。

王一杰:《"中立"无益:对"价值中立"教育观的反思——以价值澄清德育流派为例》,《现代教育科学》2018年第3期。

王兆璟:《"知识体验":20世纪90年代以来教学理论研究的"镜像"》,《西南师范大学学报(人文社会科学版)》2005年第3期。

王兆璟:《论作为一门知识科学的教学理论》,《当代教育与文化》2009年第1期。

委华、张俊宗:《新时代高等教育课程思政的理论基础》,《中国高等教育》2020年第9期。

文军、罗峰:《公共知识分子的污名化:一个消费社会学的解释视角》,《学术月刊》2014年第4期。

文平:《"普世价值"辨析》,《红旗文稿》2009年第10期。

邬志辉:《论教育实践的品性》,《高等教育研究》2007年第6期。

吴玲:《现代性视角下中国青年"空心病"的诊断与治疗》,《当代青年研究》2018年第1期。

吴璇、曹劲松：《新时代文化精神的主体建构》，《南京社会科学》2021 年第 3 期。

武醒、顾建民：《"课程思政"理念的历史逻辑、制度诉求与行动路向》，《大学教育科学》2019 年第 3 期。

项贤明：《当代学校教育中的科学和人文危机》，《中国教育学刊》2020 年第 8 期。

项贤明：《在人工智能时代如何学为人师？》，《新华文摘》2019 年第 12 期。

邢成云、王尚志：《初中数学"章起始课"的探索与思考》，《课程・教材・教法》2021 年第 3 期。

熊晓琳、李春海：《传播学受众理论与思想政治理论课，程教学改革研究》，《学校党建与思想教育》2013 年第 7 期。

徐晔、黄尧：《智慧教育：人工智能教育的新生态》，《宁夏社会科学》2019 年第 3 期。

徐学福：《发展中的冲突与冲突中的发展——论转型时期中国社会意识结构的变化》，《桂海论丛》2007 年第 2 期。

徐晔：《从"人工智能+教育"到"教育+人工智能"——人工智能与教育深度融合的路径探析》，《湖南师范大学教育科学学报》2018 年第 8 期。

许锡良：《试论知识在我国教育中的命运—— 一种知识观的另类思考》，《教育研究与实验》2006 年第 1 期。

阎孟伟：《马克思的实践哲学及其理论形态》，《哲学研究》2012 年第 3 期。

燕良轼：《传统知识观解构与生命知识观建构》，《高等教育研究》2005 年第 7 期。

杨国荣：《意义世界的生成》，《哲学研究》2010 年第 1 期。

杨鹤林：《元素养：美国高等教育信息素养新标准前瞻》，《大学图书馆学报》2014 年第 3 期。

杨建超：《协同育人理念下高校"课程思政"改革的理性审视》，《南通大学学报（社会科学版）》2019 年第 6 期。

杨柳玉：《教育场域中生活世界的误读与重释》，《当代教育科学》2021 年第 7 期。

杨明全：《批判课程理论的知识谱系与当代课题》，《全球教育展望》2015 年第 4 期。

杨威：《当代美国高校价值观教育的关键议题与基本原则》，《黑龙江高教研究》2015 年第 10 期。

杨旸：《论学校教育下的知识异化》，《教育理论与实践》2008 年第 4 期。

杨玉宏：《社会科学研究中的"价值中立"选择》，《学术界》2017 年第 7 期。

姚广宣、郭晨雅：《新媒体环境下社会热点事件的舆情传播特点》，《新媒体》2019

年第 3 期。

姚利民:《高校思政课教学质量的现状与提升策略》,《大学教育科学》2019 年第
5 期。

叶飞:《"价值中立"的学校的意义及局限》,《湖南师范大学教育科学学报》2009 年
第 1 期。

叶浩生:《心智具身性:来自不同学科的证据》,《社会科学》2013 年第 5 期。

于沛:《后现代主义历史观和历史虚无主义》,《历史研究》2015 年第 3 期。

余宏亮:《教师知识分子的专业化异化及其超越》,《教育发展研究》2016 年第
10 期。

余江涛、王文起、徐晏清:《专业教师实践"课程思政"的逻辑及其要领——以理工
科课程为例》,《学校党建与思想教育》2018 年第 1 期。

袁德润:《从"知识"、"实践"走向"生存"——教育研究三种取向评析》,《教育研
究与实验》2010 年第 2 期。

张旭、李合亮:《廓清与重塑:回归课程思政的本质意蕴》,《思想教育研究》2021 年
第 5 期。

张驰:《教师的课程思政建设意识及其培育》,《思想理论教育》2020 年第 9 期。

张博、孙兆阳:《廓清历史虚无主义的迷雾》,《史学理论研究》2021 年第 4 期。

张都爱:《论西方近代知识观及其矛盾》,《社会科学》2003 年第 11 期。

张华:《美国当代批判课程理论初探(上)》,《外国教育资料》1998 年第 2 期。

张继明:《大学教学改革的功利主义批判与理性回归》,《四川师范大学学报(社会
科学版)》2017 年第 11 期。

张家军、杨艺伟:《解释学视角下课程文本理解的边界》,《教育研究》2020 年第
4 期。

张景中:《什么是"教育数学"》,《高等数学研究》2004 年第 6 期。

张良:《具身认知理论视域中课程知识观的重建》,《课程·教材·教法》2016 年第
3 期。

张苗苗:《论思想政治理论课价值性和知识性的统一》,《思想政治教育研究》2022
年第 2 期。

张骞文:《物化时代大学生学习生活意义的建构》,《中国青年社会科学》2015 年第
6 期。

张荣伟:《个体生命的存在形式及其教育学意义》,《教育研究》2016 年第 4 期。

张三萍:《评现代新儒学对马克思主义的诘难》,《江南大学学报》2010 年第 5 期。

张世保：《评崇儒反马的大陆新儒学思潮》，《思想理论教育导刊》2010 年第 6 期。

张曙光：《生命及其意义——人的自我寻找与发展》，《学习与探索》1999 年第 5 期。

张天宝：《试论理解的教育过程观》，《陕西师范大学学报(哲学社会科学版)》2001 年第 12 期。

张务农、贾保先：《"人"与"非人"》，《电化教育研究》2020 年第 1 期。

张晓平、杨皓、李志会：《高校思政课实践教学面临的困境及其疏解》，《学校党建与思想教育》2018 年第 5 期。

张旭、李合亮：《廓清与重塑：回归课程思政的本质意蕴》，《思想教育研究》2021 年第 5 期。

张学敏、柴晓旭：《我国高校毕业生就业率与高校教育质量评价研究》，《东北师大学报(哲学社会科学版)》2019 年第 3 期。

赵光、孙伟锋、仲璟怡：《"课程思政"视域下高校教师胜任力模型构建研究》，《南京社会科学》2020 年第 7 期。

赵继伟：《关于"思政课程"与"课程思政"辩证关系的思考》，《思想政治课研究》2018 年第 5 期。

赵磊磊、张蓉菲：《教师信息化教学领导力：内涵、影响因素与提升路径》，《重庆高教研究》2019 年第 3 期。

赵汀阳：《知识，命运和幸福》，《哲学研究》2001 年第 8 期。

赵万里、李路彬：《情境知识与社会互动——符号互动论的知识社会学思想评析》，《科学技术哲学研究》2009 年第 5 期。

赵长林：《知识论发展与课程知识观的嬗变》，《教师教育研究》2004 年第 4 期。

钟启泉：《知识论研究与课程开发》，《外国教育资料》1996 年第 2 期。

周海涛、冼俊峰：《离身教学文化的批判及其超越》，《教育理论与实践》2016 年第 22 期。

周燕：《从知识的外在意义到知识的内在意义——知识观转型对教育的影响》，《全球教育展望》2005 年第 4 期。

朱安东、王天翼：《新自由主义在我国的传播和危害》，《当代经济研究》2016 年第 8 期。

朱德全、李鹏：《课堂教学有效性论纲》，《教育研究》2015 年第 10 期。

朱征军、李赛强：《基于一致性原则创新课程思政教学设计》，《中国大学教学》2019 年第 12 期。

朱征军、李赛强:《基于一致性原则创新课程思政教学设计》,《中国大学教学》2019 年第 12 期。

庄榕霞、杨俊锋、黄荣怀:《5G 时代教育面临的新机遇新挑战》,《中国电化教育》2020 年第 12 期。

## 四、国家政策与国际组织文件文献

联合国教科文组织:《人工智能与教育北京共识》,2019 年 5 月 18 日,见联合国教科文组织官网,https://unesdoc.unesco.org/ark/48223/pf0000368303。

中共教育部党组:《高校思想政治工作质量提升工程实施纲要》,2017 年 12 月 6 日,见 http://www.moe.gov.cn/srcsite/A12/s7060/201712/t20171206_320698.html。

中共中央、国务院:《关于全面加强新时代大中小学劳动教育的意见》,2020 年 3 月 20 日,见 http://www.moe.gov.cn/jyb_xxgk/moe_1777/moe_1778/202003/t20200326_435127.html。

中共中央、国务院:《关于全面加强和改进新时代学校美育工作的意见》,2020 年 12 月 8 日,见 http://www.moe.gov.cn/jyb_xxgk/moe_1777/moe_1778/202010/t20201015_494794.html。

中共中央、国务院:《关于深化新时代教育评价改革总体方案》,2020 年 10 月 13 日,见 http://www.moe.gov.cn/jyb_xxgk/moe_1777/moe_1778/202010/t20201013_494381.html。

中华人民共和国教育部:《高等学校课程思政建设指导纲要》,2020 年 6 月 3 日,见 http://www.moe.gov.cn/srcsite/A08/s7056/202006/t20200603_462437.html。

中华人民共和国教育部:《关于加快建设高水平本科教育 全面提高人才培养能力的意见(教高〔2018〕2 号)》,2018 年 10 月 17 日,见 http://www.moe.gov.cn/srcsite/A08/s7056/201810/t20181017_351887.html。

中华人民共和国教育部:《关于深化本科教育教学改革 全面提高人才培养质量的意见》,2019 年 10 月 1 日,见 http://www.moe.gov.cn/srcsite/A08/s7056/201910/t20191011_402759.html。

中华人民共和国教育部:《教育部办公厅关于推荐遴选"基于教学改革、融合信息技术的新型教与学模式"试验区的通知》,2019 年 10 月 25 日,见 http://www.moe.gov.cn/srcsite/A06/s7053/201911/t20191107_407338.html。

## 五、英文文献

Caine,Renate N.& Geoffrey Caine, *Making Connections：Teaching and Human Brain*, Association for Supervision and Curriculum Development,1991.

Claxton,G.,"Why Science Education is Failing?" *New Scientist*, Vol. 18, (January 1992),pp.45-46.

Feiman-Nemser,Sharon & Robert E.Floden,"The Cultures of Teaching",Occasional Paper No.74,The Institute for Research on Teaching,Michigan State University,1984.

Gardner,John Fentress,*Education in Search of the Spirit：Essays on American Education*, Hudson,New York：Anthroposophic Press,1996.

Heller,Agnes,*Everyday Life*,London：Routledge & Kegan Paul,1984.

Kolodner,Janet L.,"The Learning Sciences：Past,Present,Future", *Educational Technology*,Vol.44,No.3(May-June 2004),pp.34-40.

Langeveld, Martinus Jan, "Reflections on Phenomenology and Pedagogy", *Phenomenology+Pedgogy*,Vol.1,No.1(1983),pp.5-7.

Miller,John P.& Thomas Moore,*Education and the Soul：Toward a Spiritual Curriculum*, Albany：State University of New York Press,1999.

Miller,John P.,et.al.eds.,*Holistic Learning and Spirituality in Education：Breaking New Ground*,Albany：State University of New York Press,2005.

Musurmon,Imomov,"The Essence of the Concept of'Culture','Professional Culture' in Shaping Professional Culture for Students of Professional Colleges", *European Journal of Research and Reflection in Educational Sciences*,Vol.8,No.1(2020),pp.158-160.

Plunkett,Dudley,*Secular and Spiritual Values：Grounds for Hope in Education*,London： Routledge,1990.

Purpel,David E.,*The Moral & Spiritual Crisis in Education：A Curriculum for Justice and Compassion in Education*,Granby,MA：Bergin & Garvey,1989.

Merton,Robert & Robert K.Merton,eds.,*The Sociology of Science：Theoretical and Empirical Investigations*,Chicago and London：The University of Chicago Press,1973.

Searle, John R., *Intentionality：An Essay in the Philosophy of Mind*, Cambridge： Cambridge University Press,2003.

Smith,H.,"Excluded Knowledge：A Critique of the Modern Western Mind-set", *Teachers College Record*,Vol.80,No.3(February 1979),pp.419-445.

# 后　记

所谓"后记"，我揣测，可能就是把不便在正文中诉说的些许杂乱思绪或感想，以及其他需要表达的情感，在此一股脑儿倾吐一下吧！因此，亦可称之为"杂记"！但倘以"杂记"名之，又似乎显得有点随意为之，因为我想要说的其实仍是研究过程中体悟出来的关于"课程思政"问题的一些心结和担忧。

"课程思政"自提出至今，经过近年来的探索和研究，无论是理论界还是实践界，不仅对之认识越来越深入，而且实施亦越来越完善。更何况，"课程思政"本身作为一种教育理念，既可以上升为一种教育思想来把握，亦可以具体化为一种实际的教育方法或路径，研究之内容不可谓不丰富。因此，原本设想把"课程思政"内生机制的理论研究与作为"示范课程"案例的实践研究融会贯通起来一并探究，但真正做起来，才切身感受到"理想很丰满，现实很骨感"的煎熬和无奈。因为，理论与实践，毕竟是两个领域，每一个领域都有各自的问题需要解决，况且每一个人、每一个项目也只能解决其中一个问题或部分问题。鉴于此，我接受专家的建议，决定尽力研究好一个问题足矣！即便如此，我仍深感力不从心。所幸，三年的辛勤付出，终结成《"课程思政"内生机制研究》之果。

反观现实，不少高校教师把"课程思政"简单地理解为所谓的政治教育、道德教育，硬生生地把与课程知识内容不相关的思想政治教育内容拼凑在一起,致使在完整的知识教学中长出一条令人生厌的思政"尾巴";不少中小学教师则认为"课程思政"是研究者的事情,与己无关,甚至视之为不可思议之事,怀疑之、讥笑之、拒斥之。对此,要给予同情的理解。因为,对高校的不少教师、中小学一线的学科教师而言,他们对于知识、技能本身所蕴含的育人内涵的理解,对于如何挖掘知识中的育人因素,以及如何把育人的因素融合在学科知识之中,等等,确实存在不少困难。这需要教育理论研究者从理念、原则、目标、要求等方面传道解惑,也需要有经验丰富的教师垂教示范。然而,在这方面我们还做得远远不够。再者,从学科知识到学科核心素养,从学科核心素养到"立德树人"的核心素养,从学科教育到"五育并举""五育融合"等,也都需要理论研究者把其中的逻辑环节一一打通,才能够为一线的教师所理解和运用。否则,"课程思政"改革,就可能成为一场不接地气的、形式主义的"运动"而已。为此,我不无忧虑!

项目研究工作的完成,本书的撰写,离不开团队成员的努力工作,离不开他们给予的无私帮助与奉献。首先,要感谢的是我的同事李学丽博士在项目申报期间,协助查阅了许多英文文献,并进行文献综述,多次对申报书的撰写进行讨论,并在相关论文的撰写中提出了许多有价值的修改意见,还要感谢李妍伶、姜若梅,她们为本书稿贡献了大量的辛勤劳动与智慧。其次,感谢我的编外学生、重庆邮电大学的何润博士,他协助完成了本书的第七章和第十四章的资料查阅、部分初稿的撰写、修改等工作。再次,感谢我的同事王丽教授、邹万全教授、卓进研究员、左群英教授、李雪和刘小平副教授等协助开展大量的案例调查、数据收集与整理工作,其中王丽还参与了本书第十三章部分的数据处理、初稿撰写、修改等,做了大量的工作。最后,还要感谢曾经的同事刘炎欣教授,他对本书的许多内容都做了不少的润色修改工作。

家,是一个人的港湾,既是远航前的出发点,又是远航后的休养补给基地。如果我个人有一点点科研成果,那一定是家庭的贡献最大。我的爱人、儿子以及儿媳们,我的孙子、孙女们,都极力支持我的事业,把我的研究工作当成神圣的事业,一切需要都自己让步,一切困难都自己克服,一切寂寞都自己打发。因此,我要郑重地表达对他们的歉意、感谢和爱。

本书是国家社科基金教育学一般课题的主要成果。从写课题申报书到立项,从开题论证、中期报告到顺利结题,再到本书的出版,终于圆满完成任务,虽然结出的果实并不算大,但我仍感欣慰。欣慰之余,内心却有一种隐隐的不安和歉意,因为在此过程中得到了学界诸多师长、朋友、同事的帮助,或直接或间接的,已很难一一叙述清楚、完整了,也不是一声"谢谢"就能够表达我由衷的感恩之情。唯谨以此书呈上,感谢他们真诚的关怀和无私的帮助,感谢他们精神的激励和思想的启迪!

本书在编辑出版过程中,得到了人民出版社领导和责任编辑及相关人员的支持和帮助,他们为本书的面世,做了大量艰辛而智慧的劳动。在此,我对他们表示最诚挚的敬意和衷心的感谢!

陈理宣

2023 年 1 月 26 日于内江师范学院

责任编辑：陈晓燕

封面设计：石笑梦

版式设计：胡欣欣

**图书在版编目(CIP)数据**

"课程思政"内生机制研究/陈理宣 著. —北京：人民出版社,2023.12

ISBN 978 - 7 - 01 - 026198 - 0

Ⅰ.①课…　Ⅱ.①陈…　Ⅲ.①高等学校-思想政治教育-教学研究-中国

　Ⅳ.①G641

中国国家版本馆 CIP 数据核字(2023)第 254670 号

"课程思政"内生机制研究

"KECHENG SIZHENG"NEISHENG JIZHI YANJIU

陈理宣　著

人民出版社 出版发行

(100706　北京市东城区隆福寺街 99 号)

中煤(北京)印务有限公司印刷　新华书店经销

2023 年 12 月第 1 版　2023 年 12 月北京第 1 次印刷

开本:710 毫米×1000 毫米 1/16　印张:25.25

字数:360 千字

ISBN 978 - 7 - 01 - 026198 - 0　定价:88.00 元

邮购地址 100706　北京市东城区隆福寺街 99 号

人民东方图书销售中心　电话 (010)65250042　65289539